「근대문명에 대한 대안적 삶을 이끄는」

대안학교와
대안교육정책

「근대문명에 대한 대안적 삶을 이끄는」

대안학교와
대안교육정책

김 태 연 지음

Alternative School &
Alternative Education Policy

KSI 한국학술정보㈜

1999년 봄 푸른꿈고등학교가 조용하면서도 웅장한 발걸음을 내딛는 것을 보면서 한국의 새로운 교직문화를 꿈꾸기 위해 독일의 교육에 관심을 가졌던 일이 대안교육과 만나는 첫 인연이었다. 그 두 해가 지난 2001년 초가을, 경기도교육청이 공립 대안학교 설립요원을 공모한다는 것이 필자가 대안학교에 입문하게 된 계기가 되었다.

설레는 마음으로 두레자연고, 영산성지고, 간디학교, 양업고, 동명고, 세인고, 한빛고, 지구촌고, 화랑고 등 많은 대안학교를 탐방했고, 한겨레문화센터에서 대안학교 교사교육과정에 대한 연수를 받으면서 '교육 본래의 활동 추구 및 교육적으로 소외된 아이들과 같이 호흡'할 수 있으리라 생각했다.

그러나 공립 대안학교를 가꾸는 일은 뜻만으로 되지 않았다. 아니, 조직의 생리상 근본적으로 불가능한 일인지도 모른다. 대안교육은 관료주의와 함께 춤출 수 없기 때문이다.

2002년 국가수준의 자율학교 평가를 받으면서 새로운 학교 모형으로서 대안학교에 대한 학문적 접근이 필요하다는 생각으로 박사과정에 입학했고, 특성화 대안학교 정책에 대한 논문을 썼다. 초학의 미미함과 서툰 글 솜씨로 부끄러움이 앞서기도 했다.

그러던 차, 한국학술정보출판사의 출판 제의를 받고 오래 망설였다. 대안교육에 관한 책을 낸다는 것이 무척이나 부담으로 와 닿았기 때문이다. 그래서 일찍이 대안교육에 대해 고민하고 대안학교에 몸담아 왔었던 선학들이 주저했을지도 모른다는 생각이 들었다.

그러나 대안교육이 특성화 대안학교로 인가받은 지 10년이 지나면서 각종학교로서 대안학교가 법제화되어 범대안학교 수 및 교원 수가 점점 늘어 갈 것으로 전망된다. 그런데도 아직 대안학교 및 대안교육에 관한 체계적인 이론서가 없는 것이 우리의 현실이다.

대안교육이 앎보다는 삶의 영역에 비중을 더 둔다고는 하나 대안교육을 담당하는 후배 교사들이 '시행착오를 통해서나 아름아름 어깨너머로 배워가는' 대안학교 현실에 대한 경험이 집필에 대한 강한 도전감을 갖게 했다. 대안교육에 대한 일천(日淺)한 학문과 경험이지만 대학에서 교재로서나 또한 관심 있는 일반인들을 위한 책이 필요하다는 절박감에서 용기를 내고 시작하기로 했다.

본서는 필자의 박사학위논문을 근간으로 하여 대안교육 및 대안학교에 대한 이해 부분과 대안교육정책 및 정책 평가 부분으로 나누어 집필하였다. 체제를 구성하는 것 자체가 논리적인 것을 넘어서 필자의 집필 능력의 문제이기에 체제 구성에 많은 시간을 할애했다.

제1부는 대안교육 및 대안학교를 이해하는 수준에서 대안교육 및 대안학교의 개념, 등장배경, 대안학교 교육의 성격, 대안학교 교육의 과정 평가와 질 관리 방안, 대안교육 및 대안학교의 과제로 체제를 잡았다.

제2부는 한국의 대안교육정책 추진 현황, 대안학교 정책 평가, 대안교육정책의 과제, 대안학교정책의 전망으로서 "대안학교에 대한 학생수요 전망, 전문계고의 대안교육적 전망, 경기도의 대안학교정책 전망"으로 구성하였다. 전체적으로 볼 때, 특성화 대안학교를 중심으로 내용이 서술되었음을 밝혀 둔다. 이는 현재의 다양한 미인가 대안교육기관들의 이야기들을 하나의 바구니로 담아낸다는 것 자체가 불가능하기 때문이다.

대안교육과 대안학교에 대한 교재를 집필하는 데 있어서 많은 애로가 있다하여도 이 책으로 인한 모든 것은 필자의 책임으로 돌리지 않을 수 없다. 그래서 미미함과 부족함 그리고 부끄러움이 앞선다.

그러나 대안교육 분야의 책이라 '대안'이라는 개념이 갖는 '보완과 대체'의 차원에서 후속의 책들이 다양하게 출판될 것으로 본다. 그리하여 대안학교 및 대안교육정책에 대한 논의를 더욱 풍성하게 하고 학문적으로도 성숙하게 만들 것으로 믿는다. 이것이 지금의 부끄럼을 한 알의 밀알로 여길 수 있기에 감히 세상에 내놓는다.

이 책이 나올 수 있기까지 자료 수집에 도움을 주신 안병영 전 부총리 겸 교육부장관님, 이영만 교원정책심의관님, 정유성·이강래 교수님, 이종태 박사님, 양희규 박사님, 김광조 차관보님, 배성근 부이사관님, 이재갑·유은종·이재갑·설세훈·최진명 서기관님, 김희동 교장선생님, 송기웅 교감선생님, 윤도화 교감선생님, 김경옥 선생님에게 깊은 감사를 드린다. 또한 공립 대안학교에 대해 애정 어린 눈으로 지켜보면서 조언을 아끼지 않으신 한신교·서종호·정소지·곽종문 교장선생님의 고마움을 잊을 수가 없다.

특히, 빼놓을 수 없는 고마움은 학교 외부에서 각종 연구 및 보고서를 위한 잦은 설문 요청의 어려움이 있음에도 기꺼이 응해 주신 특성화 대안학교의 학생, 학부모, 교원들에게 깊은 감사를 드린다.

마지막으로 이 원고의 씨줄과 날줄을 엮게 해 주신 서정화 교수님, 김영화 교수님, 김영철 박사님께 진심으로 감사드리며, 이 책을 출판할 수 있게 한 한국학술정보(주) 채종준 사장님과 김은선, 김수영 님께 감사드린다.

2008년 9월 5일
명성산 경기도예절교육연수원에서   저자

차 례

〈그림 차례〉

제 I 부

대안학교

제1장 대안학교의 개념과 현황

1. 대안교육의 의미

사전적 의미에서 대안이란 "이미 이루어진 안에 대신할 안", "기존의 방안을 대신할 만한 더 좋은 방안", "이미 이루어지고 있는 것을 대신할 다른 것"을 말한다.

통상적으로 '대안'이라는 개념은 '비교', '복수', '수단'이라는 속성을 지닌다. 즉, 대안이라는 개념이 사용되기에는 기존에 존재하는 그 무엇이 있고, 그것과는 구별되는 또 다른 그 무엇으로서 다름을 나타내는 '비교'의 속성이다. 또한 대안은 "기존의 그 무엇과 구분되는 다른 그 무엇이 유일하게 존재하는 것이 아니라, 여러 가지 다양한 것일 수 있으며 상황과 사람에 따라 각양각색일 수 있다."는 '복수'의 의미를 갖는다. 나아가, "어떤 목적을 위하여 사용될 수 있는 그 무엇이 있을 때, 기존에 존재하는 것보다 더 목적에 부합하는 '또 다른 수단'으로서 의미"(권현숙, 1999: 8−9)를 지닌다.

한편, 정책학에서 대안이란 어떤 문제를 해결하기 위한 정책방안 또는 활동지침으로서 제시된 다양한 방안을 말한다. 즉 현재의 어떤 문제를 해결하기 위한 수단으로서 동원 가능하거나 동원된 여러 정책수단을 말하는 것이다.

개념적 속성이 지닌 '대안'이라는 용어를 교육과 연결 지어서 '대안교육'을 의미 규정하면 '대안적 교육'이 적합하다. 이는 교육 자체에 대한 대안으로 교육 이외의 그 무엇을 의미하는 것이 아니라, 지금까지 행하여져 온 것과는 다른 형식의 교육을 의미하는 것이기 때문이다. 따라서 대안교육이라 하면 '대안적인 교육', 대안학교라

하면 '대안적인 학교'로 의미 규정하는 것이 현실적으로 대안교육을 이해하는 데 도움이 될 것이다. 물론, 이러한 대안교육과 대안학교의 개념에는 형식적인 학교교육으로서 공교육에 대한 비판으로서 대안을 전제로 한다.

대안교육이란 개념 자체가 제도권 교육에 대해 비판적 입장을 내포하고 있다고 볼 때, 대안교육은 공교육에 대한 '보완' 또는 '대체'의 의미를 지닌다. 보완이라는 의미는 학교교육을 한편으로는 수용하면서 대안교육적인 이념을 추구하는 형태(방과 후, 주말, 방학 등을 이용한 프로그램 형태)이다. 대체라는 의미는 기존의 학교교육을 대체할 수 있는 전일제 대안교육 형태(사회교육기관, 각종학교, 특성화 대안학교)를 추구하는 것이다.

1997년 특성화 대안학교에 대한 인가를 기점으로 보완적 대안교육운동이 대체적 대안교육운동으로 가시화된 것으로 볼 수 있다. 그러나 대안학교에 대한 교육부[1]의 입장은 '극단적인 탈학교보다는 지식 위주의 학교교육에 대한 보완적 성격을 띤 학교(1997.3 대안학교 설립운영 지원 계획)로 규정하고 있다.

한국의 대안교육운동을 주도해 온 사람들의 모임인 대안교육연대[2] 창립의 변에서 김희동(1999.7)은 "우리는 학교를 반대하거나 공교육을 부정하는 것이 아니다. 학교를 통해서만 교육이 이뤄진다는 '학교주의'를 반대하고 공교육의 주체가 국가라고 여기며 개인의 자유로운 학습권을 통제하려 드는 '국가주의'를 부정한다."고 밝히고 있다. 물론 1998년 개교하게 되는 특성화 대안학교의 성격으로 볼 때도 한국에서 대안교육은 대체의 성격보다는 보완적인 성격을 지니고 있다고 판단된다.

교육부에서는 '대안교육'을 다음 두 가지로 설명하고 있다(교육 50년사, 1998: 424-425). 하나는, '어느 시대, 어느 사회에서나 기존의 교육을 불만족스러워하면서

---

1) 교육부의 명칭은 시기에 따라 문교부, 교육부, 교육인적자원부, 교육과학부로 변천되어 왔으나, 이하에서는 교육부로 통일하여 쓰고자 한다.
2) 1999년 10월 3일 '사람과 삶과 세상을 되살리는 교육을 통한 새로운 사회를 만든다.'는 목적으로 조직되었다.

새로운 교육을 추구하려는 교육적 노력'이며, 다른 하나는, '대안교육을 특정 시대나 사회에 고유한 문제의식을 반영하는 교육으로 20세기 말의 상황에서 근대 공교육이 지닌 근본적인 문제들에 주목하고 그것을 극복하기 위해 대두된 일련의 교육적 노력'으로 보고 있다.

이종태(2001a, 81 - 82)는 대안교육을 좀 더 한정적인 의미를 지닌 것으로 보고, "대안교육은 20세기 말의 상황에서 표출된 근대 공교육제도의 근본적인 문제들, 예컨대 획일화와 경직성, 경쟁과 물질적 가치 지향에 주목하고 그것들을 극복하기 위해 전개하는 일련의 교육적 노력들"이라고 규정하였다. 그러면서 대안교육이 지향하는 가치에 대해 "학습자 개개인의 인격과 특성 존중, 공동체성을 중시하며 경쟁보다는 협동을 모색하고 근대 문명에 비판적 안목 추구, 자연과 인간의 화해와 공존을 모색하며 생태주의적 삶을 중시, 특정 종교와 연계되지는 않더라도 영성 추구, 인간적 상호작용 가능의 소규모 학교 지향, 지식 위주의 교육 못지않게 일상적 삶에 필요한 노작과 체험 중시"를 그 특징으로 들고 있다.

정유성(2001, 5)은 '오랜 새 모순과 새로운 옛 모순'의 문명 전환 시기에 공교육과 사교육의 흑백논리에서 벗어나 공공의 정의를 추구하는 민(民)교육을 받아들이는 새로운 교육문화 사회운동으로서 대안교육을 주장하였다. 그가 주장하는 민교육(民教育)이란 "국가나 공공단체가 아닌 민(시민·주민)이 주체이되, 그 내용에서 공공의 정의를 추구하는 교육, 곧 우리 '스스로 하는 공교육'"으로 보고 그 사례를 '대안교육'에서 찾고 있다

황긍섭(2001, 22)은 대안교육을 "어떤 시대적 상황을 지배하고 있는 주류적인 패러다임의 틀 속에서 기존 교육의 한계를 해결하기 위하여 새로움을 추구하는 교육이나 그러한 패러다임의 틀에 얽매이지 않으면서 '철학함'이나 '패러다임의 전환'으로서 교육의 본질을 찾거나 대안적인 가치에 입각하여 새로움을 추구하는 교육"이라고 정의하였다.

대안교육에 관한 개념적 제 논의를 보면 대안교육이 나타난 시대적 배경과 연관되어 규정되고 있음을 알 수 있다. 즉, '대안교육'이란 근대 문명에 대한 반성과 비판적인 관점에서 기존의 교육과는 달리 현재의 학교가 안고 있는 문제를 해결하기 위해

시도되고 있는 다양한 교육적 시도들을 의미하는 것이다. 시대적으로 볼 때는 사회변화에 대처하기 위한 노력으로 가치중립적인 개념의 성격을 지닌다고 볼 수 있다.

2. 대안학교와 특성화 학교

일찍이 박동준(1987, 66－72)은 학교가 가지고 있는 제도로서 기본 기능을 최소한 유지하면서 학교교육의 목표를 효과적으로 달성시키기 위한 교육개혁적 차원에서 모색된 변형된 학교로서 '대안적 학교'에 주목하였다. 그는 대안적 학교의 지향점으로 "학교의 인간화, 수단적 목표와 자기실현적 목표의 조화, 교직전문성의 확보, 평등원리의 실현"에 두었다.

곽병선(1995, 31－33)은 현대 학교교육을 산업사회 논리가 교육에 적용된 하나의 제도적 산물로 보고, 경직된 교육과정과 대다수의 학생들에게 열등감을 조장하는 비인간화 교육으로는 인간의 정신을 자유롭게 하는 교육을 기대할 수 없기 때문에 대안적 학교교육을 생각해 보아야 한다고 주장하였다. 그러한 대안적 교육은 고정화, 정형화된 교육이 아니며 입시 위주로 치닫는 교육도 아니다. 평준화로 학생 각자의 개성과 학교의 특성을 살리지도 못하는 교육도 아니다. 획일적 교육을 유발하는 각종 제도, 법규, 관행을 비판적으로 검토하고 그에 대한 대안을 찾아야 한다. 그리하여 학생 누구나 자신에 대해 자신을 가질 수 있도록 도와주는 교육, 서로의 차이를 존중하고 차이에 관용할 수 있는 교육, 차이 때문에 소외받지 않는 사람들의 사회를 위한 교육으로서 대안교육을 주장하였다.

오인탁(1995, 48－52)은 그동안 국가는 산업에 필요한 인력 배양이라는 큰 목표 아래서 교육의 다른 과제들을 간과해 옴으로써 우리 사회의 공동체적 기반이 다중적으로 흔들리고 있다고 전제하였다. 그러한 잘못된 교육의 근원을 학교교육의 비인간화에 두고, 그러한 형태를 "지혜가 아닌 지식위주의 교육, 학교가 전인교육이 아닌 지능 훈련의 장으로 변질, '함께' 살기가 아닌 '홀로' 뛰기를 배우기, 현 단계 교육에 충실한 것이 아니라 다음 단계의 교육을 받기 위한 준비교육에 치중"으로 목록화하였다. 나아가 대안적 교육의 지평을 "교육에서 앎과 삶이 분리되지 않고 생활 속에서 가르침이 이루어지는 교육의 형태"로 보고 대안적인 인간교육의 과제와 재구성 방안을 제시하였다.

한국보다는 좀 더 일찍부터 대안학교를 운영해 온 외국의 경우 대안학교에 대한 논의는 구체적이다.

스미스(Smith, 1976: 29－30)는 "대안적인 학교란 표준화를 지향한 획일적인 체제에 대한 반발에서 비롯된 다양한 형태의 학교"로 정의하였다. 그러면서 학생과 학부모 그리고 교사의 자유로운 선택 가능성, 참여와 헌신에 의한 유지, 포괄적인 목적과 목표의 설정, 학교 운영의 유연성, 학생 수 200명 안쪽의 작은 규모와 그로 인한 탈관료적 성격 등을 미국에서 1960년대 이후 등장한 대안학교들의 특징으로 들고 있다.

쿠퍼(Cooper, 1994)는 대안학교를 "표준적인 공립학교들이 제공하는 전통적인 것과는 다른 경험을 추구하며, 아동과 학부모들을 위하여 특별한 교수법과 프로그램, 활동, 여건 등을 제공할 수 있도록 고안된 학교"라고 비교적 단순하게 정의하였다.

오늘날 미국의 대안학교와 대안프로그램을 정확하게 정의하기 어렵지만 대안학교라고 할 수 있는 몇몇 특징은 다음과 같은 것들이다. "작은 규모의 학교 유지, 교사－학생 간의 일대일의 상호작용 강조, 유효하고 지지적인 환경 강조, 학생의 미래와 관련된 성공을 위해 기회를 허용, 융통성 있는 구조를 허용하고 학생의 의사결정을 강조"(Lange, C. M. & Sletten, S. J, 2002: 6)한다.

레이위드(Raywid, 1994)는 미국의 대안학교를 세 유형으로 범주화하였다. 첫 번째 유형은 학생들을 끌어들일 수 있는 혁신적인 프로그램이나 전략에 기반을 둔 마그넷 학교와 같은 선택에 의한 대안학교이다. 두 번째 유형은 학교에서 제명되기 바로 직전 단계의 학생들에게 '마지막 기회'로서의 대안학교이다. 세 번째 유형은 학습이나 사회적 · 정서적 문제에 초점을 두고 치료와 교정을 위해 고안된 대안학교이다(상게서, 6).

대안교육자원조직(AERO)[3]에서는 대안교육이나 대안학교, 또는 대안프로그램[4]이라고

---

3) AERO(The Alternative Educational Resource Organization, 대안교육자원조직)는 1989년 교육자인 Jerry Mints에 의해서 설립된 비영리 대안교육단체이다. 자체 AERO MAGAZINE도

하는 것은 다음의 질문에 긍정적으로 부합하는 유형이어야 한다고 하였다. 즉, "첫째, 전통적인 주류의 교육이나 학습보다는 다른 접근을 하고 있는가? 둘째, 교육에 있어서 학습자 중심의 접근을 하고 있는가? 셋째, 어린이는 자연스러운 학습자라는 믿음이 있는가? 넷째, 학생들은 자신들의 교육에 대해 발언을 하고 있는가? 다섯째, 이러한 질문에 부합하는 대안교육의 유형들은 다음과 같이 다양하다."고 하였다.

"몬테소리(Montessori)학교, 발도르프(Waldorf)학교, 슈타이너(Steiner)학교, 개방학교(Open Schools), 진보적인 학교(Progressive Schools), 마그넷 학교(Magnet Schools), 차터 스쿨(Charter Schools), 서드베리(Sudbury)학교, 서머힐(Summerhill)학교, 현대학교(Modern School) 같은 민주적인 학교, 홀리스틱 교육(Holistic Education), 공립 대안학교(Public Alternative Schools), '안티옥(Antioch), 고다드(Goddard), 마보로(Marlboro) 같은 대안적인 상류교육(Alternative Higher Education)', 자유교육(Liberty Education), 크리슈나무르티 학교(Krishnamurti Schools), 퀘이커 학교(Quaker Schools), 공립 선택제 학교(Public Choice), 자유주의 교육(Libertarian Education), 학습공동체(Learning Communities), 학습연합(Learning Cooperatives), 독립적인 학습 프로그램(Independent Study Program), 가상(假想)학교나 사이버학습(Virtual Schools/Cyber Learning), 재택교육이나 홈스쿨링(Home Education/Homeschooling), 탈학교교육(Unschooling), 홈스쿨 자원센터

발행을 하고 있으며, 전세계의 대안교육에 대한 소식을 전하고 있다. 현재의 교육 문제를 실재적으로 진단하고 미래의 새로운 교육 해결책을 대안교육에서 찾고 있는 이 단체는 학생중심의 교과과정과 활동을 연구하는 데 주력하고 있을 뿐만 아니라 각종 대안프로그램을 만들어 실제 학교에 제공하고 있으며 학교끼리도 서로 정보 교환을 할 수 있도록 매개 역할을 하는 중요한 단체이다.

4) 대안적인 프로그램은 전형적으로 큰 규모의 학교 조직형태에서 다음 두 가지 중 하나의 형태를 갖는다. 즉 제한된 대안프로그램과 종합적인 대안프로그램이다. 제한된 대안프로그램(Limited alternative program)은 큰 규모의 학교와 같이 평범한 상황에서 상대적으로 적은 수의 학생들을 위해 하나 또는 둘의 대안프로그램을 제공할 때 쓰는 말이다. 종합적인 대안프로그램(Comprehensive alternative program)이라는 말은 전체 학교를 여러 개의 대안적인 프로그램으로 나눌 수 있는 작은 규모의 학교상황에서 모든 학생들이 하나 또는 여러 개의 대안프로그램에 등록할 수 있을 때 사용된다(A. A. Glatthorn, 1975 : 42-43).

(Homeschool Resource Center), 독립적인 유형(Independent)"

AERO의 논의에 나타난 대안학교는 "전통적인 교육과는 다른 접근, 학습자 중심의 교육 접근, 자연스러운 학습자로서 아동관, 자신의 교육에 대한 발언권과 참여의 민주적인 학교, 이러한 성격에 부합하는 다양한 형태의 학교"를 특징으로 한다.

또한 AERO의 사명은 학습자 중심의 교육을 증진하고 모든 대안교육 활동들을 결속하는 데 있다. AERO의 주요 전문영역의 하나는 민주적인 교육이다. 민주적인 교육을 위한 대안교육과 관련한 가장 중요한 국제회의는 IDEC(International Democratic Education Conference, 국제민주교육회의)이다. IDEC는 1993년 이래 매년 회의가 열렸으며[5], 전 세계를 통해 민주적인 학교의 학생, 교사, 학부모들로부터 주목을 받고 있다. 전 세계의 민주교육을 촉진, 교육혁신을 선도하기 위한 수단으로서 민주적 가치를 전파, 민주교육과 관련된 사람들과의 회합을 갖는 목표를 갖는다. 2008년 캐나다에서 열리는 회의의 공식 주제는 '지속가능성'으로 "환경주의적 측면과 동시에 오랜 기간 지속 될 수 있는 학교와 공동체를 건설하는 것 그리고 지속적인 대안교육운동을 만드는 것"이다.

IDEC에서 말하는 민주적인 학교란, "학생들과 스태프들 간에 의사결정 공유, 학생들 자신의 일상 활동을 선택하는데 있어서는 학습자 중심의 접근, 스태프와 학생들 간에는 평등, 학급의 연장선으로서 학교 공동체"(http://www.educationrevolution.org/)라는 특징을 갖고 있는 학교이며, 대안교육 및 대안학교가 바탕으로 하는 조직 문화이다.

---

5) 역대 주최국을 보면, 1993년 이스라엘에서 오스트리아, 이스라엘, 영국, 미국이 참가한 첫 회의가 열린 이래, 영국('94), 오스트리아('95), 이스라엘('96), 영국('97), 우크라이나('98), 영국('99), 일본('00), 이스라엘-팔레스타인('01, 취소), 뉴질랜드('02), 미국('03), 인도('04), 독일('05), 호주('06), 브라질('07), 캐나다('08)에서 열렸다. 2009년에는 한국에서 열린 예정이다. IDEC는 사무국이나 회장도 없이 참가자들의 자발적이고 적극적인 참여로만 이어져 온 무두무미(無頭無尾)의 조직이며 삶과 교육, 민주와 평화를 바라는 모든 교육 주체들이 함께하는 축제이다.

한국에서 1997년 대안교육운동이 특성화 대안학교로 등장하면서 대안학교에 대한 개념도 논의되기 시작하였다.

이병환(1999:17)은 '대안교육', '대안학교'를 "기존의 제도권 학교교육이 무책임하고 비합리적이고 때로는 부적합하다는 한계에 대한 비판과 불만에서 나름대로의 교육적 신념과 이상을 실천하고 운영하는 교육운동을 포괄한다."고 정의하고 있다.

김선숙(2001, 10)은 대안학교에 대해 "공교육 체제가 구축된 이후 꾸준히 제기되어 온 획일적이고 지식 위주의 편중된 교육에 대한 대안으로 학교가 가지고 있는 대안적 목적을 분명히 하고, 학교의 교육목적을 효율적으로 학생들에게 전달할 수 있는 대안적인 사고를 가진 교사가 대안적인 교육내용(프로그램)을 통해 학생들의 경험과 자유를 바탕으로 그들의 다양한 욕구를 최대한 수용하는 대안적 방법으로 운영하는 작은 규모의 학교"라고 정의하고 있다.

위의 논의를 종합해 볼 때, 대안학교란 학교교육으로서 근대 공교육이 안고 있는 문제나 한계에 대한 비판, 극복 그리고 해결을 추구하는 다양한 교육적 노력들로서 다양한 형태의 새로운 학교라고 규정할 수 있다.

한국에서 대안교육운동의 성격을 넘어선 초창기 대안학교는 거창고등학교, 풀무농업기술학교, 열린교육6)을 실천했던 영훈초등학교, 운현초등학교를 들 수 있다. 그러다가 정부가 본격적으로 대안학교에 관심을 두면서 학력인가와 재정지원을 통해 대안학교로 인가한 것은 1997년 특성화 학교 형태의 하나인 특성화 대안학교7)에서부터

---

6) 열린교육은 학생들이 개인적인 욕구와 흥미에 따라 학습을 선택할 수 있도록 시설, 교육과정, 교수학습 자료, 교수활동 등 제반 교육여건을 개방하는 교육체제를 지향하는 교육이다. 열린교육의 목표는 '아동의 자발성 중시와 다양한 개성 존중 교육, 가능한 한 개별적인 교수－학습 추구'의 개별화 교육의 지향이다.

7) 「초·중등교육법시행령」 제91조(특성화 고등학교) 및 동법 제76조(특성화 중학교)에 규정된 대안교육 분야의 특성화 학교를 '특성화 대안학교'라 칭한다. 인가 당시, 전통적인 학교에 대한 대안으로서 특성화 대안학교는 일반계 고등학교의 대안이며 특성화 직업학교는 전문계(구 실업계) 고등학교에 대한 대안으로 제시된 것이다.

비롯된다.

1997년에 제도권 대안교육으로 인가된 특성화 대안학교의 설립 취지는 "자연현장실습 등 체험 위주의 교육을 전문적으로 실시하는 학교"였다. 이는 「초·중등교육법시행령」 제91조(특성화 고등학교)에 규정된 대안교육 분야의 특성화 고등학교를 의미이며, 직업분야의 특성화 학교와는 구별된다. 또한 동법 제76조(특성화 중학교)에 따라 "교육과정의 운영 등을 특성화하기 위한 특성화 중학교"를 포함한다.

특성화 학교의 하나로 인가된 특성화 대안학교는 그 성격상 교육내용의 차별화 또는 특성화에 주목하고 있다. 이는 교육개혁의 추세로서 "학교유형의 다양화, 교육내용의 특성화, 학교 운영의 자율화"의 일부분을 담고 있어 문명사적으로 교육의 패러다임 전환으로는 보기 어렵다. 다만, 당시 대안교육운동이 추구하고 있는 학교교육의 지향점을 특성화 대안교육으로 제도화한 것에 의의를 갖는다. 물론 운영방식에 있어서 자율학교로 지정한 것은 의미 있는 것이다. 이후 특성화 대안학교의 운영과 그 성과는 학교유형의 다양화 차원뿐만 아니라 인가 이후 미인가 대안교육기관들이 각종학교 형태인 대안학교로 인가받게 되는 견인차 역할을 해 왔다.

특성화 대안학교 인가 이후 2005년 3월 24일 공포된 「초·중등교육법」 제60조 3항의 '대안학교'는 미인가 형태로 운영되어 왔던 대안교육기관을 제도권의 대안학교로 인가하기 위해 마련된 각종학교 형태의 대안학교이다.

따라서 인가를 기준으로 대안학교를 분류하면 크게 네 형태로 나뉜다. 즉 특성화 학교 형태로 인가받은 특성화 대안학교(위탁형 포함), 각종학교 형태로 인가받은 대안학교, 미인가 형태로 운영되고 있는 전일제 학교형태의 대안교육기관, 비전일제의 프로그램형(계절, 주말, 방과후 형태) 대안교육기관이 그것이다.

3. 대안학교 현황

한국에 있어서 대안학교는 1990년대를 시작으로 하여 다양한 형태로 나타났다. 1997년 정부의 대안학교 인가(특성화 대안학교) 및 위탁형 대안학교 지정, 그리고 2005년 각종학교로서 대안학교 법제화로 대안학교에 대한 유형 분류는 더욱 복잡하며 향후 대안학교 지형의 변화에 대한 논의가 제기되고 있다.

대안학교 유형은 논자의 기준에 따라 여러 형태로 분류된다. 이종태(1998)는 대안학교를 "자유주의형 대안학교, 생태학교형 대안학교, 재적응형 대안학교, 고유 이념 추구형 대안학교"로 구분하였다.

고병헌(1997)은 학교나 프로그램의 특색에 따라 네 가지 형태로 분류하였다. 첫째, 대안학교나 프로그램의 설립 동기에 따라서 "종교적 이념 구현의 대안학교(거창고, 풀무고 등), 외국의 바람직한 이념 도입의 대안학교(영산성지고, 간디학교 등), 현대 대안적 가치의 실현 모색으로서 대안학교(두밀리 자연학교, 민들레 학교 등), 특정 대상을 염두에 둔 교육적 배려로서 대안학교(안산 들꽃피는학교, 교육부 지원의 부적응아8) 교육 대안학교, 등)"이다. 둘째, 교육 주체에 따라 "정교사 자격증을 가진 교사에 의한 교육을 하는 대안학교, 학부모들의 자발적인 참여에 의한 교육, 그 중간 형태로서 공부방이나 공동육아협동조합, 여럿이 함께 만드는 학교와 같은 사설교육기관 형태"이다. 셋째, 교육내용이나 교육방식 또는 학교 운영방식에 따라 "정규학교형(거창고, 풀무고, 부천실고 등), 계절 프로그램형(민들레학교, 따또 학교, 자유학교 등), 방과 후 프로그램(공부방, 방과 후 프로그램 등), 아동·육아교육프로그램(꾸러기 학교, 공동육아 어린이집 등)"이다.

---

8) 대안교육과 관련하여 '부적응아' 용어는 두 가지 의미를 내포한다. 가정 및 학교생활에서 비행과 관련되어 정상적인 학교생활을 하기 어려운 경우로 재적응형 대안학교를 찾는 경우다. 이와는 달리, 획일적이고 통제적인 전통적인 학교 문화를 벗어나 대안적인 학교를 찾는 경우는 부적응이라 보기 어렵다. 이런 관점에서 본다면, 대안학교에 근무하려는 교원은 기존 관료적인 교육체제에 잘 적응하는 사람보다는 부적응하는 사람이 적합할 수도 있다.

교육부는(2007) 대안학교들을 여러 갈레로 분류하고 있다. 인가 유무에 따라 인가형과 비인가형으로 구분할 수 있고, 인가형은 특성화 대안학교와 위탁형 대안학교로 다시 구분된다. 비인가형 대안학교는 전원형 대안학교, 도시형 대안학교, 초등 대안적 교육실험학교로 분류할 수 있다. 또한 학교의 형태를 넘어선 대안적인 교육 공간으로서 일·놀이학습 통합, 다문화 공동체, 동아리 쉼터, 상호 돌봄과 쉼, 홈스쿨 등이 있다.

특히 홈스쿨(Homeschool)은 적령기의 아동을 학교에 보내지 않고 학부모들이 직접 또는 다른 도움을 받아 가정에서 교육하는 제도를 가리킨다. 홈스쿨에 동참하고 있는 사람들의 숫자는 정확하게 파악하는 것이 쉽지 않은 것이 사실이지만 점점 증가하고 있는 것만은 분명하다. 미국의 경우 취학적령기에 있는 아동 중 약 150만 명이 홈스쿨에 참여하고 있는 것으로 알려져 있다. 홈스쿨은 미국뿐만 아니라 독일을 제외한 대부분의 유럽 국가들, 즉 영국, 프랑스, 이탈리아, 벨기에, 덴마크, 룩셈부르크, 노르웨이, 포르투갈, 스위스 등에서도 합법적인 교육기관으로 인정되고 있다. 나라마다 가정마다 홈스쿨을 실시하는 이유가 다양하겠지만, 대체로 다음과 같은 이유로 홈스쿨을 실시하고 있다.

①기존 학교교육에 대한 학부모의 불만, ②학교에서의 아동에 대한 개인으로서의 존중감 부족, ③학부모가 학교보다 더 나은 교육을 실시할 수 있다는 확신, ④학부모의 강한 종교적 확신, ⑤학부모의 강한 이데올로기적 가치관(생태주의 등), ⑥학교와 가정의 지리적 거리 등이다(김재웅, 2006).

다양한 대안교육의 형태 및 대안학교들이 교육의 궁극적인 대안이 될 수 있을지는 단정할 수 없지만 적어도 기존의 교육을 근본적으로 재검토해 볼 수 있는 계기가 되고 있는 것은 사실이다.

나아가 각종학교 형태의 대안학교가 각 지역별로 다양하게 인가될 경우에 '범대안학교'9)들은

---

9) '범대안학교'라는 표현은 전통적인 학교의 비판에서 비롯되어 인가 유무를 떠나 현재 대안교육활동을 하고 있는 학교단체 및 조직을 말한다. 대안학교법이 등장하면서 1997년 특성화 학교 형태로 인가된 대안학교 및 비인가 대안교육기관들은 대안학교 유형에 대해

또 하나의 분화와 통합의 과정을 겪으면서 대안학교 유형에 대한 근본적인 논의가 예상되기도 한다.

인가 유무 및 학교 위치, 운영 형태 등을 기준으로 한국의 대안학교를 유형화하면, <표Ⅰ-1>과 같다.

특성화 대안학교는 「초·중등교육법시행령」 제91조(특성화 고등학교)와 동법 제76조(특성화 중학교)에 따라 설립 운영되고 있는 학교이다. 1997년 12월 영산성지고등학교가 특성화 대안학교로 첫 인가된 이후 2007년 3월 현재 전국에 21개의 고등학교와 8개의 중학교가 <표Ⅰ-2>와 같이 설립·운영되고 있다.

관심을 갖고 분화와 통합의 논의가 제기되고 있다.

<h1 style="text-align:center">〈표 I - 1〉 유형별 대안학교 현황</h1>

2006년 12월 현재

구 분	대안학교 형태		해당 학교
인가형 대안 학교	특성화 대안학교(29교)		지구촌고를 비롯한 고교 21교, 중학교 8교. <표 I - 2> 특성화 대안학교 현황 참조
	위탁형 대안학교(25교)		꿈타레학교, 성지대안고, 한림실업고, 정화미용고, 난나학교, 이루다학교, 동부나우리학교, 사람사랑나눔학교(영등포), 서울IT직업전문학교, 링컨학교, 아얀야학교, 세포학교, 나란타학교, 성산효학교, 범숙학교, 부산자유학교, 양정중, 나섬학교, 신영중고, 경남미용고, 청소년자유학교, 팔렬중학교, 서대문도시속작은학교 이음, 울산청소년탈학교배움터, 천안대안학교
비 인가형 대안 학교	전원형 대안학교(15교)		금산간디학교, 재천간디학교, 진솔대안학교, 멋쟁이학교, 산돌학교, 늦봄문익환학교, 실상사학교, 마리학교, 산청간디중, 전인자람, 참꽃작은학교, 제천꽃피는학교, 곡성평화학교, 영남전인학교, 꿈의학교
	도시형 대안학교(26교)		가온학교, 거침없는우다다학교, 광진도시속작은학교, 굼나제청소년학교, 꿈꾸는아이들의학교, 꿈터학교, 꿈틀학교, 민들레사랑방, 대안학교한들, 더불어가는배움터길, 도시속참사랑학교, 돈보스코영상특성화대안학교, 들꽃피는학교, 디딤돌학교, 밝은꿈학교, 사람사랑나눔학교(미아동), 성미산학교, 성장학교별, 셋넷학교, 스스로넷미디어스쿨, 은평씨앗학교, 청미래학교, 풀잎공동체대안학교, 하늘꿈학교, 하늘꿈학교(천안), 하자작업장학교
	초등 대안적 교육 실험 (30교)	방과 후 학교	공부방운동('80), 서울지역공부방연합회('89), 부스러기선교회공부방지원사업('90), 여럿이함께만드는학교('96), 공동육아방과후교실('97)
		계절학교	또 하나의 문화캠프('86), 광명 창조학교('92), 대구 민들레학교('93), 물꼬 계절학교('94), 부산 창조학교('95)
		공동육아	공동육아연구회('92), 우리어린이집('94), 산어린이학교('01)
		작은학교운동	두밀리폐교반대운동('93), 작은학교를지키는사람들의 모임('99), 남한산초등학교살리기운동(2000), 거산분교아이 전학보내기 운동('01)
학교를 넘어선 교육 공간	일·놀이학습 통합		노리단
	다문화 공동체		코시안의 집(안산)
	동아리 쉼터		민들레사랑방
	상호돌봄과 쉼		변산공동체, 간디마을학교
	따뜻한 가정 같은 학교		들꽃피는학교
	오래된 지혜		갈현동 서당(서울 은평구)
	지식인과 청소년의 접속		연구공간 수유+너머의 <월요학교>
	홈스쿨링		

※ 자료: 교육부(2007). 대안교육백서에서 대안학교 분류(p.73, 96, 114, 133, 162)를 통합·재구성하였다.

시도	학교명	지정 연도	모집 인원	소재지	법인명	학급수	학생수	교원수
경기	헌산중	2003	20	용인시 원삼면 사암리 883-1	영산성지학원	3	99	13
	이우중	2003	60	성남시 분당구 동원동 산13-1	이우학원	9	186	20
	두레자연중	2003	20	화성시 우정면 화산7리 692-11	수곡두레학원	3	60	9
	한겨레중	2006	20	안성시 죽산면 칠장리 10-1	전인학원	1	49	9
	중앙기독중	2007	90	수원시 영통구 원천동 산73-6	중앙학원	3	84	10
전북	지평선중	2003	20	김제시 성덕면 묘라리 99-1	원창학원	3	82	13
전남	성지송학중	2002	20	영광군 군서면 송학리 219-1	영산성지학원	3	65	10
	용정중	2003	24	보성군 미력면 용정리 186	보성학원	3	84	11
중학교 8교			250			25	625	84
부산	지구촌고	2002	30	연제구 거제1동 50	복음학원	3	60	8
인천	산마을고	2000	40	강화군 양사면 교산리 366	복음학원	3	58	9
대구	달구벌고	2004	40	대구시 동구 덕곡동(기숙형)	덕성학원	6	99	15
광주	동명고	1999	40	광산구 서봉동 518	동명학원	6	120	17
경기	두레자연고	1999	40	화성시 우정면 화산7리 692-11	수곡두레학원	6	120	16
	경기대명고	2002	40	수원시 권선구 당수동 122	[공립]	6	109	18
	이우고	2003	80	성남시 분당구 동원동 산13-1	이우학원	12	232	27
	한겨레고	2006	20	안성시 죽산면 칠장리 10-1 (새터민자녀교육, 중고통합)	전인학원	1	36	10
강원	전인고	2005	20	춘천시 동산면 원창1리 923-1	전인학원	2	42	8
	팔렬고	2006	20	홍천군 내촌면 물걸리 252	이화법인	2	36	6
충북	양업고	1998	40	청원군 옥산면 환희리 181	청주가톨릭학원	6	115	16
충남	한마음고	2003	20	천안시 동면 장송리 418-1	한마음교육문화	6	92	14
	공동체비전고	2003	40	서천군 서천읍 태월리 75-1	선천학원	6	74	12
전북	세인고	1999	40	완주군 화산면 운산리 110-1	DIA세인학원	6	152	19
	푸른꿈고	1999	25	무주군 안성면 진도리 865	푸른꿈학원	3	91	12
전남	영산성지고	1998	40	영광군 백수읍 길용리 77	영산성지학원	6	110	16
	한빛고	1998	100	담양군 대전면 행성리 11	거이학원	12	230	21
경북	경주화랑고	1998	40	경주시 양북면 장항리 333	삼동학원	6	113	14
경남	간디학교	1998	40	산청군 신안면 외송리 122	녹색학원	6	120	17
	원경고	1998	40	합천군 적중면 황정리 292	원명학원	6	101	17
	지리산고	2004	20	산청군 단성면 호리(무료)	학림학원	3	53	10
고등학교 21교			1,045			135	2,735	376

제2장 대안학교의 등장배경

1. 대안학교 등장배경

20세기에 들어와서 서구의 몇몇 국가들은 학교교육에 대한 비판에서 대안학교를 운영해 왔고, 한국에서도 1990년대 중반에 대안학교가 대안교육운동으로부터 시작되어 1998년 제도권 학교로 등장하였다.

본 절에서는 한국에서 대안학교가 등장하게 된 배경을 네 가지로 보았다. 첫째, 사회변화에 따른 대처 방식으로서 나타난 학교교육의 발전과정의 측면이다. 둘째, 국제사회의 질서에 부응하는 문명사적인 필요성에서 정부가 단행한 5·31 교육개혁방안이다. 셋째, 한국의 획일적인 학교교육과 비인간화의 문제를 비판하면서 새로운 교육을 추구하는 대안교육운동이다. 마지막으로, 1990년대 중반 학교사회의 탈학교 현상(자살, 중퇴 등)과 관련하여 발표한 '학교중도탈락자예방종합대책'이 그 배경이라 할 수 있다.

가. 학교교육의 발전과정

교육이라는 사회현상은 인류 역사와 함께 있어 왔으며, 형식적 의미의 학교교육은 문자를 사용하게 되면서 시작되었다. 서양에서 학교(School)라는 어원은 희랍어의 스콜레(Schole)에서 비롯된다. 고대 희랍의 유한계층들은 여가를 선용하면서 "인간 사회와 자연현상에 대해 '아는 것'이 즐겁고 '깨닫는 것'이 기뻐서 앎을 서로 공유하고 나아가 자녀 세대에게 전해 주려고 모였던 장소가 '한가로움(閑暇)'의 장"이라는 의미인 스콜레이다(김태연, 2003: 201).

오늘날과 같은 학교교육의 모습은 중세 때 교회가 세운 기독교학교에서 갖추어졌다. 본격적으로 학교교육이 대중화된 것은 근대사회 초기의 신앙해방 운동으로서의 종교개혁이 대중적 운동으로 확산되면서 초등 보통교육과 의무교육의 확대로부터 시작되었다. 종교개혁기에 확립된 학교교육은 17세기의 실학주의와 18세기 계몽주의 교육사상 그리고 19세기에 신인문주의 사상 및 국가주의 교육으로 이어지게 되었다. 이후 사회체제에 따른 교육의 필요성과 교육의 국가책임을 인식하면서 현대적 의미의 공교육이 확립되게 되었다.

제도교육으로서 공교육이 100여년 유지되어 오면서 사회변화에 따라 많은 병폐를 잉태하고 있었다. 박동준(1983, 272－274)은 현대교육에 대한 비판을 지식의 증대에 비례한 정신계발의 미비라는 측면에서 "자유인으로서 소양 결여, 통합성 상실, 교육운영의 비인간화 경향"으로 논의하고 있다. 첫째, 오늘날 학교는 전문화에 치우쳐 직업전문화를 강조한 결과 전인교육이 흔들리고 자유민주주의를 지탱하는 자유인의 인간형성이 소홀해졌다. 둘째, 과학기술의 발달과 함께 현대사회의 지적 생활이 문학예술적 지식인과 전문기술적 지식인으로 분리되면서 사회의 통합성을 해치고 있다. 이는 개인과 공동선, 특정복지와 공동복지, 개인행복과 인류사회 전체의 행복을 균형있게 보는 조화적 협동인을 기르는데 미흡하다. 셋째, 합리주의에 대한 조직 매카니즘은 학교규모의 과대한 확대, 학습집단의 과밀, 학교의 관료적 운영으로 효율성을 기하게 되고, 이는 교육내용의 획일화와 몰개성화를 가져왔으며, 과열경쟁과 성적 압력 그리고 틀에 박힌 시간운영으로 비인간화가 가속화되었다.

특히 20세기 후반에 들어오면서 교육제도에 있어 두드러진 현상은 학교 본위의 교육제도로부터 탈퇴하려는 대안학교(alternative school)의 시도였다. 학교개혁을 위해 모색된 새로운 학교로서 대안학교는 '기본적으로 전통적인 학교가 탈산업사회와 지식정보화 사회에서의 교육적 요구를 제대로 충족시키기에는 한계가 있다.'는 지적에서부터 비롯되었다.

세계 교육의 실태와 문제를 종합적으로 분석한 쿰스(P. Coombs)는 학교 일변도의 교육제도를 벗어나는 길만이 교육을 되살리는 방법이라고 지적하고[10] 있다. 학교 본위의 교육제도를 탈피하고자 하는 노력은 기존의 학교제도를 개혁하여 전통적인 학교의 성격을 깨뜨리려는 것과, 학교 밖에서 사회교육을 확대, 강화시키는 것으로 나타났다. 대안학교가 가지고 있는 기본 특징은 학교가 가지고 있는 제도로서의 기본 기능을 최소한으로 유지하면서 학교교육의 목표를 효과적으로 달성하고자 하는 변형된 학교라는 점에서 전통적 학교에 대한 비판에서부터 비롯된다.

전통적 학교에 대한 비판은 학교교육의 내용과 방법적인 측면, 학교 풍토적 측면, 제도적 기대 면에서 비판할 수 있다(박동준, 1987: 68-70).

먼저, 학교교육의 내용과 방법적인 측면에서 전통적인 학교는 사회의 일반적인 문화유산인 사회의 가치·이념·신념 등을 전수하며 인지기술을 가르쳐 왔다. 그러나 금세기 지속적인 새로운 지식과 정보의 폭발로 전통적인 학교의 권위와 임무에 대한 합당성이 훼손되었다는 것이다. 교육방법적인 비판으로서 홀트(I. Holt)의 지적을 보면, 전통적 학교가 순종만을 요구하는 엄격한 규율, 권위에 좇아 기존 지식을 암기시키는 수동성, 개인차를 무시하는 일제성(一齊性) 등으로 해서 아동의 학습에 대한 호기심을 잃게 하고 자연 발생적인 감정을 파괴시키고 있다는 것이다. 또한 실버만(C. Silberman)과 일리치(Ilich)의 지적에서처럼 학교는 억압, 통제·차별 등이 난무하는 교육의 배반자요, 증오스러운 존재라고 비판하고 있다. 따라서 학교는 학교교육의 목적을 지적 이해, 학습 방법의 습득, 창의성과 탐구력의 신장 및 인지 발달 등에 관심을 가져야 한다는 것이다.

다음으로, 학교풍토 면에서 전통적 및 오늘날의 학교가 받고 있는 비판의 초점은 학교의 대중화와 관료화에 집중된다. 교육의 대중화로 학교 규모는 급격히 과대·과밀

---

10) P. Coombs는 「세계교육의 위기; The World Educational Crisis, 1968」라는 보고서와 유네스코 보고서인 「생존을 위한 학습; Learning to be, 1972」을 통해 교육기관으로서 학교가 이제 막다른 골목에 도달했으며, 교육을 되살리는 길은 학교일변도의 교육제도에서 벗어나는 것임을 지적하고 평생교육의 경향을 소개하였다(김신일, 1988 : 82).

현상과 구성원들의 이질화를 가져왔다. 또한 교육의 관료화로 학교는 개개인의 학생에게 관심을 갖지 않을 뿐 아니라 학교 본래의 목적을 상실하고 관료제도에 봉사하는 기관으로 전락했다. 이러한 학교의 관료화는 행정 우위의 감독과 통제가 난무하는 형식적·지시적 규율이 강화됨으로써 학교가 갖는 전문성과 자율성이 심하게 손상되었다. 그 결과 학교는 시험 보고, 점수 매기고, 등급을 정하고, 통제하고, 벌하는 권위주의적인 풍토가 관습으로 정착하게 되었다는 비판이다.

마지막으로, 제도적 기대 면에서 전통적인 학교교육은 인간이 가진 이상의 하나인 평등을 제도적으로 실현할 수 있는 형평자로 간주되어 왔다. 그러나 학교 비판론자인 젠크스(Jenks)와 그의 동료는 학생들의 성적이 그들의 지능, 사회·경제적 지위, 인종적 배경 등과 더 큰 관계가 있어서 학교교육이 사회 평등에 이바지하기보다는 오히려 불평등을 조장한다고 지적한다. 보울스(Bowles)와 진티스(Gintis)는 학교는 억압적인 자본주의 사회에 필요한 가치와 인성을 재생산함으로써 계급 간 불평등을 조장하고 재생산하고 있다는 것이다.

대안교육을 하는 사람들이 기존의 제도교육에 대해 갖고 있는 비판에 대해 바로우(Barrow, 1978: 5-6)는 "첫째, 학생들에게 참다운 선을 함양시키지 못하며, 둘째, 전통적인 학교가 인간의 본성을 속박하며, 셋째, 학습과 강압이 동시에 이루어지고 있으며, 넷째, 대부분의 학생들을 서열화시키는 시험과 자격증, 그리고 등급화에 시달리고 있다."고 지적한다.

이종태(2001b: 12-14)는 20세기 말에서 21세기 초의 교육이 가지고 있는 근본적인 한계점을 대안교육이 등장하게 된 시대적 배경으로 보고, 다음과 같이 지적하고 있다. 첫째, 종래 산업사회의 패러다임에 부응하여 정착 발달한 현재의 학교체제는 정보화 사회 또는 지식기반 사회에서는 사회적 적합성의 차원에서 위기를 맞게 되었다. 둘째, 산업사회의 가치체제가 전 지구적 생태 위기에 직면하여 정당성을 상실해 가면서 교육 역시 근본적인 정체성의 위기에 직면하게 되었다. 셋째, 개인주의적 세계관에 대한 회의가 확산되면서 교육의 가치지향이나 방식에서 공동체 의식에 주목하였고, 경쟁과 선발 위주의 종래 학교교육에 대한 대안을 모색하게 되었다. 이 밖에도 지나치게

'과학적 합리성'이나 '겉으로 보이는 세계'만을 추구함으로써 영성이나 '보이지 않는 세계'의 중요성을 간과했다는 자각이 기존 학교체제에 대한 다양한 비판(탈학교론, 재생산이론, 신마르크스주의, 저항이론 등)을 넘어 새로운 패러다임의 교육을 모색하기에 이르렀다는 것이다.

학교교육의 발전과정으로서 전통적인 학교에 대한 비판은 일찍이 대안교육이 전개되었던 몇몇 주요국의 대안학교 등장배경에서도 찾아볼 수 있다.

영국의 대안학교는 20세기 초 자유주의학교의 전형으로서 섬머힐 학교가 대표적이다. 이후 다양하게 대안교육이 전개되어 왔으며, 새로운 교육이념과 실천을 지향하는 대안교육의 기본 가정[11]은 다음과 같다.

첫째, 지구를 보호하기 위한 협력 교육실천, 둘째, 인간 간의 '모든' 종류의 경계를 초월하여 서로 협력하고 보호하는 교육 지향, 셋째, 자율성과 자신감, 그리고 독립성을 지닌 인간으로 성장할 수 있도록 돕는 교육, 넷째, 기술공학과 삶의 양식을 앞의 목적에 부합하도록 설계 이용함으로써 지속 가능한 사회를 지향하는 교육, 다섯째, 아동의 미래를 준비하는 차원에서 정치 참여, 권리 의식 등의 '정치 행위'를 새로운 민주적인 방식으로 해 보는 교육, 마지막으로, 모든 변화의 바탕이 되는 영적 변화를 겪도록 하는 것으로 교육(D. Randle, 1989: 54-61)이다.

영국의 대안학교는 크게 자유학교형과 생태학교형 대안학교 유형으로 범주화할 수 있다. 자유학교형으로서 섬머힐은 종래의 학교교육이 지나치게 학생들을 통제·억압하고 교사나 어른중심으로 교육이 이루어지고 있는 현실에서 비롯되었다. 생태학교형 대안학교의 전형으로서 하트랜드의 '작은 학교'는 지역사회의 공동체로서 학교의 역할과 거대학교의 비교육성을 극복하고자 하는 데서 시작되었다. 쿠마르[12]가 전개한

---

11) 1986년 발간한 Green Teacher라는 잡지에 제시한 것이다.

12) 인도 출신의 생태운동가로 영국 슈마허 학회의 회장을 역임했다. 한국에서는 격월간지 「녹색평론」에서 그의 글을 자주 다루고 있다. 번역서로는 그의 저서 「No Destination」을 '사티쉬 쿠마르'라는 책으로 번역한 것이 소개되어 있다(사티쉬 쿠마르, 서울: 한민사, 1997).

'작은 학교'로서 '노스 데본(North Devon)학교' 살리기 운동의 배경(Kumar, 1997: 11-245)을 다음과 같이 표현하고 있다.

"우리는 제도권 교육의 거대한 학교들을 계속 비판만 하고 있을 순 없다. 열 살 난 아이에게 매일 2시간씩의 통학을 강요한다는 것과 2천여 명의 학생들로 북적되는 학교에서 어떻게 전인교육이 이루어질 수 있는가? 학생들은 그저 그 숫자로 매몰되고 서로 알지 못하며, 학생과 관계를 갖지 못하는 환경에서 어떻게 교육을 할 수 있겠는가?"(Kumar, 녹색평론, 1993: 121).

영국의 인간규모 운동을 통해 나타난 작은 학교 운동에서 배울 수 있는 것은 교육다운 교육을 위해서는 작은 규모, 작은 학교를 지향해야 한다는 점이다.

독일은 1990년 갑작스러운 통일과 사회·문화적 환경변화에 직면하여 교육개혁의 필요성이 절실(H. F. Schulen, 1993, 정유성, 전게서: 31-133)해지면서 대안교육이 확산되었다. 이는 1990년대 흡수통합 방식으로 통일이 된 동독지역이 내적 식민지로서 삶의 방식을 자본주의 시장경제 원칙으로 바꾸는 과정에서 적응의 어려움을 대안교육이라는 방식을 통해 시도와 실험을 하고 있기 때문이다. 이러한 학교로는 동베를린 지역의 팡코(Pankow)자유대안학교와 자연학교 타센베르그가 대표적(정유성, 2001a: 120-122)이다.

독일에서 대안교육의 전형은 자유대안학교이다. 자유대안학교 운동의 모체였던 '실험학교(Laborschule)'를 운영자 헌티히(Hentig)는 교육과 학교에 대해 근본적인 성찰을 하였다. 그는 전통적인 학교에 대한 다섯 가지[13] 고정된 사고유형을 비판(Hentig,

---

13) 헌티히는 전통적인 학교의 모습을 다섯 가지로 유형화하였다. 첫째, 길이나 시장 바닥에서 구경으로만 배울 수 없는 특별한 기능이나 지식을 얻는 곳(기술학교). 둘째, 일반 사회와 격리하여 아동들의 성장에 적합하도록 보호하고 육성하는 곳(루소학교). 셋째, 인간을 야만성으로부터 구하거나 새로운 인간으로 만드는 곳(플라톤, 로욜라/마카렌코학교). 넷째, 가정교육에 이어 2차 사회화를 담당하고 수업을 통해 교육하는 곳(홈볼트/페스탈로치/듀이의 수업학교). 다섯째, 사회적

1993: 186－187)하면서, 새로운 사회변화에 적극적으로 대처하기 위한 학교는 그러한 유형들과는 질적으로 달라야 한다고 주장하였다.

헌티히는 새로운 학교와 교육에 대해 "삶과 체험의 터전으로서의 학교(Schule als polis)"를 자신의 교육에 대한 주제로 삼고 학교는 민주적이고 평등하며 다양성이 존중되는 공공성의 체험 장소가 되어야 한다고 주장하였다. 그렇게 되기 위해서는 '인간에 대한 신뢰'와 '상호이해' 그리고 '책임성'에 바탕을 두고 기존의 교육과 학교를 '개선'해 나가고 교육 자체를 '변화'시키는 일, 그리고 이런 모든 것을 위한 교육에 대해 '새롭게 생각하는 일'(정유성, 2001: 90－21 재인용)이 필요하다는 것이다.

이러한 철학에 바탕을 두고 나타난 자유대안학교는 "삶의 터전, 다름과 함께 사는 연습터, 공동체적 삶터, 온전한 사람의 살림터, 작은 세계와 큰 세계의 다리가 되는 겪음터, 배움터로서 학교"(상게서, 91 재인용)로서 의미를 지니고 있다. 또한 자유대안학교14)의 기본원칙으로 "자유(수업참여의 자유, 학교공포로부터 자유, 아무것도 하지 않을 권리로서 활동으로부터 자유, 스스로를 지킬 수 있는 자유, 어른들을 위한 자유, 모두의 합의에 의한 자유의 제한), 연대감 및 공동체성(부모 참여, 연대에 바탕을 둔 평가원칙, 열린학습 집단의 연대, 이상향이나 도피처가 아닌 공동체), 개인성(독자적인 학습과정의 권리, 타인과 다르게 살 권리), 일상의 민주주의" 강령을 신념체제(Mass, 1988: 20, 정유성, 전게서, 91 재인용)하고 있다.

또한 이러한 기본 원칙에 따라 운영되는 자유대안학교의 특성을 조직과 운영, 학습과 생활 면에서 전통적인 학교와 '다른, 또는 새로운 학교'로 규정하고 제시하였다. 조직과 운영 면에서 자유대안학교는 편안함을 느낄 수 있는 '작은 학교', 자율규제의 원칙에 따라 조직 운영되는 학교, 교사와 학부모 그리고 학생들이 주체가 되어 평등·민주적·자율적으로 참여하는 학교로 보았다. 학습과 생활면에서는 다양한 학습기회를 제공하는

요구에 순응하고 교직 및 교육행정가를 먹여 살리는 곳(교육부학교)이다(정유성, 2001: 86 재인용).

14) 자유대안학교 명칭은 당시 발도로프학교 등의 고전적인 대안학교 모델보다도 좀 더 새롭고 '대안적'이라는 뜻을 분명히 하기 위해 '자유대안학교'라고 이름을 붙였다.

'다양성'의 학교(다양한 주제수업 및 자유로운 수업참가), 다양한 학습문화를 보장하는 학교(집중수업부터 실습, 개인 프로젝트 수업 등), 교수법보다는 학습법이 강조되는 자기주도학습의 장으로서 학교, 체험학습과 인지학습 그리고 사회학습을 아우르는 학교, 업적 위주의 평가가 아니라 과정 모두가 평가되는 학교(정유성, 이종태, 1999: 10)이다.

독일에서 대안학교 유형은 매우 다양하다. 발도르프학교,[15] 몬테소리학교,[16] 자유연대(Freinet)학교,[17] 자유대안학교, 그리고 헌티히의 실험학교 등 다양한 대안학교들이 설립, 운영되고 있다.

미국에서 대안교육운동은 공립학교가 등장하면서부터 나타난 획일성에 따른 교육문제를 해결하려는 과정에서 시작되었다. 특히, 공교육체제에 반기를 들고 새로운 학교운동으로 설립된 사립학교조차 기존의 공교육 체제처럼 형식화되자[18]

---

15) 발도르프학교는 슈타이너(R. Steiner)의 인지학에 바탕을 둔 학교이다. 1919년에 개교 이래 전세계적으로 많은 학교가 운영되고 있다. 발도르프학교의 교육목표는 학생들의 영적, 정서적, 육체적 능력을 온전하고 조화롭게 계발시키는 것을 목적으로 삼고 있다. 교과서가 거의 없고, 학생들은 수업 시간에 배운 것은 스스로 노트에 적거나 그림으로 그린다. 학생들로 하여금 수업에 적극적으로 참여하도록 하는데 매우 중요한 역할을 하고 있는 것은 상상력이다. 발도르프학교는 익명성이 지배하는 것이 아니라 서로 만나고 경험할 수 있는 학교, 교사와 학부모, 학생이 함께 꾸며 나가고 만들어 가는 학교이기를 원하는 학교이다(정유성, 1997: 30-32).

16) 몬테소리학교는 몬테소리의 교육사상을 실천하는 학교로, 어린이들이 관찰하고 그것을 바탕으로 어린이들의 성장 발달을 도와주고자 하는 것을 특징으로 한다.

17) 현대 프랑스의 진보주의 교육을 계승시킨 프레네(Freinet) 교육사상에 터한 학교로, 프레네 교육의 30가지 요소에 따르며 '아동에게는 놀이보다 작업이 자연스럽게 나타나는 것으로 아동의 흥미에 부합하는 노작교육에 기초한 수업이 이루어져야 한다.'고 보았다(황성원, 2005: 31-33).

18) 초기에 사립학교 중심의 실험학교교육성과가 1980년대 들어오면서부터 약화되기 시작했다. 그 이유로는 첫째, 재정의 영세성. 둘째, 교육프로그램의 교육학적 미성숙성과 지속적인 교육과정 개발의 한계성. 셋째, 후기산업사회로 접어들면서 교육과 개인에 대한 기대가 보다 전문화되었기 때문이다.

이에 대한 극단적인 반발로 나타난 것이 급진주의 교육학자들에 의해 시도된 섬머힐 같은 실험학교 운동이다.

미국은 대안교육운동을 시점으로 교육수요자로서 학부모나 학생들의 교육선택권이나 대안교육권이 주어졌으며, 현재는 다양한 성격의 대안학교가 운영되고 있다. 대표적으로, 다양한 인종의 문제를 해결하는 방안의 하나로 백인학교와 흑인학교를 통합한다는 진보주의적 실험운동으로서 '마그넷 스쿨(Magnetic school)', 공공기관인 주 정부의 재정적 지원을 받으면서 공립학교에서 개인이나 그룹이 독자적 운영을 하는 협약학교(Chart school)[19]를 들 수 있다.

미국의 대안학교들은 서로 달라 그 특징을 일목요연하게 말하기가 어렵지만, 핵심적인 몇 가지 특징은 다음과 같다(Kazol, 1982, Leue, 1994).

첫째, 대안학교들은 특정한 관점에서 학생을 선발하는 기준을 가진다. 둘째, 관료주의적 행정기구와는 달리 좀 더 작은 형태를 추구한다. 셋째, 전통적 가치보다는 내재적인 가치를 더 중요하게 생각한다. 넷째, 개인차와 인격적 관계를 고려하고 전인적인 발달을 도모한다. 다섯째, 현실적으로 보장된 안정적인 삶을 추구하지는 않는다. 여섯째, 정규학교에 적응하지 못하는 학생에게 적합하다.

특히, 위기청소년들을 대상으로 하는 대안학교에서의 보고서와 면담을 살펴볼 때, 미국에서의 성공적인 대안학교들은 다음과 같은 특징적인 요소들을 많이 갖고 있다. "①명확한 목표와 임무(헌장), ②주류의 일반학교에 비해 적은 학생 수(enrollment), ③주류의 일반학교에 비해 교사 1인당 낮은 학생비율, ④교사와 학생 간에 좀 더 비공식적이고 인격적인 관계, 그리고 가족적인 분위기, ⑤학생들에 대해 상담자, 멘토, 개인교사(tutor)로서 책임지는 교사, ⑥공정하고 일관성 있게 적용되는 명확한 학교 규칙, ⑦개인적인 책무성과 책임이 강조되어 수반되는 높은 행위기준과 출석률 그리고

---

19) 협약학교란 미국의 차터 스쿨(Charter school)을 말하는 것이다. 협약학교 운동은 "교육수요자들의 다양한 필요에 따른 교육기회의 제공, 학교선택제 실시, 교육결과에 대한 학교의 책임"을 그 이상으로 하여 출발하였다(서정화 외 4, 2003: 452-454). 협약학교(Chart school)는 종종 헌장학교로 쓰기도 하나, 이하에서는 협약학교로 쓰고자 한다.

학업수행(performance), ⑧'실제 적용되는', '경험적', '통합된 것'으로서 교육과정이 교과목 간, 그리고 학교와 지역사회 또는 직업 세계와 연계된 것, ⑨학교 안에서 학생들의 목소리(voice)가 작동(operations)한다. ⑩학생들 자신의 페이스에 맞게 활동할 수 있는 유연한 계획이 준비되어 있다. (C. PagLin & J. Fager, 1997:7 재인용)." 이는 한국의 재적응형 특성화 대안학교에서 시사받을 수 있는 점이기도 하다.

미국의 대안교육은 어떻게 하면 공립학교 교육을 새롭게 변화시킬 것인가에 대한 초점과 해결책이 모아지기 시작하면서 공립학교 체제를 바꾸는 식의 새로운 대안적인 학교운동이 나타난 것이다. 협약학교, 마그넷 스쿨 등이 대표적이다.

그렇지만 미국은 현재 대안교육 자체에 대한 논의가 활발하지 못한 실정이며, 일반 공교육에 대한 보완 내지 대체로서의 순수한 대안교육은 찾아보기 힘들다. 왜냐하면, 1960~1980년대에 활발했던 대안교육 요소들이 일반 공교육에 이미 스며들어 있기 때문이다. 이러한 점에서 가리슨(Garrison, 1987)은 "미국 교육은 무수한 대안적인 학교프로그램의 집합적인 결과"라고 표현하고 있다.

미국의 대안교육의 역사로 볼 때, "대안교육은 고도로 분화된 사회에서 본질적으로 교육체제의 건강을 위해 많은 다양한 대안들이 나타난다(C. PagLin & J. Fager, 전게서, 4)"는 주장이 시사하듯 사회변화에 따른 학교유형의 대처라는 측면에서 대안교육 및 대안학교의 등장배경을 이해할 수 있다.

이상의 논의를 통해 볼 때, 대안교육 및 대안학교는 사회변화에 따른 학교교육의 전개와 관련하여 전통적인 학교교육에 대한 비판에서 등장하였다. 특히 21세기 지식정보화 사회에 부응하고, 사회변화에 적극적으로 대처하기 위해 나타난 시대적 필연이라고 볼 수 있다.

이는 이종태(2001: 15)가 근대 문명에 대한 비판과 공교육의 문제를 극복하고자 하는 차원에서 등장한 대안교육을 "인류사의 필연적인 수순이라고 할 만하며, 거시적으로 보아 그것은 근대 문명의 한계를 스스로 교정하고자 하는 인류의 노력"으로 본 것과 상통한다. 또한 '사회변화에 따른 고도로 분화된 사회에서 교육체제의 건강을 위해 많은 다양한 대안들이 나타난다(C. PagLin & J. Fager)는 관점에서, 현재의 대안교육 및 대안학교는 학교의 발전과정 및 사회변화에 적극 대처하기 위한 시대적 요청으로 이해할 수 있다.

나. 교육개혁방안

대통령 자문 교육개혁위원회(교육부, 1995.5.31)는 급변하는 국제사회에 대처하기 위한 교육의 과제를 문명사적 시각에서 신교육체제[20]로 발표하였다. 당시 문명의 대전환에 대한 시각은 산업사회의 쓰라린 전철의 역사를 통해 다가오는 지식정보사회는 허리띠를 동여매고 대처해야 한다는 것이다. 또한 이는 미래 사회의 변화를 예고하고 있는 세계화 시대의 역사적 대전환과 함께 국가 생존전략 및 발전전략으로서 대응책이다. 따라서 신교육체제는 지식정보사회, 세계화의 시기에 대담한 교육개혁, 아니 교육혁명 없이는 새로운 문명의 중심권에 설 수 없다는 절박감에서 비롯되었다.

당시 정부는 정보화 사회와 세계화 시대 도래에 따른 교육적인 의미를 다음과 같이 규정하였다. 정보화 사회의 교육적 의미는 "지식의 급증으로 국민공통기본교육의 상향 조정, 생업교육을 중등교육에서 고등교육 수준으로 상향 조정, 성인의 재교육 과정으로서 계속교육과 평생교육의 강화, 전통적인 교육제도 운용과 교육내용 및 교육방법 등에 혁명적인 변화"를 내포하고 있다. 세계화 시대의 교육적 의미는 "세계수준으로 질적 도약, 고유한 전통문화에 대한 교육적 관심과 노력 강화, 열린 마음과 문화 의식 그리고 국제적 의사소통 능력, 권한 위임을 통한 자율과 분권의 원리 실천"을 요구하고 있다.

특히 당시 한국교육을 진단한 결과를 보면, 교육이 1960-70년대 국가발전의 원동력이 되어 왔음에도 "암기 위주의 입시교육, 입시지옥에 사장된 창의성, 값싼 학교교육과 과중한 사교육비의 고통, 획일적 규제 위주의 교육행정, 입시 위주의 교육으로 인한

---

20) '신교육체제' 수립을 위한 교육개혁방안(Ⅰ)을 이른바 '5. 31 교육개혁안'이라 한다. 대안학교가 등장하게 되는 특성과 관련된 학교유형의 다양화, 교육내용의 특성화, 학교 운영의 자율화 내용을 제시하였다.

도덕교육의 상실"의 문제는 '한국교육 이대로는 안 된다.'는 위기의식을 갖게 된 것이다.

이러한 시기에 우리 국민이 안고 있는 교육 고통을 해결하고 새로운 문명의 도전에 효과적으로 대응하기 위한 해결책으로 나타난 것이 신교육체제, 이른바 "5·31 교육개혁안"이다.

신교육체제의 기본 특징으로 제시된 학교교육의 주요 핵심은 "학습자 중심 교육, 교육의 다양화, 자율과 책무성에 바탕을 둔 학교 운영"이다. 즉 학교 및 교원 그리고 교육행정기관의 편의중심 교육에서 교육공급자 간의 다양한 교육프로그램 경쟁을 통해 학생과 학부모의 교육선택권을 확대하는 학습자 중심의 교육을 추구한다. 또한 종래의 획일적이고 서열화된 교육에서 벗어나 다양한 교육프로그램과 특성화된 학교를 설치 · 운영함으로써 학생의 잠재능력을 계발하고 창의력과 인성을 함양한다. 나아가 규제와 통제중심의 학교 운영에서 벗어나 개별 단위학교의 자율과 책무성 중심의 학교 운영으로 전환하며, 학부모 및 학교 관련 인사의 자발적 참여에 의한 효율적인 학교 운영을 지향하는 것이다.

학교교육의 다양화, 특성화, 자율화를 통한 학습자 중심 교육, 교육선택권 확대, 자율과 책무성 증진의 교육개혁안은 학교교육을 포함한 평생교육 전반에 추진되었다. 초·중등교육 및 대안학교 교육과 관련된 방안은 다음과 같다.

열린교육체제의 제도적 기반을 구축하는 방안의 하나로 각종 교육기관(학교, 사회교육기관, 원격교육기관)의 교육프로그램을 다양화시켜 교육수요자의 선택권을 높이고, 기관끼리 경쟁을 통해 교육의 질을 향상하도록 한다. 학생의 다양성을 중시하는 교육과정의 편성 · 운영(고교필수과목 줄이고 2학년 때 다양한 선택과정 강화, 진로 및 상담교사, 순회교사, 시간제교사, 산학겸임교사, 복수전공교사 등 활성화, 이동식 수업 도입)으로 창의성을 함양한다. 또한 학생이 중심이 되는 학습(토론학습, 탐구학습, 실험 및 실습학습, 문제해결학습, 학습하는 방법학습)을 정착하여 자기주도적 학습능력을 향상하고 개별화 학습(첨단 정보통신기술 활용의 원격교육, 흥미와 적성에 따라 학습할 수 있는 교육용 소프트웨어 개발·활용)으로 개인의 다양성을 중시하는 교육방법을 확립하는 것이다.

학교시설 설비기준을 학교의 특성에 따라 다양화하고, 고등학교 설립의 준칙주의를 시행하여 다양한 형태의 특성화된 고등학교(예: 국제고, 정보고, 디자인고, 학습부진아 전담학교 등)가 설립될 수 있도록 한다. 또한 정원의 범위 내에서 학군 내 일반계, 실업계 및 특수목적고등학교 간 전학을 허용한다. 학교설립준칙주의에 따라 다양한 형태의 예술계 학교 설립 및 다양한 교육과정 운영으로 예술교육을 특성화한다. 이로써 고등학교 유형의 다양화는 물론 중등교육의 다양화와 특성화를 기하고, 나아가 학습자의 다양한 개성을 존중하는 초·중등교육 운영으로 학교선택권을 부여하는 것이다.

초·중등학교의 학생 선발방식을 개선하여 1996년부터 중학교 학교 내 희망교를 복수 신청받아 추첨·배정하게 한다. 학생에게 학교선택권을 부여하기 위해 1996년부터 학군 내 선 복수지원 후 추첨 방식에 따라 학생을 선발한다.

결국 5·31교육개혁안은 문명사적 전환점에서 한국교육의 고질적인 병폐를 극복하고 국가 경쟁력의 전략으로 추진되었다. 5·31 교육개혁안에 나타난 중등교육 혁신의 핵심은 학교유형의 다양화, 교육과정의 특성화, 학교 운영의 자율화에 있다. 이러한 학교교육의 다양화, 특성화, 자율화의 추진 선상에서 대안학교가 제도적으로 수용될 수 있었던 것이다.

다. 대안교육운동

한국에서 대안교육은 20세기에 들어 보편화된 근대 교육이 애초에 기대했던 것과는 다른 근본적인 문제들을 안고 있다는 인식에서 대두되었다. 특히 산업사회의 노동력 양성을 위한 훈련과 통제를 주요 기능으로 하여 확립된 공교육제도가 개개인의 다양성을 고려하기보다는 획일화된 기준과 내용, 방법에 의존함으로써 교육적 소외와 비인간화 가능성을 지니고 있었기 때문이다.

한국에서 특성화 대안학교가 등장하게 되는 배경으로서 학교교육의 문제는 공교육의 중앙집권적이고 획일적인 교육체제로 인해 나타난 학교붕괴의 위기에서 찾을 수 있다.

특히, 중앙집권적이고 획일적인 공교육의 구조는 입시 위주의 학교교육, 거대학교 및 과밀학급, 과열·과당의 경쟁교육, 교육의 관료화로 나타났다. 또한 이러한 요인들은 교육 및 학교 현장에 전인교육 소홀, 교육적 관계 단절, 비인간화 교육, 통제 위주의 교육행정, 개별성 무시의 교육 등의 교육의 근본 문제로 이어졌다.

이 같은 맥락에서 김영화 외(2001, 20-21)는 한국 사회에서 대안교육운동이나 대안학교에 대한 요구는 다양성을 추구하고 개성을 존중해야 하는 시기에 획일성과 통제성, 그리고 몰개성을 강요하는 교육 및 사회구조에서 비롯되는 자연스러운 현상으로 지적하고 있다.

또한 전통적인 학교나 오늘날의 학교가 풍토 면에서 비판을 받고 있는 핵심은 학교의 대중화와 관료화에서 오는 교육의 비인간화 현상이다.

학교조직의 관료화에 따른 문제를 행정체계에서 수업상황, 나아가 교직풍토 면이라는 시·공간적 스펙트럼상으로 살펴보면 다음과 같다.

첫째, 교육행정 체계로 볼 때, 관료적 권위주의는 교육 조직 성원 간의 인간관계가 형식화되고 지배 관계로 변하게 된다. 동시에 업무에 있어서도 경직성이 심화되어 교육조직의 특수성과는 상반되는 문제를 안고 있다. 즉 행정우위의 감독과 통제, 형식적이고 지시적인 규율이 강화되어 학교가 가진 전문성과 자율성이 심각하게 손상되어 관료주의적 풍토가 학교의 관습으로 자리 잡게 된다.

둘째, 학교조직의 관료화는 효율성적 합리성을 강조하게 되고, 학교 규모의 과대화 및 학급 집단의 과밀화로 나타나게 된다. 이것은 곧바로 수업 상황에서 교육내용의 획일화 및 몰개성화라는 비인간화 경향의 부정적 결과로 이어지게 된다.

셋째, 학교조직의 관료화는 인간중심 교육보다는 기술지배 원리가 존중됨으로써 인간의 주체성과 자율성 그리고 창조성보다는 복종성과 이중성 그리고 과잉 동조적이고 스트레오타입적인 성향을 요구하게 된다. 이인효(1990)가 인문계 고등학교 교직 문화를 '유능성'과 '복종성'으로 분석한 것은 교직사회의 관료화에 따른 복종 문화적 현실을 잘 나타내어 주고 있다.

또한 학력사회의 치열한 학력 경쟁도 대안적 교육을 가져온 배경으로 볼 수 있다.

현대사회에서 학력은 지위 획득을 위한 합법적인 사다리로 인정받고 있다. 학력사회란 사람들의 사회적 지위를 결정하는 데 있어서 학력의 힘이 상대적으로 큰 영향을 미치는 사회이다. 현실적으로 고학력 사회란 직업적 필요 이상의 학력을 가지고 있음을 암시하는 부정적인 의미로 쓰이고 있다. 고학력 사회에 대한 문제는 고학력 경쟁을 위한 준비 과정에서 나타나는 재수생 문제 및 과열 과외, 입시 위주의 학교교육의 문제 등과 고학력을 획득한 다음의 고학력 실업 문제, 학력 인플레의 문제 등이다.

고학력사회가 잉태하는 문제가 보여주듯이 한국은 교육경쟁이 치열한 사회이며, 경쟁사회에 대한 믿음은 우리의 학교와 교육에 뿌리박혀 있는 듯하다. "경쟁사회에 대한 신화는 경쟁을 굉장한 동기유발 체제라고 믿는 또 다른 형태로 학교에 팽배되어 있다."는 콤스(A. W. Combs)의 표현처럼 지나친 경쟁 위주의 학교 현장과 입시 위주의 모습을 단적으로 지적해 주고 있다.

한국 사회의 지나친 교육경쟁에 의한 고학력 사회의 문제, 입시 위주의 학교교육에 따른 비인간화의 문제의 바탕에는 잘못된 우리의 교육열이 자리 잡고 있으며, 이는 참된 교육관에 의해 승화되어야 한다. 한국의 교육열의 특성은 첫째, 교사의 교육열이 핵심이 아니라는 점에서 교육애와 다르다. 즉 한국인의 교육열은 부모의 자녀 교육열이다. 둘째, 우리의 교육열은 학교교육열이다. 학원이나 과외에 대한 욕구가 높은 것도 성적을 올리기 위한 것이기 때문에 학교교육열에 대한 표현이다. 셋째, 우리의 교육열은 자녀를 통한 성취욕이 포함되어 있다. 자녀를 위한다는 명분 속에는 부모의 체면, 부모 도리의 다함, 노후에 돌아올 반대급부에 대한 기대치, 다른 사람들에 대한 자녀 자랑과 그를 통한 대리 만족까지 포함되어 있다.

물론 이러한 교육열에 따른 학벌, 학력주의는 신분이나 혈통에 대치한 합리적인 충원 방식으로서 학교교육을 팽배시키고 근대화를 촉진시킨 긍정적인 역할도 담당하였으나 과도한 교육열과 고학력자를 과잉 배출시킨 역기능도 낳았던 것이다.

이러한 점에서 대안교육의 대두는 근대 문명에 대한 근본적인 반성으로서 포스트모더니즘이 대두된 것과 같은 맥락을 갖는다.

일찍이 김여수(1982)는 '산업사회의 위기와 대안적 문명의 모색'이라는 글에서 산업사회의 빛과 그늘을 통해 산업사회의 어두운 미래를 분석하고, 우리가 추구해야 할 대안적 문명을 "로울스의 평등주의적 사회정의관, 공동체 윤리, 생태주의적 지혜, 삶의 내면화"에서 찾고 있다.

학교교육의 문제와 관련하여 학교교육에 대한 비판은 늘 있어 왔지만, 획일성과 비인간화 등 학교제도에 대한 근본적인 문제의식은 1970년대 중반 이후 몇 권의 비판적인 교육 수상집이 출간되면서부터 논의되기 시작하였다. 이 당시 탈학교론(학교는 죽었다, 교육을 잃은 사회, 교실의 위기 등)이나 인본주의적인 학교교육 비판서들[21]이 번역 출간되었으며, 1980년대에 접어들면서 마르크스주의적 성향의 급진적 비판서들도 소개되었다. 1984년 출판된 '자본주의 사회의 교육'(이규환·강순원 편, 창작과 비평사), 1988년 '교과서와 이데올로기'(윤구병 편, 천지사) 등은 교육계뿐만 아니라 교육에 관심이 있는 지식인들에게 한국교육에 대한 비판적 의식과 새로운 대안을 갖게 하였다. 이러한 비판서들은 대안적인 학교의 모색보다는 기존 학교교육의 개혁과 맞물려 사회개혁에 관심을 집중시키는 계기가 되었다.

또한, 1980년대 한국사회의 구조적 문제를 바탕으로 학교교육의 문제를 학교 현장의 교사들이 제기하였다. 이들은 갈등론적 시각에서 '학교는 단지 가치 있는 지식만을 가르치는 곳이 아니라 기존 사회의 잘못된 가치와 의식을 학생들에게 주입하는 곳이며, 그것을 통해 학교가 사회질서를 유지하기 위한 도구가 되고 있다.'는 인식을 갖게 된 것이다. 그들은 1980년대 중반에 이르러 집단적이고 공개적으로 한국교육이 안고 있는 문제를 제기하였다. 그 핵심은 학교교육과 관련하여 열악한 교육 여건과 입시 위주의 주입식 교육으로 인한 학생들의 불행한 삶에 주목하였다는 점에 의미가 있다. 교사들의 이러한 인식은 1985년에 출간되어 필화사건을 일으킨 '민중교육1'에 담겨 있으며, 당시 교육계에 커다란 파문을 일으켰다.

이러한 흐름과 인식을 바탕으로 한 교사들은 홍익인간이라는 교육이념의 대안으로서

---

21) 파울로 프레이리의 '교육과 의식화'가 1978년 번역·소개(채광석·심지연, 도서출판 새밭)된 것이 대표적이다.

민족교육, 민주교육, 인간화 교육의 기치를 참교육으로 내걸고 이를 교육내용과 방법에서 실천적으로 반영하고자 하였다. 나아가, 기존 교육체제를 구조적으로 변화시키기 위한 노력을 기울인 끝에 1989년 전국교직원노동조합을 결성하였다.

학교 현장에서 교사들의 이러한 노력은 한국교육이 안고 있는 문제를 사회적으로 심도 있게 이해시키는 계기가 되었고, 1990년대 초 교육환경 개선을 위한 재정 투자 확대를 가능하게 하였다. 나아가 1994년 이후 정부 차원의 대대적인 교육개혁 추진을 위한 사회적인 분위기를 형성하였다. 또한 학교 안에서 새로운 교육이념과 방법의 실천은 학생들에게 새로운 시야와 경험을 열어 주었을 뿐만 아니라, 열린교육에도 커다란 기여를 하였다. 1980~1990년 초, 교사들의 이러한 시도는 자연스럽게 대안교육의 흐름과도 연결되게 되었다.

1990년대에 들어오면서 세계화와 정보화, 다양화에 따른 생활세계의 급격한 변화는 사회의 이질화 심화, 가정의 교육적 기능 약화, 사회의 유해환경 증가, 정보화의 역기능으로 인한 학생 통제문제를 야기했으며, 사회적으로는 교육의 기능도 약화되었다. 무엇보다도 당시 사회문제가 되었던 것은 해마다 100여 명 이상의 학생들이 입시와 성적 등의 문제로 자살을 택하거나 수만 명의 학생들이 가출이나 학교에서 중도 탈락하는 등 학교교육의 문제가 더욱 심각해져 사회문제화되었다는 것이다.

김인회(1995, 8)는 우리가 살고 있는 현재의 상황과 조건들이 과거와 비교할 수 없을 정도로 크게 변하였으나, 유독 학교교육의 체질과 풍토만은 놀라울 만큼 1세기 전 또는 반세기 전과 거의 닮았다고 지적하였다. 그러면서 한국의 학교교육의 결과에 대해 "사람과 세계에 대한 일차적 관심 고갈로 비인간적인 생활형태 정착, 이질적인 대상에 대한 배타적 정서 확산으로 다양성 결여 및 자기중심적인 인간관 팽배, 따라서 상부상조하면서 공존하는 지혜와 적응력이 부족한 상태로 오로지 경쟁에만 몰두하는 우리 사회의 생활양태가 초·중등학교 교실문화에 그대로 배어 있다."고 하였다.

김정환(1997, 90-91)은 전인교육의 필요성과 관련하여 전통적인 학교교육 문제점을 "하류층 자녀들에게 불리한 계층교육, 학교가 인간교육보다 기능교육 강조, 적자생존의 원리를 지나치게 강조하는 경쟁교육, 주어진 환경에 순응하는 체제교육, 교육의 공공성을 명분으로 각종 규제 난무의 폐쇄교육, 교실과 교육방식에서의 억압교육, 비인간화 교육"으로 지적하였다.

이러한 상황에서 1995년 5·31 교육개혁과 더불어 시민단체가 중심이 된 교육개혁에 대한 캠페인과 함께 시민포럼이 열리게 되었다. 포럼은 교육개혁과 교육자치를 위한 시민회의가 주관하고 대한 YWCA연합회, 인간교육실현 학부모연대, 한국지역사회교육중앙협의회, 한국 YMCA전국연맹, 흥사단, 동아일보사가 공동 주최하였다. 인간교육 캠페인을 '이제 그만 아이들을 입시에서 풀어 주자!'(1995년 시민포럼 5-13)와 1996년 경쟁교육에서 인간교육이라는 '인간성을 되살리는 교육: 더불어 사는 삶'을 슬로건으로 한 인간교육실천의 시민포럼(시민포럼 14)을 전개하였다.

당시 시민포럼 5~13까지 주제를 보면, 「시민포럼 5 "교육개혁의 걸림돌, 무엇인가?", 시민포럼 6 "교개위, 교육개혁방안에 대한 우리의 견해", 시민포럼 7 "학부모의 교육개혁 참여", 시민포럼 8 "학습자의 교육선택권은 실질적으로 보장되어야 한다", 시민포럼 9 "교육법, 어떻게 고쳐야 하나?", 시민포럼 10 "교육개혁을 위한 교사의 참여", 시민포럼 11 "교육개혁과 새로운 청소년 단체활동을 위하여", 시민포럼 12 "청소년 자원봉사활동의 의의와 역할", 시민포럼 13 "교육개혁 어디까지 왔나?"」이다. 교육개혁에 대한 열망으로 이제까지 학교교육에서 소외되어 왔던 학생과 학부모는 물론 시민들의 교육선택권 보장과 참여를 촉구하는 계기가 되었다.

시민포럼 5에서 이상희(1995, 32-33)는 특히 한국사회의 비교육적 상황을 "'경쟁사회는 비교육적이다.'란 전제로 '상호협력'과 '상호부조'를 교육목표로 하고 '개성과 특성을 찾아서 모든 학생을 승리자'로 하는 학교개혁"을 주장하였다. 그리고 한국사회의 비교육적 교육환경 사슬을 끊는 일은 정부 혼자만이 아니라, 학교 당국과 교육자, 기업과 학부모, 모든 시민과 전 사회가 힘을 합해야만 이루어질 수 있다면서 시민의 참여를 촉구하였다. 시민포럼에서는 "교육개혁의 걸림돌에 대한 인식, 교육개혁방안에 대한 각 교육주체들의 입장, 학부모의 교육개혁 참여, 학습자의 교육선택권 보장, 개혁을 위한 교육법, 교육개혁을 위한 교사 참여 등"이 다양하게 논의되었다. 시민포럼의 주체는 각계각층으로 구성되었지만 공통점은 학부모 운동이라는 점이다. 교육에 대한 주민 자치, 생활 자치로서 교육문화를 새로운 사회운동으로 인식한 것이다.

이 당시 한국의 대안교육운동과 관련하여 주목되는 일은 학교교육뿐만 아니라 총체적인 교육의 위기 상황을 인식하고 1990년 초·중반에 교회나 학교에서 각기 소모임 또는 캠프 형태로 새로운 교육이념과 방법을 모색했다는 점이다. 나아가, 이들은 1995년 초에 오면서 상호연대를 위한 모임을 갖게 되었다.

최초의 모임은 1995년 2월 25~26일 대전 유성에서 열렸다. 이 모임은 이른바 "새로운 학교를 꿈꾸는 사람들"이 그저 학교를 벗어나 작은 집단을 이루어 조금씩 실험적인 교육현장을 만들어 가는 정도였다(정유성, 1999: 14). 17개 소모임에서 47명이 참가하였는데 구체적인 동기는 서로 달랐으나 생태주의적 세계관과 공동체적 삶, 자유와 자율에 기초한 교육이라는 공통적 지향점을 확인하였다. 여기서는 '새로운 학교를 만드는 모임'이라는 명칭을 정하는 한편 연대의 확산을 위한 방안을 협의하였다. 두 번째 모임은 1996년 1월 27~28일 대전에서 열린 '새로운 학교를 만드는 모임'으로, 수지모임의 후속작업으로 대안교육 관련 사례발표회 개최와 사례집 발간 등이 논의되었다. 이로써 대안교육이 운동 차원으로 확대되기 시작하였다.

한편, 학교교육에 대한 위기의식이 학자들과 교사집단 사이에도 널리 퍼져 가는 상황에서 1990년대 초부터 여러 언론매체에 소개된 대안적인 교육실천 학교22)들은 대안교육이 확산되는 또 하나의 계기가 되었다.

---

22) 당시에 거창고등학교와 샛별초등학교, 홍성의 풀무농업고등기술학교, 영광의 영산성지고등학교, 그리고 열린교육 등의 사례가 방송에 방영되었다. 중앙일보('96.8~9)의 '대안교육의 현장 연재', 한겨레신문('96.10~'97.3)의 '대안교육이 열린다.' 연재 기사 등이다.

<표 I - 3> 한국의 대안교육운동 발전과정

시 기	모임명	장 소	내 용	의 의
1995. 2. 25~26.	새로운 학교를 꿈꾸는 사람들의[23] 모임	대전 유성	연대의 확산을 위한 방안 협의. 모임명을 '새로운 학교를 만드는 모임'으로 정함	최초의 모임 대안교육 실무자들의 자발적인 모임. 이를 계기로 대안교육이 하나의 운동차원으로 확대되기 시작함
1995. 7. 4~5.	대안교육 모색을 위한 워크샵	경기도 수지	대안교육 사례발표와 확산 가능성 토의	2월 모임과는 다른 맥락에서 대안교육의 확산을 위한 계기. 실무자들에 의한 모임 - 서울 평화교육센터 주최
1996. 1. 6.	새로운 교육문화를 만드는 그물 모임(임시)	동숭동 크리스찬 아카데미 회의실	새로운 교육문화 연구모임, 교육·학교 실천모임, 교육과정 개발 모임 등 3개의 모임으로 구성된 새로운 교육문화를 만드는 그물모임을 제안 논의	- 수지 모임의 후속 모임 - 각 그물모임 정례화, 일꾼과 총무를 정해 행사 주관, 정보공유의 통신망 마련 - '새로운 교육문화 큰잔치' 계획, 대안교육현장 교육기행 구상, 학술세미나 계획
1996. 1. 27~28.	두 번째 새로운 학교를 만드는모임	대전 가톨릭 농민 회관	새로운 학교문화를 만드는 그물 모임 제안과 논의. '성주학교 세우기와 간디농장과 새로운 학교 만들기'제안	- 정보교류 및 연락의 네트워크 구성. - 지역모임의 활성화 계기. - 평화교육센터가 그물모임의 심부름꾼을 자청하고 나섬
1996. 8. 16~17.	대안교육 한마당 개최	고려대 인촌 기념관	대안학교 사례 소개, '대안교육운동의 어제, 오늘 그리고 내일이라는 주제'의 발제, 앞으로 활동방향 토의 및 제안	- 연대활동의 강화 위해 그물모임(새로운 교육문화를 만드는 그물모임에서 명칭변경)준비모임 구성 - 대안교육에 관한 일반의 관심이 충족되는 계기 됨. 평화교육센터가 개최
1996. 11. 9.	대안교육 그물모임 준비모임	사당동 공동 육아 연구원	대안교육 그물모임의 성격 논의 및 규정 대안교육의 당면과제 논의, 대안교육 심포지엄 개최 준비에 대한 합의	- 새로운 학교를 만드는 모임의 성격이 실천가들의 실천적 모임의 성격이었던 데에 비해 대안교육 그물모임의 성격은 이론과 실천을 종합한 형태의 성격으로 전환계기

---

23) 최초의 대안교육운동가들의 모임은 '새로운 학교를 꿈꾸는 사람들의 모임'에서 비롯되어 두 번째 모임부터는 '새로운 학교를 만드는 모임'으로 명칭을 확정하였다. 두 번째 모임기록에 따르면, "이름은 '새로운 학교를 만드는 모임'으로 분명히 하고 다시는 말하지는 말자."는 것(김희동, 1996)으로 보아 명칭결정에 따른 갈등이 있었던 것 같다. 특성화 대안학교 설립 인가 후 대안교육계의 공식 모임은 인가받은 특성화 대안학교협의체로서 '한국대안학교협의회'와 미인가 대안교육기관들의 연대인 '대안교육연대'로 이어져 오고 있다. 대안교육연대는 1999년 10월 3일 '사람과 삶과 세상을 되살리는 교육을 통한 새로운 사회를 만든다.'는 목적으로 조직되었다.

시 기	모임명	장 소	내 용	의 의
1997. 1. 9.	심포지엄 준비모임	사당동 공동 육아 연구원	·심포지엄의 목표와 내용, 날짜 및 장소 등 준비 논의 ·목표: 사회적 호응과 대안교육 에 대한 사회적 편견, 오해를 바꾸기 위함 ·내용: 현 대안학교들이 위치할 수 있었던 과정과 그들의 지 향점을 시간의 흐름으로 보여 주고 구체적인 사례제시, 교육 부 관료 및 학자, 기자들 의견 듣고자 함	·공동의 논의, 대안교육이 제도권 교육 과 무관하며 상반되는 것처럼 비추어 지는 것을 우려함 ·제도권 외이지만 바람직한 교육내용과 프로그램을 가지고 운영되고 있음을 인식시키는 데 동의 ·학교설립 시 제도의 벽에 부딪치는 어려움 공감 ·법적인 체계는 없지만 사회적으로 유 화적인 제도를 인정하여 줄여 나가는 방향을 숙고. ·이론적 심화보다 운동의 실천을 이루 려고 함
1997. 2. 26.	확대 그물모임 준비위	서울대 호암생활관	대안학교 관계자들의 모임을 통 해서 현재 상황 점검, 향후 계 획과 정보교환, 교육정책동향, 변화를 논의, 학교설립에 대한 경험 공유	교육부의 대안교육에 대한 관심과 정책 변화

※ 자료는 김희동(1996)의 '새로운 학교를 만드는 모임'(두 번째), '새로운 교육문화를 만드는 그물모임' 자료, 송순재(2005), 송혜정 (2000), 권태희(2002: 32−35)를 참조하였음.

이러한 관심이 결집되어 '대안교육 모색을 위한 워크샵'[24] 개최와 제1회 '대안교육 한마당' 행사[25]도 이루어졌다.

아울러 대안교육 모임을 통해 연대 활동을 강화하기 위한 '대안교육 그물모임' 준비모임도 구성되었다. 이 밖에도 1996년에는 전라도 광주지역에서 새로운 학교 설립준비모임이 결성되었고, 원불교와 가톨릭을 중심으로 중도탈락 학생을 위한 대안적인 학교를 설립하기 위한 노력이 여러 곳에서 가시화되었다. 1990년대 중반, 대안교육실천운동가들의 활동들을 정리하면 <표Ⅰ−3>과 같다.

---

24) 1995년 7월 4~5일, 서울평화교육센터가 주관이 되어 수지에서 새로운 교육에 관심 있는 교사들과 학자, 교육실천가 등 많은 사람들이 모여 대안교육 실천학교들의 사례를 듣고 그 확산 가능성을 토의하였다.

25) 1996년 8월 고려대학교에서 제1회 '대안교육 한마당' 행사 개최로 다양한 대안교육 실천사례를 발표 및 이를 묶은 사례집 <대안학교의 모델과 실천>을 출간하였다(이종태, 2001b: 136−139). 두 번째 '대안교육 한마당' 행사는 1997년 7월 23~24일 성공회대학교에서 개최되었다.

결국, 1990대 중반 생활세계의 급격한 변화와 학교교육에 대한 불신 팽배로 학교중도탈락 및 비행 증가, 학교부적응 및 탈학교 경향 속에서 대안문명 및 대안교육운동은 새로운 학교로서의 대안학교에 대한 열망으로 집중되었다.

라. 학교중도탈락자 예방대책

전통적인 학교교육의 문제와 한국 특유의 획일적·관료적·입시 위주의 교육상황은 1980년대 사회변화로 볼 때 중등학교 학생들의 의식과는 굉장한 괴리가 있었다. 특히, 1980년대 중반 이후 중·고등학생들의 성적 비관 자살에 대한 보도[26]는 사회문제로 등장하게 되었고, 이후 중·고생 청소년들의 학교 중퇴현상은 또 하나의 심각한 사회문제로 제기되었다.

이후 1990년대에 오면서 교육정책자문회의(1992, 4)가 한국교육의 주요 문제점으로 8가지를 지적하였는데, 그 한가지로 학생의 소외와 비행의 증가로 학생 부적응 행위의 사회문제화에 주목하게 된 것이다.

1996년 12월 10일 발표된 학교중도탈락자예방대책에서 교육부가 파악한 중퇴생은 한 해에 7~8만 명(전체 중·고교생의 1.7%) 정도였다. 통계적으로는 서구국가들에 비해 그 심각성이 덜한 것으로 생각되고 있으나, 이들 중 상당수가 비행 등과 연계되고 있다는 점에서 중대한 사회문제로 진단되었다. 특히 입시 위주의 획일적인 학교교육의 병폐는 성적이 중하위권인 학생은 물론 상당수의 학생들을 학교생활에 흥미를 잃은 잠재적 중퇴생으로 만들고 있다는 점에서 학교교육 전반에 대한 획기적인 대안 모색이 요청되고 있는 시점이었다.

당시 교육부가 진단한 학교중도탈락의 학교 요인으로는 교육제도상 '교육과정의 획일적인 적용과 운영 그리고 정형화되어 있는 학교 모형'이었다. 즉, 교육과정이 개별 학생들의 학업수준, 적성, 흥미에 관계없이 획일적으로 적용되도록 되어 있어 학교

---

26) 1986년 5~6월 2개월간 신문에 보도된 '중고생 성적비관 자살자'가 13명에 이르고, '가정 조선' 1986년 8월호에 '청소년 자살 두고만 볼 것인가'가 게재된 바 있다.

현장은 부적응학생 문제에 대하여 다양하고 능동적인 교육조치를 취할 수 없는 실정이라는 것이다. 정형화된 교육에 적응하지 못하는 학생들을 위한 대안적 교육수요와 새로이 부상되는 대중적 문화수요를 정규교육으로 수용할 수 있는 학교체제가 정립되어 있지 못하다는 것이다. 또한 학교 운영상 문제점으로는 '교과목 수업 중심의 교육과정 운영'이 주된 것으로 분석되었다. 따라서 대학입시를 겨냥한 성적 위주의 교육과정 운영으로 성적이 중하위권인 상당수의 학생들은 학교생활에 흥미를 잃고 있으며, 성적이 낮은 학생들은 항상 성적에 대한 중압감과 차별대우를 받는다는 피해 의식을 갖고 있다는 것이다. 특히, 실업계[27]고교(특히, 야간부)의 경우는 교과목 수업을 이해하지 못하는 학생들의 학교 이탈 현상이 심화되고 있다는 지적이었다.

당시 심각한 학교중도탈락 학생들에 대한 대책으로 제시된 것은 "다양한 학습욕구 수용이 가능한 학교를 설립"하는 것을 포함하여 다양한 방안이었다. 대안학교 설립과 관련된 방안으로는 "중퇴생과 학교부적응 현상이 심한 부적응 학생 교육을 위한 대안학교 설립,[28] 대중음악학교, 만화학교, 영상학교, 문학학교, 패션학교 등의 대중적 문화수요를 수용할 수 있는 학교를 설립"하는 것이다.

한국에서의 대안학교로서 특성화 대안학교가 등장하게 되는 배경을 종합하여 제시하면 [그림 I − 1]과 같다.

---

27) 실업계고교 개념은 전통적인 일반계고교와 대비되는 직업교육으로서 공업계, 상업계, 농업계 등의 고등학교를 의미하였으나, 2006년 고등학교 유형에 대한 개편작업으로 종래 실업계를 전문계로 변경 사용하고 있다. 본서에서는 당시 개념에 충실하고자 쓰고 있음에 유의해야 한다.

28) 학교중도탈락자예방대책의 하나로 제시된 대안학교 설립 방안은 pp. 214~215 "II부, 제1장 대안교육정책"에 자세하게 제시되어 있다.

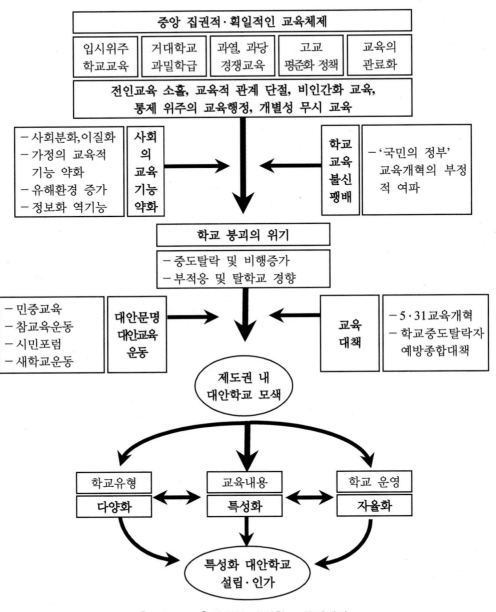

[그림 Ⅰ-1] 특성화 대안학교 등장배경

2. 대안교육이론

기존의 전통적인 학교교육에 대한 비판적 대안으로 나타난 대안교육에 대한 이론적 체계화가 요구되고 있다. 이는 대안교육이 정규 제도권 공교육으로 인가받은 지 10년이 지나면서 다양한 유형의 대안학교들이 운영되고 있을 뿐만 아니라 학문적 차원에서 이론적 논의를 해야 할 때가 되었기 때문이다. 또한 현실적으로 보면, 대안교육이라는 개념이 갖는 다의성으로 인해서 대안학교에 종사하는 사람들 중에 제 나름의 가치 기준에 따른 방식을 대안교육이라고 주장하는 소위 '개똥철학'적인 접근과 '나도 대안'이라는 오류에서 벗어나야 하기 때문이기도 하다. 이러한 오류는 "대안교육은 이러이러한 것이다."라는 범주가 구체적으로 제시되고 있지 않아서 흔히 공교육에 종사하는 교육 관계관들이 저지르기 쉬운 편견이기도 하다.

학문적으로 아직 일천한 분야라 '대안교육의 이론은 이렇다.'라고 말하기에는 그 폭이 너무나 넓기 때문에 성급하게 규정하려는 것도 대안교육이론을 정형화하는 오류를 낳게 되는 우(愚)를 범하게 될 수 있다.

대개의 교육이론이 그러하듯이 대안교육이론은 전통적인 교육이론과는 다른 교육에 대한 이념, 학생에 대한 가정(假定), 교육 내용, 교육 방법, 교육의 특성 등을 갖고 있다.

대안교육의 개념에서도 밝혔듯이 대안이라는 개념과 대안교육이 갖는 개념적 속성들로 해서 대안교육의 이론을 일목요연하게 밝히고 체계화하는 일이 쉽지는 않다. 다만 20세기 이후 제기되고 있는 학교교육에 대한 비판으로서 새롭고 다양한 교육을 지향하려는 노력을 대안교육이라 상정하고 그 이론적 범주를 제시할 수 있다.

정유성(1999, 75)은 대안교육의 이론을 큰 틀에서나마 최초로 제시하였다. 그는 대안학교 교사교육과정에 대한 정책연구에서 교사교육과정의 주제로서 대안교육 이론을 다음과 같이 범주화하였다. 먼저, 기존교육에 대한 성찰로서 비판적 교육이론, 탈학교 사회론, 학교에서 벗어난 삶, 생활공동체와 교육 등이다. 다음은, 대안교육이론으로 니일(Neil), 슈타이너(Steiner), 몬테소리(Montessori), 프레네(Freinet), 자유대안학교

교육사상, 홈스쿨링 등이다.

권현숙(1999)은 대안교육의 특징을 통해 대안교육 관련 이론을 정리하고자 하였다. 그는 대안교육의 사상적 배경을 인본주의, 실존주의, 낭만주의, 생태주의로 보고, 대안교육의 특징을 「마르크스적 갈등론에 입각한 제도교육 비판이론, 베버의 권력갈등론과 관료제이론, 신교육사회학, 탈학교론, 새로운 교육형태 요구」로 제시하였다.

오인탁 외(2006)는 "영국의 신교육운동, 미국의 진보주의 교육운동, 프랑스 프레네 교육학, 독일의 개혁교육학운동(전원기숙사학교운동)"에서 대안교육운동의 이론적 뿌리를 찾고 있다.

따라서 본 책에서는 "대안교육을 설명하고 있거나 설명할 수 있는, 그리고 대안교육에 큰 영향을 주거나 또는 대안교육 실천과 관련 있는 사상"을 대안교육이론으로 간주하고 간략하게 제시하고자 하였다.

여기에는 학교교육에 대한 갈등론적 비판론, 탈학교론, M. Weber의 권력갈등론과 관료제 이론, 학교 교육내용에 대한 신교육사회학적 접근, 인간주의 교육사상, 홀리즘에 바탕을 둔 홀리스틱 교육, 실존주의 교육, 노작교육의 원리, 생태주의 사상, 진보주의 교육사상, '작은 것은 아름답다.'는 인간규모 원리 등이다.

첫째, 대안교육은 근대 산업사회의 학교교육에 대해 기능론적 수용보다는 갈등론적 비판 입장을 갖는 재생산론, 저항이론과 관점을 같이한다. 즉 자본주의 학교교육은 경제적 불평등을 정당화하거나 합법화하며(경제적 재생산), 지배집단이 선호하는 문화 영역을 통해 계급적 불평등을 유지·심화시키는 재생산 도구(문화적 재생산)라는 시각이다. 이는 막시즘(Marxism)에 근간을 두고 있으며, 보울스(S. Bowles)와 진티스(H. Gintis), 부르디외(P. Bourdieu)로 대표되는 재생산론이다. 또한 학교교육은 불평등한 사회구조와 모순을 그대로 반영하기보다는 모순에 저항·도전·거부하는 능동적이고 자율적인 의지에 의해 사회모순과 불평등을 개혁할 수 있다는 애플(Apple)의 상대적 자율성, 프레이리(Freire)의 의식화, 지루(H. Giroux)의 폭로기능, 윌리스(P. Willis)의 반학교문화(Counter school culture)의 저항이론에 기반을 두고 있다.

나아가 대안교육을 실천하는 사람들은 학교교육의 위기를 극복하는 것이야말로 사회적 위기를 극복하는 것인데, 기존의 학교교육은 이미 사회적 위기를 치유할 수 있는 기능을 상실해 버렸다고 주장한다. 그러나 자본주의 사회의 학교교육에 대한 대안은 새로운 대안적인 학교에 있는 것이 아니라, 공산혁명에 의한 사회구조의 변화에 두고 있다.

둘째, 대안교육은 기본적으로 근대의 학교교육이 그 기능과 효과 면에서 제 역할을 하지 못하기 때문에 해체하거나 벗어나야 한다는 탈학교론적 입장을 견지한다. 서구의 경우를 보면, 1960년대 교육개혁은 팀 티칭, 프로그램 학습, 무학년제 등 학교체제 내의 부분적인 개혁을 통한 교육개선이었다. 1970년대에 오면서 기존의 학교체제 자체에 대한 변혁에 대한 논의가 학교해체론 또는 탈학교론으로 제기되었다. 라이머(E. Reimer)의 「학교는 죽었다.」, 일리치(I. Illich)의 「탈학교론」, 실버만(C. Silberman)의 「교실의 위기」 등이다. 라이머(1971)에 의하면, 학교는 교육적 기능을 상실한 '죽은(dead)' 제도에 불과하기 때문에 사회의 근본적 변혁을 위해서는 혁명적 전략이 모색될 수밖에 없다는 것이다. 일리치(1971)에 따르면 학교는 유용한 기술 습득, 인지적 성숙, 지적인 자율성 등의 목표보다는 관료적이고 기계적인 세계관을 가르치고 있으며, 대안적이고 민주적인 사회관을 억제시키는 역할을 하고 있다는 것이다. 실버만(1971)은 가장 교육적이어야 할 교실에서 비교육적인 사태들이 횡행하며, 학교는 "학생의 꿈을 죽이고 정신을 멍들게 하는 무섭고 즐겁지 않은 지적 불모지(知的 不毛地)"라고 신랄하게 비판하고 있다. 한편 그가 제시한 새로운 교실상은 "인격적으로 학생 대함, 학생의 자발성과 창의성 존중, 작업실 같은 교실 분위기, 유연한 교실 운영, 자제와 자기관리능력 키움"의 장이었다.

셋째, 대안교육은 자본주의 사회의 교육현상을 긍정적으로 분석·비판한 웨버(M. Weber)의 권력 갈등론에 근원을 두고 있다. 물질에 바탕을 둔 마르크스(K. Marx)의 계급갈등과는 달리 사회적 관계로서 권력29)에 주목한다. 웨버는 세계를 변화시키는 것은 마르크스처럼 계급투쟁에 의해서가 아니라, 위대한 개인의 의지에 달려 있다고 보았다. 그리하여 니체(F. Nietzsche)의 초인(超人; Ubermansch)을 지도적 개인으로 발전시켰으며, 카리스마(Charisma)30) 개념과 연결된다.

대안교육을 주장하는 사람들은 오늘날 학교사회의 병폐를 지나친 관료화에서 찾고 있다. 특히 효율적인 학교운영이라는 명분하에 학교 및 교육행정의 관료적 통제는 형식주의, 비인간주의, 획일주의, 경직성을 낳게 됨으로써 인간의 자유의지 및 자율성을 극도로 제한하고 있다. 이는 막스 웨버가 일찍이 경고한 "합리화, 관료화 결과 '심정 없는 전문인'의 조직 구조와 '철창(Iron cage)'으로 이어지는 인간의 모습이다.

뷰포오드(R. Buford)는 학교교육의 관료주의적 조직에 반대하는 주장의 핵심을 "관료주의에 적합한 행동과 태도는 교육에 대한 적합성과는 상반"되기 때문이라는 점이다. 즉 교육은 학생의 요구에 부응하는 것이고 교수(instruction)는 개별화되어야 하는데, 관료주의는 통제를 제1로 삼는 통제기관이기 때문에 학교조직의 관료주의는 교수의 개별화, 각 학생의 요구에의 부응, 그리고 교사와 학생 간의 인간적 관계 등을 손상시킬 가능성이 크다는 것(박동준·차갑부 역, 1985:304)이다.

넷째, 대안교육은 학교에서 가르치고 배우는 교육의 내용에 관심을 둔 신교육사회학의 입장을 받아들이고 있다. 고버트(D. Gorbutt), 에플(Apple), 영(Young), 번스타인(Bernstein) 등에 의해 논의되었다. 신교육사회학은 지식사회학에 학문적 배경을 두고, 학교에서의 교육내용인 교육적 지식의 본질과 분배과정 및 사회적 기능에 관심을 갖는다. 그리하여 교육적 지식의 구성 주체와 선정 이유, 학교에서 분배과정에 의문을 제기하면서 교육의

---

29) 웨버에게 있어서 '권력(Power)'의 개념은 자기의 의지를 다른 사람의 반대에도 불구하고 강제할 수 있는 능력을 말한다. 권위(Authority)는 사회질서에 필요한 규칙과 규범에 의해 지지받음으로써 작용하는 권리로서 피지배자에 의해 옳다고 받아들여지는 지배이다(M. Weber, 1968: 226).

30) 웨버는 카리스마를 "개인 퍼스낼리티의 어떤 특질로서 그것에 의하여 그 개인은 특이한 존재로 간주되고 초자연적인, 초인적인 혹은 적어도 특수하게 예외적인 권력이나 성품을 부여받은 자로 대접된다(M. Weber, 1968:241)."는 것으로 정의한다.

불평등을 포함한 사회불평등의 문제와 연관 지어 설명하고 있다. 이는 대안교육론자들이 기존의 학교 교육내용을 '보편적인 진리로서 이미 주어진 절대적인 것'으로 보는 것에 반대하고, 지식의 존재구속성과 상대성 그리고 가변성을 받아들인다. 나아가 '지금, 현재'의 삶의 입장에서 지식 및 교육내용이 구성되는 것으로 본다. 이는 대안학교들이 삶 속에서 배우는 내용을 특성화 교과로 구성하고 교육과정 속에 녹여내며, 늘 사회변화에 맞게 재구성해 나가는 측면이다.

다섯째, 대안교육은 인간주의 교육사상에 기초를 두고 있다. 20세기에 들어와서 학교교육에 대한 비판은 실버만 이후 홀트(J. Holt), 콜(H. Kohl), 포스트 만(N. Postman), 바인가르트너(C. Weingartner), 로저스(C. Rogers), 코졸(J. Kozol), 레오나드(G. Leonard) 등의 낭만주의 사상가나 인간주의 심리학자들에 의해 제기되었다. 학교는 너무 많은 사소하고도 강압적인 규칙과 요구사항들로 가득 차 있다는 것이다. 또한 학교는 전체 교육체제가 상당할 정도로 바람직스럽지 못한 두려움(fear)에 기초를 두고 공포분위기 속에서 운영된다는 것이다. 심지어는 학생을 통제하고 조정하기 위하여 이러한 두려움을 이용할 뿐만 아니라 조장하기까지 한다는 것이다. 그 결과 학급관리를 용이하게 할지는 모르나 어떤 학생들에게는 적대감·소외감·반항심을 갖게 하고, 또 다른 학생들에게는 소극성·유순함·소심함을 유발시킨다는 것이다(김상호·김기정 역, 1985: 26-28).

인간주의자들이 주장하는 교육의 목적은 각 개인 및 모든 학생의 개성을 신장시키도록 돕고, 학생 개개인의 잠재능력을 계발하며, 또 최대한으로 진실하고 자율적이며 자아를 실현하는 행복한 인간으로 성장하도록 돕는 것(상게서, 24)이다. 그들은 바람직하다고 생각하는 몇 가지 교육조건으로서 "선택과목의 다양화, 무학년제 학급, 개방교실, 교육시설, 지역사회 자원·준전문가의 활용, 개별화 지도 등"을 들고 있다.

인간주의자들이 주장하는 이상적인 학교란, 개개 학생이 스스로 자신의 목표를 설정하고, 자신의 학습과정을 계획하고, 자신의 학습내용을 결정하며, 또 언제 어떻게 그것을 학습할 것인가를 결정하는 곳이다. 인간주의 교육의 기초가 되는 개념은 내적 동기유발, 인간의 존엄성, 개별화와 사회화, 발견과 개인적 의미, 인간의 잠재 가능성, 인간의 타고난 선성, 책임감, 융통성, 자아개념, 느낌과 지각, 자유와 자아실현 등(상게서, 103)이다.

여섯째, 대안교육은 홀리즘(統全性)과 밀접한 관련성을 갖는다. 홀리스틱교육[31])의 특성(J. Miller, 1991)은 "①지적인 영역은 물론 정서·사회·육체·창의·직관·심미·정신·잠재력 등 전인적 발달을 중시한다. ②학습자 간의 관계성은 물론 아동과 어른의 관계성을 중시한다. ③좁은 의미의 '기초적 기술'이 아닌 생활경험의 교육과 연관된다. ④학습자들이 자신의 삶의 문화적·도덕적·정치적 상황을 비판적으로 접근할 수 있게 한다는 것이다.

김성옥(2001, 75－76)은 홀리스틱 교육관과 대안교육운동에 나타난 공통점을 여러 차원에서 분석하였다. 교육목적 면에서는 주체적이고 자율적인 인간으로서 전인교육을 추구한다는 점, 교육내용에 있어서는 학습자의 요구와 흥미에 따라 교육내용을 결정하거나 경험중심의 삶과 직접 관련된 지식을 중시, 그리고 직업의 기능이 아닌 인간화 교육과 노작교육을 중시한다는 점이다. 교육방법 면에서는 학습자의 특성에 따라 개별화된 방법 및 학습자의 자발성을 중시한다는 점, 교육제도 및 환경 면에서는 동시에 이루어지는 획일적이고 공적인 규제를 반대하고 교육주체의 자율을 매우 중시한다는 점에서 홀리스틱교육과 대안교육은 동일하다는 것이다.

일곱째, 대안교육은 전인적이고 주체적인 인간을 지향한다는 점에서 실존주의 교육사상과 지향점이 매우 연관된다.

실존주의 교육목표는 개인으로 하여금 인류라는 집단의 한 구성요소로 머물지

---

31) 한국의 홀리스틱교육학회(2007)는 2007년 춘계 학술대회의 일환으로 '홀리스틱교육과 대안교육'이라는 제하의 학술논문 발표가 있었다. 오인탁의 '홀리스틱교육과 대안교육', 박영만의 '홀리스틱 대안교육의 이론과 현황' 등이 제시되었다. 2008년도에는 '홀리스틱교육과 배려(1)'라는 제하의 춘계 학술대회(2008. 5. 17)를 갖고 배려중심의 홀리스틱교육을 교육과정 및 수업방법 측면에서 시도하였다.

아니하고 대중문화나 대중경제 속에 매몰될 수밖에 없는 부품으로 전락되지 않은 채 주체적이고 개별적인 진정한 자아가 될 수 있도록 계기를 마련해 주고 도와주는 교육에 있다(G. K. Kneller, 1964:62. 김하자, 1996:123). 따라서 실존적 자각을 통해 자기 이해와 자기 성취를 지향하도록 광범위하고 종합적인 경험을 제공하는 실존교육은 인간화 교육이자, 대안교육이 지향하는 바이다.

여덟째, 대안교육은 도덕적 인간화의 방법적 원리로서 노작교육을 강조한 케르셴슈타이너의 사상과 연관성을 갖는다. 노작교육은 현대 인간 중심의 전인교육적 방법원리로서 교육학적인 의의를 지닌다. 즉 현대 산업사회에서 나타나는 비인간적 현실에 대한 노동의 인간화, 노동의 교육화, 노동의 윤리화라는 측면에서 의의를 갖는다.

노작교육은 단순히 직업적 기능을 익히는 데 목적이 있는 것이 아니다. 노작교육의 궁극적 목적은 도덕성과 인간 존엄성의 실현이다. 정신력, 도덕력, 신체력의 세 가지 힘을 조화롭게 발전시킨 인간상을 노작교육 속에서 찾고자 하는 것이다. 노작교육이 지닌 노동의 인간화라는 문제는 편협한 직업 훈련이 안고 있는 비인간적, 비교육적인 측면을 개선해 줌으로써 교육의 인간화, 교육의 민주화에 기여할 수도 있다(전일균, 1996: 83). 나아가 전인적 인간에 대한 비전을 제시해 줌으로써 인간화 교육의 기틀을 마련해 주고 있다.

아홉째, 대안교육은 생태주의 사상에 기반을 두고 있다. 생태주의란 자연환경의 각 부분들이 서로 다른 나머지 부분들과 어떻게 유기적으로 관계되는가에 초점을 맞추는 체계론적 접근이다. 스토다트(Stoddart)가 쓴 인류생태학이란 개념은 인간과 환경을 함께 다루는 학문으로 유기적 생태계의 의미가 들어 있다. 생태주의는 대안교육을 실천하는 한 방법이며, 자연 친화적이고 자연과 더불어 하는 교육으로 나타나고 있다. 생태마을 속에 학교가 존재하거나 도시를 떠나 농촌의 자연환경 속에서 이루어지는 대안학교의 모습은 이러한 생태주의에 기반을 둔 것이다.

열째, 대안교육은 전통교육과 상반되는 진보주의 사상과 밀접하다. 이는 대안교육이 교과서 중심, 교사 중심, 강의식, 경쟁, 암기식, 지력, 시험 등의 전통적 교육 경향보다는 자유, 성장, 흥미, 활동, 발견, 생활, 사회재건, 협동, 발견학습, 감성 등의 '진보주의 교육'을 포괄하고 있기 때문이다(Avis, 1991: 115).

진보주의 교육사상은 듀이와 루소 사상에 터한 것으로, "문제해결적인 창조자로서 아동관, 상호협동적인 사회적 존재로 만드는 교육, 아동을 민주시민으로 만드는 것, 학교와 사회와의 통합을 통한 성장, 자연 친화적 원리, 아동과 경험중심의 교육 등"이 주요한 사상이라는 점에서 대안교육의 원리로 작용한다.

베넷(Bennet)은 진보주의 관점에서 대안학교의 구체적 실천을 다음과 같이 정리하고 있다. ①아동의 흥미와 필요, 그리고 기능에 바탕을 둔 아동 중심적 교수－학습과정. ②아동들의 학습 안내자와 지원자로서 교사. ③창조성과 자기표현을 강조하면서 사회적·정서적 학습이 균형을 이루는 학문 활동. ④경쟁보다는 협동을 강조하고 학습 낙오자와 학교 탈락자들을 위한 교육적 배려와 학생들의 학습 욕구를 만족시키는 노력. ⑤여러 가지 이유로 정규학교에서 흥미를 느끼지 못했을 때 새로운 교육경험을 가질 기회를 마련하여 학생들을 도와줌. ⑥새로운 학교규정이나 계획을 개발할 가능성을 탐구하여 기존 학교체제 내에서 적용할 수 있는 실험성, 즉 '실험학교'의 특성. ⑦획일적인 제도과정과는 대조적으로 학생과 학부모의 다양한 학습 요구에 맞추기 위한 대안적 프로그램을 개발·사용. ⑧교사들이 한 팀을 이루어 열린 프로그램을 가지고 개인적으로나 집단적으로 혼합적 활동. ⑨교육과정을 문제해결식 개념에 기초하여 통합된 일과 마련. ⑩학교의 의사결정은 참여하는 성원 모두에 의해 이루어진다(Smith & Burke, 1976: 31－32).

마지막으로, 대안교육은 슈마허(Schumacher)의 '작은 것이 아름답다(Small is beautiful)'[32])는

---

32) '작은 것이 아름답다'는 명제는 영국 경제학자 Schumacher의 1973년 저서 제목에서 전용되었고 '거대주의' 산업문명에 대한 발상의 전환을 촉구하는 하나의 구호가 되어 1970년대 이후 널리 알려지게 되었다.

원리를 교육에 적응시키고 있다. 이러한 원리는 인간규모운동으로 발전되었고, 영국의 학교교육 형태에 "작은 학교, 미니학교교육, 탄력학교교육"으로 나타났다.

'작은 학교'란 학생과 교사 또는 학생 상호 간의 인간적인 친밀감이 절대적으로 중시되는 교육에서 현재와 같은 '거대 규모'는 비효율적일 뿐만 아니라, 비교육적 문제를 유발할 수밖에 없다는 주장에서 비롯된다.

'미니학교교육'[33]은 큰 규모의 학교 내에서 인간 규모에 적합한 단위를 창출하여 단위별로 완전한 자율성을 부여하여 운영하는 교육방식이다. 즉 교육활동에서도 해당 교육목표에 적합한 인간규모가 있듯이 교육목표 달성을 위한 교육방법과 기기 사용을 인간규모에 맞게, 그리고 자율적으로 운영하는 방식을 말한다.

'탄력학교교육(Flexischooling)'[34]은 학생들이 학교 내에서와 학교 밖에서의 교육을 번갈아 가며 받을 수 있게 하는 것이다. 인간규모교육운동가들은 종래의 학교교육으로는 급변하는 사회가 요구하는 탄력성과 부모와 학생들의 요구에서 비롯되는 탄력성을 적절하게 충족시켜 줄 수 있기에는 구조적으로 지나치게 느리고 적응에 무디다고 비판(이관춘, 1996:157)한 것에서 비롯되었다.

의무교육의 보편화와 교육의 대중화로 인한 학교의 거대화 및 과밀화는 비인간화 교육을 가져왔다. 학생과 교사 또는 학생 상호 간의 인간적인 친밀감이 절대적으로 중시되는 대안교육에서는 작은 학교를 지향한다.

본 절 처음에서 밝혔듯이, 대안교육에 대한 이론적 관심과 고민 없이 "누구나 자신이 주장하면 대안교육이라는 '나도 대안'식"의 접근방식에서 벗어나야 한다는 필요성에서 대안교육이론을 열한 가지로 제시해 보았다. 기타 대안교육과 대안학교를 운영해 온

---

33) 미니학교교육은 인간규모교육운동가인 Toogood의 저서 'Minischooling'(Randle, 1991: 75 - 79)에 소개되어 있다.

34) 탄력학교교육은 1980년대 초부터 시작된 미국의 재택교육(Homeschooling)과 유사하다. 재택교육은 자녀들의 정서와 정신건강을 보호하고 그들의 능력에 알맞은 교육과정을 실시하기 위하여 학부모들이 집에서 자녀를 가르치는 방식을 총칭한다(한준상, 1995: 368). 최근 한국에도 일부 진보적인 교육학자와 학부모들에게 홈스쿨링이 관심을 끌고 있다.

주요 국가들의 대안교육사상(니일, 슈타이너, 몬테소리, 프레네, 자유대안학교, 홈스쿨링, 개혁교육학 등) 및 그 역사, 대안교육 실천사례 등이 대안교육이론으로서 탐구되어야 할 내용이다.

이 분야에 대한 연구가 좀 더 활발하게 전개되어야 한다.

제3장 대안학교 교육의 성격

1. 대안학교 교육의 이념

교육이념은 교육의 방향을 제시하는 철학적 기반이다. 학교의 설립이념은 학교의 존재성과 설립의 타당성을 나타내 준다. 특히, 전통적 학교에 대한 비판적 대안으로 등장한 대안학교는 각기 추구하는 교육이념에 따라 학교교육의 목표, 교육내용, 교육방법 등이 다르다.

고병헌(1997:16 - 17)은 일찍이 한국사회에서 전개되고 있는 대안교육에 대한 이념성의 공통적인 특징들을 그 지향점과 강조점으로 정리하였다. 대안교육의 지향점으로는 지속 가능한 가치, 지역사회와 연계한 지역사회 속의 작은 학교, 교육 주체의 원상회복, '나'의 변화를 통한 교육, 삶 속에 녹아난 삶의 교육을 지향한다. 그러한 교육은 공동체와 생태주의, 삶터에서 지역사회 연계교육, 참여 속에 제 몫 하기, 자아변혁을 통한 교육, 전인·경험·생활교육을 강조하고 있다.

〈표 Ⅰ-4〉 대안학교의 지향점과 강조점

지 향 점	강 조 점
· 지속 가능한 가치의 지향	· 공동체성의 강조, 생태주의 지향
· 지역사회 속의 '작은학교' 지향	· 지역사회와의 연계 및 삶터로서의 소규모 학교
· 교육주체의 원상회복	· 교사의 제 몫, 학부모 참여, 학생들의 힘 기르기
· '나'의 변화를 통한 교육	· 자아변혁을 통한 교육
· 삶 속에 녹아난 교육	· 전인교육, 경험교육, 생활교육

이병환(전게서, 104)은 초창기 한국의 대안학교의 교육이념과 교육목표에 대해 다음과 같이 그 공통점을 정리하였다. 첫째, 아동중심 교육관을 들 수 있다. 둘째, 개인의 자유와 자율성을 존중한다. 셋째, 공동체 생활의 더불어 사는 정신을 높이 평가한다. 넷째, 인간과 자연과의 삶의 조화를 중시한다. 즉 생태적 삶의 가치를 존중한다.

김성옥(2001, 51 － 52)은 각 대안학교의 교육목적에 대해 공통적인 요소를 '자율적 인격형성'을 강조하고 있는 것으로 분석하였다. 세부적으로는 '전인교육 지향, 공동체적 인간 육성, 자연 친화적인 생명 존중과 생태주의 삶 추구, 삶을 살아가는 데 필요한 실제적인 능력을 기르는 체험학습과 노작교육'으로 나타난다는 것이다.

차재원(2000, 143 － 144)은 초기 한국의 대안학교를 전인지향의 대안학교와 인성중심의 대안학교로 나누고 공통적인 교육목표를 다음과 같이 분석하였다. 첫째, 학생의 잠재력과 소질 계발의 창의적인 능력을 기르는 교육관이다. 둘째, 자신의 삶을 책임지는 학생의 자율성과 자치 능력을 중요시한다. 셋째, 학교와 기숙사 생활에서 더불어 사는 공동체적 삶의 가치를 강조한다. 넷째, 지역사회에 기반을 두고 자연과 하나 되는 환경과 생명을 존중하는 자연 친화적 생태교육을 한다는 것이다.

한국의 대안학교들을 보면 나름대로 독특한 교육목표와 철학을 갖고 체험 위주의 인성교육을 실천하고 있다고 볼 수 있다. 대안학교 유형별로 교육목표를 보면 다음과 같다.

첫째, 특성화 대안학교들이 내세우고 있는 교육목표를 교훈과 함께 살펴보면 다음 <표Ⅰ－5>와 같다.

영산성지고, 원경고, 화랑고 등의 원불교적 마음공부를 통한 교육, 기독교정신과 이념을 기저로 한 한빛고, 지구촌고, 동명고, 두레자연고, 산마을고, 세인고의 교육, 특히 세인고의 지력, 심력, 체력, 자기관리 능력, 인간관계능력 등의 5차원 전면 교육을 내세우고 있다. 서로 섬김과 살림의 상보공생적 생태원리를 교육이념의 바탕으로 삼은 푸른꿈고, 사랑과 자발성의 교육철학을 갖고 있는 간디학교가 있다. 양업고는 '선택이론과 현실요법'을 적용하며 학습자의 자발성을 존중하고 있으며, 공립의 경기대명고등학교는 홀리스틱 이념에 기초하여 적응력 증진을 도모하고 있다.

〈표 Ⅰ-5〉각 특성화 대안학교의 교육목표

학교명	교육목표 요지	교훈	비고
경기 대명고	더불어 사는 인간, 자기애, 인간과 자연의 조화, 생명존중사상, 자율인, 창조인	뜻을 세우고, 오래 참으며, 이루어 가자	공립
간디학교	사랑과 자발성의 교육으로 '행복한 사람' 기르기		
영산 성지고	인격, 믿음·분발·의문·정성을 추진, 감사생활, 자력생활, 잘 배우는 사람, 잘 가르치는 사람, 공익심	마음을 맑히자, 밝히자, 잘 쓰자	원불교
원경고	소중한 나, 은혜속의 나, 마음 잘 쓰는 우리		원불교
한빛고	영혼이 맑은 사람, 더불어 사는 사람, 심신이 건강한 사람(교육방침)	기독교정신 바탕의 참사람	기독교
경주 화랑고	사회 공동체의식, 창조적 소질을 계발, 도덕적 품성	맑고 밝고 훈훈하게	원불교
동명고	자신에 대한 믿음, 이웃에 대한 믿음, 진리에 대한 믿음, 창조주에 대한 믿음	믿음	기독교
두레 자연고	사랑, 적성, 행복	맑은 마음, 깊은 생각, 힘찬 행동, 아름다운 꿈	기독교
세인고	지력인, 심력인, 체력인, 자력인, 남을 배려하고 섬길 수 있는 힘	진리, 사랑, 순종	기독교
푸른꿈고	자연과 사람의 조화로운 삶 실현, 더불어 사는 공동체적 인간 양성, 심성·실천·실력을 겸비한 푸른꿈인 양성	자연을 닮은 사람	상보 공생적 생태원리
산마을고	애국하는 민주시민, 자연을 사랑하는 환경인, 사랑을 실천하는 봉사인, 진취적인 실력인, 즐거운 생활의 건강인.		기독교
지구촌고	비전에 부르심을 받은 교사 공동체, 책임 있는 학습자로 양육, 학습공동체적 나눔, 세계를 섬기는 비전 공동체	하나님 나라의 시민 세계의 청지기	기독교
양업고	자율인, 창조인, 능력인, 협동인	사랑으로 마음을 드높이자	천주교
한마음고	자연을 닮은 지혜롭고 조화로운 사람(창의력과 책임감, 바른 심성, 적성과 소질 발휘, 자립심, 공동체적 인간)	바른 마음, 따뜻한 가슴, 당당한 생활	기독교
이우고	더불어 사는 사람, 자주적이고 자율적인 사람, 창조적 지성인, 전인적 인격체	21C 더불어 사는 삶을 실천하는 인간교육	시민주도, 자유철학
달구벌고	기독교 정신에 입각한 '나눔과 섬김을 실천하며 더불어 사는 삶'	신명 나게 배우고 지혜롭게 살자	기독교
공동체 비전고	신앙적 인간, 지성적 인간, 공동체적 인간, 사업적 인간		기독교

* 교훈란의 미기재학교는 홈페이지에 구체적인 언급이 없음.

둘째, 전원형의 대안학교의 교육목표는 대부분의 대안학교들처럼 학습과 삶이 일치하는 것을 중요시하고, 자활, 자존, 공생능력을 기르는 것에 초점을 두고 있다. 또한 이를 위해 다양한 인적·물적 자원을 활용한다(교육부, 2007: 124).

셋째, 도시형 대안학교의 교육목표의 공통적인 특징은 공동체, 정체성, 자신감, 진로 탐색, 능력, 건강한 시민, 성장, 관계와 의사소통 등이 강조되고 있다. 학교마다 대상의 차이나 교육방식 및 특성의 차이가 있음에도 불구하고, "일반학교를 중퇴한 청소년들에게 학습의 기회를 제공하여 공동체 문화 속에서 정체성과 자신감을 확립하고 타인과의 관계 맺기와 의사소통 능력을 기르며 진로 개발에 필요한 기본 능력을 함양함으로써 자립 능력을 갖춘 건강한 시민으로 성장하도록 하는 것"이 설립 목적(상게서, 146)이다.

넷째, 초등 대안학교의 교육목표는 공통적으로 자유, 자치, 평등, 인권, 공동체성, 생명 등을 강조하고 있다. 또한 공통적인 이념과는 별도로 설립·운영 주체별로 교육목표의 특색이 나타난다. 공동육아를 기반으로 하는 대안학교는 학생과 교사, 학부모를 아우르는 공동체성이 강조된다. 기독교가 설립·운영 주체가 되는 대안학교는 "예수님 영성으로 어린이를 섬김, 성서의 가르침을 통한 하나님과 인격적으로 만남, 하나님 안에서 잘 조화를 이루며 함께 행복한 삶을 살아가기, 그리그도의 사랑을 기초로 하는 학교" 등의 이념이 있다. 그러나 신앙교육은 전면적으로 강조되기보다는 환경과 생명, 평화교육, 인성교육 등에서 녹여 내는 형태를 보인다(상게서 178 – 179).

각각의 대안학교들이 내세우고 있는 교육이념이나 목적을 획일적으로 규정할 수는 없다. 대체로 다음과 같은 큰 테두리 속에서 공통의 교육목표로 나타나고 있다.

첫째, 자연과 인간의 조화를 강조한 점이다. 물질만능의 각박한 현대생활과 맞물려 획일화된 학교교육의 병폐를 인간 본연의 정신으로 돌아가 극복하고 자연의 위대함을 일깨우고 존중하는 점이 생명존중사상과 맥을 같이하여 강조되고 있다. 대안학교들이 대부분 도시에서 멀리 떨어진 농촌에 위치하고 있어 자연 친화 교육을 효율적으로 할 수 있다는 점도 실천적 교육목표가 될 수 있었던 것 같다.

둘째, 공동체적인 삶을 강조한 점이다. 대안학교의 특성상 소규모로 구성되어 있고 획일화와 몰개성으로부터 탈피하여 다양화와 학생 개개인의 개성을 추구한다는 점에서 민주시민으로서의 기초를 확립하는 데 필요한 공동체의식을 통한 실생활과 밀접하게 연관된 교육이 매우 중요시되고 있다. 대부분 기숙사생활을 하고 있는 대안학교들이 학교에서 체득한 공동체 생활을 사회로 자연스럽게 이어져 더불어 사는 삶을 실천할 수 있는 토대 마련이 구축되었다고 볼 수 있다.

셋째, 자율을 강조한 점이다. 기존의 대규모학교에서 형식적으로 진행될 수 있는 학생 자치회(학급회의) 등이 대안학교에서는 매우 중요한 교육활동으로 자리 잡고 있음을 알 수 있다. 대안학교에서 스스로 선택하고 스스로 행동함으로써 얻는 교육적 효과가 매우 크다는 사실은 바로 자율성에 있다.

대안학교의 교육이념과 교육목적, 목표를 통해 볼 때, 대안교육은 전통적인 학교교육에 대한 비판을 넘어서서 대안적인 사회와 삶의 가치를 지향하고 있다고 볼 수 있다. 구체적으로는 인간의 근본적인 삶의 형태인 생태적 공동체 지향, 영성을 전제로 전인을 추구, 소규모의 친밀성 속에서 자아변혁과 주체성을 키워 나가는 '앎과 삶을 일치시키는' 교육, '콩나무로 키우는 식'[35]의 체험적 학습과정을 지향하는 교육으로 규정할 수 있다.

---

35) 敎育을 콩을 기르는 일에 비유해 볼 수 있는 데, 대안교육을 이해하는 데 시사하는 바가 크다. 콩을 기르는 방법에는 '콩나물로 기르기'와 '콩나무로 키우기'가 있다. 콩나물로 키우는 방식은 햇볕이 안 드는 응달에서 물만 주면서 키운다. 콩 속의 생명력이 죽어 가면서 콩나물로 자라게 된다. 그러나 콩나무로 키우는 방법은 땅속의 자양분을 흡수하며 자라서 수십 배의 열매를 맺게 되는 과정으로, 창조적인 삶을 꾸려 나가게 되는 '삶을 위한 교육'인 것이다.

2. 대안학교 교육과정 및 교육내용

대안교육과 대안학교가 실현하고자 하는 교육의 목표는 교육의 인간화이다. 따라서 대안학교는 전통적 학교와는 달리 지식 및 입주 위주의 교육에서 벗어나 지식교육과 함께 정서교육 및 감성교육, 체험교육을 중시하고 있다.

그래손(Glatthorn)은 대안학교 교육과정에 대한 새로운 접근으로 다양한 것을 제시하고 있다.

"대안학교 교육에 대한 새로운 목표, 독립적인 학습으로서 새로운 접근, 비구조화한 학습, 열린 교실, 대안적인 환경에서 구조화된 교과 교육과정, 작은 코스의 교육과정, 중핵 교육과정, 개별화된 패키지(일괄) 학습, 정의적(Affective)인 학습, 경험으로부터의 교수, 교육과정의 선택권(Options) 제공"(A. A. Glatthorn, 1975 : 85-100) 등이다.

나아가 그래손은 대안학교 교육과정에 대한 종합적인 재구조화를 위한 제안하였는데, "정연된 지식으로 구조화된 교육과정, 작은 코스(Mini-course)의 교육과정, 광범위한 영역에 걸친 통합된 학습, 제작과 작업(making and working)이 제한 없이 조정 가능한 학습(Open-ended learning), 개별화된 수업, 개인적 성장 세미나로서 정의적 교육과정"(상게서, 101-114)이다.

대안학교 유형별로 교육과정 및 교육내용에 대한 공통점을 좀 더 구체적으로 보면 다음과 같다.

첫째, 특성화 대안학교는 교육과정의 핵심으로 특성화 교과를 운영하고 있다. 그 교육내용 중심은 인성교육(마음일기, 요가, 묵상, 종교, 단전호흡 등), 노동의 중요성(텃밭 가꾸기, 원예조경, 집짓기, 목공 등의 노작활동), 학습자 중심의 체험교육, 공동체 교육 중시, 인성교육, 삶과 체험의 교육이 주요 영역으로 자리 잡고 있다. 이러한 것은 학생들의 가치관 형성과 인격함양의 필요성을 반영한 것이라 볼 수 있다.

둘째, 전원형 대안학교는 학교의 철학과 학생의 욕구, 학부모의 기대를 바탕으로 대체로 자유롭게 교육과정을 편성·운영하고 있다. 각 학교의 교육과정을 관통하는 공통적인 학습원리는 "작은 규모의 학습공동체 추구, 개인의 관심사에서 시작하여 자발성이 중심이 되는 학습 중시, 경험을 통해 배우는 실행 학습과 맥락 학습 지향(노작 및 인턴십, 도제식 교육 중시), 위의 원리를 반영한 자기 주도적인 학습능력을 기르는 주제-탐구-표현으로 이어지는 프로젝트 학습을 편성·운영"하는 것이다(상게서, 125).

이를 바탕으로 하는 전원형 대안학교의 교육과정 내용을 간추리면 다음과 같다. "학생들의 개별성과 다양성을 존중하여 학교 밖에서 많은 경험을 쌓을 수 있도록 다양한 체험학습, 지역사회를 중심으로 다양한 활동을 기획하거나 사회참여 활동을 운영, 의식주를 위한 기본적인 노작교육 및 실제적인 진로와 연계된 직업체험 및 인턴십 추구, 배우는 것에 그치지 않도록 자신의 소질을 발견하고 진로를 탐색 나아가 간접적인 직업 체험을 해 보도록 교육과정을 설계·운영"(상게서, 127)하고 있다.

셋째, 도시형 대안학교의 교육과정의 특성은 청소년들의 특성과 학교의 성격을 반영하고 있다. 큰 틀로 보면, "쉼터형 자유학습공간(예, 민들레사랑방), 진로와 직업 체험을 중시하는 학교(예, 꿈틀학교), 기초학력을 증진하면서 개성을 살려 주는 학교(예, 도시속작은학교, 꿈꾸는아이들의학교), 특정 분야의 작업 중심으로 교육과정이 운영되는 학교(예, 하자작업장학교, 스스로넷미디어스쿨), 마을학교를 지향하며 지역사회의 축제와 의례를 기획하는 학교(예, 성미산학교)" 등이 있다. 그러나 각각의 이들 학교들은 유형이나 특성이 다른 교육의 특성들을 배제하지는 않는다. 각 학교들은 특성화된 교육과정을 통해 노하우를 축적하고 있고, 점차 분화를 통해 전문성을 키워 가고 있다(상게서, 156).

넷째, 초등 대안학교의 경우는 대다수가 인가를 받지 않은 미인가 형태이기 때문에 교육내용 구성에서 제약을 받지 않고 학교의 설립 목적에 맞게 교육과정을 자유롭게 구성하고 있다. 학교의 설립, 운영 목적에 따라 학교 간의 교육과정의 차이는 존재하지만 일반적으로는 자유, 자치, 평등, 인권, 공동체성, 생명 등을 강조하며 교육과정을 구성한다. 자연체험과 문화체험, 자치회의, 예술교육 등이 교육과정에 포함되며, 교육과정의 탄력성, 일과 운영의 탄력성, 학년통합 등이 운영의 특징으로 나타난다(상게서, 177).

이병환(전게서, 119-120)은 대안학교 교육내용의 공통적 특징을 "첫째, 아동중심의 체험교육을 추구한다. 둘째, 학습 활동을 통하여 지식교육보다는 감성이나 사회성 교육에 높은 비중을 둔다. 셋째, 개인의 사회화 과정을 '모둠'이라는 작은 규모의 학습 노력을 통하여 해결하려고 시도하고 있다. 넷째, 학습자의 특성을 고려한 학습 조직을 구성한다. 단순히 나이가 같다는 이유로 같은 반이 편성되는 것이 아니라, 개인의 취미나 관심을 같이하는 자치적인 조직을 존중한다. 다섯째, 생태적 삶의 과정을 중시하는 교육이념이 학습활동 속에 포함되어 있다."고 분석하고 있다.

김성옥(2001, 56)은 대안학교의 교육내용에 나타난 공통점을 다음과 같이 정리하였다. 첫째, 인성교육·감성교육에 높은 비중을 두고 미적·예술적 감성교육, 마음공부, 인간관계 훈련, 심신 단련 등을 강조한다. 둘째, 자연을 체험하면서 생활과 관련된 노작교육을 하고 있다. 셋째, 자연과 더불어 느끼며 활동하는 생태교육을 강조한다. 넷째, 전통문화를 계승하려는 우리 가락과 춤, 택견 등의 심신수련 방법을 익히는 내용을 동아리 활동, 특별활동을 통해 가르치고 있다.

위의 논의를 보면, 일반학교와 구별되는 대안학교의 교육내용은 감성교육, 사회성 교육, 생태교육, 노작교육, 전통문화 교육 등이 핵심이면 인성교육과 특성화 교육으로 이를 가르치고 있다.

이러한 인식에서 대안학교의 교육내용인 특성화 교과와 인성교육을 보면 다음과 같다.

가. 특성화 교과

전통적인 학교에 대한 비판으로서 대안학교는 일반학교와 차별성을 갖고자 노력하고 있다. 국민공통기본교과와 같은 일반교과에 있어서는 교육내용보다는 지도방법의 차이에 역점을 두고 있으나, 특성화 교과에서는 교육내용과 방법 모두에서 새로운 시도를 하고 있다.

'특성화'라는 명칭은 특성화 학교 유형에서 중점을 두는 전문 영역의 교과이다. 개념상으로는 현장(filed)이라는 의미로서 이론적이고 추상적인 내용보다는 인간의 삶과 직업에 관련된 체험, 실습, 영역의 내용을 의미한다. 각 대안학교는 나름대로의 특성을 지니고 있는데, 학교설립 이념과 교육관에 따라 특성화 교과목을 구성하는 것이 다양하다. 따라서 특성화 교과란 각각의 특성화 대안학교가 추구하는 교육이념과 교육관을 집약하여 가르치는 주요 교과목이라고 볼 수 있다.

특성화 교과 선정에 있어서 대부분의 대안학교에서는 한 개인이 자신의 삶을 주체적으로 영위해 나가는 데 필요한 여러 종합적 요소들을 체계적으로 유형화하면서 다양하게 개발하기 위하여 노력하고 있다. 각 학교의 이념에 따라 비중의 차이는 있으나 전체적으로 공통적인 선정기준의 범주를 나열해 보면 다음과 같다(경기도교육청, 2003b: 124).

①실생활(의, 식, 주)에 유용하며 실질적으로 활용 가능한 것

②학생들의 흥미를 존중하는 것

③이론적이기보다는 체험과 실습 위주인 것

④결과적 경쟁과 지적 성적 산출의 부담에서 되도록 자유로운 것

⑤문화체험을 통한 풍요로운 삶 영위와 관련된 것

⑥민족적이고 전통적인 것

⑦친환경적이고 공동체적인 의식을 기를 수 있는 것

⑧사회현상에 대한 문제의식과 사고력을 기를 수 있는 것

⑨신체적, 정신적으로 자기수련을 할 수 있는 것 등으로 나뉜다.

위와 같은 범주 내에서 각 대안학교들은 나름의 영역으로 통합하고 분류하여 실제 수업현장의 교과목으로 적용하고 있다.

대안학교의 교육과정 중 일반학교와 차별성을 지니고 있는 교육내용으로서 특성화 교과목이 차지하고 있는 비중과 특성화 교과의 내용 성격을 보면 다음 <표 Ⅰ-6>과 같다.

학교명	총 이수 단위	특성화 이수 단위	특성화/학교선택 단위비 (A)(%)	특성화 교과내용 영역 및 성격	비 고
간디학교	총 216단위 이수이나 특별활동(12), 재량교과(12), 국민공통(56)의 80단위 제외한 선택교과 136단위를 기준으로 (A)의 비율을 산출함	64	47	자립교과(28)와 감성교과(36)로 필수임.	•보통교과 일반 및 심화 112단위
경기대명고		44	32	학생의 적성·흥미를 고려한 선택 교과임. 학생선택(28), 도교육청·학교선택(16)	•보통교과 일반 및 심화 92단위(3학년 진학코스)
두레자연고		48	35	생활과 노작, 문화·극기·봉사의 체험활동, 자아성찰과 공동체성	•보통교과 일반 및 심화 112단위 *6차 68단위→7차 48단위로 축소.
광주동명고		32	24	농업노작(12), 요리와 구기(4), 컴퓨터(16)	•보통교과 일반 및 심화 104단위
산마을고		28	21	체험(14), 창작(6), 자아성찰적 열린교육(8)	•보통교과 일반 및 심화 112단위
세인고		53	39	현장체험(11), 심력·체력(20), 인간관계(6)	•보통교과 일반 및 심화 84단위
양업고		80	59	청소년성장프로그램(20), 비행예방프로그램(16), 현장학습(12), 자아성찰(8), 취미·외국어 및 예체능(24)	•보통교과 일반 및 심화 60단위
원경고		82	60	자아성찰적 마음공부(20), 현장체험(12), 학생 적성·흥미·취미를 고려한 선택과목	•보통교과 일반 및 심화 28단위
한빛고		40	29	현장체험(10), 감성(8), 자립(10), 창작적 활동(12)	•보통교과 일반 및 심화 108단위
푸른꿈고		48	35	생태적 감수성(14), 노작·현장체험(13), 적성별 선택(18)	•보통교과 일반 및 심화 74단위
영산성지고		78	57	성찰적 마음공부(24), 노작(14), 체험학습(18), 예체능(14), 적성별 선택(8)	•보통교과 일반 및 심화 66단위
지구촌고		*102	75	한국어·문학·사회(21), 외국어 및 세계문화이해(35), 기독교적 봉사와 윤리(20), 교양과 예능(22)	•보통교과 일반 및 심화 34단위
경주화랑고		40	29	성찰적 마음공부(12), 노작(14), 체험활동(4), 컴퓨터(6)	•보통교과 일반 및 심화 96단위.

* 지구촌고는 특성화 한국인 영역 및 세계인 영역에 보통교과의 성격을 가진 교과가 있어서 실제로는 102단위보다 적다.
* 비고란의 보통교과 일반 및 심화 단위수가 80단위(국민공통교과 제외) 이상의 큰 학교(양업고, 원경고, 푸른꿈고, 영산성지고 제외)는 입시 지향적 교육과정을 편성하고 있다고 볼 수 있다.

특성화 교과의 또 다른 특성은 운영의 자율성과 융통성에 있다. 기계적인 시간배치와 형식적인 반복에 의해서는 교육효과를 기대할 수 없기 때문에 규칙적인 진도보다는 학생의 상황에 맞추어 일정한 기간 내에서 자율적으로 완료하는 방식도 시도된다. 평가 또한 경쟁적인 순위 매김이 아니라 교과내용에 따라 다양하고 독특한 방식의 평가가 이루어진다. 그럼에도 불구하고 한국의 대안학교 교육과정은 섬머힐, 하트랜드, 발도르프 등의 외국 대안학교보다 상대적으로 자율성이 떨어지는 편이다. 이는 교육부에서 제시하는 필수과목과 과목별 이수단위 등 제도적 제약에서 크게 벗어날 수 없기 때문이다. 그러나 전체 이수단위의 일부를 특성화 교과로서 자율적인 구성을 할 수 있는 여지를 지니고 있어 각 대안학교의 특성을 최대한 살려 새로운 교육과정을 시도해 나가고 있다.

나. 인성교육

대안학교에서 인성교육은 다양하게 전개되고 있다. 주로 원불교 재단인 영산 성지고와 원경고는 마음공부를 근간으로 하고 있으며, 기독교 재단인 동명고와 세인고의 묵상법, 공립 대안학교인 경기대명고등학교에서는 학교이념으로서 홀리즘에 바탕을 둔 생활명상과 심성계발을 주로 실시하고 있다. 이 밖에 학교마다 독특한 인성교육의 방법으로서 동명고의 멘토링, 세인고의 달란트 계발로서 5차원교육의 심력과 인간관계 능력, 양업고는 인간관계와 현실요법이 있다.

대안학교의 전 교육과정이 인성교육의 목표를 지향하고는 있으나 실제 시도되고 있는 자아성찰적인 인성교육의 교육과정 및 활동을 살펴보면 <표Ⅰ-7>과 같다.

구분	교육과정	운영	대상	비고
영산 성지고	마음일기	주당 1시간	전교생	기숙사에서 밤에 과별 모임 및 일기 기재
	생활명상	특성화		영산 원불교 대학에 파견지도(4개 반)
원경고	마음공부(수업)	특성화 교과	1, 2, 3년 6단위	
	마음대조일기 기재		1, 2, 3년 12단위	
	일기 발표		희망자	
	마음공부 훈련		전교생	
경기 대명고	심성계발(수업)	특성화 수업	1, 2년 8단위	
	생활명상	특성화 수업	1, 2년 4단위	홀리스틱적 명상
	지도사례회의	수시협의회	중중 부적응	
동명고	묵상	월, 방송	전교생	영성 프로그램
	묵상을 통한 멘토링	재량활동	1학년 2단위	에어로빅과 함께 창의적 재량교과로 실시
	멘토링(또래, 사이버)	교육활동 전반	전교생	사이버 멘토링 및 또래상담을 멘토링 교육 계획에 따라 실시
세인고	심력 교육	특성화 교과	1, 2, 3년 10단위	자기관리훈련도 특성화 교과 차원에서 1, 2, 3학년에서 6단위 실시
	인간관계 교육		1, 2, 3년 6단위	
양업고	인간관계(I,II,III,IV)	특성화 교과	1, 2년 4단위	나를 찾아(I), 너와의 만남(II), 소중한 우리(III), 새로운 세계(IV)
	청소년 비행예방프로그램 (현실요법)		1, 2년 6단위	인성교육 차원에서 청소년 성장프로그램 (YQMT) 활성화와 청소년 비행예방프로그 램의 내실화 위함.
한빛고	생활예술	재량교과를 특성화 교과	1학년 6단위	*감성교육, 영성교육 위주
	생활음악		3학년 2단위	
두레 자연고	철학	특성화 교과	2, 3학년 6단위	*자아성찰적 차원에서 실시 *'종교'나 '진로와 직업' 중 택1
	종교(예배)	교양 선택	2학년 6단위	

1) 마음공부

영산성지고등학교[36]는 학생들이 정신의 힘을 기르는 방안의 하나로 일기를 기재하도록 하고 있다. 이는 종래 생활을 나열하는 일기 쓰기를 넘어서 마음의 상태, 마음이 변하는 모습, 마음을 쓰는 내역을 일기로 기재하고 지도교사가 감정하여 용심법(用心法; 마음을 사용하는 법)으로 원래 모든 사람이 갖추고 있는 훌륭하고 참된 자질을 찾아내어 바르게 사용하도록 하는 데 그 뜻이 있다.

실시방법은 교사들의 마음공부 연수(여름·겨울 방학 각 4일의 연 8일, 월 1회) 실시를 통해 학생 마음공부의 지도력을 높인다. 학생들은 주당 1시간을 정규수업과정으로 편성하여 실시한다. 매일 밤 10시 30분에 과별 모임 및 일기를 기재한다.

마음공부를 통한 기대효과는 자신을 귀하게 여기는 마음을 가질 수 있고, 마음작용의 소중함을 인식하여 더욱 속 깊은 생각과 바른 행동을 한다. 또한 '멈추는 공부'를 통해 그릇됨을 미리 막을 수 있고, 주변과 맺은 관계를 이해하고 배려한다.

또한 마음공부의 일환으로 영산성지고는 상시일기를 쓰고 있다. 상시일기의 목적은 하루 행동을 돌아보고 하지 말아야 할 일을 줄이고 해야 할 일을 늘려 감으로써 습관을 고치고 원만한 인격을 갖추어 나가기 위함이다.

원경고등학교는 학교가 고유하게 할 수 있는 일은 인간과 인간이 만나서 배우고 참다운 행복과 마음의 자유를 찾는 데 안내자의 역할을 하는 것이라고 보고, '마음공부하는 학교'를 표방하였다. 마음공부는 모든 교육의 바탕이 되는 것으로, 마음의 안정과 여유가 생기면 학습의 욕구와 자신의 소질을 계발하고 찾아 나갈 의지도 확장된다는 생각에 기초하고 있다. 여기서 마음공부는 마음작용이 일어날 때 이 마음을 억지로 누르거나 없애려고 하지 않고, 그 마음을 잘 관찰하여 어떠한 분별심(좋고 싫고 등 판단을 내리며 구별 짓는 마음)과 주착심(구별 짓는 마음에 집착하는 마음)에도 끌리지 않고 마음을 잘 쓰는 법을 배우고 익히는 것을 말한다.

---

36) 영산성지고등학교 '2002학년도 교육계획서: p.33' 및 학교홈페이지(http://user.chollian.net/yssj)를 참고하여 소개하였다.

원경고등학교는 1999년부터 교육부로부터 자율학교 시범학교로 지정 받아 3년간의 시범운영을 하였다. 2001년 제1과제로 '마음공부를 통한 인성교육'을 설정하였다. 마음공부 교과목 설정·운영, 마음공부 교재 발간, 교사 마음공부 연수, 마음대조 일기 기재와 감정,[37] 학부모학교 운영, 홈페이지 운영을 통한 인성교육을 추진하고 있다.

2) 묵상을 통한 멘토링

묵상의 의미로서 QT(Quiet Time)는 경건의 시간이다. 기독교에서 QT는 말씀을 묵상하고 깨달은 말씀을 삶 속에 적용시켜 하느님의 인도하심과 삶의 변화의 유익을 누리게 하는 경건 훈련이다.

동명고등학교[38]는 믿음이 있는 학교, 믿음을 주는 학교, 믿음을 갖는 학교를 지향하며, 학생들에게 참된 인격과 건전한 가치를 심어 주고 개개인의 능력을 길러 줌으로써 그들이 장차 어떤 환경과 여건 속에서도 바람직한 인격체로 올바른 가치관과 긍정적인 삶을 영위하도록 하기 위한 방편으로 묵상일기 시간을 운영한다.

추진 내용은 자신과 가정, 친구, 학교를 위해 기도하며, 말씀을 통해 자신을 사랑하며 다른 사람을 지체로 소중히 여긴다. 멘토인 담임교사의 사랑의 메시지를 듣고 자신의 정체성을 확립하고 하나님과 이웃과 자신에 대한 믿음을 갖도록 지도한다.

추진 방법은 1교시 수업 이후 구별된 시간에 담임선생님과 함께 20분간 실시한다. 한 명의 학생이 앞으로 나와 그날 내용을 읽고 하루를 맡기는 기도를 한다. 방송으로 나오는 조용한 음악을 들으며 하루를 계획하고 마음을 새롭게 다진다. 매일 모둠 담임에게 제출한다. 모둠 담임은 매인 제출된 묵상일기를 읽고 학생들의 상태를 파악하고 사랑의 메시지를 남긴다. 매주 월요일 묵상시간에는 전교생이 함께 방송을

---

37) 감정(鑑定)은 생활 속에서 마음을 사용한 구체적인 자료를 가지고 법에 맞게 잘 사용되었는가를 서로 묻고 대답하면서 직접 지도해 주는 교육방법을 말한다.

38) 동명고등학교 '2002학년도 교육계획서: pp.92－93' 및 학교홈페이지(www.kdm.hs.kr)를 참고하여 소개하였다.

통해 묵상한다.

묵상을 통해 매일 자신을 돌아보는 시간을 가짐으로써 기본 생활습관 형성에 도움이 될 뿐만 아니라, 어떤 환경과 여건 속에서도 말씀을 통해 바람직한 인격과 올바른 가치관과 긍정적인 삶을 추구할 수 있다. 또한 모둠 담임이 모둠 학생들의 상태를 쉽게 파악할 수 있어 적절한 도움이 되며 멘토링 효과를 증진시키며 생활, 신앙 지도에도 유익하다. 묵상과 연계되는 교내 영성 프로그램으로 채플, 문화 초대석, 찬양, 묵상모임, 내적 치유, 명사 초대, 영성 수련회 등의 프로그램에 도움이 되고 있다.

3) 멘토링을 통한 상담[39]

멘토는 그리스 신화, 오디세이(Odysseus)에 나오는 이름으로서 주전 1200년 고대 그리스의 이타이카왕국의 왕, 오디세이가 트로이 전쟁에 출정하면서 그의 사랑하는 아들을 가장 믿을 만한 친구에게 맡기고 떠나게 되었다. 그의 이름이 멘토였다. 오디세이가 전쟁에서 돌아오기까지 무려 10여 년 동안 멘토는 왕자의 친구, 선생, 상담자, 때로는 아버지가 되어 그를 잘 돌보아 주었다. 이후로 멘토라는 그의 이름은 지혜와 신뢰로 한 사람의 인생을 이끌어 주는 지도자의 동의어로 사용되었다.

이를 기원으로 멘토(Mentor)란 상대방보다 경험이나 경륜이 많은 사람으로서 상대방의 잠재력을 볼 줄 알며, 그가 자신의 분야에서 꿈과 비전을 이루도록 도움을 주며, 때로는 도전도 해 줄 수 있는 사람. 예를 들면 교사, 인생의 안내자, 본을 보이는 사람, 후원자, 장려자, 비밀까지 털어놓을 수 있는 사람, 스승 등을 지칭하기도 한다. 멘토가 대학에서 사용될 경우에는 논문 지도교수를 의미하고, 스포츠에서는 코치, 무술에서는 사부, 예술에서는 사사(Mentoring)해 주는 스승 등을 의미한다. 과거 도제제도에서는 주인(Master)으로, 사회에서는 상담자 혹은 후견인 등으로, 교회에서는 양육자, 목자, 제자 훈련자 등으로 다양하게 사용되고 있다. 또한 멘토는 지도자 또는 현명하고 성실한 조언자의 뜻으로 사용된다.

---

39) 상계계획서 및 홈페이지, pp.89-90.

멘티를 대하는 멘토인 교사의 자세는 "멘티에게 솔직성, 본받을 만한 귀감성, 깊은 유대관계, 공개적이고 솔직성, 멘티인 학생에게 스승, 잠재력에 대한 믿음, 꿈을 파악하고 그 꿈을 현실로 바꾸는 계획을 세울 수 있는 멘토, 멘티의 눈에 성공적임, 가르치는 것은 물론이고 멘티에게도 배울 자세가 되어 있는 멘토, 멘티의 일정을 우선적으로 여기는 것"이다.

멘토링에 대한 잘못된 이해로 경계해야 할 것은 "멘토링은 제자화(弟子化)시키는 것이 아니며, 후견인 제도나 혹은 지도자와의 관계 등과는 다른 것이다. 또한 멘토링은 모델링도 아니며, 짝짓기도 더욱 아니다." 나아가 "멘토는 적어도 83세는 되어야 하고 완벽해야 하며, 모든 해답을 가지고 있어야 하며, 멘토링 과정은 멘토가 멘티(mantee)에게 가르칠 필요가 있는 교육과정을 포함한다거나, 멘토의 초점은 프로테제에게 책임감을 갖도록 하는 것이다."라는 오해에서 벗어나야 한다.

멘토링의 장점은 "전인적인 교육이 가능하고, 멘티는 멘토를 통해서 현실에 올바로 적응하는 법을 배울 수 있으며, 멘티는 자신의 분야에서 남다른 확신을 가지고 일을 추진할 수 있으며, 멘토링은 어떤 사람에게 발생할 수 있는 문제들을 초기에 발견, 해결할 수 있다."는 것이다.

멘토링을 이용한 구체적인 생활지도 방법은

첫째, 모둠담임 중심으로 모둠 구성원의 상담을 입학이 확정되면 개인 신상을 파악하고 멘토와 멘티의 관계를 형성한다. 멘티의 모든 문제에 관심을 갖고 어려운 문제 해결을 위해 배려하고 특별한 문제가 있는 학생은 전체 교사회의에서 논의하고 문제 해결점을 찾는다.

둘째, 가정의 학부모를 수시로 상담하여 가정과 학교가 함께 학생의 변화에 동참하고 협력하도록 한다. 1차 멘토인 모둠담임 교사가 모든 문제를 파악하고 가정과 유대를 강화하고, 필요하면 2차 멘토인 동료 교사 그리고 상위 멘토인 교감 교장의 조력도 구한다.

셋째, 멘티와 멘티(학생의 연령차를 이용) 그리고 멘토와 멘토에 상호 멘토링이 더 효과적인 경우가 있을 때는 서로 멘토링의 작용을 주고받을 수 있다.

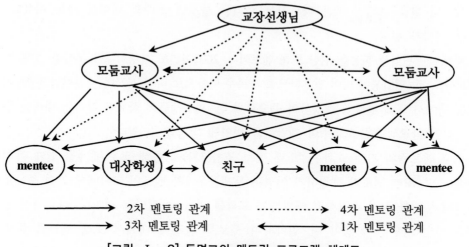

[그림 Ⅰ-2] 동명고의 멘토링 프로그램 체계도

또래 멘토링[40]은 1차 멘토인 친구 관계의 특성을 바탕으로 하고 있다. 이미 형성된 래포(Rapport)로 인해서 또래가 어려움이 있을 때 일차적으로 찾아가는 대상이 또래 친구이기 때문이다. 또래들은 이러한 관계적 특성으로 인해서 쉽게 자신들의 어려움을 털어놓을 수 있게 된다. 또래 멘토링은 이러한 친구관계의 상담적 특성을 최대한 활용하는 상담의 방법이며, 또래의 문제가 전문적인 도움을 필요로 하는 경우에는 2차 멘토인 교사에게 연결해 주는 일이 필수적인 활동이다.

또래 멘토링의 방법은 첫째, 매 학기 초와 학기말에 또래 멘토 조사를 실시한다. 또래 멘토의 조사범위는 교내에서뿐 아니라 타교의 또래 멘토로 확대된다. 학생 특성상 타교의 또래를 파악하여 또래 멘토의 방과후 생활을 이해하게 되고, 교사는 방과후에 학생과 멘토링을 더욱 구체적으로 할 수 있다.

둘째, 협력학습 및 공동체 활동을 통한 또래 멘토링을 하는 일이다. 자연 친화적인 학습인 특성화 교과의 체험학습을 통해서 서로의 어려움과 자라 온 환경 및 신체적인

---

40) 상게서, pp.95-97.

면을 이해하여 더욱 적극적인 또래 멘토링을 실현할 수 있다. 수련활동은 또래 멘토와 밤하늘의 별을 보면서 혹은 파도치는 소리를 들으면 또래의 내면을 더욱 이해할 수 있는 계기가 된다.

셋째, 전·편입생 적응을 위한 또래 멘토이다. 2002학년도 학생실태를 분석한 결과, 어느 해보다도 전·편입생이 많이 발생하므로 새로운 마음으로 다시 시작하는 전편입학생들에게 모둠 내에서 또래 멘토를 선정하여 줌으로써 전·편입생들이 학교에 뿌리는 내리는 동안 전반적인 학교생활을 도와주어 재탈락을 미연에 방지할 수 있다.

또래 멘토링의 기대 효과는 "또래 멘토 조사(3차)를 통해 교우 관계를 쉽게 파악할 수 있으며, 또래 멘토가 해결하기 어려운 문제들은 2차 멘토인 교사에게 알려 줌으로써 학생의 문제를 빨리 파악하고 예방하는 효과를 얻을 수 있다는 점이다. 타교에서 전학 혹은 학업 중단한 학생이 편·입학하여 새로운 환경에 대해서 또래 멘토를 통해서 적응하는 계기를 마련할 수 있으며, 또래 상담 교육을 통해서 좋은 멘토로 친구를 돕고 함께 성장하는 분위기를 유도한다는 것이다. 또한 또래 멘토 자신이 건전한 가치관과 효과적인 대인 관계 능력을 갖고 친구들을 돕는 건전한 청소년으로 성장하는 계기를 마련하고자 하며, 타인에 대한 공감능력과 사교성, 지도성과 친사회적 행동을 길러 원만한 인격형성에 도움이 된다는 것이다."

4) 지도사례회의

경기대명고는 학교교육활동 속에서 학생 개개인에 대한 종합적이고 객관적인 이해를 통해 보다 효과적인 인성교육을 추구하고자 한다. 학생의 다면적인 특성에 대해 교사들의 다차원적인 지도사례를 서로 공유함으로써 학생이해는 물론 보다 합리적이고 팀워크 있는 지도를 도모할 수 있다. 주 내용은 학생 개개인의 부적응 행동 유형과 사례, 부적응 행동의 원인 및 진단, 효율적인 지도방법 모색이다.

진행과정은 대자대부 담임교사가 대상 학생에 대해 부적응 행동과 원인 및 사례 그리고 지도방법을 설명하면 다른 교사들이 자신이 지도한 경험이나 사례를 제시하고 서로 종합적인 논의를 한다. 오랜 시간 지속되어 온 부적응 행동이 단시간에 변화하기를 기대한다는 것은 어렵다. 무엇보다도 중요한 것은 작은 학교를 지향하는 대안학교에서 지도사례회의를 통해 학생에 대한 좀 더 객관적이고 종합적인 정보 공유를 통한 팀워크 있는 지도는 보다 유용한 인성교육 및 생활지도의 기법으로 인식된다는 것이다. 다음 <표Ⅰ-8>은 '지도(상담, 생활)사례회의' 자료이다.

〈표Ⅰ-8〉 '지도(상담, 생활) 사례회의' 자료

연번	학생명	지 도 내 용		
		부적응행동 유형	원인 진단(가정환경)	지도 방법
1	A	- 저질스러운 욕설이 빈번하다. - 늘 핸드폰을 조작 - 보스적 기질	- 가정의 교육적 영향 부재 (직업, 학력, 조혼)	- 기본생활습관 교육
2	B	- 언어적 과잉행동 - 축구부 부적응 (선배와 갈등, 괴롭힘) - 건들건들하는 고의적 반항심 나타남.	- 편모(식당카운터) - 동생2(중퇴, 초등생)	- 심리적 안정감 필요
3	C	- 삶의 방향과 의욕이 없음 - 학교와 학업에 대한 의미를 갖지 못함 - 부화뇌동적 결석 잦음(66일)	- 부모의 유기에 따른 '버림받은 심리적 상처'로 외로움	- 존재의 의미부여 교육과 지도 필요 - 따스한 사랑 필요
4	D	- 보호관찰(오토바이 건) - 자기결력력 부재 - 경제적 빈곤으로 富에 대한 강한 애착(아르바이트)	- 편모(이혼)의 영향 - 가정의 경제적 빈곤과 형의 교도소 유치로 심리적 허무감	- 사랑적 지도 필요 - 행동에 대한 책임감 부여 교육
5	E	- 보호관찰 - 삶의 방향 정립이 부족	- 편모(6살 때 교통사고로 사망), 모는 요통, 누나 2명은 직장생활	

* 본 양식은 2002년 10월 현직연수로서의 지도사례회의 자료임.

5) 심성계발의 인성교육

가) 5차원 전면교육의 심력·인간관계 능력 계발

세인고등학교에서 적용되고 있는 원동연의 5차원 전면교육은 다음과 같은 한국 교육의 현실적 문제점[41]의 진단에서 비롯한다.

첫째, 학교 성적과 실력에 큰 차이가 있다는 것이다. 학교에서의 성적과 삶에서의 진정한 실력(윤리성, 실천력)에는 상당한 차이가 있는 것이 우리의 현실이다.

둘째, 성적이 중하위권에 있는 사람들은 실력을 쌓을 기회조차 갖지 못하고 불행한 삶으로까지 이어지게 되는 것이다. 인생에서 성공하는 행복한 자신을 찾는 방법은 어떤 위치에 있더라도 긍정적인 사고를 갖고 어려움을 딛고 일어설 수 있는 힘을 주어야 한다.

자신의 능력을 극대화하는 3가지 원리와 5차원 전면교육은 다음과 같다.[42] 제1원리는 방법론의 전환으로 올바른 방법을 알아야 한다. 어떤 일을 하든지, 그 일에 적합한 방법과 원리를 구체적으로 알아야 잘할 수 있다.

제2원리는 다면적인 접근이어야 한다. 인간은 지력, 심력, 체력, 자기관리 능력, 인간관계 등 다양한 요소로 구성되어 있는데 이 가운데 어느 한 가지가 약하면 그것 하나만 약한 것으로 끝나는 것이 아니라 다른 것들도 영향을 받아서 인간 전체의 능력을 제약시키는 것이다.

자신의 실력과 능력을 발휘할 수 없는 요인으로는 다음 <표 I-9>와 같다.

---

41) 원동연(2002), 5차원 전면교육의 기본 이념, 「5차원 전면」 5차원교육연수원. pp.32-33.
42) 상게서, pp.37-43의 주요 내용을 요약·정리하였다.

지력	심력	체력	인간관계 능력	자기관리 능력
• 글 읽는 방식이 나쁨 • 현상을 전체적으로 못 봄	• 꿈이 없음 • 의지력 부족 • 부정적인 마음 • 패배감, 열등감	• 잘 존다 • 변비 • 관절염, 요통, 비염, 축농증 등	• 시간관리 능력 없음. • 우선순위 통제 하지 못함.	• 부모관계 악화 • 교사와의 관계 악화 • 공동체의식 부족

* 자료: 원동연(2002), p.40

이처럼 다양한 요인들로 인해 한 개인이나 조직이 실력을 제대로 발휘할 수 없는 상황을 과학적으로 설명해 주는 것이 '최소량의 법칙'이다.

교육에 있어서도 같은 원리가 적용될 수 있다. 인간을 구성하고 있는 근본적인 요소들이 있다. 물통의 나무 조각 같은 것이다. 인간은 지력, 심력, 체력, 자기관리 능력, 인간관계 등 다양한 요소로 구성되어 있는데 이 가운데 어느 한 가지가 약하면 그것만 약한 것으로 끝나는 것이 아니라 다른 것들도 영향을 받아서 전체의 능력을 약화시킨다. 그러므로 실력을 발휘할 수 있게 하는 방법은 아주 다양하다. 심력이 약한 학생은 심력을, 체력이 약한 사람은 체력, 자기관리 능력이 부족한 사람에게는 자기관리능력을, 방법이 나쁜 학생에게는 좋은 방법을, 인간관계가 좋지 않은 사람에게는 좋은 인간관계를 가질 수 있도록 골고루 키워 주면 개인의 능력을 최대한 발휘할 수 있다는 것이다. 즉 그 사람이 갖고 있는 여러 능력을 전면적으로 발전시킬 수 있는 전면교육이 필수적인 것이다.

제3원리는 구체적인 커리큘럼이 있어야 한다. 어떤 원론적인 내용들이 정립되었다 하더라도 활용되기 위해서는 그것을 실천할 수 있는 구체적인 방법들이 있어야 한다. 앞에서 언급한 원리들이 아무리 좋고, 충분히 공감한다 해도 그 원리를 이룰 수 있는 커리큘럼(교육과정)이 있지 않으면 그것은 공허한 외침밖에 되지 않는다.

인성교육과 관련된 심력과 인간관계 능력을 키우기 위한 구체적인 방법(고공표)을 보면 <표 I -10>과 같다.

〈표 I - 10〉 심력과 인간관계 능력을 키우기 위한 구체적인 방법

심 력	인간관계 능력
코드번호 PCH01	코드번호 PCR01
1. 삶의 목표의식 확립 －뜻, 꿈, 비전을 가짐, －미래 지향적으로 현실의 어려움 극복능력	1. 나와 나 －나를 인간으로 보기, 인간의 가치 확인, 자아발견, 자존감
1. 인생고공법 작성 2. 3분묵상법(C type)	1. 자신의 장점·단점 분석표 작성
코드번호 PCH02	코드번호 PCR02
1. 반응력 기르기 －슬픈 것을 보고 슬퍼하고, 기쁜 것을 보고 기뻐하는 능력, －받았을 때 감사하며, 주었을 때 희열을 느끼는 능력(책임감과 긍정적 사고)	1. 나와 가족 －가족을 인간으로 보기, 가족은 사회의 기본 단위, 가족의 중요성, 부모 공경하기, 결혼관(첫째, 영적 동질성과 육체적 순결성을 가져야 함)
1. 3분 묵상법 2. 개념 심화학습법 3. 상황 적용 훈련법 4. 타인격려법(인사, 환호, 박수, 위로하기)	1. 가족의 장점·단점 분석표 작성 2. 가족의 미래 상상훈련법(능력의 극대치) 3. 가족에게 편지 쓰기(E－mail)
코드번호 PCH03	코드번호 PCR03
1. 풍부한 정서력 －좌·우뇌의 조화로운 계발 －공부 외에 다른 세계가 있음을 인식 －상상력, 창의력, 영감	1. 나와 동료 －동료를 인간으로 보기, 동료관계, 직업관, 팀워크의 중요성 이해(동료란 ① 선택하는 것이며, ② 타인의 필요를 제공하는 것임)
1. 예술활동 실천(한 가지 악기 등) 2. 시 쓰기, 그림 그리기, 악기 연주하기 경험 후 한 가지 선택하기	1. 동료의 장점·단점 분석표 작성 2. 동료에게 편지 쓰기(E－mail) 3. 평생동료 차트 작성(5＋5시스템) *친구5, 적5
코드번호 PCH04	코드번호 PCR04
1. 남 중심의 삶 －비이기적, 솔선수범, 예의, 무례치 않음, 민주적, 공동체 의식	1. 나와 사회 －불특정 이웃을 인간으로 보기, 개인과 집단의 상호관계 이해, 사회생활 적응력, 국가관, 공동체에서의 협동과 경쟁관계, 조직, 시스템
1. 3분 묵상법, 2. 상황 적용 훈련법	1. 사회의 장점·단점 분석표 작성, 2. 시스템 훈련법
코드번호 PCH05	코드번호 PCR05
1. 지식의 내면화 능력 －추상적인 개념을 구체화하여 행동으로 옮길 수 있는 힘을 갖도록 도와주는 것 －지식을 의식화, 조직화시킬 수 있는 능력	1. 세계를 품은 다이아몬드 칼라의 인간 　자신의 소질을 최대 계발함으로써 타인의 능력을 최대 발휘할 수 있도록 도와 아름다운 사회 만들 수 있는 다이아몬드 칼라의 인간상의 지도력 갖는 것임, 지도력은 봉사심(사랑)과 정의감이 필요하다.
1. 개념 심화학습법 2. 상황 적용 훈련법	1. 5차원 적용표 작성하기(외면적/내면적 적용)

* 자료: 원동연(2002), pp.44－45에서 5차원 고공표 중 '심력과 인간관계 능력'에 해당하는 부분만 발췌하였다.

인간의 능력을 최대로 하기 위한 3가지 근본인 지력, 심력, 체력은 따로 분리된 채 강조되어서는 안 된다. 따라서 21세기를 주도해 갈 리더는 지력, 체력, 심력을 조화롭게 전면적으로 갖춘 사람이다.

과거 전통사회의 체력(blue-collar), 산업사회의 지력(white-collar), 탈산업화 사회의 감성이 높은 심력(gold-collar)을 갖춘 사람을 다이아몬드 칼라(diamone-collar)라고 부른다. 다이아몬드 칼라의 사람은 지력, 심력, 체력이라는 본질 요소가 조화롭게 발달되고 삶의 현장에서 적용 요소라 할 수 있는 '자기관리능력'과 '인간관계능력' 요소가 추가된 성숙한 인간을 뜻하는 것이다.[43]

다이아몬드 칼라의 사람은 위와 같은 요소들을 전인적으로 갖춘 실력 있는 사람이라고 할 수 있다.

특히 대안교육 및 한국의 교육현실에서 심력과 인간관계능력을 증진[44]시키는 노력은 다이아몬드 칼라로서의 전인적 인간을 넘어서 사회 적응력과 관련된 인간 본연의 모습으로서 강조되어야 할 교육활동이라 볼 수 있다.

나) 심성계발 교과

경기대명고등학교는 학교설립 목적상, 학교에 적응하지 못하고 중도 탈락(가능)하는 학생들을 대상으로 인성교육과 체험중심의 다양한 교육과정을 이수하게 함으로써 학교적응력은 물론 민주 시민의식을 배양하여 건전한 사회인으로 성장하도록 돕는 데에 있다.

이러한 부적응 학생을 중심으로 운영되는 경기대명고등학교는 비기숙형·도시형 대안학교로서 학생들에 대한 인성교육 중심의 적응교육프로그램이 요구되었다. 2003학년도부터는 2002년도에 개발된 '적응력 증진의 인성교육프로그램'[45]을 정규

---

43) 상게서, p.43.

44) 심력 및 인간관계 능력을 증진시키는 내용에 대해서는 "원동연·김기남(2002), 심력교육의 이론과 실제, 「5차원 전면교육」, 5차원교육연수원", "남건우(2002), 인간관계 능력교육의 실제, 「5차원 전면교육」, 5차원 교육연수원"을 참고 바람.

특성화 교과인 심성계발 시간에 적용하고 있다.

경기대명고에 입학하는 학생들은 입학전형상 일반학교에서 성적 외의 사유로 부적응하는 학생 유형으로 주로 품행이라는 행동장애로 탈락(가능)하거나 따돌림당하는 비사회적인 성격의 학생들이 다수를 차지하고 있다. 이러한 품행장애 학생들과 따돌림 학생들의 제 특성은 <표Ⅰ-11>과 같다.

〈표Ⅰ-11〉 품행장애 학생과 따돌림 학생의 행동 특성

구 분	행 동 특 성
품행장애 학생	품행장애 학생들은 타인의 권리나 감정을 별로 고려하지 않으며, 잘못에 대한 죄의식이 없이 남에게 비난을 잘 한다. 욕구좌절과 인내력이 약하여 자신의 욕구가 관철되지 못하면 분노 폭발이나 공격적 행동으로 대처하며, 학교에서 정학이나 퇴학 등의 문제를 갖기도 한다. 성-문제, 음주, 흡연, 약물남용, 임신, 사고 등이 많고, 낮은 사회 경제적 수준과 평균보다 낮은 수준의 지적 능력과 학업성취도 낮다. 이들은 주의력 결핍 과잉행동장애 및 적대적 반항장애와의 관계가 밀접하여 초기의 주의력 결핍의 증상이 적대적 반항을 거쳐 품행장애로 발달하는 경우가 많다. 품행장애는 학습장애나 주의력결핍과잉행동장애(ADHD), 우울증, 불안장애, 약물남용과 함께 나타날 수도 있다.
따돌림 학생	피해 학생들은 힘의 논리에 의해 적절하게 대항하거나 대처하지 못해 당하고 있으며 정신적으로 무저항적이다. 성적 저하와 더불어 등교거부가 나타나며, 대인관계에서 만족도와 자아개념 및 자존감이 떨어지며 부정적인 자아정체감이 형성되기 쉽다. 심리적으로는 우울과 불안, 외로움, 분노감, 의욕과 흥미 저하, 무기력, 주의 산만, 자기 비난, 자기 무가치, 자살 생각 등의 부정적인 정서를 많이 보인다. 일부 학생들은 불안신경증, 대인공포증, 우울증, 정신분열증과 같은 심각한 정신질환을 앓거나 자살 또는 살인으로 죽음에 이르기도 한다.

품행장애 및 따돌림 학생들을 위한 적용프로그램은 부모교육 및 훈련과 연결하여 이루어져야 효과가 있으며, 그 구체적인 프로그램 및 기대효과는 <표Ⅰ-12>와 같다.[46] 또한 적용하고 있는 인성교육프로그램의 구체적인 내용구조는 <표Ⅰ-13>과 같다.

---

45) 김태연·이경신·이중묵 외(2002), 적응력 증진의 인성교육프로그램. 경기대명고등학교.
46) 상계서. p.2.

〈표 I - 12〉 품행장애 및 따돌림 학생들을 위한 적응프로그램 및 기대 효과

	프 로 그 램 명	기 대 효 과
품행장애 학생	▶ 도덕성 증진 프로그램 ▶ 품성계발 프로그램	- 도덕적 규범과 가치 존중 - 타인 배려성 증진
따돌림 학생	▶ 자기주장훈련 프로그램 ▶ 사회성 증진 프로그램	- 자기표현과 주장능력 향상 - 친밀감 표현 방식 변화 및 표현력 증진 - 대인 공포 및 불안증 감소
전 학생	▶ 분노 - 조절 프로그램 ▶ 시간·정신에너지관리 프로그램 ▶ 자기존중감 증진 프로그램 ▶ 의지계발 프로그램	- 감정 자제능력 향상 및 폭력 대처기술 증진 - 시간·에너지의 효율적·긍정적 사용능력 향상 - 대인관계 기술 및 자존감 높이기 - 내 인생 주인의식, 실천의지력 향상

〈표 I - 13〉 인성교육프로그램 모형 및 주제

학 생 특 성

♠ 진단 및 분류 : 청소년문제유형 분류 및 진단
♠ 오리엔테이션 및 자아탐색 프로그램
 (2-1) 자기소개 - 별칭 짓기　　　　　(2-2) 자기탐색 - 문장 완성하기

	품행장애(A파트)	집단따돌림(B파트)
1 단계	♠ 품성계발 프로그램 (3-1) 지혜로운 생각 (3-2) 자신을 다스리는 마음 (3-3) 홀가분한 고백 (3-4) 같이 더불어 사는 마음 (3-5) 꿈을 꿈꾸는 나	♠ 사회성 증진 (5-1) 친구 만들기 (5-2) 바람직한 청소년상 (5-3) 피라미드 쌓기 (5-4) 둘이서 함께 그리기 (5-5) 나는 이런 사람입니다
2 단계	♠ 도덕성 증진 프로그램 (4-1) 고리 따라가기 (4-2) 어려운 결정 (4-3) 선택의 길목에서 (4-4) 깊은 생각 (4-5) 도덕적 갈등	♠ 자기주장 프로그램 (6-1) 2분 연설 (6-2) 거울 되어 움직이기 (6-3) '싫어', '하지마' (6-4) 자기 이미지 광고 (6-5) 판단과 추측

3-1 단계	♠ 시간·에너지 관리 프로그램(공통) (7-1) 나의 하루일과 살펴보기　　　　　(7-2) 효과/비효과적 요인 찾기 (7-3) 효과적 시간관리 방법　　　　　　　(7-4) 효과적 정신에너지 관리방법 (7-5) 앞으로의 내 모습 그려 보기
3-2 단계	♠ 분노조절 프로그램(공통) (8-1) 분노 탐색하기　　(8-2) 분노상황 인식하기　　　(8-3) 나의 변화 알기 (8-4) 분노 조절하기　　(8-5) 생각 바꾸기
3-3 단계	♠ 의지계발 프로그램(공통) (9-1) 두 개의 나　　　(9-2) 천사가 되어, 나의 목표　　　(9-3) 거절하기 (9-4) 나의 의지로 행동하기 Ⅰ　　　(9-5) 나의 의지로 행동하기 Ⅱ
3-4 단계	♠ 자기존중감 증진 프로그램(공통) (10-1) 나의 자서전　　　(10-2) 자성예언　　　(10-3) 나의 장애물 (10-4) 장단점 인식　　　(10-5) 좋은 느낌 주고받기

6) 홀리스틱적 마음 열기(Ice-Breaking)

가) '마음열기'의 생활명상

경기대명고등학교는 2002년 3월 개교 당시 11명 학생 전원이 일반학교에서 학업중단 상태에서 편입한 학생으로 시작하였다. 그들의 심리적 특성은 학업중단학생들의 일반적 성향인 학교와 교사에 대한 저항감과 불신감을 갖고 있었다. 가정과 학교라는 울타리에서 여러 가지 이유로 상처를 받아 온 부적응 학생들이기 때문에 교사와 의사소통은 물론, 쉽게 마음을 열지 않았다. 따라서 학교 교육활동을 위한 여건 조성으로서 심성 변화뿐만 아니라 홀리스틱적 생활명상의 여건 조성을 위해 마음 열기(Ice-Breaking)를 시도하였다.

마음 열기(Ice-Breaking)는 생활명상 시간뿐만 아니라 매일 아침 조회시간, 또는 일반 교과수업시간 전에 학생들이 모두 손을 잡고 마음 열기 문구를 다 같이 암송하고 하루를 보람되게 보내기 위한 다짐을 하도록 하는 형식이다. 이를 통해 학생들에게는 나, 가족, 이웃, 지구촌의 모든 사람, 자연, 동식물 및 지구와 우주의 모든 것들과의 상호연관성(interconnectedness)을 자각하고 세상을 보는 차원 높은 안목을 갖도록 하였다. 그리하여 인간과 자연이 서로 도움을 주고받으며 공리 공생해야 한다는 생태학적 감성과 소양을 기르도록 하는 효과뿐만 아니라 정서적 안정을 줄 수 있었다.

아래에 제시된 문구 이외에도 교사 자신이 작성하여 제시할 수 있다. 물론 내용은 시·공간을 초월한 가치를 내포하며, 정서적 영감과 영감을 줄 수 있어야 한다. 친절, 배려, 우애, 행복, 평화, 존중, 감사, 사랑... 등이 있다. 관점은 단편적인 것보다 생태학적(ecological)이고도 시스템 사고(systems thinking), 맥락적(contextual) 시각, 영성적(spiritual) 시각, 환경적(environmental) 시각, 시스템적 시각(systemic), 유기체적(organic) 시각, 진화적(evolutionary) 시각, 통합적 시각으로 구성하는 것이 대안교육이 추구하는 인성교육적인 측면일 것이다. 다음은 "평화, 감사, 사랑"에 대한 마음 열기 문구의 예이다.

평화

> 내가 건강하고 행복하고 평화로울 수 있도록
> 내 가족이 건강하고 행복하고 평화로울 수 있도록
> 이 교실에 있는 모든 친구가 건강하고 행복하고 평화로울 수 있도록
> 이 근처에 있는 모든 것이 건강하고 행복하고 평화로울 수 있도록
> 이 마을에 있는 모든 것이 건강하고 행복하고 평화로울 수 있도록
> 이 나라에 있는 모든 것이 건강하고 행복하고 평화로울 수 있도록
> 이 지구에 있는 모든 것이 건강하고 행복하고 평화로울 수 있도록
> 이 우주에 있는 모든 것이 건강하고 행복하고 평화로울 수 있도록

감사

내가 건강하게 살 수 있음에 감사를
나를 낳아 주신 부모님에게 감사를
늘 내 곁에 있는 모든 친구에게 감사할 수 있도록
배고플 때 먹을 수 있게 해 주는 모든 이들에게 감사를
평화롭게 살 수 있도록 한 모든 이들에게 감사를
필요할 때 제때 물건을 제공해 주는 이들에게 감사를
이 지구에 있는 모든 것이 서로 연관되어 도움을 주고받을 수 있음에 감사를
이 우주에 있는 모든 것이 함께할 수 있음에 감사를

사랑

내가 나를 소중하게 사랑할 수 있도록
내 가족들이 서로를 소중하게 사랑할 수 있도록
이 교실에 있는 모든 친구들이 서로 사랑할 수 있도록
이 학교에 있는 모든 구성원들이 서로 사랑할 수 있도록
이 마을에 있는 모든 사람들과 생명체들이 서로 사랑할 수 있도록
이 나라에 있는 모든 것이 서로서로 사랑할 수 있도록
이 지구에 있는 모든 것이 사랑스러울 수 있도록
이 우주에 있는 모든 것이 사랑할 수 있도록

나) 생활명상

영산성지고등학교[47)]에서 생활명상은 자아를 발견하고 삶의 뜻을 찾아 심성을 계발하고자 설정한 특성화 과목이다. 학기당 1단위로 배정하되 A, B, C, D 4개 반으로 나누어 인원을 배정하고 월요일 5교시에 동시에 실시한다.

생활명상 지도는 영산 원불교대학교에서 직원들이 파견을 와서 지도하고 있다.

진행 순서와 방법은

○ 간단한 요가로 몸 풀기,

○ 정좌하기 ― 방석 위에서 가부좌로 앉아 한쪽 발을 다른 쪽 다리의 허벅지 위에 올리고 허리를 곧게 세운다. 양팔은 자연스럽게 양 무릎 위에 올린다. 턱은 약간 끌어당겨 등과 목이 일직선이 되도록 한다. 눈은 반쯤 뜬 채로 약 1m 앞의 바닥을 보되 보는 것을 의식하지 않는다.

○ 호흡 고르기 ― 들이쉬는 숨과 내쉬는 숨을 일정하게 하고 천천히 숨을 쉰다. 깊숙이 숨을 쉴 수 있도록 하며 가슴으로는 숨을 쉬지 않도록 주의하고 배 아래쪽까지 숨이 내려갈 수 있도록 한다. 마치 아랫배(단전이라 함) 속에 풍선이 하나 있어 숨을 들이쉬면 아랫배가 불룩해지고 내쉬면 아랫배가 홀쭉해진다고 생각한다.

○ 마음 고르기 ― 호흡하는 것을 의식으로 따라가거나 단전에 마음을 집중하여 일심을 양성하도록 한다. 그러나 초심자는 대개 여러 가지 잡념들이 떠올라 일심 양성에 방해를 받는데, 이때에도 잡념을 잡념인 줄만 알고 놓아 버리면서 다시 단전에 마음을 두면 자연히 잡념이 사라진다. 마음을 매우 편안하게 가져 명상의 재미를 느끼게 한다. 때때로 음악을 명상하거나 명언과 법문 말씀으로 명상하기도 한다.

7) 현실요법

양업고등학교[48)]에서는 자아존중감과 내적 통제성 향상을 위한 현실요법 집단 프로그램을

---

47) 영산성지고(2002), op. cit, p.36.
48) 청주양업고등학교 홈페이지(www.yangeob.hs.kr)

통해 인성교육을 도모하고 있다. 여기에 소개하는 프로그램은 2001년도에 입학한 신입생들을 대상으로 양업고등학교 교육이념인 현실요법과 선택이론에 입각한 "내적 통제성 향상을 위한 현실요법 집단프로그램"이다. 프로그램에 대한 효과성이 검증되면서 매년 학기가 시작되는 3월에 실시하고 있다.

내적 통제성 향상을 위한 현실요법 집단프로그램의 실시 목표는 학생들의 내적 통제성에 긍정적인 변화를 주게 하여 3년 동안의 학업에 적응력을 높인다는 것이다. 세부 목표는 다음과 같다.

①학생들의 의무 출석 일수를 측정하여 기준 지표로 삼는다.

②무단가출과 무단 외박으로 인한 수업 결손 부분을 최대한 낮추어 출석률을 높인다.

③부적응으로 말미암아 중도에 재탈락생을 방지하기 위하여 후속 프로그램으로 현실요법과 선택이론을 통한 상담을 지속적으로 행한다.

프로그램 운영계획을 보면, <표1-14>와 같다.

〈표Ⅰ-14〉 내적 통제성 향상을 위한 현실요법 집단 프로그램

사업명	일정	목표	담당자	사업 진행 내용
작업 1. 욕구 이해 하기	첫 째 날 Ⅰ	원하는 것이 무엇인지를 안다.	봉사자 3명 1학년 담임 선생님 6명	- 프로그램 사전·사후 검사 설문지 조사 - 기본 욕구에 대한 설명(욕구를 채우는 각 개인의 방법은 모두가 다르다는 것을 설명) - 개인 워크북 4쪽의 그림에 자신이 원하는 것을 채워 적게 한다(3명이 한 팀이 되어 캔트지에 나무를 그리고 열매 부위에 각자가 쓴 네 욕구를 채우도록 만들어 준다.). - 팀에서 한 명씩 대표를 뽑아 전체 앞에서 발표하게 한다.
작업 2. 욕구 충족 정도 체크 하기		자신의 대인 관계상황을 점검		- 의자의 앉는 곳과 네 다리로 다섯 가지 기본적 욕구를 설명한다. - 워크북 5쪽에 자신이 관계하고 있는 사람들, 활동들, 모임들의 명단을 만든다. - 명단의 각 항목이 다섯 가지 욕구를 얼마나 채우고 있는지 체크한다

		오전 간식 및 휴식시간		
작업 3. 욕구를 충족 시키기 위한 간단한 계획 짜기	Ⅱ	네 가지 욕 구 중 하나나 그 이상이 채워지지 않 았을 때, 그 것을 채울 수 있는 간 단한 계획을 짜 보는 연 습을 한다.	동일인	− 각 욕구를 나타내는 그림을 보며 최근에 자신 이 가장 채우지 못한 욕구를 찾아낸다. ☞ 만약 기적이 일어나서 네가 원하는 대로 다 할 수 있다면? 하고 질문해 본다. − 그 욕구를 채우기 위해 오늘 무엇을 할 것인지 생각하고, 워크북 6쪽의 그림 안에 채워 넣는 다. − 자신의 계획을 발표하고 집단원들에게 격려받 도록 한다. 즉, 집단 안에서 일어나는 행동, 하 는 행동이 어떤 욕구를 채워 주는가를 묻는다.
작업 4. 전 행동 이 해하기		전 행동을 알게 하고, 우리 행동의 4요소를 분 석하여 알게 한다.		− 최근에 경험했던 상황을 설정한다. − 그 상황에서 신체반응, 느끼기, 활동하기, 생각 하기는 어떠했는지 살펴보고, 빈칸에 적는다. − 짝과 적은 것을 놓고 함께 대화를 하며, 전 행 동이 잘 적용되었는지 검토한다.
		점심시간		
작업 5. 원하는 세 계와 현실 세계의 비 교하기	Ⅲ	질적 세계와 현실 세계의 차이에 대 하여 어떻 게 행동하였 는지	동일인	− 자신의 원하는 세계와 현실세계가 다른 상황 을 생각해 낸다(실패의 경험, 좌절을 전 행동 으로만 설명해 봄). − 역할 바꿔 보기 − 자기개방: 간접경험을 하도록 한다.
작업 6 여러 갈래 길에서 선 택하는 연 습과 평가 하기		더 나은 선 택은 어떠한 것인지를 스 스로 인식하 게 함	동일인	− 나에게 어떤 상황이 일어났을 때 선택하는 연습. − 가장 최근에 삶에서 근심했던 상황을 적어 보 시오. − 그 상황에서 자신이 선택할 수 있는 방법을 생각하여, 세 길에 적어 넣는다. − 각 길을 선택했을 때 무슨 일이 일어날지 그 결과를 써넣게 한다.

오후 간식 및 휴식시간			
작업 7 "간·즉·구·진" 계획 짜기	IV	성취욕구를 충족시킬 수 있는 계획을 짠다.	동일인	−자신이 원하는 것이 무엇인지를 결정함. −그 바람을 이루기 위해서 계획을 짜게 함 −함께 계획 짜는 연습을 해 본 뒤, 각자가 계획을 짜고, 점검한다. −자신의 워크북 10쪽에 붙이고 발표.
작업 8 변명 찾고, 변명 대신 할 것을 찾아서 약속하기		자신이 원하는 곳으로 훨씬 빠르고 쉽게 도달할 수 있다는 것을 인식시킴		−작업 7에서 정했던 계획을 실천했는지 점검. −잘 사용하는 변명을 생각해 보고 장애물을 하나씩 적어 놓게 한다. −자신이 가장 잘 사용하는 변명을 1∼3개 정도 종이에 적고 다시는 쓰지 않겠다는 약속으로 찢어서 쓰레기통에 버린다.
저녁식사			
작업9 여러분 마음속의 그림은 현실적입니까?	둘째날 I	실제적인 생활 속에서 자신이 간직하고 싶은 사진이 무엇인지를 알게 한다.	동일인	−자신의 마음속에 원하는 것들, 갖고 싶은 것, 되고 싶은 것 중에서 비현실적인 사진이라고 생각되는 것들을 적게 한다. −그 사진을 자신이 얻을 수 있는 것으로 바꿀 수 있는 방법을 생각해 보게 한다. −자신의 비현실적인 사진들을 어떻게 바꿨는지 얘기해 본다.
작업10 자신이 행복한지 그렇지 않은지를 어떻게 아나요?		자신이 만족할 때와 그렇지 않을 때를 구분하여 만족한 쪽으로 옮겨 갈 수 있도록 한다.		−3인이 한 팀을 만들어 색종이나 색지를 이용하여 깃발과 깃대를 3색깔로 만든다. −노랑: 만족스러운 경험 −빨강: 불만족스러울 때의 경험 −초록: 감정 없이 일상적으로 행하는 경험
오전 간식 및 휴식시간			
작업 11 당신의 삶은 누가 운전하나요?	II	자신을 통제하는 것은 바로 자기임을 경험	동일인	−비평하기, 장님게임 −무엇인가에 잘못이 있다고 생각한 것에 관해 써 본다 −쓴 것을 바꾸어 보고 누가 당신의 삶을 통제하는지 살핀다.

				점심시간
작업 12 좋은 관계를 파괴하는 가장 큰 요소는?	Ⅲ	자신을 통제할 수 있는 사람은 자기 자신임을 다시 확인	동일인	− 그리고 싶은 그림을 그리게 한 다음 아무 설명 없이 찢어 버린다. − 자존심이 상했는지를 경험. − 상대방에게 상처를 주지 않겠다는 다짐을 받는다. − 비난받았을 때의 느낌은?
작업 13 나와 다른 사람의 사진이 맞지 않을 때?		생활에서 오는 갈등에 대처 하는 방법 모색		− 갈등에 빠졌던 상황에 대하여 나눈다. − 팀원끼리 그 상황을 개선하기 위한 대안 제시 − 전체모임에서 최종적인 의견 제시
				점심 간식 및 휴식시간
작업 14 자신이 가지고 있지 않은 것을 간절히 원하는가?		자신의 단장기 목표를 세움	동일인	− 최종목표로 가기 위한 중간과정을 8가지 쓰고 순서를 정해 본다. − 단기의 목표(학교입학부터 졸업까지 3년 과정)를 세우기 위한 중간과정을 8가지 쓰고 순서를 정한다.
				저녁식사
작업 15 어떻게 문제를 해결하고, 원하는 것을 얻겠습니까?	세째날 Ⅰ	원하는 것을 탐색, 평가, 행동을 계획하는 연습	동일인	− 원하는 것 찾기(Want) − 하는 것(Doing) − 평가하기(Evaluation) − 계획하기(Plan)
				오전 간식 및 휴식시간
평가	Ⅱ	총괄 및 평가	동일인	− 구조화된 척도를 사용하여 사전·사후의 점수차를 비교하며 프로그램 진행과정상에서 나타난 집단 원들의 변화 및 반응에 초점을 맞춘 관찰에 의한 질적인 분석을 병행한다. − 결심내용을 전체 전시 및 평가
				점심시간

내적 통제성 향상을 위한 현실요법 집단프로그램의 기대 효과는 첫째, 대안학교인 양업고등학교에 입학한 학생들의 재탈락률을 낮추는 데 있다. 실제적으로, 2000년도와 2001년도를 비교해 보면 9명에서 4명으로 재탈락률이 줄어들었다. 둘째, 내적 통제성을 강화시켜서 부적응 행동을 감소한다. 셋째, 출석률을 향상시켜 학교생활에 적응을 잘할 수 있도록 돕는다.

3. 대안학교 교육방법

대안학교의 교육방법은 전통적인 교육방식에 대한 대안을 추구한다는 점에서 다양한 방식이 있을 수 있다. 일반적으로 생각할 수 있는 것은 대안학교의 교육방식이 몰개성적인 획일성, 입시 위주의 주지교과 중심, 가르치는 자 중심, 설명과 주입식 수업 등에 대한 비판적 입장을 갖고 있다. 그러면서 학생의 개성 중시와 개별화 수업, 토론과 토의, 자립교과 중심의 특성화 교과, 체험중심의 방법 등을 추구한다는 것이다.

그래손(A. Glatthorn)은 교육과정의 근원은 형식화된 과정이 아닌 것으로서 "직업, 서비스(봉사), 여행, 또는 이러한 것들을 기획하는 것에 있다(상게서, 109)고 보았다. 기본적인 교수방법은 대안학교 교수방법과 관련하여 도제방식, 작업, 독립적인 탐구 형식을 취한다(상게서, 109).

일찍이 대안교육을 실천해 온 간디학교의 교육방식에 대해 정미숙(2001)은 다음의 다섯 가지로 특징짓고 있다.

첫째, '학생이 중심이 되는 교육'이다. 주입식 교육은 학생의 개성을 말살하고 생각하는 능력을 사장시킬 수밖에 없는 것이다. 간디학교는 감성교과는 물론이고 지식교과의 경우 철저하게 학생이 수업의 준비나 발표 전 과정에 주체로 참여하는 방식을 바람직한 모델로 상정하고 실천하고 있다. 그렇다고 해서 강의식 수업방식을 완전히 배제하자는 것이 아니라, 강의식과 토론식, 발표식을 개별 교과의 성격이나 내용에 맞게 적절하게 안배하고 조율하는 교사의 학습전략을 중시한다.

둘째, '집중식 교육'이다. 한 학기에 평균 15과목을 공부하는 제도권 학교와 달리, 적은 수의 과목을 학기를 달리해서 심도 있게 배우는 '에포크(epoch)' 수업은 간디학교가 궁극적으로 지향하는 교육방식이다. 그러나 현재 이 부분은 국민공통기본교과와 아울러 일정 이상의 단위를 이수해야 하는 현실적인 문제에 맞물려 쉽게 구현하고 있지 못하고 있는 부분이다.

셋째, '개별화된 학습지도(individualized learning)'이다. 학생들 개인의 학력 상태와 학부모의 의사를 존중하여 아이 한 사람 한 사람에 맞는 공부 목표를 정하고 이에 따라 교과를 조정하는 것이다. 대학진학을 목표로 하고 있는 학생들에게는 그에 맞는 수업내용이나 지도를, 공부보다는 음악이나 도자기 등 예능 쪽의 감성을 살리는 것이 더 적합한 아이들에게는 그것에 맞는 교과지도와 수업이 이루어질 수 있도록 학교가 탄력적이고 융통성 있게 아이를 배려하고 시스템을 보완하는 것이다.

넷째, '관심과 능력에 따른 수업'이다. 나이나 학년으로 구분하지 않고, 개인의 능력에 따라 영어나 수학 같은 과목의 경우 단계별 수업을 하고, 국어나 사회교과목의 경우 내용별로 심화하거나 보충하는 형식의 수업을 진행하는 것이다. 또한 수업선택권을 통해 아이가 공부하고 싶어 하는 과목을 선택해서 공부할 수 있게 하는 것도 이런 의미에서 시도되고 있는 방식들이다.

다섯째, '장소가 한정되지 않은 교육'이다. 학교뿐 아니라 지역사회 전체를 학습의 원천으로 삼아야 한다는 정신으로 배움터가 있다면 국내·외를 구분하지 않고 어디라도 옮겨 다니며 공부하고 있다. 또한 해외로의 이동식 수업뿐 아니라 지역사회의 유능한 직업인들, 예능인들을 초빙하거나 직접 일터로 찾아가 산교육을 받는 형태의 수업도 진행하고 있다. 전남 장성의 한마음 공동체나 가까이 있는 성심원, 그리고 인형뮤지컬

전문가나 종이 접기 강사, 그리고 도예가나 짚·풀 전문가를 초빙해 다양한 수업활동을 아이들이 경험하게 하고 그 속에서 자신의 특기나 진로를 계발할 수 있게 하는 방법들은 새로운 교육적 가치의 개발과 함께 학생 개개인의 특성을 함양한다는 교육적 목표와도 맥을 같이하는 것이라 할 수 있다.

이병환(전게서, 130)은 초창기 한국의 대안학교들에서 나타나는 교육방법상의 공통적 특징을 다음과 같이 분석하였다. 첫째, 모둠을 통한 자치활동을 중시한다. 둘째, 교사와 학생 간의 관계 형성이 잘되어 있다. 이는 제도교육과 상당히 비교되는 부분이다. 셋째, 학습자 중심의 수업을 지향한다. 넷째, 상황학습49)을 지향한다. 다섯째, 장소가 한정되지 않은 활동 중심의 수업을 주로 한다. 여섯째, 노작활동을 중시한다.

차재원(2000, 144－145)은 대안학교의 교과활동 및 수업방식을 다음과 같이 제시하고 있다. 첫째, 학생들의 능력에 따라 수준별 교육과정을 운영한다. 수준별 교육과정은 개인차에 따라 교육과정을 차별화, 다양화하기 위해 학생의 능력, 적성, 흥미를 최대한 고려한 수업을 통해 잠재력과 교육의 효율성을 극대화하는 교육과정을 편성·운영한다. 둘째, 교과 외 활동으로 특별활동과 학교행사를 통해 다양한 체험학습을 수행한다. 특히 체험학습은 이론 중심의 교육을 지양하고 지역사회의 자원을 활용한다. 셋째, 노작활동 중심의 수업을 중시한다.

김성옥(2001, 59)은 대안학교 교육방법의 공통점을 다음과 같이 정리하였다. 첫째,

---

49) 상황중심교육은 학생들의 흥미와 욕구를 놀이나 학습의 중심으로 삼는다. 상황중심교육은 학생들이 처한 일상생활이 교육의 대상이며 그 일상생활을 바르게 이해하고 자극적으로 반응하는 능력을 기르는 것이 학습과정이다. 상황중심교육의 기본원리는 페스탈로치(Pestalozzi)의 머리, 가슴, 손의 조화적 발달에 따른 전인적 교육을 근간으로 하고 있다(박성호, 1997: 10－12).

학습자에 대한 긍정적인 인식이
교육방법 설정의 원리로 작용한다.
따라서 학생은 자신의 필요에 따라
스스로 학습할 수 있는 능력이 있는
존재로 보아 학생의 필요와 욕구를
고려하고 존중한다. 둘째, 학습자의
자발성을 중시한다. 즉 학생의
자발적인 참여에 의한 학습이나
교육활동을 한다. 셋째, 학습자의
특성을 고려한 개별화의 방법을 택한다. 개인의 능력에 따른 수준별 수업이나 적성과
소질에 맞는 다양한 선택 교과를 부여한다. 넷째, 배움의 장소를 한정하지 않고 직접
활동을 통해 배우고 느끼는 체험학습적인 방법을 중시한다.

위의 논의를 통해 볼 때, 대안학교에서 대개 사용하는 교육방법의 특징은 다음과
같이 정리할 수 있다. 교육 방식 및 교원의 마인드로 볼 때, 학생중심의 학습자 존중
교육, 학습자의 자발성 중시, 이론보다는 현장중심의 특성화 교육을 중시한다. 수업 및
학습 운영 방식은 개별화 학습지도, 집중식(Epoch) 수업, 관심과 능력에 따른 수준별
학습, 장소를 한정하지 않는 교육, 지역사회의 각종 자원을 활용하는 교육, 노작교육
중시, 체험적 학습방법 중시의 교육을 하고 있다는 것이다.

4. 교육환경

학교의 환경은 학생들의 성장 발달에 큰 영향을 준다. 따라서 학생들에게 어떤 학습환경을 마련해 주느냐는 중요하다. 학교환경으로는 물리적 환경과 무형적 환경 및 인적 환경을 들 수 있다. 물리적 환경으로는 학교시설이 있고 무형적 환경으로는 지역사회와의 관련성, 학생 생활지도, 자치활동, 공동체의식 등 정서적, 사회적 분위기가 포함된다. 인적 환경으로는 교사의 분위기 및 조직이 포함될 수 있다.

이병환(상게서, 145－147)은 초창기 한국의 대안학교 교육환경을 물리적 환경과 무형적 환경, 인적 환경으로 나누어 분석하였다. 물리적 환경의 공통적 특징은 첫째, 자연 친화적인 환경이다. 생명존중이라는 교육이념을 실현하고 자연과 조화로운 삶을 추구하기 위해서는 살아 있는 자연환경이 필요하다는 믿음을 가지고 있다. 둘째, '작은 학교'를 지향한다. 작은 규모만이 교사와 아동 간의 상호작용이 원활할 수 있다는 믿음을 가지고 있다.

무형적 환경으로는 첫째, 지역사회 학교를 지향한다는 점을 들 수 있다. 즉, 학교가 지역사회의 문화 중심지가 되고자 한다는 것이다. 풀무학교나 영산성지학교의 예에서 살펴보았듯이 학교가 지역사회와 함께한다는 것은 대단히 중요한 의미를 갖는다. 지역과 유리된 독립된 학교는 지역민의 공감을 얻기 어려우며 나아가 학교의 발전을 저해할 수도 있다. 학교가 지역사회의 거점이 되어야 하며 학교가 지역사회 문화의 중심지가 되어야 한다고 본다. 무형적 환경의 두 번째 특성은 대안학교에서 학생들의 자치활동이 활발하게 이루어진다는 점이다. 기숙사 생활 때문에 학생들끼리 있는 시간이 많고 학교도 학생들의 자치 활동을 민주적 시민양성이나 공동체 의식의 함양에서 중요하게 보기 때문이다.

대안교육은 매우 상반된 가치 즉, 학생 개개인의 인격과 개성을 존중하는 동시에 다른 한편으로 공동체 가치를 존중한다. 경쟁을 본질로 하는 기존의 원자적 개인주의는 현대사회를 삭막하게 하고 미래를 어둡게 하는 주요인이다. 그래서 대부분 학교가 정규 수업시간에

학년단위 회의와 전체회의를 두어 학교생활이나 개인생활, 기타 영역의 내용을 진지하게 논의하게 하고 학생의 의견을 많이 반영하는 편이다. 특히 영산성지학교는 교사보다 학생의 목소리가 크다고 할 정도로 학생들을 실질적 주체로 인정하고 있다. 학생에게 자율성을 많이 부여하여 능동적인 생활을 하는 것도 대안학교의 특성이라 할 수 있다.

인적 환경으로 교사의 자질은 실천 지향적 삶의 철학을 가진 진실한 생활인으로서 학생과의 삶 속에서 행복을 추구하고 장인 정신에 기초한 전문성을 가진 사람이다. 공통적인 교사의 역할은 안내자, 정보 제시자, 가치 안내자, 활동 보조자의 역할을 지향한다.

김성옥(전게서, 60-61)은 대안학교의 교육제도 및 교육환경을 "첫째, 친밀한 인간관계를 통해 전인적 인간성장을 도모할 수 있는 규모 면에서 작은 학교를 지향, 둘째, 제도나 법에 획일적인 규정되는 교육에 반대하고 유연하며 자율적인 교육을 지향한다. 셋째, 대부분의 대안학교들은 자연 친화적인 환경을 선호하여 농촌에 위치한다. 넷째, 학교가 지역의 구심점이 되고, 지역이 학습의 장이 되는 지역사회 학교를 지향한다. 다섯째, 대안학교의 교사관은 권위적인 지식 전달자가 아닌 안내자 및 보조자로 본다."고 분석하였다.

차재원(전게서, 153)은 대안학교는 소규모 학교, 소인수 학급의 운영으로 교사와 학생 간 상호작용의 빈도와 질이 높아지고, 원만한 인간관계가 형성되며, 전원학사 생활로 환경과 생명을 존중하는 생태주의 교육과 자연 친화적인 삶을 추구한다.

위의 연구와 대안학교의 특성을 통해 볼 때 대안학교의 교육환경을 다음과 같이 제시할 수 있다.

자연과의 조화로움을 추구하는 자연 친화적인 교육환경, 작은 규모의 학교로 교사─학생의 친밀한 상호작용이 가능한 환경, 지역사회와 함께하는 지역공동체적 공간으로서 환경, 자치활동이 활발한 민주적 생활공간으로서 학교환경, 자율성에 따른 유연하고 융통성 있는 교육환경, 안내자나 보조자로서 전문성을 지닌 교사의 역할이 중시되는 분위기이다.

학업부실학교[50]의 배경적 특성으로는 "대규모 학교와 평준화지역(고교)"로 나타났다. 특히, 규모면에서 소규모학교에서는 학업충실학교의 비율이 높고 학교 규모가 클수록 부실학교의 비율이 증가하여 학교 규모가 학업부실과 관련이 높다(이종재 외 7, 2001 : 153-175).

대안학교를 넘어서 학업부실학교의 배경적 특성 중 하나로 대규모학교를 들고 있는 것은 학교환경을 소규모화할 필요가 있다.

---

50) 학업부실의 개념은 학생의 학업행태를 중심으로 학교의 위기정도를 말한다. 분석 단위는 수업차원과 생활지도 차원에서 위기의 정도를 나누고, 수업차원은 '수업기피', '학습의욕 상실' 이라는 두 요인, 생활지도 차원은 '학습공동체 훼손', '지도 거부' 요인으로 설정하였다. '수업기피'는 수업 중 몰래 나간 경험과 무단으로 조퇴 및 결석 경험이 있는 경우로 정의하였다. '학습의욕 상실'은 공부가 지겹고 재미없어서 학습의욕이 상실한 경우나 학교에 다니지 않고 하고 싶은 다른 일을 하는 것이 장차 인생에 더 도움이 될 것이라 생각하는 경우를 의미한다. '학습공동체 훼손'은 다른 학생들로부터 괴롭힘이나 폭행을 당한 경우나 나쁜 아이들이 많아 학교에 다니지 않는 편이 나을 거라는 생각이 드는 경우이다. '지도 거부' 란 체벌을 받아도 효과가 없거나 오히려 반항심이 생기는 경우와 흡연, 두발, 복장과 관련된 규칙을 어긴 경우를 의미한다(이종재 외 7인, 2001 : 146).

5. 교원

가. 교장

교장의 교육에 대한 철학, 신념, 능력은 그 학교교육의 성패를 좌우할 만큼 중요하다. 실제로 우리는 학교 현장에서 어떤 교장이 부임하는가에 따라서 학교의 모습은 물론 그 학교 교직원의 분위기가 달라지고 전체적인 학교풍토가 달라지고 있는 것을 많이 볼 수 있다. 이는 교장의 하는 일이 학교교육은 물론 학생 그리고 교사들의 생활과 밀접하게 관련되어 있기 때문이다.

교장 직이라는 것이 오랫동안의 학생교육을 바탕으로 얻은 교육에 대한 경륜과 교육과정의 편성·운영은 물론 생활지도와 학습지도 그리고 장학능력 등 폭넓은 능력과 확고한 교육철학을 필요로 하는 학교교육과 학교 경영의 전문직임에 틀림없다. 실제로 교장 직을 성공적으로 수행하기 위해서는 교육과정의 편성·운영과 관련된 장학은 물론 교직원을 비롯한 구성원의 조직, 인사, 시설 및 회계, 재무관리, 지역사회와의 교육적 협력관계 유지 등의 광범위한 경영능력이 요구되기 때문이다.

따라서 학교 경영에 전문성이 필요하기 때문에 교장이 되기 위해서는 엄격한 승진 규정에 따른 선발과정과 소정의 자격연수를 실시하여 교장으로서의 전문성을 갖추도록 하고 있다.

그러나 교장직과 관련하여 오늘날 우려되는 문제가 제기되고 있다. 그 하나는, 학교 경영의 전문성에 대한 이해가 없거나 무시된 채 승진기회의 확대 차원에서 보직제나 선출제에 대한 논의가 설득력을 더·해 간다는 것이다. 다른 하나는, 사회변화에 부응하기 위한 학교유형의 다양화로 전통적인 학교와는 다른 새로운 형태의 다양한 학교가 설립·운영되면서 새로운 학교 경영에 적합한 교장의 임용이나 경영 의식에 대한 인식이 부족하다는 사실이다.

후자에 있어서, 교육부를 비롯한 각 시·도교육청에서 대안학교에 대한 관심이 높아져 가면서 공교육 속에 대안학교를 꿈꾸는 시도가 일어나고 있다. 물론 대안교육의 성격상 공립에서 추진하고 있는 대안학교 형태는 일반학교에 부적응하거나 중도 탈락한 학생들을 대상으로 하는 재적응적인 학교이다. 그 첫 시도는 경기도교육청이 2002년 3월 수원에 개교한 공립 대안학교로서 경기대명고등학교이다. 물론 공립 대안학교의 설립 당시를 비롯하여 5년간의 운영과정에서 학교 내·외부적으로 많은 비판이 제기되어 왔다. 이른바 "교육을 망친 공교육(敎育＝學校態 관점)이 대안교육에 손을 대다니......, 경쟁력이 없는 대안학교, 관료체제로서 공교육이 대안교육을 한다고......" 등 외부의 부정적인 시각이다. 내부적으로는 교원인사와 관련된 잡음과 학교 운영에 있어서의 관료적이고 독선적인 방식에 따른 갈등과 비판을 들 수 있다.

물론 이러한 비판은 참으로 겸허하게 받아들이지 않을 수 없다. 그러나 중요한 것은 지금 경기대명고의 설립·운영으로 다른 각 시·도교육청에서도 이와 유사한 대안학교를 설립한다고 준비하고 있다는 점이다.

특히, 학교유형의 다양화 추세로 특수목적고, 자립형 사립고, 특성화고(대안학교 포함), 자율학교 등이 점차 늘어 가는 추세에 이러한 학교 특성에 맞는 학교 경영철학을 가진 교장의 임용이나 연수체제가 요구되고 있다. 이는 몇몇 대안학교에서 벌어지고 있는 학교 운영과 관련된 분규와 교원 간의 갈등을 통해 노출되고 있다. 물론 이러한 분규와 갈등의 핵심은 학교 관리와 경영의 중심이 되는 교장의 경영능력에 대한 문제이다.

따라서 이하에서는 새로운 학교형태인 대안학교에서 교장의 학교 경영에 대해 논의하고자 한다. 그러기 위해서는 먼저, 일반적인 교장의 역할과 권한을 법규적인 차원에서 살펴본다. 둘째, 학교 경영 차원에서 일반학교와 구별되는 대안학교의 특성에 대한 고찰을 통해 대안학교 교장에게 요구되는 경영관 및 자질에 대해 알아보고자 한다.

1) 교장의 역할과 자질

가) 법규 면에서 교장의 역할

「초・중등교육법」 제20조를 보면 "교장은 교무를 통할하고 소속 교직원을 지도, 감독하며, 학생을 교육한다."라고 규정되어 있다.

□ 교무통할

교장이 교무를 통할한다는 것은 학교의 일을 모두 거느려 관할한다는 뜻으로 구체적으로 기관의사를 결정하고, 이를 대내・외에 표시하고, 집행하며, 책임구역을 관할하는 것을 의미한다.

교장이 기관의사를 결정할 때는 학생교육에 미칠 영향을 고려하여 합목적적으로, 관련 법규에 맞게 합법적으로, 관련되는 여러 가지 여건과 대내・외에 미칠 영향을 충분히 고려하여 합리적으로, 가급적 구성원의 의견을 광범위하게 수렴하는 민주적인 절차에 따라 사심이 없고 어느 한편에 치우침이 없이 공평하게 이루어져야 할 것이다.

□ 소속 교직원의 지도, 감독

교장이 소속 교직원을 지도, 감독한다는 것은 소속 직원의 행위가 불법 또는 불합리한 입장에 빠지지 않도록 살피고, 필요한 경우에는 지도, 지휘, 명령 또는 제재할 수 있음을 의미한다.

다수의 구성원을 포함하는 조직의 관리를 책임진 기관장으로서 교장이 소속 직원의 복무와 책무 이행 상황을 지도, 감독하는 일은 매우 당연한 역할이며 의무라고 볼 수 있다. 물론 교장이 지도 감독권을 행사할 때는 민주적・합리적・합법적으로 신중하게 이루어져야 할 것이다.

□ 학생교육

교장이 학생을 교육한다는 것은 교장이 교육에 관한 의사결정을 하고 이를 시행하는 과정을 통해서 학생을 간접적으로 교육하거나, 대화, 훈화, 특강을 통해서 직접 교육하는 것을 의미한다. 이와 같은 교장의 직·간접적인 학생교육은 경중을 따질 수 없는 중요한 일이다. 교장은 간접 교육뿐만 아니라 직접 교육에 관해서도 관심을 갖고 교장 직 수행의 상당부분을 학생교육에 할애해야 하며, 교사들도 학생교육이 교사들만의 전유물이 아님을 인식하고, 교장의 학생교육을 적극 지원할 수 있어야 한다.

나) 법규 면에서 교장의 권한

현행 교육법상 교장은 학교 운영에 있어서 많은 권한을 위임받고 있다. 「초·중등교육법」상 교장은 "교무를 통할하고, 소속 교직원을 지도·감독하며, 학생을 교육"하는 역할을 수행하고 있다. 따라서 이러한 역할 수행 과정을 중심으로 세부 법령에 규정되어 교장에게 위임된 권한을 교육과정, 학교 인사, 학교 재정의 측면에서 분류하면 다음과 같다.

첫째, 교육과정에 있어서 교장은 교육과정 편성을 위하여 학칙, 교육목표, 교과편제 및 수업시간(이수단위), 학년목표, 교육내용, 교육방법, 학습매체, 학습시간, 학습시기, 평가계획을 결정할 권한을 가진다. 즉, 학칙의 제정(초·중등교육법 제8조), 학생의 징계(초·중등교육법 제18조), 학생생활기록 작성·관리(초·중등교육법 제25조), 학년제 외의 제도 채택(초·중등교육법 제26조), 학생의 조기 진급·조기 졸업 결정(초·중등교육법 제27조), 정원 외 학적관리(초·중등교육법시행령 제29조), 수업 일수 결정(초·중등교육법시행령 제45조), 임시휴업 결정(초·중등교육법시행령 제47조), 수업운영방법 결정(초·중등교육법시행령 제48조), 수업의 개시·종료 시각 결정(초·중등교육법시행령 제49조), 체험학습·위탁교육 실시(초·중등교육법시행령 제54조), 전·편입학 추천 및 허가(초·중등교육법시행령 제73조), 고등학교 입학전형 방법 결정(초·중등교육법시행령 제77조), 2종도서 선정(교과용도서에관한규정 제3조) 등의 권한을 갖는다.

둘째, 학교 인사에 있어서 교장의 인사권 행사는 지역교육청 또는 교육감의 승인을 받아야 하지만 단위학교에서 갖는 인사 권한은 다음과 같다. 학교장은 교육과정 운영상 필요한 경우에 겸임교사·명예교사·시간강사를 임용할 수 있으며(초·중등교육법시행령 제42조), 초빙교사에 대한 추천권도 가진다(교육공무원법 제31조). 또한 학교장은 보직교사의 종류 및 업무분장 지정, 보직교사를 증치할 수 있는 권한을 가지며(초·중등교육법시행령 제33조, 34조, 35조), 이 외에도 연수대상자 지정(교원등의연수에관한규정 제3조), 연수허가(교육공무원법 제41조), 근무상황카드 비치 및 관리(공무원근무사항에 관한 규칙 제3조), 당직근무 결정(공무원당직및비상근무규칙 제2조, 제41조) 등에 대한 결정권을 가진다.

마지막으로, 학교 재정에 있어서 교장은 예산편성을 자율적으로 할 수 있으며, 학교 운영 지원비 등의 액수를 학교 운영위원회의 심의를 거쳐 결정할 수 있다. 또한 수업료·입학금의 면제·감액(학교 수업료및입학금에관한규칙 제3조), 징수기일의 지정(학교 수업료및입학금에관한규칙 제5조), 수업료 체납학생에 대한 출석 정지·퇴학처분(학교 수업료및입학금에관한규칙 제7조), 사립학교의 수업료·입학금 결정(학교 수업료및입학금에관한규칙 제2조) 등에 관한 권한을 갖고 있다.

이와 같이 교장은 단위학교의 운영에 필요한 많은 결정 권한을 갖고 있다고 볼 수 있는데, 이러한 현상은 서구의 경우도 마찬가지이다. 미국의 경우, 교장은 ①교육프로그램 개발(교육과정), ②학교 인사, ③학교 관리(사무, 예산 등), ④학생지도 활동(회의, 장학), ⑤교육행정기관 업무(회의, 보고), ⑥지역사회 관련 업무(자문집단, 학부모회), ⑦학교발전계획(연간계획, 장기계획), ⑧전문직 자질 개발(독서, 협의회), ⑨학생행동 지도(기강, 출석) 등의 권한을 갖고 있으며, 독일의 경우, 독일학교법(Schulrechts)에 나타난 교장의 권한으로는 ①조언·상담활동, ②조정과 협동, ③학부모, 학생, 각종 단체의 보호와 지원, ④직무의 위임 수행, ⑤학교 질서 유지, ⑥안전관계 활동, ⑦교사를 위한 계속교육 등에 관한 권한 등이다(노기호. 2002).

다) 일반적인 교장의 자질

학교 경영의 책임자로서 교장의 자질은 교장의 역할과 밀접하게 관련된다. 교장이 교무를 통합하고, 소속 교직원을 지도, 감독하면서 학생교육이라는 학교조직의 목적을 효과적으로 수행하기 위해서는 우선 학교교육의 리더로서의 자질이 필요하다.

특히 요즈음과 같이 학교 행정이 어렵고 교육민주화를 추구하는 다양한 요구와 주장이 제기되는 상황에서 리더로서 교장의 자질은 매우 중요하다.

(1) 확고한 교육철학

학교장은 변화하는 시대에 맞고 구성원들이 공감할 수 있는 확실한 교육철학을 지녀야 한다. 급변하는 사회에서 교사와 학생이 변하고 학부모와 지역사회가 변하고 있는데 학교장의 의식이나 철학이 구태의연하다면 교장의 지도력이 제대로 발휘되기 어렵다. 변화하는 시대·문화의 특징, 교육정책의 변화, 학생과 지역사회의 교육적인 요구 등을 보다 빨리 그리고 정확하게 파악하여 거기에 맞는 교육철학을 수립할 수 있어야 하겠다.

특히 21세기 지식정보화 시대, 세계화에 대비하기 위해 창의성 교육과 인성교육이 강조되는 시점에 이와 같은 변화와 요구에 걸맞은 학교 경영을 할 수 있는 교장이 필요하다. 이러한 학교 경영을 위한 교장의 확고한 교육철학이 학교 내의 모든 교육활동과 교직풍토에 반영될 때, 학교조직의 목표인 학생교육이 성공적으로 추진될 수 있을 것이다.

(2) 민주적인 리더십

학교장은 학교교육의 책임자로서 확고한 교육철학과 사명감을 가지고 학교를 경영하여야 하지만, 그 과정에서 학교장의 독단이나 독선이 있어서는 곤란하다. 지금까지의 교육행정이 지나치게 획일적이고 지시와 통제 속에서 이루어져 왔기 때문에 단위학교 운영에 있어서도 비민주적인 사례가 많았다. 이 시점에서 우리의 학교 현장에서 민주적인 리더십은 가장 중요한 교장의 자질이라고 볼 수 있다. 따라서 학교 경영의 의사결정 과정에서 민주적이라는 공감대가 형성될 수 있도록 문호를 개방하고, 다양한 의견을 수렴하여, 공통의 의사결정이 이루어질 수 있는 전향적인 자세가 필요하다.

민주적인 경영의 핵심은 의견수렴과 의사결정 과정에서부터 추진과정에 이르기까지 구성원들의 의견을 충분히 반영하여 전체 구성원의 공감대가 형성된 가운데 적극적인 참여를 이끌어 내는 데 있다. 따라서 학교 운영위원회와 각종 협의회를 잘 활용하여 학생, 학부모, 교원 등 구성원의 의사를 충분히 수렴하여 민주적인 학교 경영을 할 수 있어야겠다.

(3) 신뢰받는 교장

교육은 믿음이 전제되어야 한다. 신뢰와 존경이 밑바탕에 깔려 있어야 한다. 신뢰와 믿음이 전제되지 않으면 무슨 말을 해도 귀에 들어오지 않게 된다. 겉과 속이 다르고 말과 행동이 다른 교장을 믿고 따를 교원들은 없다. 따라서 교장은 교직원은 물론 학생, 학부모들로부터 신뢰를 받을 수 있어야 한다.

교장에 대한 교직원들의 신뢰는 교장의 확고한 교육철학, 소신 있는 학교 경영, 그리고 학교 경영에 대한 전문적인 식견에서 나오기도 하지만 인간적인 신뢰를 받을 수 있는 인격적인 자질이 매우 중요하게 작용한다.

(4) 교육과정에 대한 전문성

학생을 교육하는 교장으로서의 역할을 제대로 수행하기 위해서는 교수-학습 지도자로서의 자질이 필요하다. 물론 교수-학습지도는 대부분 교사들에 의해서 이루어지며 교장의 직접적인 과업은 아니라고 볼 수 있다. 그러나 교사들의 전문적 지도 능력을 기르고 학교와 지역사회에 맞는 교육이 이루어지도록 하기 위해서는 교육과정에 대한 폭넓은 이해와 함께 가르치고 배우는 방법에 대한 전문성이 필요하다. 어떤 방법이 학생들의 학습효과를 극대화시킬 수 있느냐에 대해서 관심을 갖고 교과내용은 물론 교수방법, 평가방법을 잘 알아야 한다. 새로운 교수－학습방법의 도입은 물론 새로운 교육사, 교육정책, 청소년의 가치관과 문화 등에 대한 폭넓은 이해와 함께 교직원들을 지도할 수 있는 실력 있는 교장으로서의 교육과정에 대한 전문성이 확보 되어야 한다.

(5) 경영 전문가로서의 능력

학교는 기업이 아니다. 따라서 투자와 이윤을 산술적으로 계산하기는 어렵다. 그러나 학교 경영도 학교교육의 목표, 교육의 방향, 학교교육과정의 편성·운영 등은 학교장을 중심으로 계획되고 추진된다. 이러한 학교 경영의 과정에서 교사들의 가르치는 교육활동을 지원하기 위해 여러 가지 활동을 계획하고, 예산, 회계, 인사, 시설유지, 관리 등 다양한 업무를 효과적으로 추진하는 것은 물론, 어떤 일에 우선순위를 둘 것인가도 결정하여야 한다. 따라서 학교장은 여러 가지 과제들에 대하여 우선순위를 명확히 하고, 지원효과가 뚜렷이 나타날 수 있도록 하는 경영 전문가로서의 자질이 있어야 한다. 이러한 교장의 경영 전문가로서의 자질이 학교의 모습을 바꾸고 학교를 발전시킬 수 있게 되는 것이다.

(6) 창의적이고 발전적인 경영능력

교장은 변화하는 학교체제 환경 속에서 창의적이고 발전적인 경영능력을 발휘할 수 있어야 한다. 학교 현장은 변화보다는 답습에 익숙해져 있어서 안주하려는 풍토가 강하다. 특히 최근에는 학생 교육보다는 교사의 복지·후생과 교사 편의를 앞세우는 경향이 있다. 교장까지 현실에 안주하게 되면 학교가 발전하고 변화를 추구하기 어렵다. 따라서 변화하는 시대에 맞는 새로운 학교 경영을 위해 부단히 노력하는 모습 속에서 새로운 방법을 찾고 작은 것이라도 하나하나 바꿔 나가는 창의적이고 발전적인 태도와 자질이 필요하다.

특히, 정보화 사회, 고도의 기술사회는 창조적인 인재를 요구한다. 무한 경쟁이

벌어지는 국경 없는 세계화된 사회에서는 창조적인 국민을 가진 국가만이 살아남을 수 있다. 창조성은 새로운 것에 대한 호기심, 개방성, 생각과 판단의 독립성과 자주성, 새로운 것을 창조하는 데 대한 강한 용기와 집착, 그것에 대한 자부심, 자신감 실패를 두려워하지 않는 용기와 모험심을 필요로 한다.

교장이 학교 경영을 통하여 학생들에게 창조적인 능력과 특성을 키워 주기 위해서는 교장 자신이 이러한 창조적인 능력과 특성을 갖고 과학적으로 생각하고 과학적으로 실천하는 학교 경영을 해야 할 것이다.

(7) 광범위한 책임의식

학교장은 학교 경영의 최고 책임자이다. 교사의 잘못이든 행정실 직원의 잘못이든 학교구성원 누구의 잘못이더라도 궁극적으로는 교장이 책임을 질 줄 알아야 한다. 학교조직 내에서 생긴 모든 문제에 대하여 '모두가 내 책임이다.', '교장의 책임이다.', '교장이 무력하고, 부주의해서 일어난 일이다.'라고 책임질 줄 알아야 한다. 이러한 광범위한 책임 의식은 교직원으로부터 신뢰받는 교장이 될 수 있다.

(8) 지역사회와의 관계 유지 · 활용

학교장은 학교를 둘러싸고 있는 직접적인 사회환경인 지역사회를 이해하고 지역사회의 제반 시설, 환경, 자원을 학교교육에 활용할 수 있어야 한다.

학교장은 학교 경영의 바탕을 지역사회에 두고 교육목표의 배경을 지역사회에 두며, 교육내용이나 자료를 지역사회에서 구하며, 지역사회의 인적 · 물적 자원을 최대로 활용할 수 있어야 한다. 그리하여 학생들이 학교 밖의 지역사회에서 생생한 학습경험을 할 수 있는 교육이 이루어져야 한다. 그렇게 될 때, 지역사회 인사들과의 원활한 관계를 통하여 학교 발전에 기여할 수 있을 것이다.

2) 대안학교 교장의 학교 경영

(1) 대안문명 및 대안교육에 대한 철학

(가) 대안교육의 이념 지향

새로운 교육과 학교의 모형으로 확산되어 가는 대안교육 및 대안학교에 대한 믿음은 향후 인간사회의 문명에 대한 지향점으로 받아들일 수 있는 문명사적 조류라고 할 수 있다.

대안학교란 적극적이고 친밀한 인간관계 맺기, 통합적 교육(지적, 정서적, 미적 교육의 통합), 학교 운영의 민주적 참여, 학부모와의 동반자 관계의 형성, 지역사회와의 연계, 지속 가능한 생태학적 환경 조성 등의 학교문화가 스며 있는 교육의 장이다. 따라서 대안학교가 점차 증가하고 전반적인 학교사회의 풍토가 대안적인 문화를 요구하는 시점에서 학교 경영을 책임지고 있는 교장의 가치관과 교육관에 대한 혁신을 요구하고 있다.

전 장에서 대안학교의 성격을 교육이념 및 교육목표에 측면에서 보면, 생태주의, 자연과 인간의 조화로움과 공동체적인 삶, 그리고 학교의 자율적인 문화와 자주적이고 자립적인 행동을 교육의 목표로 추구한다고 볼 수 있다.

따라서 대안학교 학교장은 학교 경영에 있어서 이러한 대안 문명적이고 대안교육적인 목표를 구현하기 위해 노력해야 한다.

(나) 대안학교 교육내용 및 방법에 대한 이해와 배려

각 대안학교들이 추구하는 설립이념에 따라 약간의 차이가 있지만 일반적으로 대안학교에서 중요하게 생각하는 교육내용은 인성교육, 진로교육, 노작교육, 환경생태교육, 종교교육, 컴퓨터교육 등이다. 또한 인성교육의 일환으로 종교재단이 설립한 대안학교나 종교적인 중립성을 표방하는 학교, 그리고 경기대명고와 같은 공립 대안학교 모두는 학생들의 가치관 형성과 인격함양을 위해 종교적 원리 교육이나 철학교육, 홀리스틱 명상(경기대명고) 등을 중시하고 있다.

이러한 것은 일반학교에서의 교육이 학생들의 인성교육을 함양하기 위해 정신성과 영성을 계발하는 데는 소홀하고 근본적으로 한계가 있다는 데서 비롯된다. 오명희(2001)의 지적대로 대안학교의 교육내용 선정은 공교육의 교육내용이 이론적인 지식이 많고(40.5%), 지역·성·진로를 무시한 획일적인(26.2%) 내용이고 교과목 수가 너무 많다(19.0%)는 비판과 대비된다는 것도 받아들여질 만하다. 따라서 인성교육과 체험학습에 우선성을 두는 안목이 요구된다.

특성화 대안학교 운영에 있어서 문제는 특성화 교과 운영이 경직될 우려를 안고 있다는 것이다. 이는 대안학교에 적합한 교육과정 및 평가제도의 개발 부재로 기존 학교의 방식에 의해 평가받고 있기 때문이다. 이러한 점은 공립 대안학교가 직면하고 있는 문제이며, 나아가 정부 인가의 재정적 지원을 받는 사립 특성화 대안학교도 피할 수 없는 문제일 수 있다.

이러한 시점에서 교육부가 2003년도 정책과제로 추진하고 있는 국가수준의 대안학교 교육과정 개발 프로젝트도 설립이념에 따라 혼재하는 대안학교의 특성화 교육과정을 체계적으로 정비하겠다는 의미도 있지만 자칫 또 다른 획일성을 조장하지는 않을지 주시해야 할 것이다.

무엇보다도 대안학교 학생들의 다양한 욕구를 충족시켜 줄 수 있는 다양한 교육과정을 개발해야 할 필요가 있다. 따라서 각기 다양성을 추구하는 대안학교에 적합한 교육내용을 선정하기 위한 전문성과 안목, 그리고 확고한 교육철학, 다양한 교육방법 및 적용에 대한 이해와 지원, 수준이 검증된 다양한 교재의 확보 등이 요구된다.

(2) 특성화 학교 및 자율학교 운영원리에 대한 신념

교육은 인간의 무한한 잠재력을 계발하여 발전시키는 활동으로 이러한 활동이 이루어지기 위해서는 자율성이 전제되어야 한다. 특히, 대안교육은 자율성의 원리가 중시된다.

대안학교에서 자율성의 필요성을 교육주체인 학생, 교사, 학교, 교육행정조직의 측면에서 살펴보면 다음과 같다.

학생 측면에서 볼 때, 자라나는 세대에게 자유와 책임을 알게 하고, 자율적 질서 속에서 사고하고 행동함으로써 성숙된 시민으로서의 자질을 갖추게 하기 때문이다. 또한 학습자로서 학습효과를 높이고, 높은 수준의 창의력과 독창성을 키워 줄 수 있도록 하기 위해 교육의 자율성은 필요하다.

교사 측면에서 볼 때, 교육의 주체인 교사로 하여금 가르치는 일에 학문적 자유를 보장해 줌으로써 교직 전문가 및 성숙된 조직인으로서 역할을 다할 수 있도록 하기 위해 교육에서의 자율성이 보장되어야 한다.

학교 측면에서 볼 때, 교육기관 운영에 있어서 정치적 내지 종교적 중립이 요구되고, 교육행정 책임자의 민주적, 자주적 경영이 요구되기 때문에 학원에서의 교육 자율성은 보장되어야 한다. 또한 교육행정 측면에서 볼 때, 교육행정의 민주화, 분권화, 자주화를 위해 교육에서의 자율성이 보장되어야 한다.

그러므로 교육에서의 자율성은 교육목적이나 교육내용, 교육방법 등에서 강조됨은 물론, 교육활동을 지원·조성하는 교육행정에서도 자율성의 원리가 강조될 수밖에 없다. 이런 맥락에서 대안교육에서 자율성은 주요한 철학적 토대로서 제시되어 왔다.

또한 자율학교 및 특성화 학교 관련법에서 보듯이 대안학교는 자율적인 학교 운영이 보장되는 학교이다. 학생의 입장에서 보면 대안교육은 필수라기보다는 선택이기 때문에 학생들의 필요와 요구에 부응하지 못하면 선택에서 제외될 수 있다. 따라서 현실적으로 중요한 것은 일반학교와는 달리 관료적 행정기관이나 대안학교 행정가의 관료적 규제나 제약으로부터 가능한 한 자유로워야 한다.

대안학교가 자율학교로서 관료적 지배와 통제를 벗어나지 못하는 한 대안교육의 참다운 의미는 퇴색될 수밖에 없으며, 또 하나의 정형화된 공교육의 형태일 수밖에 없다. 이런 점에서 공립 대안학교는 어느 정도 한계가 있을 수도 있다. 그러나 대안교육과 자율학교에 대한 공립 대안학교 구성원들의 의식과 마인드가 이러한 한계를 극복할 수 있다는 점을 간과해서는 안 된다.

여기에서 ○○ 교육청 관계자의 말에 귀를 기울일 필요가 있다.

"일부 자율학교(대안학교를 포함한 특성화 학교)는 자율학교에 주어진 특례도 제대로 활용하지 못하고 매사 일반학교의 관례를 따르려고 한다. 오히려 일반학교보다도 더 엄격한 잣대로 학교를 운영하고 있다."

물론 이러한 바탕에는 대안교육과 자율학교에 대한 무지와 이해 부족, 오랜 공교육의 인습으로 인한 타성, 권위주의적 의식과 유치증적인 독선적 자세 등에 연유한다고 볼 수 있다.

결국 대안학교는 관료적 지배와 통제로부터 자유로움을 추구하고, 자율학교에 주어진 자율성을 교육활동 속에 녹여 내려고 애쓰며, 그 자율성을 점점 확대해 나가려는 노력이 경영 차원으로 나타날 때 발전될 수 있다.

(3) 학교장의 인사관리 능력

대안학교에서는 교직원들을 동기화시키고 설득할 수 있는 능력과 함께 서로 다른 의견을 조정할 수 있는 협상 능력, 투명하고 합리적으로 학교를 경영할 수 있는 법적, 재정, 회계 지식과 기술 등 전문적 능력과 자질이 구비된 민주적인 학교 경영층이 절실하게 요청되고 있다.

대안학교에 있어서 교장의 인사관리의 능력과 문제는 인사의 공정성과 학교 성격에 맞는 적합한 교원의 충원에 있다.

먼저, 학교 내 교직원 간의 갈등을 최소화할 수 있는 민주적 학교 경영의 조건으로는 인사에 있어서 직원의 참여기회 확대와 공정성이다. 대화와 참여로 집단 구성원들의 뜻이 학교 경영에 반영될 때 학교사회는 신뢰와 존경이 존재하고 본질적인 교육이 가능하게 된다. 또한 학교 경영자의 인사(담임과 보직 배정, 표창 상신 등)와 업무 처리 등에 있어서 공정성과 공평성을 지녀야 한다. 교직원들은 인사행정에 가장 민감하다.

그 공정성은 인화나 갈등과 직결된다. 경영자가 공정하면 신뢰하게 되어 직원들은 매사 불필요한 관심을 갖지 않으나, 불공정으로 신뢰를 상실하게 되면 직원들은 매사 관심을 갖고 따지게 된다(심경석, 1992: 59－60). 특히 공립 대안학교에서의 인사의 공정성은 승진과 관련된 갈등과 불협화음으로 작용하기도 한다.

다음으로, 대안학교의 교원 충원의 문제는 개척자 정신을 지닌 교사들을 얼마나 지속적으로 충원할 수 있느냐에 달려 있다. 평소 교과별 인력풀제 도입으로 관리한다면 얼마든지 대안학교에 적합으로 교사를 충분히 충원할 수 있다. 문제는 투명한 공모과정에 있다.

(4) 교장의 갈등관리 능력

어떤 조직이든 갈등은 존재하게 마련이며, 학교 사회에는 다른 조직보다도 조직의 특성상 숱한 갈등 요인이 자리 잡고 있다. 중요한 것은 역기능적이고 비생산적인 갈등을 사전에 예방하고 최소화하려는 갈등 예방과 최소화 노력이 필요하다.

많은 교사들은 수업 그 자체에서 느끼는 갈등보다는 본질적인 수업 이외의 업무나 관계에서 보다 많은 갈등을 보이고 있다(정일환, 1996: 288). 학교조직에서의 갈등관리에 대한 책임은 학교 경영자에게 있으므로 학교 경영자는 민주적 리더십, 의사소통의 개방, 의사결정에서의 참여 증진을 통하여 갈등을 관리하여야 한다.

대안학교에서 주로 나타나는 조직 내의 갈등으로서 개인 간의 갈등은 행정가와 교사, 교사 개인 간의 갈등이 주류를 이루고 있다. 행정가와 교사 간의 갈등은 갈등 자체를 해결해 나가는 방식에서 비롯되고, 교사들 간의 갈등은 주로 교사 개인의 교육관이나 교직생활 자체에서 나타나고 있다.

먼저, 학교 경영자와 교사 간의 갈등은 소위 루단스(F. Luthans)[51]가 말하는 승자－승자 접근(win－win approach)이 아닌 승자－패자 접근(win－lose approach)이나 패자－패자

---

51) Fred Luthans, Organizational Behavior, 3rd ed(New York: McGraw－Hill,1981). 임석재, (2000: 241－242).

접근(lose-lose approach)에서 나타나는 측면이다. 다시 말해서 개인 간의 경쟁을 자극하거나 유발하게 하는 관리 형태와 타협이나 중도를 취하는 방식, 관료적 규정으로 갈등을 해결하거나 당사자보다 더 권위 있는 제3자를 개입시키는 방법이 바람직하지 못한 결과로 작용한다는 것이다.

특히 애매모호한 관료적 규정을 근거로 지시하거나 관리하는 방식은 교원과의 개인적 갈등을 넘어서서 자율학교로서의 대안학교 취지에 부합할 수 없게 된다. 결과, 공교육의 폐단을 답습할 수밖에 없게 되고 나아가 '대안교육이 아닌 또 하나의 정형화된 교육'으로 왜곡시킬 것이다. 특히 공립 대안학교에서 교원 구성상 현직 교원들이 임용되기 때문에 오랜 공립학교의 관료적 경험이 화석화되어 나타나기 쉬운 만큼 참으로 경계해야 할 점이다. 따라서 승자-승자 접근의 갈등 관리 전략을 교육경영자가 몸에 익힐 수 있도록 연수에 반영해야 할 필요가 있다.

다음으로, 교사 개인의 교직관이나 교직생활 자체에서 나타나는 갈등은 크게 두 부류로 나타나고 있다. 첫째, 일반적으로 대안교육에 관심을 갖고 있는 교사들은 대안교육 자체가 지니고 있는 문명비판론을 지지하는 경우가 많다. 따라서 학교교육에 있어서도 강한 개성을 보이거나 우월감이 나타나 동료들에게 인격적 피해를 줄 가능성과 더불어 상호 상생적 협력체를 이루기 어려운 부분이 나타나기도 한다. 둘째로, 교직관 및 생활지도 방식의 차이로서 지도의 강경론과 유화론에서 비롯된 갈등이다. 이러한 갈등은 대개 담임으로서 자신이 담당하는 학생에 대한 강한 책임적 지도를 넘어서서 사유화한다거나 자신의 판단과 지도가 최선의 방식이라는 독단과 독선에서 갈등이 비롯된다. 따라서 경영자의 리더십과 팀워크 있는 협력으로 갈등을 극복해 나갈 수 있는 교장의 경영능력이 요구된다.

특히 대안학교에서의 교장의 역할은 최고결정자보다는 중재자(김성기, 2003: 252)로서 역할이 중요하다는 점에 유의해야 한다.

(5) 학교장의 민주적인 의사결정 능력

한국 교육계의 문제 중 가장 두드러진 것 중의 하나는 개인주의적 경향과 함께

원시적인(primitive) 인간관계이다. 특히 상하 교육행정기관 및 학교에 근무하는 구성원들 간의 권력에 기초한 유치증(infantilism)은 원시적인 관계의 대표적인 경우로 교육행정기관 및 교육기관들이 강한 유치증을 앓고 있다는 것이다. 즉 교육위원들은 장학사를 유아처럼 다루고, 장학사는 교장을, 교장은 교사를, 그리고 교사는 학생들을 유아처럼 다룬다는 것이다. 따라서 두려움과 의존성 때문에 권위에 순응하고 기다리는 유아처럼 행동하게 된다(Barth, 1986, 김영태, 1999: 30 재인용)는 것이다.

현실적으로 볼 때, "교육부－시·도교육청, 시·도교육청－지역교육청, 지역교육청－단위학교, 학교 경영자－교사, 교사－학생" 각각의 상호관계에서 작용하는 실제적 파워와 경력 차이에 따른 유치증은 기관 및 구성원들 간에 갈등의 요소로 작용하고 있다. 그 결과 신뢰롭고 친밀한 관계와 분위기를 가져올 수 없다. 이러한 유치증을 극복하기 위한 유치증 극복 프로그램 개발 및 심성계발 프로그램이 학교 현장, 특히 학교 경영자들에게 보급·적용되어야 한다.

학교 현장의 갈등을 줄이기 위해서는 무엇보다도 효과적인 리더십을 발휘할 수 있는 유능하고 민주적인 학교 경영층을 확보·개발·유지할 필요가 있다. 왜냐하면, 대부분의 학교 갈등은 학교 경영층인 교장과 교사 간의 대립과 갈등이 핵심으로 나타나고 있기 때문이다.

학교 경영자가 관료적이고 독선적인 학교 경영에서 벗어나 교실을 교육의 중심으로 생각하는 교육행정에 초점을 두어야 한다. 그리고 교사와 학생이 교육활동의 주인이 되는 학교와 교육을 펼쳐 나가야 한다. 교장이 관료적 힘을 갖고 관리와 감독의 기능을 중시할 때 '복종은 있으되 존경은 없는', 그리하여 불만과 갈등이 증폭되게 된다. 이런 측면에서 보면, 공립 대안학교의 교장 임용은 관리행정에 치중하는 관료적 행정가 출신을 배제하는 것이 바람직할 수 있다.

따라서 새로운 시대적 상황 속에서 교육 구성원의 힘을 결집하여 교육의 효과를 높일 수 있는 대안학교에 적합한 자질을 갖춘 민주적 학교 경영자를 확보할 수 있어야 한다.

3) 대안학교 교장의 자질

한국에서 대안교육의 이념은 일반학교로부터의 탈학교(de-schooling)는 아니다. 일반학교에 대한 대체의 의미보다는 보완으로서 성격이 강하다고 볼 수 있다. 대안학교를 제도적으로 수용한 것 자체가 그렇다. 따라서 대안학교를 포함한 일반학교 경영자의 학교 경영의 방향은 '학교다시만들기'(re-schooling)의 전략으로서 이해해야 하며, 이의 핵심은 '대안학교'의 조직과 운영이 '민주적 공동체 학교'를 지향해야 한다는 것이다.

이러한 관점에서 대안학교 교장으로서 지녀야 할 자질과 태도를 포함한 능력은 다음과 같은 영역으로 제시할 수 있다. 즉 '대안문명 및 대안교육에 대한 철학적 이해, 특성화 학교 및 자율학교 운영원리에 대한 신념, 학교장의 인사관리 능력, 교장의 갈등관리 능력, 학교장의 민주적인 의사결정 능력'이다.

또한, 대안교육적인 관점에서 볼 때, 대안학교 경영자인 교장에게 요구되는 것은 '우리 교육의 뒤틀린 교육 주체 간의 관계 회복과 학교문화를 개혁하는 것으로부터 출발해야 한다.'는 것이다. 그렇게 하려면 지금까지 살아온 근대문명과 공교육에 대한 의구심을 가져야 한다. 이러한 사람의 특성은 지금까지의 공교육 체제에 잘 적응한 사람보다는 어쩌면 부적응한 사람이어야 한다. 지금의 교육 구도에서 매사 승진을 염두에 두고 판단하기보다는 아이들의 성장에 관심을 두어야 하는 경영자다. 이러한 관점에서 보면, 대안학교 교장은 관료적 행정가 출신이어서는 곤란하다. 관료적 지배, 독선적 운영, 승진의 발판, 전시적인 행정이 되기 쉽기 때문이다.

향후 교육복지 차원에서 재적응형의 공립 대안학교를 설립하게 될 경우에 학교 경영자 임용에서 유념해야 할 문제임에 틀림없다. 이는 재적응형 대안학교 학생들의 학력 수준과 행동에 비추어 대안학교를 전문계(구 실업계고) 고등학교의 아류로 생각하고 학교 경영을 할 수 있기 때문이다. ○○ 교육청이 대안학교 학교장 인사에 전문계 고등학교 관련 교장만을 발령 낸다는 사실은 이러한 점에서 심각한 문제이다. 대안학교 관리에 대한 교육부 규칙(교육부와그소속기관제시행규칙)에 따르면, 지방정부 차원의 대안학교 운영 지원은 직업교육 담당부서나 중등교육과에 두었다. ○○ 교육청의 경우 대안학교 전반적인 관리는 중등교육과에서 하나 교장 발령은 과학산업과 소속의 교장(주로 공업계 교장)이 임용된다. 대안문명과 대안교육에 대한 가치와 철학보다는 현실적인 가치에 판단을 둠으로써 학교문화가 왜곡 또는 대안학교의 정체성을 잃어 가는 안타까움이 있다. 이것이 여타 시·도교육청이 공립 대안학교 설립을 주저하게 만드는 근본적인 요인일 수 있다.

물론 대안학교의 교직문화에는 교사들의 태도와 가치가 어느 정도 영향을 줄 수 있다. 소규모 작은 학교에서 관리자와의 인간적인 친밀감을 내세우고 이용함으로써 사적인 이익을 얻으려는 교사, 교사들 간에 이해관계를 염두에 두고 교묘하게 줄타기를 하면서 반사 이익을 얻으려는 교사 등이 있는 한, 교육개혁 아니 대안교육은 요원할 뿐이다. 그렇지 못한다면 공교육에 대한 비판으로서 대안교육을 공립에서 설립·운영한다는 것 자체가 모순이 아닌가!

한국 사회의 학교교육에 대한 왜곡 현상을 바꾸기 위해서는 교원들의 승진 개념이 바뀌어야 한다. 모든 교사를 교감, 교장이 되도록 유도하고 있는 현행 교원 승진 기준은 개선되어야 한다. 좋은 교사가 반드시 유능한 경영자가 될 수 없기 때문이다. 앞으로 교장으로서 수행해야 할 역할과 직무수행에 걸맞은 기준을 마련하고, 그에 따라 학교 경영층을 확보하고 계속적인 직무능력 개발을 유도하는 노력이 필요하다.

일반학교와 구별되는 대안교육과 대안학교의 특성에 대한 논의를 바탕으로 볼 때, 대안학교를 경영하는 교장의 자질을 보면 최소한 이러한 모습과 교육관에서는 벗어나야 한다. 즉, 대규모 학교군 속에 안주하려는 교장, 변화를 두려워하고 기존의 획일화된 교육에만 익숙한 교장, 주관과 강한 리더십을 넘어 독단과 독선이 강한 교장, 명문학교 지향과 지식 위주 교육관을 갖는 교장, 교육 자체보다는 위생동기(교육청 관료직 등으로 전직)에 관심이 큰 교장, 관료적 통제와 지시일변도의 성향을 가진 교장이다.

나. 대안학교 교사

1) 사회변화와 교사의 전문성

21C 정보화와 세계화의 시점에서 교육개혁은 전세계적인 추세라고 볼 수 있다. 또한 '교육의 질은 교사의 질에 의해 좌우된다.'는 믿음에서 세계 각국은 교원정책을 교육개혁의 핵심으로 강조하고 있으며 한국도 예외는 아니었다.

그러나 지금까지 한국의 교원정책은 여러 가지 이유에서 성공을 거두지 못한 개혁으로 평가받고 있다. 가장 중요한 근거는 교사들의 자질과 사기가 비교적 낮은 수준에 머물고 있기 때문이다.

일반적으로 교사들의 사기를 논하면 우수교원 확보와 양성이라는 교직유인체제에 초점을 두고 교사들의 보수를 높여야 한다는 것에 주목하고 있다. 그러나 교사들의 보수를 높인다고만 해서 우수 교사들이 확보되고 나아가 교사의 질과 아울러 교육의 질이 높아진다는 것은 설득력이 부족하다고 볼 수 있다. 그것보다는 오늘날 교직사회의 문제는 교직문화의 부정적 특성으로 인해 교사들의 사기가 저하되어 있기 때문에 학교가 우수한 자질의 교사들을 제대로 활용하지 못하고 성과를 내지 못한다고 보아야 타당할 것이다.

세계적으로 볼 때도 오늘날 학교개혁의 제2의 물결을 '학교문화의 재구조화'와 '교직의 전문화'로 특징짓고 있다는 것은 주목할 일이다(A. Liberman, 1988).

우수 교사란 체계적인 양성과정과 학교 현장에서의 다양하고도 진지한 현장 경험으로 만들어지는 것이다. 따라서 초기 교직사회화 과정이 결정적인 영향을 주는 만큼 우리의 교원정책도 교사들이 수십 년의 학교생활을 통하여 어떻게 훌륭한 전문 직업인으로 되어 가는가에 주목할 때가 되었다. 이와 관련하여 교직의 전문성 위약(危弱)의 요인을 보면 다음과 같이 지적될 수 있다.

첫째, 한국의 학교 현실은 초임교사에 대한 초기 교직사회화에 대한 뚜렷한 교육프로그램과 배려 없이 임용 직전의 약간의 교육과 형식적인 자격연수와 일반연수에 불과하다.

이러한 현실로서 학교 현장에서의 선후배 교사 간에는 경력 있는 선배교사가 초임교사들에게 전문적인 조언자로서 인정받지 못하고 있는 실정이다.

둘째, 대대수의 전문직은 자격을 취득하는 과정에서 일정한 기간의 실습을 요한다. 교사가 되려는 예비교사들은 4주간의 학교 현장의 교육실습을 거치게 되어 있다. 그런데 한국 학교 현장은 예비교사의 교육실습을 거부(당해 학교 졸업자에 한하는 경우가 대다수임)하고 있는 현실이다. 따라서 교직에 입문하게 되는 교육실습 과정 자체가 형식적이기 쉽고, 교직에 들어와서도 전문직으로서 교직의 성숙도를 향한 의욕이 낮아지는 요인으로 작용하게 된다.

마지막으로, 교실에서 교사는 혼자라는 의미에서 교직을 고독한 직업이라 할 수 있다(조용한, 황순희 역, 1993). 교직의 고립성은 특히 초임교사들이 직무를 수행하는 데 있어 불안과 당혹 또는 곤란을 일으키기 쉽다. 따라서 초임교사들은 자기 직무의 내용과 실천방향에 관해 지침을 제시하는 모델 혹은 준거 틀을 주위에서 찾으려고 한다. 그리하여 ①가장 손쉬운 방법으로 동료들과 똑같이 하거나, ②기본적인 역할 모델을 특정 동료로부터 찾아내거나(학교관료제 속에서 합리적으로 일을 처리하는 교사, 조합운동에 열중하여 정치적인 출세를 꾀하는 교사, 제도와 규칙의 틀에 매달리는 교사, 한 사람 한 사람의 학생을 키워 보려고 땀 흘리며 실천하는 교사 유형 등), ③소속한 학교를 초월하여 일정한 지역사회 또는 전국적으로 조직된 동료교사의 집단에서 준거집단을 찾는 경우, ④교육활동은 항상 교사-학생관계 속에서 전개되기 때문에 교사에게 있어서 학생 그 자체가 '의미 있는 타자'가 되는 경우도 많다. 결과 훌륭한 교사에 대한 체계적인 과정을 접할 수 없게 된다.

2008년도부터 수석교사제 시범 실시는 이러한 측면에서 상당히 고무적인 일로 판단된다. 또한 초임교사를 위한 체계적인 연수 운영에 대한 교육청의 관심[52]은 교직의

---

52) 경기도교육청의 2007년 "신규교사 역량 강화를 위한 교원연수 활성화 방안"에 대한 연구를 공주대학교 강신천 교수에게 의뢰한 것은 교사의 전문성 신장을 위한 차원에서 시도되었다. 신규교사의 발달단계에 따라 연수 프레임워크를 개발하고 사전 연수(Pre-Session), 본 연수(Main-Session), 사후 연수(Post-Session)의 연수 프로그램을 개발하였다.

전문성 향상에 큰 역할을 할 것으로 본다.

사회변화의 과정과 국가경쟁력을 위한 교육개혁의 요구는 교사들의 역할에 대한 기대를 한층 강조하고 있다.

교사들의 역할과 관련하여 한국의 이상적인 교사상에 대한 논의는 다양할 수 있다. 우리 사회의 전통을 기반으로 교사의 이상적인 모습을 찾는다면 '전문직적 선비상'을 들 수 있다. 박동준(1998)은 전문직적 선비상을 '주체성 있는 교사, 글 읽기를 좋아하고 호학하는 교사, 교육에 충성하는 선공후사의 교사, 지행을 일치시키고, 대의를 좇는 의리와 지조의 교사, 안빈낙도하는 근검 청렴의 교사'로 제시한다. 사회변화 양상을 떠나 교육의 근본을 좇는 교사상으로 숙고해 볼 수 있는 모습이다.

2) 대안학교 교사 임용과 교사상

학교교육에 있어서 교사의 역할은 지대하다. 특히 대안학교의 교사는 학교 성패를 좌우하는 전부라 해도 과언이 아닐 만큼 교사의 열정과 헌신은 중요하다. 교육부는 대안학교에 있어서 교사의 중요성을 인식하고 특성화 대안학교를 인가하게 되는 초기에 대안학교 교사양성 방안에 대해 관심을 갖고 정책연구[53]를 착수하였다.

연구에서 정유성·이종태(1999)는 1990년대를 거치면서 새로운 사회변화에 걸맞은 교사상의 확립을 위한 광범한 논의와 실천과정이 도입되고 진행 중인 상황을 다음과 같이 주장하고 있다.

"교육지형 자체가 정보화, 세계화 등의 문명 전환의 징후와 함께 특히 지식기반사회(교육부 1999, Gottwald/Spinkart 1997)의 대두로 크게 변함에 따라 교육현장 및 교사들이 새로운 시대적 요청에 응답할 수밖에 없게 되었다. 이를테면 외부적인 삶의 상황의

---

53) 교육부는 당시 대안교육에 있어서 이론적이고 학문적 지주의 역할을 하고 있었던 서강대 정유성 교수와 한국교육개발원 이종태 박사에게 정책연구를 의뢰하였다. 연구결과는 "정유성·이종태(1999). 대안학교(특성화 학교) 교육과정 및 교사양성방안. 교육부 정책연구보고서."에 압축되어 있다.

변화는 바로 가족관계, 인간관계의 변화를 가져오며, 자연기술과학 및 매체, 정보기술의 변화 등이 교실 안의 학습상황의 변화를 가져오게 되는 상황에서 교사의 몫, 노릇, 구실이 변화할 수밖에 없는 사정이 그렇다."는 것이다.

이렇게 변화된 상황에 대응하는 교사상을 다음과 같은 특성으로 요약하였다. 먼저 교사는 동반자적인 학교문화를 창달할 수 있는 인간, 자기 책임에 따라 직업생활을 영위하는 교사 특유의 직업관에 투철한 인간, 학교 안팎, 곧 사회와 생활세계의 변화, 문화발전의 징후들에 적극적으로 대응하여 혁신과 개발을 주도하는 창의적인 인간, 학교와 지역사회, 학생 및 부모들과 긍정적 의사소통을 할 수 있는 능력을 갖춘 인간이어야 한다.

나아가 시대적 요청에 따른 전문성을 갖추어야 한다. 학문 및 교수학습법적 전문성, 학습방법론적 전문성, 생활지도와 인성교육적 전문성, 진단기능의 전문성, 자문 및 상담의 전문성, '범인지적(metakognitiv)' 전문성, 곧 사고과정이나 인지과정 등 학습의 기초영역에 대한 전문성, 매체에 대한 전문성, 공동체적 전문성 등이 그것이다(Bildungskommission NRW 1996: 303 - 306).

정유성·이종태(1999, 49)는 대안학교 교사의 원형을 다음과 같은 구체적인 특성들로 제시하고 있다. 첫째, 대안학교 교사는 편협한 학문적 전문성뿐 아니라 전인적인 교사의 자질을 갖춘 사람으로서 교육, 특히 새로운 교육에 대한 애정을 가지고 있어야 한다. 둘째, 대안학교 교사는 직업으로서의 교사뿐 아니라 생활 속에 교사, 생활을 통한 교사, 그리고 새로운 교육을 직접 살아가고 겪어 내는 교사이다. 셋째, 대안학교 교사는 이렇게 성숙하고 건강한 자기정체를 바탕으로 학생들은 물론이고 동료교사, 학부모, 지역사회 등과 동반자적인 관계를 맺고 공동체를 만들어 가는 교사이다. 넷째, 대안학교 교사는 교육의 다름과 새로움을 삶과 학습, 경험 등 모든 활동을 통해 시도하고 혁신하는 교사이다. 다섯째, 대안학교 교사는 이런 모든 특징과 덕성을 미리 갖춘 교사가 아니라 이를 끊임없이 추구하고 모색하는 교사이다.

송순재(2005)는 대안학교 교사상을 다음과 같이 제시하고 있다. 첫째, 인간의 생명을 다루는 일에 지식에 앞서 '교육적 사랑'을 가져야 한다. 너무나도 무책임하고 쉽게 진단과 단정을 내리는 것을 경계해야 한다. 과학정신의 소유자로서 행동에 대한 엄밀한 관찰을 통한 진단이 요구된다. 둘째, 인간이라는 나무의 자라남에 대한 '전문적 지식'을 필요로 한다. 셋째, 전문적 지식 못지않게 중요한 것은 '통전(統全)적 지식'이다. 즉 전문적 지식이 전체 안에서 서로 어떻게 연관 지어져 있는지에 대한 인식과 타자와 교류의식, 폭넓은 문화 의식이 필요하다. 넷째, 인간이라는 나무는 자연의 나무와는 달리 내적인 의미에서 '새로운 탄생을 요청받는 바, 인간 삶의 초월적 지평에 대한 체험을 요구한다. 다섯째, 생명에 대한 감각과 감수성은 삶과 생명에 대한 '자기체험'으로부터 가능하다. 위기지학(爲己之學)의 자기수행, 구도자로서 삶, '도'와 '덕'을 하는 사람이 요구된다. 여섯째, 생명을 기르는 교육은 예술적인 행위이다. 단순한 재주가 아닌 예술의 경지에서 흠뻑 젖을 수 있는 유어술'(游於藝, 물고기가 물속에서 헤엄치며 노니는 형세)'이다. 이는 기능주의적 지식만이 아닌 삶을 두루 관통할 수 있는 자유자재한 통전적 지식이다.

김희동(2001. 82-85)은 대안학교의 이상적인 교사상을 실력, 실천, 영성으로 집약하고 있다. 실력은 전통적인 지식과 지혜 전수 그리고 시대 요청에 응답할 수 있는 전문성을 갖춘 다양한 역량으로서 '전문가 정신, 책임의식, 자기헌신, 내면의 정직한 투쟁, 장인정신' 같은 것이다. 실천력은 개별체로서 서로를 인정하면서 함께 어우러져 참되고 올바른 삶을 추구하는 상생체로서 자신의 가치관을 실천하는 '진실로 교사답게 하는 힘'이다. 영성은 '자신 속에 깃든 선함'에 대한 깨달음이며, '실력'과 '실천력'을 점진적으로 높이는 힘이다. 교사 자신이 스스로를 사랑하고 삶을 희망으로 보고 진리를 즐기며 실천할 안목과 품성을 지닐 때 우러나오는 것이다.

일찍이 대안학교 교사교육과정에 관심을 갖고 정책연구를 했던 정유성·이종태(1999, 75)는 대안학교 교사들이 관심을 갖고 배워야 할 영역을 큰 틀로 예시하였다. 기초과정으로는 교육 전반 및 대안교육에 대한 포괄적인 이해를 목표로 문명전환의 새 물결과 교육에 대한 시대적 요청, 기존교육에 대한 성찰, 대안교육 이론에 대한 고찰, 여러 나라의 대안학교 사례, 청소년의 삶과 문화, 심성훈련과 상담기법, 학습법을 들고 있다. 심화과정으로는 심화/체화학습 및 현장중심의 교육으로 생활영역 경험학습, 심화학습 및 주제별 워크숍, 실습교육, 인턴십, 논문 및 활동계획서 등이다.

〈표 I −15〉 단기 교사교육과정의 주제

과정	특성	강조점	주제 및 학습내용들
기초과정	교육전반, 대안교육에 대한 포괄적인 이해	교육지형의 변화와 교사역할의 변화 대안학교의 특성과 교사의 임무	* 문명전환의 새물결과 교육에 대한 시대적 요청 : 세계화, 정보화, 삶의 방식의 다양화 등의 시대적 주제 및 생태주의, 공동체주의, 성평등주의 등의 사상들. * 기존교육에 대한 성찰: 비판적 교육이론, 탈학교 사회론, 학교에서 벗어난 삶, 생활공동체와 교육 등. * 대안교육 이론고찰: Niehl, Steiner, Montessori, Freinet, 자유대안학교 교육사상, Homeschooling 등. * 대안학교 사례: 여러 나라의 대안학교들의 배경과 실제. * 청소년의 삶과 문화: 매체환경, 생활환경의 변화와 청소년의 일상문화, 대중문화, 일탈문화. * 심성훈련과 상담기법: 명상, 마음공부, 수련법과 각종 상담기법. * 학습법: 5차원 전면학습법, 집중학습법 등.
심화과정	심화/체화학습 및 현장 중심 교육	현장 집중 학습, 대안학교 교사 자질 형성 및 실제 교육현장 준비	* 생활영역 경험학습: 생활을 통한 이론의 실천, 체험학습의 합숙교육. * 심화학습 및 주제별 워크숍: 위의 기초과정 중 한 영역에 대한 집중학습. * 실습교육: 각 현장의 순회실습, 또는 한 현장의 집중실습. * 인턴십: 한 두 현장에서 1학기 이상의 수습교사 역할.
			* 논문 및 활동계획서

※ 출처: 정유성·이종태(1999, 75)

대안학교에 있어서 바람직한 교사상의 표준화된 모습은 있을 수 없다. 다만 일반적인 교사의 이상적 모습과 대안학교의 바람직한 모습, 각 대안학교가 추구하는 이념이 잘 갖추어진 형상일 것이다.

그렇다면 일반적인 대안교육의 지향성으로서 대안교육에 대한 이해와 열정, 생태적 공동체 지향성, 통전교육성, 변화에의 믿음과 체험학습성, 대안학교의 현실적 특성으로서 요구되는 봉사와 헌신성, 생활지도와 상담능력 소유, 복수교과 및 재량·

특성화 교과지도 능력을 공유해야 할 것이다.

그리고 각각의 대안학교가 내세우고 있는 독특한 설립이념이나 신념들은 학교 운영에 있어 중요한 부분으로 고려되어야 할 것이다. 즉 종교적 영성, 위대한 교육사상가의 이념, 생태이념이나 대안문명에 대한 가치 등이 그것이다.

이렇게 볼 때, 대안학교에 적합한 교사를 역설적으로 논의하면, 최소한 대안학교 교사는 대규모 학교의 익명성에 안주하려는 교사, 변화를 두려워하고 기존의 획일화된 교육내용과 방법에만 익숙한 교사, 명문학교 지향과 지식 위주 교육관을 갖는 교사, 교육 자체보다는 승진이나 위생동기에 관심이 큰 교사 등은 대안학교에 적합하지 않을 것이다.

대안교육의 필요성을 일찍이 인식하면서 10여 년 전부터 대안학교를 설립·운영해 온 몇몇 종교단체의 사립 대안학교에서도 교사양성 문제는 엄두도 내지 못하고 있다. 그러다 보니 사립 대안학교에서는 열의만 갖고 시작한 교원들이 대안학교의 일반적인 애로점과 함께 이직률이 높을 뿐만 아니라 경험적 지식을 통해 교직사회화를 추구하다 보니 교원 충원 및 학교 운영에 애로가 많다.

이는 대안학교 교사의 일반적인 애로점(정유성·이종태, 1999: 51)들에서 비롯된다. 첫째, 이상과 현실의 첨예한 대립과 괴리에서 오는 문제. 둘째, 높은 이상과 열정은 가졌으되 이를 교육현장에서 구체적으로 실현할 수 있는 교육과 훈련의 부재에서 오는 시행착오. 셋째, 새롭고 다른, 아니 열린교육을 처음부터 만들어 가야 한다는 창조성에서 오는 중압감. 넷째, 개인의 교육체험과 관련된 심리적 갈등과 고통의 문제. 다섯째, 학교를 둘러싸고 유난히 긴밀하게 맺어지는 다양한 인간관계에서 오는 어려움. 여섯째, 쉽게 소진되지만 이를 예방하거나 회복, 재충전할 기회가 없다는 점이다.

대안학교의 대다수를 차지하고 있는 사립 대안학교에 있어서 교원충원의 문제는 체계적인 교육을 받은 예비교사 임용도 문제이지만 완성학급이 되어 교사충원이 안정화된 시점에서도 또 다른 어려움을 안고 있는 듯하다. 그것은 대안학교 설립 초기에 시작한 교원에서부터 나중에 임용된 교사들의 연령과 대안학교 교직경험이 점차 늘어나면서부터 나타난다. 즉 사립학교는 교사 이동이 거의 없는 관계로 타성적이고 무감각해지기 쉽다는 것이다. 특히 부적응 학생들을 대상으로 하는 대안학교에서는 학생은 매년 다르고 특이할 수 있는데, 기존 경험으로 대처하려는 경향이 나타나 긴급한 문제 행동에 대해 즉각적인 반응과 대처를 못 하여 생활지도상 심각한 사태를 낳을 수도 있다는 점이다. 또한 점점 세대차이가 커지기 때문에 학생들과 같이 호흡할 수 있는 변화와 발전의 요소가 적다는 것이다. 다시 말해, 사립 대안학교들은 갈수록 새로운 젊은 교사들의 열정을 이끌어 낼 수 있는 방안을 강구해야만 지속적인 발전을 추구할 수 있다는 것이다. 따라서 사립 대안학교 교사를 공립 대안학교로 순환 근무 또는 특채하는 방안이라든지, 아니면 같은 이념의 대안학교끼리 또는 동일재단의 대안학교 내에서 적극적으로 교류하는 방안도 적극 검토해 보아야 할 문제이다.

공립 대안학교 설립에 대한 논의가 확산되어 가는 추세에 공립 대안학교의 교사선발 및 인사에 있어서 유의점을 생각해 본다.

①아이들과 호흡할 수 있는 젊은 교사들을 다수 확보해야 한다. 공립 대안학교에서 교원의 구성은 대안교육의 성패를 좌우한다. 공립학교는 학교 관리자 및 교사들을 기존의 일반학교 교원들에서 선발하고 있다. 공립의 특성상 승진을 위한 가산점 때문에 대안적 참교육이 왜곡될 수 있다는 점이다. 특히 승진 점수를 채우기 위해 경력과 나이가 많은 교사들이 연줄에 따라 전보되어 온다면, 개인으로서 대안교육에의 실질적인 공헌을 떠나 전체 분위기를 흐리게 할 수 있다.

이러한 우려는 2002년 개교 초기에 공립의 경기대명고등학교에 대한 자율학교 평가 결과에서도 지적된 바 있다. 그 내용은 인사관리의 적절성 항목에서 "소규모학교는 타교보다 투철한 사명감과 헌신적인 봉사정신을 갖는 교사를 필요로 하는데, 차기 전보 시에는 젊은 교사를 우선적으로 배정해 줄 것을 교육청 당국에 건의해 놓은 상태에 있다(한국교육개발원, 2002b: 50)."는 것이다.

따라서 공립 대안학교에서 교사를 선발할 때는 최소한 대안학교 교사로서 요구되는 최소한의 요건은 지켜져야 한다. 경기대명고등학교의 설립 당시 정책연구결과를 기초로 내세운 교사 공모 요건은 "45세 이하의 연령, 대안교육에 대한 이해와 열정,

복수 교과자격, 생활지도능력 우수자, 재량활동이나 특성화 교과를 지도할 수 있는 자, 전문상담교사 소지자 우대, 가정적인 육아부담 탈피, 봉사 및 헌신성 등"이다. 공립 대안학교에서 연령을 우선순위로 둔 것은 바로 승진 시기의 연령과 연결되기 때문이다.

②선발과정에서 선발 주체와 구성원의 민주적 참여이다. 대안학교 교원의 선발권이 교육청에 있다면 기존 대안학교 관계자를 50% 이상 면접위원으로 하는 것이 필요하다. 학교에 선발권이 위임된다면 교직원 인사위원회를 구성하여 선발하는 것이 합리적일 것이다. 교원 선발에 있어서 중요한 것은 대안교육에 적합한 교사를 선발하는 것 이상의 인사의 투명성이 확보되어야 한다. 특히 대안학교는 자율학교로 지정·운영되기 때문에 자율학교의 취지와 구성원들의 역할 면에서 볼 때, 참으로 필요한 요건이다.

나아가 대안학교 교사 양성 및 연수를 위한 대학, 교육대학원에서 수준에서 체계 있는 접근이 필요하다. 전국적으로 한 두 개 대학에서 양성하는 방안을 들 수 있다.

2006년 현재 대안학교에 근무하고 있는 교사 현황은 다음과 같다.

학교수는 125개교에 상근 및 비상근교사 1,760명 정도이다. 국가 또는 지역교육청 수준에서 획일적으로 자질향상 및 전문성 증진의 연수를 할 수는 없지만 적극적인 연수 지원은 할 수 있다.

〈표 Ⅰ－16〉 대안학교 근무 교사 현황

유형	학교 수 (교)	교사 수			교사자격증 소지자수(%)	비고
		상근교사	비상근교사	자원교사		
특성화 학교	29	383	88	－	466(76.4)	
위탁형 대안학교	25	158	297	150		
전원형 대안학교	15	167	96	44	105(34.2)	
도시형 대안학교	26	126	90	524		
초등대안학교	30	211	146	124	108(22.5)	
계	125	1,045	717	842		

※ 자료: 교육부(2007). 대안교육백서에서 각 대안학교별 교사 현황 및 교사자격증 소지자 비율(p.79, 80, 101, 120, 139, 173) 자료를 통합하여 도표화하였다. 파악 당시 학교별 항목표의 불완전하고 명확한 수치로 정확한 합계 및 비율 도출의 어려움이 있다.

한국의 대안학교의 성격을 종합해 보면, 이념 및 교육목표에 있어서는 생태주의 관점에서 자연과 인간의 조화로움과 공동체적인 삶, 그리고 학교의 자율적인 문화와 자주적이고 자립적인 행동을 추구한다고 볼 수 있다. 교육내용으로는 학교이념에 따라 특성화 교과의 성격이 다르지만 대체로 대안학교 교육내용을 구성하는 것은 "인성교육을 우선시(마음일기, 요가, 묵상, 종교, 단전호흡 등), 노동과 노작의 중요성(텃밭 가꾸기, 원예조경, 집짓기, 목공 등), 학습자 중심의 체험교육으로 감성계발이나 사회성교육을 중시, 공동체 교육 및 공동체성 고양 프로그램 운영"이다.

초기의 대안학교 본연의 모습이 인가로 인한 안정화와 관료화, 입시에 대한 요구와 압력 등으로 교육과정 및 학교 운영이 변질되지는 않는지 주목할 때가 되었다. 자체 정화 노력이 부족할 때 정부의 대안학교 교육의 과정 질 관리 및 표준화를 위한 명목으로 대안학교를 규제할 수 있는 빌미가 되는 것이다.

제4장 대안학교 교육의 과정 평가 및 질 관리 방안

1. 대안학교 교육의 과정 평가[54)

가. 교육과정 평가

교육과정 평가는 교육과정을 대상으로 하는 평가 활동이라고 정의된다. 그러나 교육과정 평가의 대상인 교육과정을 어떻게 정의하느냐에 따라 교육과정 평가의 의미가 다양하게 사용되고 있다.

일반적으로 좁은 의미의 교육과정은 가르쳐야 할 교육의 내용을 담은 문서를 지칭하며, 넓은 의미의 교육과정은 문서를 포함한 학교의 교육활동을 총칭하는 의미로 해석하기도 한다.

교육과정에 대한 개념 정의의 다양성은 교육과정 평가의 영역과 방법에 직접적인 영향을 미친다. 즉, 교육과정을 어떻게 정의하는가에 따라 교육과정 평가의 범위와 내용이 달라진다. '가르쳐야 할 교육내용의 조직'을 교육과정이라고 보는 견해에서는 교육과정에 제시된 내용의 적합성, 실현 가능성, 일관성 등을 확인하는 활동을 교육과정 평가의 주된 내용으로 한다. 교육과정을 보다 넓은 의미로서 '학교에서

---

54) 제4장 1절은 2005년 교육부 정책연구(이병환·김홍운·김태연·최석민, 대안학교 교육과정 평가 및 질 관리 방안 연구)에서 필자의 연구 부분을 소개하였다. 따라서 특성화 대안학교를 중심으로 교육과정 평가 및 질 관리 방안, 그리고 평가 결과를 서술하였다.

제공하는 경험의 총체'라고 볼 때에는 교육과정 개발 체제, 문서 내용, 지원, 성과 등 교육과정의 제 영역에 관한 평가뿐만 아니라, 이들 간의 상호 작용, 그리고 더 나아가 교육과정을 둘러싸고 있는 교육적 상황과 여건에 관한 총체적인 평가를 교육과정 평가로 보게 된다. 교육의 질이 교육과정의 질을 넘지 못한다는 일반적인 견해는 교육과정이 교육에 있어서 차지하는 핵심적인 위치를 단적으로 표현한 것이라고 볼 수 있다.

최근에는 교육과정을 교수요목이나 교육의 계획으로 보는 견해보다는 개발 체제, 운영, 성과를 포함하는 보다 폭넓은 개념으로 교육과정을 이해하는 관점이 보편화되어 가고 있다.

교육과정 평가의 궁극적인 목적은 교육의 질을 관리하는 것이다. 이때 교육의 질은 교육의 성과에 영향을 미치는 요인들의 질, 교육활동에 참여하는 사람의 질, 그리고 교육성과의 질 등 세 가지를 상정할 수 있다. 따라서 교육과정 평가를 통하여 교육의 질을 관리한다는 것은 이 세 가지 요인들이 포함된 교육활동으로서 학생 학력 평가, 학교와 교육기관 평가, 교육과정 편성·운영에 관한 평가를 말한다.

교육부[55]는 교육과정 질 관리를 위하여 국가 수준에서 주기적인 평가 방침을 제시하고 있다. 첫째, 학업성취도를 평가하기 위하여 교과별, 학년별 학생 평가를 실시하고, 평가 결과는 교육과정의 적절성 확보와 그 개선에 활용을 한다. 둘째, 학교의 교육과정 편성·운영과 교육청의 교육과정 지원 상황을 파악하기 위하여 학교와 관련 교육청에 대한 평가를 주기적으로 실시한다. 셋째, 교육과정 편성·운영과 지원 체제의 적절성과 실효성을 평가하기 위한 연구 수행, 다양한 절차를 거쳐 해당 학교, 학년, 학생에게 적절한지를 조사하여 평가하여 교육과정의 편제, 시간(단위) 배당, 편성·운영 지침의 적절성과 그 적용 효과에 중점을 두고 있다.

교육과정 평가를 통해서 얻을 수 있는 효과를 보면 다음과 같다. 첫째, 학교 실정에 맞도록 국가 수준의 교육과정 및 교육청 수준의 교육과정을 수정·보완하고 상세화하기

---

55) 교육부 고시 제1997-15호, 1997년 12월 30일.

위한 자료를 축적할 수 있다. 둘째, 학교 내에서 이루어지는 각종 교육프로그램의 질적 개선과 교육효과 증진이다. 셋째, 교수 활동에 있어서 교사의 전문성을 신장할 수 있다. 넷째, 학습활동에 있어서 학생의 학습효과 증대이다.

나. 대안학교 교육의 과정 평가

대안학교의 교육의 과정은 대안학교들이 추구하는 교육이념이 다양한 만큼 그 내용이나 형식에서 많은 차이를 보이고 있다. 물론 대안교육이 종래 학교교육의 기본 가정을 지향한다는 점에서 공통적인 기반이 없는 것은 아니지만, 구체적인 프로그램의 내용과 형식은 어느 하나도 같은 것이 없을 만큼 다양하다고 할 수 있다(정유성·이종태, 전게서, 28). 또한 대안학교 교육과정의 다양성은 가변성을 함의한다고 볼 수 있다. 다양하다는 것은 어느 하나가 배타적인 정당성을 지니지 못한다는 것이고, 따라서 상황의 변화에 따라 더 나은 것으로 전환될 수 있는 가능성을 가지고 있기 때문이다. 법적인 강제 요구 사항을 제외하고는 구성원의 요구나 여건의 변화에 따라 얼마든지 바뀔 수 있으며, 또 그럼으로써 대안학교로서의 생명력을 유지할 수 있다고 할 수 있다(상게서, 30) 그런 점에서 대안학교 교육과정의 두드러진 특징은 내용과 형식에서의 다양성과 가변성이라고 할 수 있다.

다양성과 가변성을 지닌 대안학교 교육과정의 특성은 새로운 가능성을 향한 다양한 탐색의 발로라는 점에서 끝내 정형화될 수 없을지도 모르며, 정형화되는 순간 이미 그것은 대안교육이 아닐 수 있다. 따라서 현 단계에서 대안학교 교육과정이 상호 비교나 환원이 어려울 만큼 다양성을 보이는 것은 필연적인 것이며, 따라서 이를 무리하게 통일하거나 정형화시키려고 하는 일은 오히려 대안교육을 부정하는 것일 수 있다. 이 점은 대안학교가 안고 있는 잠재적 위험 요소라고 할 수 있다.

따라서 대안학교 교육과정의 다양성과 가변성에서 비롯되는 특성으로 인해 대안학교 교육과정을 평가하는 데는 신중함이 요구된다. 일반학교와는 달리 획일적인 기준으로 평가하는 것은 또 다른 정형화된 획일성을 조장할 수 있는 위험이 도사리고 있기 때문이다. 따라서 대안학교 교육과정 평가에 대한 간주관적인 준거개발이 필요하며, 이에 따라 평가 모형적인 접근이 요구된다.

교육과정 평가를 통해 학교교육의 질 관리는 물론 교육의 공공성에 터한 책무성을 증진시키는 일이다. 특히 새로운 학교 모형으로서 특성화 대안학교가 내세운 '학교헌장적' 책무성은 교육과정 평가를 통해 확인되어야 할 부분임에 틀림없다.

따라서 학교교육과정의 질 관리를 위한 평가 차원에서의 일반적인 논의와 교육부의 지침을 볼 때 대안학교 교육과정 평가는 학업성취도 및 인성교육적 적응력, 학교교육과정 편성·운영 과정의 적절성과 해당 교육청의 영향과 지원을 위한 대안적 학교문화 평가, 교육과정 편성·운영의 적절성과 실효성 평가에 핵심을 두어야 한다.

따라서 이하에서는 대안교육의 특성과 이념을 살리면서도 교육의 공공선을 추구할 수 있는 대안학교 교육과정 평가 잣대를 통해 대안학교 교육과정을 평가하고자 한다.

다. 대안학교 교육의 과정 평가 모형[56)]

특성화 대안학교 교육의 과정 평가를 위한 준거는 "대안문명과 대안교육의 이념성, 운영 구조성, 실효성, 대안 추구성"이라는 영역과 과정 속에서 도출되어야 한다.

첫째, 대안문명과 대안교육의 이념을 내포하고 있어야 한다. 여기에는 생태주의 이념, 공동체주의, 열린교육, 자유와 자율, 개성과 다양성 존중 등이다.

둘째, 특성화 대안학교의 지정·고시 취지에 맞는 교육과정이어야 한다. 여기에는 체험학습, 현장 실습성, 노작교육의 가치, 인성교육, 특기와 소질을 살리는 교육, 학생중심의 교육 등이 포함된다.

셋째, 단위학교의 설립목적 및 학교헌장에 부합되어야 한다. 학교 설립목적은 학교

---

56) 본 항의 평가 모형은 특성화 대안학교에 대한 평가를 전제로 했기 때문에 범대안학교로 개념 규정하기에는 부분적인 차별성이 나타난다. 따라서 대안학교보다는 특성화 대안학교라고 쓰고자 한다.

나름의 고유한 이념과 사상이 있을 수 있으나, 이는 교육의 공공성을 전제로 한 이념의 토대 위에 가능한 것이다. 특성화 대안학교의 설립목적 및 정신은 학교헌장으로 나타나고 있다.

넷째, 특성화 대안학교가 대안교육을 추구할 수 있도록 학교와 교육청의 교육과정 지원의 적절성 및 대안적인 학교문화를 만들어 나가야 한다. 여기에는 교사의 전문성 신장 지원과 교사 충원 및 연수의 적합성, 교사 간의 동료적 팀워크와 교사-학생 간의 관계, 그리고 민주적이고 자율적인 학교 운영 역량이 중요하다.

다섯째, 단위학교 교육과정 운영 결과 실효성 차원에서 대안교육의 효과성이 검증되어야 한다. 특성화 대안학교의 설립 운영의 효과는 여러 가지가 있을 수 있다. 교육부의 대안학교 설립정책 취지로 볼 때는 학업중단학생비율이 있을 수 있으며, 단위학교에서는 입학자의 학업중단율 및 재탈락률(재적응형의 대안학교의 경우)의 추이, 출석률이 그 기준이 될 수 있다. 또한 특성화 대안학교 졸업생들의 진로, 대안학교에 대한 입학수요를 통해 그 효과를 검증할 수 있다.

여섯째, 특성화 대안학교의 교육과정은 비정형화된 대안성을 추구하여야 한다. 끊임없이 변화하는 사회에서 대안학교 교육과정은 늘 새롭게 변화하는 개선노력을 보여야 한다. 한쪽으로 정형화된 교육과정은 정착과 안정을 넘어서 또 다른 획일성을 조장하게 된다. 특히 교육과정 편성·운영 과정에서의 적절성(학생들의 필요와 욕구 반영 등)과 해당 교육청의 영향 변인과 지원을 분석할 필요가 있다.

이를 도표로 나타내면 <표Ⅰ-17>과 같다.

〈표 Ⅰ-17〉 특성화 대안학교 교육과정 평가를 위한 이념 및 준거

평가 영역 및 준거		평가의 세부 요소	분석 대상
이념성	대안문명과 대안교육의 이념	생태주의 이념, 공동체주의, 열린 교육, 자유와 자율, 개성과 다양성 존중 등	- 학교교육목표 및 교육 방향 - 교육과정 편성 운영(교과목의 성격과 단위수 비중 등) - 학칙
	특성화 대안학교의 지정·고시 취지	체험학습, 현장실습성, 노작교육의 가치, 인성교육, 특기와 소질을 살리는 교육, 학생중심의 교육	- 학교교육의 방향 - 특성화 교과의 비중 - 교과 외 교육활동(특별활동, 동아리활동, 생활지도 등) - 생활 규정
	단위학교의 설립목적 및 학교헌장	교육의 공공성에 터한 학교 나름의 고유한 이념과 사상	- 학교 건학 이념 - 학교헌장
운영구조	학교, 교육청의 교육과정 지원	교사의 전문성 신장 지원 교사 충원 및 연수	- 교재 및 프로그램 개발 - 교재의 재구성
	대안적인 학교문화	교사 간의 동료적 팀워크 교사-학생 간의 관계 민주적·자율적 학교 운영 역량	- 협응적 교사문화 - 교사와 학생의 친밀한 관계성 - 구성원 참여 및 의사결정 구조
실효성	교육 효과성	학업성취도 및 학습 참여도 인성교육 효과(학교적응력) 대안학교에 대한 수요	- 출석률(전체, 교과 영역별) - 학업중단 및 재탈락률 - 졸업생 진로 현황 - 대안학교 입학 경쟁
대안성	교육과정 개선 노력	교육과정 및 교육활동 평가 학생의 필요와 요구 그리고 실태 반영 교육청의 교육과정 지원 평가	- 학생의 필요와 욕구 분석 - 학생 실태 분석 - 교육과정 및 교육활동 평가 분석 - 교육과정 편성과정에서 교육청의 영향 요인 분석

위의 <표 Ⅰ-17>을 통해 특성화 대안학교 교육과정을 평가하기 위한 이념과 가치 준거를 모형화하면 다음 [그림 Ⅰ-3]과 같다.

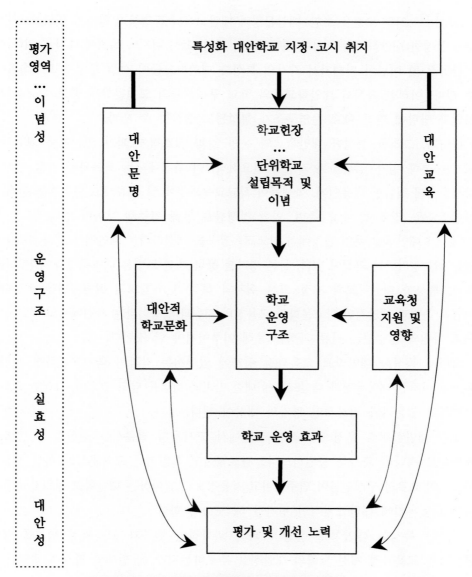

[그림 I-3] 특성화 대안학교 교육과정 평가 모형

[그림 Ⅰ -3]의 모형을 보면, 대안문명과 대안교육의 문명사적 환경과 이념에 바탕을 두고 등장한 대안학교는 특성화 대안학교의 지정·고시 취지와 목적에 따라 단위학교의 설립목적 및 이념이 더해져서 각각의 특성화 대안학교들이 설립 운영되고 있음을 알 수 있다. 이러한 특성화 대안학교들의 학교 구성원들의 교직문화적 풍토와 교육청의 지원과 영향에 따라 학교 운영구조가 형성됨도 짐작할 수 있다.

나아가, 그러한 특성화 대안학교의 운영 결과 실효적 효과가 있는지를 교육과정 평가를 통해 평가·검증하는 과정이 필요하다. 이 과정에서는 교육과정 편성·운영이 학생들에게 적합한 내용인지, 학생들이 학교교육과정에 잘 적응하고 있는지를 출석 및 학업중단율, 진로 및 수요 측면, 입학 경쟁률을 통해 검증해 보아야 한다.

나아가 대안학교 운영 과정에서 학교교육활동을 개선하려는 대안적 노력을 추구하고 있는지를 평가하는 과정이 있다. 물론 평가를 통한 개선 노력은 대안문명과 대안교육의 이념, 특성화 대안학교의 지정·고시 취지와 목적, 단위학교의 설립이념을 포괄하는 이념적 측면과 대안적인 학교문화와 교육청의 지원과 영향이라는 차원에서의 학교 운영 구조 차원의 끊임없는 환류 과정을 통해 이루어져야 할 것이다.

따라서 특성화 대안학교 교육과정 평가에 있어서는 각각의 학교교육과정 편성과 운영이 이러한 대안문명과 대안교육에 대한 가치와 이념을 담고 있으며, 그러한 교과를 가르치고 있는가가 기본적인 평가의 대상이 된다.

또한 대안학교의 운영 구조적인 측면에서 교사들의 전문성을 신장할 수 있도록 지원하고 적합한 교사를 충원하느냐? 관료적이고 획일적인 교직문화가 아닌 새로운 학교 모형으로서 구성원들이 민주적이고 자율적으로 참여하는 대안학교 문화를 형성해 나가고 있는지에 대한 2차적인 평가를 해 보아야 한다.

나아가 특성화 대안학교 운영 효과의 과학적인 검증과 교육과정 평가를 통해 환류적인 교육과정 개선 노력의 대안성을 추구하는지가 세 번째의 평가 과정이라 할 수 있다.

2. 대안학교 교육의 과정 평가 결과[57)

가. 평가 방법

특성화 대안학교에 근무하는 교원들이 "자신의 학교에 대한 교육의 과정을 어떻게 생각하고 있는지?"를 자체평가 설문지를 통해 알아보았다. 설문 내용은 특성화 대안학교의 교육과정 평가에 대한 인식(필요성, 주관기관), 실제 대안학교 교육의 과정이 갖는 "교육의 이념성, 학교 운영구조, 학교 운영 효과, 대안성 추구노력 정도"를 평가하는 문항들로 구성하였다. 설문지의 반응척도는 리커트(Likert)식 5단계 평정척도에 따라 구성하였다. 자료 분석방법은 [SPSS 12.0 version] 프로그램을 사용하였다. 자료 처리는 기본적인 기술통계로서 문항별 빈도 및 백분위 처리를 하였으며, 집단 간의 차이를 알아보기 위하여 'F-검증'을 하였다. F-검증 결과 집단 간에 유의미한 차이(.05 수준)를 보이는 항목에 대해서는 셰페(Scheffe) 사후검증을 하여 변량 간에 통계적으로 의미 있는 차이가 있는지를 검정하였다.

나. 평가 결과

1) 평가에 대한 인식

대안교육의 질 관리 차원에서 특성화 대안학교를 평가할 수 있는 기준 마련과 평가를 해야 할 필요에 대한 반응을 보면, 응답자의 77.4%가 필요하다는 반응을 보였다. 이는 대안교육이 특성화 대안학교로 인가받고 운영되어 온 지 10여 년이 되어 가는 즈음 대안교육의 질 관리 차원에서 현장학교와 자율학교로서의 책무성에 대한 인식으로

---

57) 본 장은 2006년 홍익대학교 인문과학연구소에서 펴낸 홍대논총에 게재된 "서정화·김태연의 '대안교육 분야 특성화 고등학교 교육의 과정 평가'에 대한 연구 내용(pp.125-149)"의 일부분을 실었다.

보인다.

물론 대안학교가 특성화 학교로 인가받게 되는 시기에 인가에 따른 정부의 각종 규제로 대안교육의 본질이 왜곡될 수 있다는 우려에 대해 유의할 필요가 있다.

특성화 대안학교의 교육의 과정(Process)을 평가해야 하는 이유에 대한 반응을 보면, '끊임없는 개선노력으로 또 다른 정형화된 교육에서 벗어나기 위해(36.2%)'가 가장 많았고, 그 다음으로 '교수-학습의 질 향상과 교원들의 전문성을 증진시키기 위해(18.9%)', '대안적인 학교문화와 민주적인 학교 운영구조를 만들기 위해(16.5%)', '생활지도 및 인성교육의 실효적인 효과를 향상시키기 위해(15.7%)', '대안문명과 대안교육이념과 본질을 유지하기 위해(12.6%)' 순이었다.

이는 특성화 대안학교의 운영 조직과 풍토, 교원들의 전문성 향상, 실효적인 대안교육의 활동 효과에 대한 끊임없는 대안 추구 노력 등에 대해 현실적인 개선의 필요성이 있는 것으로 판단된다.

특성화 대안학교에 대한 교육의 과정 평가를 할 필요성이 없다고 생각하는 이유에 대해서는 인가 초기에도 우려했듯이 '평가 자체가 규제 성격을 띠기에 대안교육이 훼손되기 쉽기 때문(56.3%)'이라는 반응이 주요 이유였다. 이는 규제 위주의 학교평가에 대한 우려의 표명으로 볼 수 있다. 다음으로는 '단위학교의 자체평가로 스스로 발전해 나갈 수 있는 역량이 있기 때문(37.5%)'이라고 응답했다.

특성화 대안학교 교육의 과정에 대한 질 관리를 위해 평가를 해야 할 경우, 적합한 평가 주관기관에 대한 반응을 보면 '제3의 연구기관(43.9%)', '단위학교 자체평가(35.4%)', '대안교육협의체 또는 자체평가와 제3의 연구기관과의 협의 형식(9.8%)' 순이었다.

평가 주관기관에 대한 반응에서 유의할 점은 특성화 대안학교 교원들의 다수(77.4%)가 질 관리를 위한 평가의 필요성을 인정하고는 있지만 교육부나 시·도교육청의 평가보다는 제3의 연구기관이나 단위학교 자체평가, 대안교육협의체와의 협의 등의 평가방식을 지지하고 있다는 사실이다. 이는 교육행정기관의 규제 위주의 평가와 장학 관행으로 인한 현실적인 갈등을 내포하고 있는 것으로 판단할 수 있다.

또한 단위학교 자체평가를 지지하는 교원들이 다수라는 점을 볼 때, 각각의 특성화 대안학교들이 실제 자신의 학교에 대한 교육의 과정 전반에 있어서 체계적이고 현실적인 평가가 부족했음을 시사받을 수 있다.

2) 교육이념 및 교육목표

한국의 특성화 대안학교들은 각기 독특한 교육목표와 철학을 갖고 체험 위주의 인성교육을 실천하고 있다. 특성화 대안학교들이 내세우고 있는 교육이념이나 목적은 대체로 "자연과 인간의 조화를 강조, 공동체적인 삶을 강조, 자율"을 추구하는 공통점을 들 수 있다.

특성화 대안학교의 대안교육의 이념에 대한 자체평가로서 교원들의 반응을 보면, 전체적으로 64.5%가 긍정적인 반응을 보이고 있다. 세부항목으로 보면, '대안문명과 대안교육이념에의 부합성'에는 67.1%가 긍정적인 반응을 보였으며, '특성화 대안학교의 지정·고시 취지에의 부합성'에는 67.5%가 긍정적인 반응을, '공공성에 바탕을 둔 설립목적 및 학교헌장'에는 58.9%가 '그렇다'는 긍정적인 반응을 보였다.

대안교육의 이념에 대한 세부항목별 F-검증 결과, 교원들의 '직위'에 따라 유의미한 차이를 보이는 '공공성에 바탕을 둔 설립목적 및 학교헌장'의 항목에 대해 셰페(Scheffe) 다중범위 검정을 하였다. 점수가 낮을수록 '공공성에 바탕을 둔 설립목적 및 학교헌장'에의 부합성이 높은 것을 가리킨다.

변량분석 결과에 따르면, 교장·교감의 관리직 교원이 가장 낮고 그 다음으로 부장교사, 교사 순으로 나타났다. 교사와 교장·교감의 관리직 간에는 평균차가 .740으로 통계적으로 유의미한 차이를 나타내고 있다. 사후검증 결과, 교사와 교감·교장 집단 간에 $p < .05$ 수준에서 통계적으로 의미 있는 차이가 있는 것으로 나타났다.

〈표 Ⅰ-18〉 직위에 따른 '공공성에 바탕을 둔 설립목적 및 학교헌장' 차이

구 분		제곱합	자유도	평균제곱	F	유의확률	사후 검정
집단 간	교사 (a) 부장교사 (b) 교감·교장 (c)	6.621	2	3.310	5.134**	.007	a＝b, b＝c, a＜c
	집단 내	103.171	160	.645			
	합계	109.791	162				

* p≤.05   ** p≤.01

3) 학교 운영구조

특성화 대안학교의 학교 운영구조에 대한 교원들의 자체평가는 평균 57.0%가 '그렇다'는 긍정적인 반응을 보였다.

세부항목별로 보면, '교사의 전문성 신장을 위한 학교의 노력과 지원'에는 48.8%가 긍정적인 반응을, '학교성격에 적합한 교원 충원 및 연수 노력'에는 46.9%가 긍정적으로, '전문성 신장을 위한 교사들 간의 동료적 팀워크'에는 48.2%가 긍정적인 반응을, '학생－교사 간의 친밀한 관계성'에는 79.3%가 긍정적인 반응을, '민주적·자율적인 학교 운영'에는 61.6%가 긍정적인 반응을 보였다.

특히, '학생－교사 간의 친밀한 관계성' 항목에 긍정적인 반응이 높게 나타난 것은 소규모 학교의 장점으로서 교사－학생 간의 친밀한 인간관계가 유지되고 있음을 알 수 있다. 또한 '민주적·자율적인 학교 운영' 항목에 긍정적인 반응이 높게 나타나고 있는 것은 새로운 학교로서 대안학교가 민주적으로 운영될 뿐만 아니라 민주의식을 가진 다수의 교원들로 구성되었기 때문인 것으로 판단된다.

학교 운영구조에 대한 세부항목의 F－검증 결과, 교원들의 '직위'에 따라 통계적으로 유의미한 차이를 보이는 '민주적·자율적인 학교 운영' 항목에 대해 세페(Scheffe) 다중범위 검정을 하였다.

점수가 낮을수록 '민주적·자율적인 학교 운영' 이라는 것을 가리키는데, 변량분석

결과에 따르면, 교장·교감의 관리직 교원이 가장 낮고 그 다음으로 부장교사, 교사 순으로 나타났다. 교장·교감의 관리직일수록 단위학교 운영에 대해 '민주적·자율적인 학교 운영'이라고 응답하고 있다. 그러나 사후 검정결과는 교사, 부장교사, 교감·교장 집단 간에 있어서 p<.05 수준에서 통계적으로 의미 있는 차이는 나타나지 않았다.

〈표 I - 19〉 직위에 따른 '민주적·자율적인 학교 운영' 차이

구 분		제곱합	자유도	평균제곱	F	유의확률	사후 검정
집단 간	교사 (a) 부장교사 (b) 교감·교장 (c)	5.343	2	2.671	3.113*	.047	a＝b, b＝c, a＝c
	집단 내	138.145	161	.858			
	합계	143.488	163				

* p≤.05   ** p≤.01

4) 학교 운영효과

실효적인 차원에서 특성화 대안학교 운영 효과에 대한 교원들의 자체평가를 보면, 전체적으로는 54.4%가 '그렇다'는 긍정적인 반응을 보이고는 있으나 항목별로 두드러진 차이를 보이고 있다.

'학업중단학생 및 재탈락 학생 감소'에는 53.7%, '체험학습과 인성교육으로 적응력(학교, 사회) 증진'에는 68.9%, '학생의 적성이 고려된 진로 개척, 졸업생들의 학교평가'에는 56.7%, '대안학교 및 대안교육에 대한 입학 수요'에는 57.9%가 '그렇다'는 긍정적인 반응을 보였다.

반면에 '학업성취도와 교과 수업에의 학생 참여도'에는 34.7%가 '그렇다'는 긍정적인 반응을, '그렇지 못하다'에는 25.6%가 부정적인 평가를 함으로써 교원 스스로 수업을 이끌어 가고 학업성취를 향상시키는 데는 어려움이 있음을 보여 주고 있다.

5) 대안 추구 노력

특성화 대안학교의 대안 추구 노력 정도에 대한 교원들의 자체평가를 보면, 전체적으로 44.3%가 '적극적이다'란 긍정적인 반응을 보이고 있다. 세부항목별로 보면, '주기적인 교육의 과정평가 및 교육활동 평가'에는 40.3%, '학생의 필요와 요구, 실태를 반영한 교육의 과정 개정 노력'에는 46.3%, '교원들의 끊임없는 대안 추구 노력'에는 46.3%가 '적극적이다'라는 긍정적인 반응을 하고 있다.

반면에 '학생의 필요와 요구, 실태를 반영한 교육과정 개정 노력'에는 '그렇지 못하다'가 11.0%, '교원들의 끊임없는 대안 추구 노력'에는 11.6%가 '그렇지 못하다'는 부정적인 평가를 하고 있다.

이는 교육과정(curriculum) 운영상 학생의 필요와 욕구를 반영한 특성화 교과 운영에 현실적인 어려움이 있다는 점과 대안학교 교사들이 학생들과 교육활동에 전념함으로써 교수-학습을 위한 자료 및 프로그램 개발에는 시간적 여력이 없음을 나타낸 것으로 해석할 수 있다.

대안 추구 노력에 대한 세부항목별 F-검증 결과, 교원들의 '직위'에 따라 통계적으로 유의미한 차이를 보이는 '교원들의 끊임없는 대안 추구 노력' 항목에 대해 셰페(Scheffe) 다중범위검증을 하였다.

점수가 낮을수록 '교원들의 끊임없는 대안 추구 노력' 정도가 높은 것을 가리키는데, 변량분석 결과에 따르면 교장·교감의 관리직 교원이 가장 낮았고, 그 다음으로 부장교사, 교사 순으로 나타났다. 교장·교감의 관리자일수록 단위학교 운영에 있어서 '교원들의 끊임없는 대안 추구 노력'을 긍정적이라고 응답하고 있다.

사후검증 결과, 교사와 부장교사 간에는 유의미한 차이가 없었지만, 교사와 교감·교장 간에는 p<.05 수준에서 유의미한 차이가 있는 것으로 나타났다.

〈표 I - 20〉 직위에 따른 '교원들의 끊임없는 대안 추구 노력' 차이

구 분		제곱합	자유도	평균제곱	F	유의확률	사후 검정
집단 간	교사 (a) 부장교사 (b) 교감·교장 (c)	5.210	2	2.605	4.102**	.018	a=b, b=c, a<c
	집단 내	102.229	161	.635			
	합계	107.439	163				

* p≤.05   ** p≤.01

특성화 대안학교 교육의 과정에 대한 평가 결과, 다음과 같이 몇 가지 결론을 얻을 수 있다.

첫째, 교원들이 대안학교 교육의 과정에 대한 평가 필요성에 대해 높은 반응을 보이는 것은 대안학교 교육의 과정이 안고 있는 다양성과 가변성으로 인해 교수-학습 및 교육활동에 있어서 전문성이 취약하다는 반증으로 볼 수 있다. 따라서 특성화 대안교육의 전문성을 증진시키기 위해서는 교육과정상의 특성화 전문교과로서 다양한 '대안교과' 신설과 체계적인 교재 개발이 요구된다.

둘째, 특성화 대안학교의 교육의 과정에 대한 평가 항목에서 전체적으로 긍정적인 반응이 나타난 것은 교원들 자신이 스스로 선택한 대안학교에 대한 자부심과 확신으로 이해할 수 있다.

셋째, 사후검증 결과 '공공성에 바탕을 둔 설립목적 및 학교헌장', '교원들의 끊임없는 대안 추구 노력' 항목에서 교사와 교감·교장 집단 간에 통계적으로 유의미한 차이가 있는 것은 긍정적으로는 교사들의 끊임없는 대안 추구의 자성적인 모습으로 볼 수 있다. 반면에 부정적으로는 학교 운영에 대한 교사들의 비판적인 목소리로 판단할 수 있는데, 특성화 대안학교 및 자율학교 운영 특례가 학교 운영에 긍정적으로 작용하기 위한 책무성 진단이 요구된다.

3. 자율학교로서 대안학교 평가

가. 평가 구조[58]

한국교육개발원 학교종합평가에 적용되는 자율학교 평가 모형[59]의 특징은 해당 학교의 자체진단과 그에 입각한 현장 방문 평가를 통해 학교의 강점과 약점을 발견하여 학교 개선을 위한 기초 자료를 제공한다는 데에 있다. 특히 자율학교로서의 교육목적과 목표를 실현하기 위한 교육활동 실제에 대해 단위학교가 자체적으로 진단하도록 함으로써 향후 개선을 위한 노력의 계기를 제공하고자 한다.

1) 자율학교 평가 목적

자율학교의 평가 목적은 몇 가지로 볼 수 있다. 첫째, 교육의 다양화, 특성화를 목적으로 자율권을 행사하도록 한 자율학교 취지 달성 여부를 점검한다. 둘째, 국가 수준의 학교교육의 질 점검 및 자율학교 정책의 효과 점검, 나아가 학교교육정책 방향을 설정하는 데에 활용한다. 셋째, 학교선택권이 주어지고 있는 학생·학부모에게 학교에 대한 정보 제공 및 평가 결과가 공개되는 일련의 과정을 통해 학교의 책무성을 제고한다. 넷째, 규제보다 육성이 우선되는 자율학교의 취지에 맞게 진단과 조언

---

58) 본 항은 "이영만·권순환·장혜자·김태연·김동은·구교정·김세령(2004). 학교·교육기관 평가. 서울: 한국문화사." 책에서 필자의 원고 중 일부분을 실었다.

59) 이 모형에 제시된 평가 목적, 평가 방향과 내용, 평가 영역의 구분 방식, 평가단 구성 및 운영, 평가 세부 절차 등의 내용은 대부분 "김정원, '단위학교교육 개선 지원을 위한 질적 학교평가 모형: 상호정보제공형 학교평가', 교육학연구(39권 1호, 2001), pp.217-248."의 내용과 그에 입각한 한국교육개발원 학교종합평가의 기본 틀을 원용한 것이다. 상호정보제공형 학교평가가 학교에 대한 총체적 이해를 바탕으로 한 학교의 진단에 초점을 맞추는 데 비해, 자율학교 평가에서는 평가 대상 학교가 작성한 자체 진단 보고서의 내용을 확인하는 활동을 중심으로 학교를 진단하고자 하기 때문에 접근 방식에서는 상이하다.

중심의 평가로 단위학교의 개선을 지원하고자 하는 차원에서 자체점검 및 피드백을 통한 단위학교교육의 질을 개선한다. 다섯째, 평가의 과정과 결과를 통해 학교교육 관련 주체 간의 정보 교류를 활성화한다.

평가목적에 비추어 볼 때, 자율학교 평가는 자율학교 취지에 맞는 학교의 개선과 개혁, 책무성 제고에 있다고 볼 수 있다.

2) 자율학교 평가의 필요성

현재 자율학교 지정권은 시·도 교육감에게 위임되어 있으나 국가 수준의 평가가 필요하다. 자율학교의 비중이 일반학교에 비해 매우 낮은 상태에서 시·도교육청의 시책은 일반학교 중심으로 추진될 수밖에 없고, 형평성을 이유로 자율학교에도 그러한 시책에 순응하라는 압력이 가해지게 되면 자율학교의 자율성이 저해될 수밖에 없다. 게다가 재지정 여부를 결정하는 주체인 시·도교육청이 학교에 대한 평가를 실시할 경우 그 평가는 진단 및 개선 지원을 위한 평가는 될 수 없다. 그 결과 학교평가는 자율학교의 육성보다는 또 다른 규제의 수단으로 변질될 수 있다.

현재 자율학교 지정 권한이 시·도교육청에 위임되었다고는 하지만 궁극적으로는 교육부장관에게 있으며 자율학교 정책을 기획, 추진하는 부서는 교육부장관이므로 자율학교 정책의 효과를 점검하고 그 개선 방향을 정립하기 위해서도 국가 수준에서의 자율학교 평가는 필요하다.

또한 재지정 여부를 결정하는 과정에서는 자율학교협의체가 주도적 역할을 맡는 것이 중요하다. 자율학교협의체에 의한 인정평가와 재지정 여부를 연계하는 것이 가장 바람직하다. 그러나 자율학교협의체에 의한 인정평가가 도입되기 전에 교육감이 재지정 여부를 결정할 경우 학교평가 자체를 통해서가 아니라 별도의 기구에 의한 심사 절차를 거치도록 하되 국가 수준의 학교평가 결과는 중요한 참고 자료가 될 수도 있을 것이다.

3) 자율학교 평가 단계

가) 운영 연도별 평가 단계

자율학교 지정기간에 따라 3년일 경우에는 매년, 5년일 경우에는 격년(1, 3, 5년)으로 평가한다. 지정연도 첫해에는 진단평가를 하고, 중간년도에는 추수평가, 최종연도에는 종합진단평가를 한다. 평가단계별 세부중점사항은 [그림 1-4]와 같다.

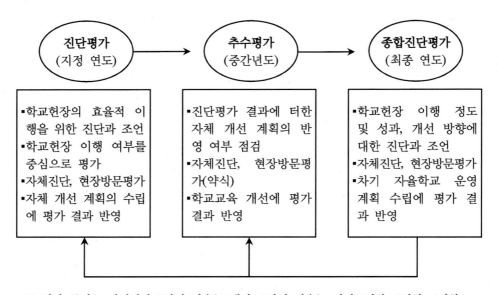

※ 평가 주기는 지정기간 3년의 경우는 매년, 5년의 경우는 격년(1년차, 3년차, 5년차)
※ 재지정된 학교의 경우 자체진단을 위주로 운영하고, 외부 평가자에 의한 방문평가는 지정 최종 연도의 종합진단평가만 실시한다.
※ 평가의 계속성을 유지하기 위해 가급적 동일한 평가위원이 계속 평가한다.

[그림 Ⅰ-4] 운영 연도별 자율학교 평가 단계

나) 운영 연도별 평가단계 세부 단계

〈표 I-21〉 운영 연도별 자율학교 평가 단계 세부 사항

구 분	지정 연도	중간 시점	최종 연도
평가 초점	학교헌장의 효율적 이행을 위한 진단과 조언 중심(진단평가)	지정 연도의 진단평가 결과에 터한 자체개선계획이 학교 운영에 얼마나 어떻게 반영되고 있는지 점검(추수평가)	학교헌장의 개선 방향에 대한 진단과 조언 중심(진단평가)
평가기간	1박 2일/2박 3일(규모별)	당일	2박 3일/3박 4일(규모별)
평가위원	4~5명(규모별)	2~3명(규모별)	5~6명(규모별)
주요 평가내용	학교헌장 이행 여부	자체개선계획 반영 및 이행 여부	학교헌장 이행 정도 및 성과, 개선 방향
평가방법	문서 수집, 관찰, 면담	문서 수집, 면담	문서 수집, 관찰, 면담
평가 결과 활용	·보고서 공개 ·평가 결과를 토대로 자체개선 계획 수립, 제출	학교교육 개선에 반영	·보고서 공개 ·평가 결과를 토대로 차기 자율학교 운영계획 수립 및 제출 ·지정 기간 동안 3회의 평가 결과(요약)가 모두 수록될 수 있도록 양식 검토

4) 자율학교 평가방향

자율학교는 교육목적 및 목표를 담고 있는 헌장에 따라 운영하는 학교이다. 따라서 학교헌장이 학교에서 이루어지는 전체 교육활동과 교육지원활동을 이끄는 방향 역할을 하여야 한다. 또한 학교교육과정 편성과 교육활동은 학교헌장의 취지를 살리는 방향으로 변화하여야 한다.

가) 목표지향평가 차원에서의 학교평가

자율학교는 스스로가 목표(헌장)를 정하고, 그 목표를 실현하기 위한 계획을 세우며, 계획대로 실천한 후 성과를 진단하는 주체적 조직체라고 보고 평가에서도 학교가 주체적으로 진단하는 과정을 존중한다.

나) 자율권을 활용한 교육적 변화 차원의 평가기준 설정

자율학교 평가에서는 학교의 각 영역들을 평가하는 기준을 '학교가 헌장의 취지를 살리는 방향으로 학생들에게 의미 있는 학습경험을 제공하기 위해 변화하고 있는가'라는 기준에서부터 도출하고 있다. 특히 학교 운영의 자율권을 활용할 수 없었던 자율학교 운영 이전과 자율학교 운영 이후의 교육적 변화에 초점을 둔다.

다) 학교헌장 관계 속에서 평가 영역 구분, 영역별 기준 설정

자율학교 평가 모형에서는 평가 영역을 학교헌장, 학교교육과정 편성, 교육활동, 교육지원활동의 네 영역으로 구분하였다. 교육활동을 둘러싼 제반 학교 운영 활동 또한 학교헌장 및 교육활동과의 관계에서 평가해야 한다는 의미에서 그것을 '교육지원활동'으로 명명하고, 평가기준 역시 학교헌장과 교육활동과의 관계 속에서 제시하였다.

라) 구성원의 관점을 평가에 최대한 고려 : 자체진단 중시

자율학교 평가에서는 학교구성원들이 학교교육에 대해 갖고 있는 관점을 중시한다. 교사의 교과관, 학생관, 학교장의 학교 운영관 등은 교육활동에 참여하는 그들의 자세와 밀접하게 관련되어 있다고 보기 때문이다. 자율학교는 독자적인 교육이념을 추구한다는 점에서 학교평가에서 구성원의 관점을 중시해야 할 필요성이 더욱 크다. 따라서 이 학교평가에서는 자체 진단을 통해 구성원들의 관점이 최대한 드러나고 반영될 수 있도록 한다.

마) 단위학교 특성을 드러내는 하위평가기준 추출 적용 가능

자율학교 평가 모형에서는 단위학교의 강점, 약점을 드러내고 특수성을 평가 결과에 최대한 반영하는 차원에서 평가 모형에 제시된 하위평가기준 외의 학교헌장의 이념과 목적, 계열별 규모별 특성 등 다른 학교에 일반화하여 적용할 수 없는 것이라 할지라도 필요하다면 그것을 평가 결과에 첨부할 수 있도록 한다.

바) 학교 내외적 조건을 고려한 평가

자율학교 평가에서는 학교에 영향을 미치는 다양한 학교 내외적 조건들을 고려하여 학교를 평가한다. 학교는 완전히 독자적으로 움직이는 독립운영기구가 아니기 때문이다. 학교예산이 어떠한 방향으로 편성되고 집행되는가, 학교교육과정이 어떠한 방향으로 조직되며, 교과수업이 어떻게 정형화된 유형으로 나타나는가 하는 것에는 학교 내외의 제반 조건들이 관련되어 있다. 따라서 학교 내적 요인으로서 교사·학생의 인적 특성, 학교시설, 학교풍토와 학교 외적 조건으로서, 국가교육정책, 교육청 지원, 학부모의 요구·지원 등을 고려한다.

사) 상호정보제공 과정으로서의 학교평가

자율학교 평가에서 학교평가의 과정은 상호간에 정보를 제공하는 과정이다. 학교는 자체진단보고서를 통해 스스로에 대한 정보를 평가자에게 적극적으로 제공하여 그에 대한 평가자의 판단을 정보로 되돌려 받는다. 곧 학교는 학교와 관련된 모든 정보를 평가자와 함께 나누면서 평가자로부터 자신에게 필요한 정보를 적극적으로 얻어 내는 능동적인 존재로 규정된다. 평가자는 자체진단보고서, 구성원과의 면담, 관찰 등을 통해 학교로부터 정보를 제공받고, 평가자의 판단을 정보로 되돌려준다. 평가자는 학교에 정보를 제공해 줄 뿐만 아니라 학교로부터 정보를 제공받는 위치에 있다. 이 양자는 평가의 장에서 서로에 대한 정보를 나누며, 서로가 갖고 있는 관점을 나눈다.

5) 자율학교 평가 영역 및 기준

자율학교 평가에 있어서 그 영역 및 기준을 보면 다음과 같다. 자율학교에 부여된 자율성에 따른 책무성으로서 학교헌장, 학교교육과정, 교육 활동, 교육지원 활동의 영역의 평가가 필요하다.

학교헌장 영역에서는 학교헌장 및 학교 운영계획이 현실성이 있고 개선지향성을 갖고 있는지가 평가기준이다. 학교교육과정 영역에서는 학교헌장의 취지를 살리는 방향으로 변화하고 있는가를 변화의 충실성과 변화의 교육적 적절성 차원에서 평가한다. 교육활동 영역에서는 교과활동 및 교과 외 교육활동이 학교헌장의 취지를 살리는 방향으로 나아가고 있는지를 변화의 충실성과 변화의 교육적 적절성 차원에서 평가한다. 교육지원 활동 영역에서는 인적 자원의 활용 면에서 교직원 조직, 인사 관리, 또한 물적 자원의 활용 면에서 시설 및 여건, 예산 편성 및 집행이 교육과정 및 교육활동 변화가 요청하는 방향으로 교육지원 활동이 제대로 이루어지고 있는지가 평가기준이 된다.

〈표 I −22〉 자율학교 평가 영역 및 기준

평가영역	평가기준	소영역	하위평가 영역	평가기준
학교 헌장	학교교육과정, 교육활동 및 교육지원활동의 변화를 이끄는 역할을 하는가?	학교헌장 · 운영계획	학교헌장 및 학교 운영계획	·현실성 ·개선지향성
학교 교육 과정	학교헌장의 취지를 살리는 방향으로 변화하고 있는가?	학교 교육과정	학교교육 과정 변화	·변화의 충실성 ·변화의 교육적 적절성 − 학교헌장에의 부합성 − 구성원들의 특성·의사 반영
교육 활동	학교헌장의 취지를 살리는 방향으로 변화하고 있는가?	교과 교육활동	교과 교육 활동의 변화	·변화의 충실성 ·변화의 교육적 적절성 − 학교헌장에의 부합성 − 변화들 간의 일관성
		교과 외 교육활동	교과 외 교육 활동의 변화	
교육 지원 활동	학교헌장의 취지를 살리기 위한 교육활동의 변화를 지원하는가?	인적자원의 활용	교직원조직	·학교교육과정 및 교육활동 변화에의 적합성 − 교육과정 및 교육활동 변화가 요청하는 교육지원 활동과제 인식의 충실성 − 교육과정 및 교육활동 변화에 따르는 과제 해결에의 적합성
			인사 관리	
		물적 자원의 활용	시설 및 여건	
			예산 편성 및 집행	

6) 자율학교의 평가방법

가) 질적·양적 자료의 종합적 활용

학교평가에서는 학교를 포함한 평가자가 개별학교의 상황에 대해 가능한 한 충분히 이해해야 함을 강조한다. 개별학교를 둘러싼 사회·문화적 요소, 제도적 요소들뿐만 아니라, 개별학교의 내적 풍토, 학교구성원들 상호간의 관계, 인적 요소의 특징 등등 학교 내외적 요소를 고려하는 가운데 학교가 어떻게 움직이는지에 대해 이해하고, 그것에 기반을 두고 학교를 평가하도록 한다.

평가에서 활용되는 자료는 설문조사자료, 문서자료(자체진단보고서 중심), 면담자료, 관찰자료 등이다. 문서자료는 학교가 작성한 자체진단보고서가 중심이 된다. 학교 현장방문평가 중 평가위원 활동에서 많은 비중을 차지하는 것은 학교가 작성한 자체진단보고서의 내용을 확인하기 위한 관계자들과의 면담, 교육활동이나 학교의 주요 의사결정 장면에 대한 관찰이다. 평가위원들은 학교에 대한 판단을 내리기 위해서 설문·문서자료와 함께 면담이나 관찰을 통해 수집된 자료를 종합적으로 고려해야만 한다.

나) 자체평가와 방문평가 포함

자율학교 학교평가는 개별 학교의 상황에 대한 자체 진단 결과를 기술하는 자체평가와 평가단의 방문평가를 포함한다. 방문평가의 경우 자체진단보고서의 내용을 확인하는 차원에서 이루어질 것이며 규모에 따라 1박 2일 혹은 2박 3일간의 방문평가를 실시한다. 자율학교 지정 당해 연도와 지정 최종 연도(재지정 직전 연도)에는 자율학교로서의 교육활동 변화의 정도가 다를 수 있으므로 일정을 달리 운영한다. 최종 년도의 경우 2박 3일 혹은 3박 4일간의 장기평가를 원칙으로 한다.

다) 자료와 판단의 공유

평가 영역들을 교육활동과의 관계 속에서 구분한 것은 학교를 구성하고 있는 제반 영역들을 각각 독립적으로 평가하지 않기 위한 것이다. 따라서 이 평가 모형에서는 평가위원들이 각자의 전문성에 기초하여 개별 평가 영역을 평가하기 위한 역할분담을 한다 하더라도 서로 간의 끊임없는 자료의 공유, 판단의 공유를 위해 노력하도록 요구한다. 한 평가위원이 학교의 모든 영역을 포괄하여 이해하기 어려우므로 평가위원들 상호 간에 각각의 영역에서 수집한 자료와 그에 대한 판단결과를 함께 공유함으로써 한 학교를 총체적으로 이해하고자 하는 노력을 계속하도록 요구한다.

라) 평가 결과의 질적 기술

흔히들 '평가'라고 하면 그 평가 결과가 수치로 나타나야 한다고 생각한다. 일반인들의 관심은 무엇이 왜 문제인가에 대한 것보다 누가 누구보다 잘하고 못했는가 하는 데에 있다. 그러나 평가 결과를 수치로 나타낼 것인가, 문장으로 기술할 것인가 하는 것은 학교평가의 목적에 따라 달라진다. 이 학교평가는 무엇이 학교의 강점과 약점이고 왜 그런가를 드러내기 위한 것이므로 평가기준에 대한 판단과 그 근거를 문장으로 기술하도록 요구한다.

7) 자율학교의 평가 절차

가) 핵심 절차

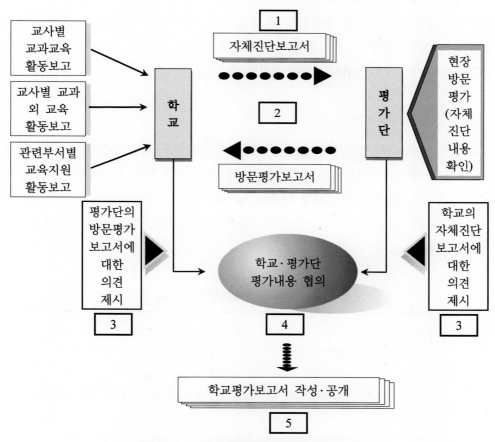

[그림 I - 5] 자율학교 평가의 핵심 절차

나) 단계별 절차

(1) 사전 활동

평가단 구성과 평가 대상학교 주요관계자 연찬회 실시, 자체 진단 보고서 작성 등이 이루어진다. 자체진단보고서는 평가 영역과 기준에 따라 학교의 교육이 지향하는 바, 자율학교 지정 이후의 변화, 교육현황 및 강점, 약점, 향후 과제 등이 드러나게 기술하며 강점과 약점을 최대한 객관적으로 제시한다. 또한 평가단 연수와 사전 조사, 방문평가전 평가단 사전협의가 이루어진다.

(2) 학교 현장 방문평가

학교 규모에 따라 1박 2일(소규모) 혹은 2박 3일(중·대규모) 일정으로 평가가 이루어진다. 평가위원별로 담당한 영역에 대한 자체진단 보고서의 내용을 확인하기 위한 교육활동 관찰, 면담과정과 마지막 날에는 자료 수집(계속) 및 정리를 한다. <표Ⅰ-23>은 2002년 자율학교인 ○○고등학교의 현장방문평가 일정을 예시적으로 소개한 것이다.

〈표Ⅰ-23〉 2002년 현장방문평가 일정 예시

시간/일	10/16(수)	10/17(목)
8:20-8:55		* 평가단 회의
1교시		* 자치회 관찰(요청), * 교무부장 면담
2교시		* 1-1반 국어 및 1-3반 영어교사 수업 참관 * 학생지도부장 면담
3교시		* 영어교사 사후면담
4교시		* 상황극 만들기 교사 면담 * 학부모대표 면담 * 과학교사 면담

시간/일	10/16(수)	10/17(목)
점심시간		
5교시	* 인사, 학교현황 청취 * 교무부장 면담	* 연구부장/국어교사) 사후면담, * 1-3반 상황극 만들기 참관, * 재량활동 교사 면담
6교시	* 학교장 면담, * 1-1반 생활명상 수업참관(요청), * 창의적 재량활동 관찰, * 1-2반 과학 참관수업	
7교시	* 교감면담 * 1-1반 학생면담 * 1-2반 학생면담	* 1-3반 학생면담(상황극 3명, 영어 3명) * 1-2반 학생면담 * 1-1반 학생면담(국어)
청소 방과후	* 1-2반 과학교사 면담 * 행정실장 면담 * 학생회대표 면담 * 1-1반 생활명상 교사면담	* 평가 종료인사
	평가단 모임	

(3) 평가단 의견 제시

평가단 의견은 평가단 보고서라는 평가위원별 보고서 제출을 통해 구체적으로 제시되는데, 자체진단 보고서에서 수정되어야 할 내용을 위주로 하되, 자체진단 보고서에서 언급되지 않은 강점과 약점, 제언도 제시 가능하다.

(4) 평가단 보고서 작성

보고서 집필 책임자가 평가위원별 보고서를 종합한 후 평가위원들의 피드백을 받아 확정하여 한국교육개발원에 제출한다. 한국교육개발원에서는 평가단 보고서를 학교에 송부하여 검토 의뢰-학교 검토 및 피드백을 거친다. 사실 파악에서의 오류에 한하여 문서로 한국교육개발원에 의견 제출 및 수정 가능하며, 수정된 보고서는 'ㅇㅇ학교 평가보고서'라는 이름으로 발간한다.

(5) 평가 결과 공개 및 활용

학교 차원에서는 학교평가 결과를 토대로 학교 개선을 위한 후속 실행계획(자체 개선 계획)을 수립하고, 차년도 학교교육계획 수립과 연계한다. 또한 학교평가의 최종 결과 및 자체 개선 계획 학교 운영위원회에 보고한다. 평가기관에서는 학교평가 결과를 토대로 자율학교에 대한 행·재정 지원 계획을 수립한다. 또한 학교평가 결과에 터한 보상(우수사례 발굴 및 공개, 평가 대상학교 교원들에 대한 연수 이수시간 인정, 가산점 부여 등의) 인센티브를 검토한다.

8) 자율학교 평가단 규모와 구성

가) 평가단 구성

(1) 구성 원칙

영역별로 평가위원 역할을 분담하며, 평가단 인적 구성은 학교 규모와 특성에 따라 평가단의 규모와 구체적 인적 구성은 조정하되, 자율학교 관계자 1명은 가급적 포함한다(단, 대상학교 관계자 제외). 구체적으로 학교규모별·평가위원의 역할 면에서 평가단 구성을 보면 <표Ⅰ-24>와 같다.

<표Ⅰ-24> 평가단 구성과 역할

역할	규모 인원	중·대규모학교 5명		소규모학교 4명	
교과교육활동 평가위원	교사, 교감, 장학사, 교과교육전문가	보통교과	1명	보통교과	1명
		전문/특성화 교과	1명	전문/특성화 교과	1명
교과 외 교육활동 평가위원	교사, 교감, 장학사, 교과 외 교육전문가	1명		1명	
교육지원활동 평가위원	교장, 교육학 연구자	2명		1명	
학교헌장·운영 계획 평가위원	보고서집필 총책임자	교육지원활동 평가위원 중 1인 겸임		교육지원활동 평가위원이 겸임	

(2) 평가위원 자격

교장은 경력 3년 이상, 전직교장은 퇴임한 지 2년 이내, 교과 교사는 경력이 10년~20년 정도, 자율학교 근무경력자를 우선한다.

나) 평가자 기본 요건 및 전문성 요건

자율학교 평가자는 기본적으로 교육학에 대한 기본 원리에 정통해야 한다. 교육학적 이론에 터한 학교사회의 문제를 총체적으로 바라보고 통찰할 수 있는 안목을 지녀야 한다. 특히 편견 없이 객관적인 자세로 경청하고 이해하려는 모습, 겸손하고 원만한 인간성, 학교혁신의 취지에서 도입된 자율학교 제도의 취지에 대한 이해 등이 공통적인 평가자 자질로 요구된다. 나아가 교장에게 있어서는 학교 경영과 교육과정에 대한 전문성, 교사는 교과 및 교수-학습에 대한 전문성이 요구된다.

한국교육개발원에서 제시한 평가자로서 요건을 보면 다음 <표Ⅰ-25>와 같다.

<표Ⅰ-25> 자율학교 평가자의 요건

기본 요건	전문 요건	
교장, 교사, 교육학 연구자 공통	교장	교사
· 자율학교의 취지와 실태에 대한 이해 · 학교를 총체적으로 바라볼 수 있는 안목 · 융통성 및 대화 상황 조성 능력 · 자신의 기준과 판단을 보류하는 객관적 자세 · 타인의 말을 잘 듣는 능력 · 공동 작업이 가능하도록 상호 협력하는 자세 · 능력을 갖추되 과시적이지 않은 원만한 인간관계 형성 능력 · 신속한 문서 작성 능력 · 평가 결과와 근거를 정련된 문장으로 기술할 수 있는 능력	· 학교 운영 환경, 특히 학교교육과정 편성·운영에 대한 깊은 이해 · 학교 경영 방법의 전문성을 향상시키기 위해 부단히 노력 하는 자세	· 뚜렷한 교과관 · 국가 교육과정의 특징에 대한 깊은 이해 · 교수방법의 전문성을 향상시키기 위해 부단히 노력하는 자세

나. 대안학교 평가 결과

대안학교 평가 결과에 대한 내용은 두 가지이다. 하나는, 특성화 대안학교를 3년간(1998.3 ─ 2001.2) 자율학교로 시범 운영한 결과로서 2001년 교육부 정책연구에 나타난 내용이다. 다른 하나는, 2002년 교육부가 한국교육개발원에 위탁한 자율학교로서 대안학교를 평가한 내용이다. 이후 자율학교로서 특성화 대안학교에 대한 학교평가는 교육행정 권한의 위임 및 위탁에 따라 각 시·도교육청에서 실시하게 되었다.

먼저, 2001년 정책연구에 나타난 3년간 자율학교로 시범운영된 대안학교에 대한 평가 결과(이종태·정수현, 2001: 7─8)는 다음과 같다.

자율학교에 주어진 자율권은 충분하다고 할 수 없으나, 일부 권한을 행사하는 데에는 행정적, 현실적 제약이 커서 어려움이 많았다. 교장은 자격이 없는 사람도 임용 가능하도록 되어 있으나, 일부 학교만 그 권한을 행사하였다. 교육과정에 관한 권한은 비교적 적극적으로 활용되었다. 대부분의 학교가 교육과정 편성, 운영의 자율권을 활용하여 전공교과나 특성화 교과의 비중을 높이고 학생의 선택권을 확대하는 노력을 기울였다. 많은 학교들이 교육과정 편성 및 운영의 자율권이 자율학교 운영의 핵심이며, 그로 인해 학교와 교사들이 기존의 교육과정을 답습하지 않고 더 좋은 교육을 위해 스스로 기획하고 추진할 수 있는 용기와 자신감을 얻고 있다. 그리하여 많은 학교에서 교사들이 연구하고 노력하는 풍토가 제고되었으며, 이는 학교의 교육이념을 공유하고 그것을 교육활동에서 구현하기 위한 방안에 초점을 맞춘 학교단위 교사 자체 연수가 많은 학교들에서 활성화되었다는 데서 찾아볼 수 있었다.

또한, 자율학교 시범학교는 예·체능계열, 직업계열, 특성화 대안학교로서 기초학력이 부진한 학생들의 비중이 높은 경우가 많고, 전공 교과와 관련한 능력에서도 차이가 많기 때문에 학생 수준을 고려한 교과의 재구성이나 수준별 교재 제작에 많은 노력을 기울이고 있었다. 학생 선발의 방법과 시기 면에서는 일부 학교를 제외하고 충분한 자율성을 누리지 못하는 것으로 나타났으며, 그 주된 이유는 시·도교육청의 지원과 이해 부족이었다.

제한된 자율권에도 불구하고, 자율학교들은 기존의 교사중심적이고 획일적인 교육의 관행에서 탈피하여 학생중심의 개성 존중 교육으로의 변화와 혁신을 도모하였다. 그것은 학생선택권의 확대, 체험학습 중시, 학생의 능력수준, 흥미, 관심을 고려한 수업 등으로 나타났다. 이러한 교육적 변화는 학교 운영의 방식이나 절차에서의 변화도 초래하였다. 대부분의 학교에서 의사결정 과정에의 참여가 활성화되는 경향을 보였다. 또한, 학교에서 추구하는 교육이념이나 목표를 분명히 하고 그에 일관되게 학교나 교육을 운영하려는 경향도 나타났다.

이러한 긍정적인 변화에도 불구하고, 학교 운영에 대한 비전, 목표에 대한 구성원 간의 합의나 공유를 위한 노력이 더욱 요청된다. 교사들의 의식 수준이 많이 향상되기는 했으나 많은 학교들에서 다수 교사들이 여전히 소극적인 참여와 의식을 나타내는 경향이 있었다.

그러한 이유는 자율학교 제도나 자율학교 지정의 한시적 효력에 따르는 불안, 상급 행정기관의 이해와 지원 부족, 대학입시 준비교육에 대한 학생·학부모의 요구, 과다한 업무와 자율학교 교사에 대한 보상 미흡 등의 요인이 영향을 미치고 있는 것으로 보인다.

특성화 대안학교로서 자율학교로 지정·운영되고 있는 학교들은 모두가 사립학교들로서 뚜렷한 설립 이념과 교육목표를 가지고 있으며, 그러한 이념과 목표에 충실하게 일관성 있고 헌신적인 교육활동을 전개하고 있다. 특히 교원들 간에 설립이념을 공유하고 그것을 교육활동과 연계시키기 위한 자체연수가 매우 활성화되고 있으며, 교사와 학생 사이의 신뢰와 밀착지도가 강조되는 경향이 있다. 체험학습이 매우 강조되는 경향이 있으며, 학생의 자율성도 다른 학교에 비해 월등히 높은 편이다. 그렇지만, 이들 학교는 대부분 소규모 학교로서 교사들의 교육 및 업무 부담이 과중한 점은 앞으로 개선되어야 할 과제(상게서, 39)로 보았다.

본래 특성화 고등학교는 소질과 적성 및 능력이 유사한 학생을 대상으로 하는 특정

분야의 인재 양성을 위한 교육(직업분야)이나 자연현장실습 등 체험 위주의 교육(대안교육분야)을 전문적으로 실시하는 고등학교(초·중등교육법시행령 제91조)로서 교육감이 지정·고시하도록 되어 있다.

교육부장관이 고시하는 교육과정에 이들 학교를 위한 교육과정이 따로 없기 때문에 이들 특성화 고등학교의 교육과정 편성과 운영은 일반계 고등학교에 비하여 파격적이라 할 만큼 자유롭다. 이 점은 특성화 고등학교가 굳이 자율학교가 아니어도 충분히 자율성을 누리고 있지 않느냐는 생각을 갖게 한다. 물론 이 지적이 부분적으로는 옳지만, 자율학교는 교과용 도서의 사용이나 교원(교장)의 자격 관련 규정에서 자유롭기 때문에 특성화 고등학교라 하더라도 자율학교로 지정되는 것이 훨씬 더 유리하다. 사실 현행 법령이나 행정 관행은 보이지 않는 규제적 요소들을 무수히 가지고 있기 때문에, 어떤 면에서는 이른바 특성화 고등학교라고 하더라도 현행 법령과 행정 관행 아래서는 그 특성을 발휘하기가 매우 어려운 실정이라고 평가하고 있다.

특성화 대안학교의 본래 설립 취지를 최대한 살리기 위해서도 이들에 대해서는 가급적 자율학교로 지정하는 것이 바람직하다고 하면서, 무조건 신청을 받아들이기보다는 학교가 자율적인 운영을 할 수 있는 의지와 능력을 가지고 있는지, 그리고 여건을 어느 정도 갖추고 있는가를 심사 과정에서 세심하게 판단할 필요가 있다(상게서, 74)고 제언하고 있다.

이종태·정수현의 평가 결과를 보면, 여러 긍정적인 면(자율권 활용을 통한 교과선택권 확대, 교재 제작 노력, 연수활성화, 의사결정 참여 활성화 등)도 있지만, 특성화 대안학교에 대한 시·도교육청의 지원과 이해부족으로 자율성의 제약을 받고 있었다. 특히, 학교 구성원들 간에 학교 운영의 비전이나 목표에 대한 합의나 공유 부족, 학교 운영에 대한 소극적인 참여와 의식 등이 나타나고 있음을 지적하고 있는데 인가에 따른 각종 공문서 처리 등으로 인한 업무 부담 과중에서 비롯되기도 한다.

다음으로, 2002년 자율학교로서 특성화 대안학교에 대한 한국교육개발원의 평가 결과(배장오, 2002)를 보면 다음과 같다.

평가 첫해의 진단평가의 성격을 지닌 평가로서, 특성화 대안학교는 학교헌장에서 밝힌 이념을 학교 운영계획에 충실히 반영하여 이행하고 있으며, 다양한 체험학습을 위주로 학교교육과정을 운영하고 있다. 교과활동은 학생들의 학습결손이 심각한 상태인 점을 고려하여 학습흥미 유발을 위한 교사들의 노력이 헌신적이었고, 교과 외 교육활동에서의 주안점은 정서적 안정에 두고 있었다. 또한, 학교 특성에 맞는 교무분장을 조직함으로써 인사관리의 효율성을 확보하고 있었고, 열악한 시설·설비에도 불구하고 교육의 질 제고를 위해 노력(상게서, 133)하고 있다는 평가를 내리고 있다.

나아가 특성화 대안학교의 교육활동이 나름대로는 정착되어 가고 있음에도 불구하고, 몇 가지 문제에 대한 검토가 요구되고 있다는 제언을 하고 있다. 첫째, 도시형, 비기숙 형태의 대안교육 가능성 검토, 둘째, 열악한 재정구조의 해결, 셋째, 조기 졸업이나 학기제 도입 등의 제도적 보완, 넷째, 교육과정의 편성과 운영에 대한 재량권 확대, 다섯째, 수습기간을 도입하는 교원임용제도, 끝으로 대안교육 전문성 확보를 위해서 교사들에게 정기적인 연수기회를 제공하는 일(상게서, 134) 등이다.

특히 열악한 예산 및 시설 부족과 관련하여 교육행정 당국의 전향적인 인식이 필요함을 다음과 같은 근거를 통해 역설하고 있다.

"특성화 대안학교 재학생들은 일반계 고등학교에 적응하지 못한 청소년들로서 다수가 사회적 범법 경험이 있기 때문에 추가 범행을 예방하는 것은 물론, 나중에 발생할 수도 있는 사회적 비용을 절감하는 노력 차원에서 대안교육에의 투자는 인색할 수 없다(상게서, 140)."

이러한 지적을 통해 볼 때, 재적응형의 대안학교에 대해서는 교육복지 차원에서 실질적인 지원을 대폭해 주어야 하겠다.

4. 대안학교 교육의 과정 질 관리 방안 및 제언

가. 교육과정 질 관리 방안

첫째, 특성화 대안학교의 지정·고시 및 성격에 맞는 다양한 교육과정이 폭 넓게 편성·운영될 수 있도록 해야 한다. 교육과정 단위수로 볼 때, 보통교과가 80단위(국민공통교과 제외) 이상인 학교(양업고, 원경고, 푸른꿈고, 영산성지고 제외)는 입시지향적인 교육과정에 접근하고 있다고 볼 수 있다(p.74의 <표Ⅰ-6> 참조).

처음부터 대학 진학을 위한 인문계 특성화 대안고교로 출발한 학교도 있지만 점차 학교가 안정화되어 가는 추세에서 학생·학부모의 입시 교과에 대한 요구, 학교의 현실적 선택으로 특성화 교과의 단위수가 줄어들고 보통교과의 입시교과가 증가한 것으로 판단된다. 이는 대안학교에서 특성화 교과에 대한 단위수를 규정해 놓지 않았을 뿐만 아니라 규제 대상도 아니기 때문에 나타나는 경향이다. 이러한 경향은 2004, 2005학년도 교육과정 편성에서도 점차 나타나고 있는 현상으로 자칫 특성화 대안교육이 변질되어 가는 것은 아닌지 지켜보아야 할 것이다.

둘째, 특성화 대안학교에 주어진 법적인 자율성으로서 특성화 학교 및 자율학교 운영 특례가 지켜질 수 있고, 이러한 특례가 학교 운영에 긍정적으로 작용하기 위해서는 교육 당국의 최소한의 규제가 요구된다. 특히, 자율학교 및 특성화 학교로서의 특례가 어느 정도 학교 운영에 반영되고 있는지 책무성 차원에서 진단해야 한다. 자칫 이러한 특례가 무시된 채 자율학교 운영의 자율성을 마치 '학교의 일부 관리자가 자율적으로 해도 된다.'는 식의 획일적 또는 독선적으로 운영되는 학교는 없는지 살펴보아야 한다.

셋째, 교사 수요 및 배치와 관련하여 교육과정이 수요자 중심으로 편성되지 못할 뿐만 아니라, 전공과는 다른 교과를 가르쳐지는 왜곡현상이 나타나고 있는 점에 유의해야 한다. 특성화 대안학교에서 특성화 교과는 대부분 적합한 강사에게 맡겨지지만 일부 특성화 교과 및 보통교과에서 교육과정 운영상 비합리적인 교과목 배정이 나타나고 있다는 점이다. 공·사립학교에 따라 각기 다른 어려움이 있지만 최소한 교육과정에 따라 교사 배치가 이루어져야 한다. 특히, 비합리적으로 배치된 교과 교사수에 따라 교육과정을 편성하거나 내정된 교사를 전제로 교육과정을 구성하는 것을 경계해야 한다. 국·공립학교의 경우는 한 번 배정된 교사의 전근이 현실적으로 쉽지 않기 때문에 교육과정을 교사 구성에 따라 맞추는 경우가 있다. 특성화 대안학교의 경우 이러한 왜곡현상이 최소화될 수 있도록 교육과정 가변성에 따른 교사 배치의 합리적 방안과 노력이 요구된다.

넷째, 각각의 특성화 대안학교들은 학교의 특성에 따라 특성화 교과가 다양성을 지닐 만큼 차별성을 갖고 있다. 다양성과 가변성을 지닌 대안학교 교육과정 특성상 교수-학습의 전문성이 취약할 수 있다. 따라서 특성화 교과 또는 대안교과 지도의 전문성을 증진시키기 위해서는 교육부의 교육과정 고시 부분의 전문교과 영역에 '대안교과'를 광범위하게 신설할 필요가 있으며, 신설 교과에 대한 체계적인 교재 개발이 요구된다.

다섯째, 특성화 대안학교의 출발점이 대안학교라는 점을 인식하고 특성화 대안학교에 근무하는 교원들이 대안문명과 대안교육에 대한 이념과 가치를 교육과정에 실천할 수 있도록 선발 시에나 선발 후 연수 강화가 요구된다. 특히 국·공립학교의 경우에는 순환 근무 및 여타 요인으로 기본적인 교원의 의식이 대안학교에 맞지 않아 교육활동을 전개해 나가는 데 있어서 심각한 문제를 가져올 수 있다.

나. 교육과정 질 관리를 위한 과제

특성화 대안학교의 지정·고시 취지로서 "체험학습을 통한 인성교육"을 위한 특성화 대안학교 교육과정 평가 및 질 관리를 위한 과제는 다음과 같다.

첫째, 대안학교만의 노력으로는 학업중단 경험이 있는 부적응 학생들의 문제 행동(중증)이나 심리·성격적인 문제를 해결하려는 것은 기본적으로 한계가 있다.

부적응 학생들의 행동의 문제는 그들의 그러한 성격과 습관, 행동 형성의 삶의 경로에 대한 정확한 진단이 필요하다. 이러한 진단하에 체계적이고 연계적인 문제해결의 접근이 요구된다.

둘째, 재적응형의 대안학교 학생들에게 의미 있는 인성교육프로그램을 제공해 줄 수 있는 기관(청소년상담원 등) 및 시설과의 연계체제 구축이 필요하다. 단위학교의 노력만으로는 지속적인 효과를 가져오기 어렵다.

셋째, 부적응 청소년의 문제는 가정, 사회문제와 밀접하게 연결이 된 만큼 해결의 과정도 부모를 중심으로 하는 가정의 교육력 증진과 부모교육, 사회의 교육사회적 풍토가 동시에 이루어질 때 효과적일 것이다. 따라서 대안학교의 교육과정에는 부모연수 및 부모교육이 병행되어야 한다. 대다수의 특성화 대안학교가 기숙형이기 때문에 현실적 여력이 없고 시급성이 없어 부모연수에는 소홀한 편이다.

넷째, 특성화 대안학교 교직원들이 특성화 대안학교의 설립 취지인 체험 위주의 인성교육에 대한 믿음과 마인드가 있고, 이러한 믿음이 학교 교육활동 및 학생지도 전반에 스며들어야 한다. 특히 교원들의 이동이 잦은 공립 대안학교의 경우는 이러한 체험학습적 인성교육에 대한 노하우가 체계적으로 관리되고 축적되는 과정이 필요하다.

다섯째, 인성교육에 대한 체계적인 이해와 중요성을 인식하고 실천하는 것과, 부적응 학생에 대한 전문적 연수를 학교 차원에서 권장하고 지원하는 분위기를 활성화시켜야 한다.

여섯째, 대안학교 교원들의 선발에 있어서 기본적으로 인성적 자질이 중요하게 고려되어야 한다. 혹여 "인성교육을 받아야 할 사람이 인성교육을 시키게 되는 오류는 줄여야 한다." 또한 성격 특성상 자기주장이 강한 것을 넘어서서 독선과 비사회적 인성의 소유자도 같은 맥락에서 경계해야 할 부분이다.

마지막으로, 특성화 대안학교의 질 관리를 위한 교육과정 평가는 민간 위탁이나 광범위한 대안학교협의회(가칭)가 맡는 것이 필요하다. 물론 성격이 유사한 특성 대안학교 간에 지원과 조언 형식이 권장할 만하다.

다. 교육과정 질 관리를 위한 제언

한국에서 단위학교에 대한 교육의 질 관리 방식은 교육청의 장학지도, 학교평가, 감사, 다양한 형태의 행정지도 등이다. 이러한 질 관리 방식은 주로 교육의 과정을 통제하는 것이며, 결과적으로 교육을 획일화시키는 것으로 작용하기도 한다.

특성화 대안학교 교육의 과정 평가를 통해 헌장적 책무성을 높이기 위한 교육의 과정의 질 관리 방향과 과제에 대한 제언은 다음과 같다.

첫째, 특성화 대안학교의 교육의 과정을 평가하는 목적이 헌장적 책무성에 대한 확인과 조장, 지원하는 것임이 뚜렷하게 제시되어야 한다. 대안학교 교원들의 다수인 77.4%가 교육의 과정에 대한 평가의 필요성을 인식하고 있지만, 자칫 평가가 규제나 통제 수단이 되어서는 안 된다는 점에 주목해야 한다.

둘째, 특성화 대안학교를 평가하는 방향과 내용이 대안문명과 대안교육의 가치, 전문성 향상, 민주적인 학교 운영구조를 지향해야 한다. 설문조사 결과, 대안학교 교원들은 평가를 해야 할 이유에 대해 '평가를 통한 끊임없는 개선노력으로 정형화된 교육에서 벗어나고(48.8%)', '교수－학습의 질 향상과 교원들의 전문성 증진(18.9%)', 그리고 '대안적인 학교문화와 민주적인 학교 운영구조를 위해(16.5%)'에 높은 반응을 보인다는 것에 주목해야 한다.

셋째, 특성화 대안학교를 평가하는 주관 기관은 일반학교처럼 상위 교육행정기관보다는 제3의 연구기관, 대안교육협의회, 민간기관에 위탁하는 형식이나 또는 이러한 기관과 내부의 평가요원이 더불어 하는 평가방식이 필요하다. 특히 규제 위주라고 느끼고 있는 상위 교육행정기관(특히 시·도교육청)의 평가는 지양해야 하겠다.

넷째, 특성화 대안학교를 평가하는 방법은 기존의 일반학교처럼 장학이나 감사 차원에서 지적하고 문책하는 양적이고 실적 위주의 평가가 아닌 지원하고 조장하며, 대안을 더불어 제시해 보는 평가방식이 되어야 한다.

이는 자율학교 시범운영에 대한 성과를 분석하고 향후 자율학교 운영 모델을 연구한

이종태 외(2000, 88)가 제시한 수행중심의 책무성을 확인하는 방식일 것이다. 이 방식에는 학교헌장에 따라 자율적인 학교 운영이 얼마나 제대로 이루어졌는가를 보는 방식과 교육이 학생들의 성취에 얼마나 반영되었는가를 보는 것이다. 이는 현재의 장학지도, 학교평가, 행정지도 등이 갖는 규정중심의 책무성에서 수행중심의 책무성으로 변화시키는 방식이다.

제5장 대안교육, 대안학교의 과제

1. 지역사회와 함께하는 교육

가. 지역사회와 대안교육

지역사회는 우리의 사고방식과 행동방식에 영향을 끼치기도 하고, 사회적 가치와 규범을 내재화하기도 한다. 또한 우리가 살아가는 데 필요한 기회와 자원을 제공해 주기도 한다. 따라서 지역사회는 삶의 장으로서 그리고 동시에 삶의 질을 향상시키는 수단으로서 중요한 의미를 갖는다.

특히, 지역사회는 청소년을 둘러싼 직접적인 환경요소로서 청소년의 행동, 태도, 가치관 등에 많은 영향을 준다. 따라서 청소년이 성장하는 발달 환경으로서 지역사회는 청소년의 사회화에 기여하는 교육적 기능이 대단히 중요하다. 그러나 최근에 지역사회에 대한 의식의 감소나 지역사회의 해체 그리고 유해환경의 만연 등으로 교육적 기능을 상실한 채 오히려 청소년 문제행동을 조장하거나 그 원인으로 기능하는 경향을 나타내고 있다(조흥식, 2000: 1).

그러한 가운데, 평생학습시대와 주5일제 수업이 전개됨에 따라 사회화와 교육의 장으로서 지역사회의 중요성은 새롭게 부각되고 있다.

학교교육과정의 편성·운영에 대한 지침에서 지역사회의 인적·물적 자원을 최대한 활용하고, 교수·학습 지원센터 등 유관기관에서 제공하는 교육프로그램 및 자료 등을 적극적으로 활용한다(경기도교육청, 2006: 50)는 교육과정의 지역사회 연계성 강조는 지극히 자연스러운 것이라 할 수 있다.

나아가 「초·중등교육법시행령」 제91조(특성화 고등학교)에 따라 설립·운영되고 있는 특성화 대안학교는 "자연현장실습 등 체험 위주의 교육을 전문적으로 실시하는 학교"로서 학교 지정·고시 취지와 목적에서 기본적으로 지역사회와의 긴밀한 연계를 요구하고 있다.

이는 특성화 대안학교가 적극적이고 친밀한 인간관계 맺기, 통합적 교육(지적, 정서적, 미적 교육의 통합), 학교 운영의 민주적 참여, 학부모와의 동반자 관계의 형성, 지역사회와의 연계, 지속 가능한 생태학적 환경 조성 등의 학교문화가 스며 있는 대안교육의 장이기 때문이다. 또한 새로운 교육과 학교의 모형으로 확산되어 가는 대안교육 및 대안학교에 대한 믿음은 대안문명에 대한 지향점으로 받아들일 수 있는 문명사적 조류라고 할 수 있기 때문이다.

따라서 이하에서는 특성화 대안학교가 지역사회와의 연계 교육과정 운영이 필요한 근거를 밝히고, 지역사회와의 교육과정 연계 구축 방안을 논의하고자 한다.

나. 대안학교의 지역사회 연계 특성

1) 학교의 성격에 따른 지역사회 연계 특성

특성화 대안학교의 성격과 지역사회 연계성을 인가 및 설립목적, 교육과정 편성·운영, 교육내용 측면에서 보면 다음과 같다.

먼저, 인가 및 설립목적은 학교 이념, 학교 지정·고시 취지, 학교 설립목적 및 학교헌장 등에서 구현되고 있다. 특성화 대안학교는 이념적으로는 생태주의 이념, 공동체주의, 열린교육, 자유와 자율, 개성과 다양성 존중 등의 대안문명과 대안교육의 이념을 내포하고 있다.

학교 지정·고시 취지로 볼 때는 체험학습, 현장 실습성, 노작교육의 가치, 인성교육, 특기와 소질을 살리는 교육, 학생중심의 교육 등을 포함하는 교육의 과정이어야 한다.

단위학교의 설립목적 및 학교헌장으로 볼 때는 학교 나름의 고유한 이념과 사상이 있을 수 있으나, 이는 교육의 공공성을 전제로 한 이념의 토대 위에 가능한 것이다. 특히, 학교의 교육력에 부합하는 학생들을 선발하여 교육효과를 지향해 나가겠다는 학교헌장에 적합한 교육과정이어야 한다. 예를 들어, 재적응형의 학교의 경우 '부적응학생'을 선발하여 그들에게 적합한 전문 프로그램을 투입함으로써 '적응'의 효과를 산출할 수 있는 교육력이 전제되어야 한다는 것이다.

인가 및 설립목적에서 지역사회와의 연계성을 갖게 되는 특징은 이념적으로는 '생태주의 이념, 공동체주의, 열린교육', 학교 지정·고시 취지에서는 '체험학습, 현장 실습성, 노작교육의 가치, 인성교육'의 가치와 개념이 그것이다.

두 번째로, 교육과정 편성·운영의 측면에서 보면, 특성화 대안학교의 설립 및 교육과정 운영의 근거는 초·중등교육법에서 규정한 특성화 고등학교이다. 특성화 고등학교는 다양하고 자율적인 교육과정을 가능하게 하려는 목적에서 도입된 제도이다. 여기에 자율학교 지정에 따른 교육과정 특례를 감안할 경우 특성화 대안학교는 교육과정에 있어서 자율성을 누릴 수 있는 법적 규정이 주어져 있다.

따라서, 고등학교 학생들이 이수해야 할 최소 이수 단위(204단위) 중 국가 수준의 국민공통기본교과(약 70단위)를 제외하고는 특성화 대안학교에서 학교재량으로 새로운 교과를 개발·편성·운영할 수 있는 여지가 주어져 있다. 그리하여 일반학교에서는 생각할 수도 없는 산악등반, 텃밭 가꾸기, 동물 기르기, 마음공부, 풍물, 민간의학, 봉사활동, 해외탐방, 테마학습, 자기관리훈련, 목공예, 음식조리 등의 교과목이 교과목으로 편성되어 이수되고 있다.

또한, 특성화 고등학교의 교육과정 편성·운영 기준을 보면 "특성화 고등학교는 교육과정을 운영함에 있어서 사회교육기관, 다른 학교와 인적, 물적으로 유기적인 관계를 유지하고 교육과정 이수 인정 등, 조치를 하여야 한다."고 규정되어 있어

교육과정 편성 운영에 있어서 지역사회와의 연계성을 강조하고 있다.

이러한 특성화 학교 및 특성화 교과목의 성격상 대안학교 교육과정의 편성·운영에 있어 지역사회와 연계성은 밀접하다고 본다.

지역사회(community)에 기반을 둔 학습을 강조한 그래손(Glatthorn, 1975: 118-130)은 그 학습 유형으로 "다양한 여행 경험, 직업과 도제(수습) 기간, 자발적 서비스, 지역사회에서 비형식적 학습, 문제 해결의 원천으로서 지역사회, 도움을 주고받는 곳으로서 지역사회"를 제시하고 있다.

마지막으로, 교육내용 측면에서 한국의 특성화 대안학교를 보면, 이념 및 교육목표에 있어서는 생태주의 관점에서 자연과 인간의 조화로움과 공동체적인 삶, 그리고 학교의 자율적인 문화와 자주적이고 자립적인 행동을 추구한다고 볼 수 있다. 교육내용은 학교에 따라 특성화 교과의 성격이 다르지만 대체로 대안학교 교육내용을 구성하는 것은 "인성교육을 우선시(마음일기, 요가, 묵상, 종교, 단전호흡 등), 노동과 노작의 중요성(텃밭 가꾸기, 원예조경, 집짓기, 목공 등), 학습자 중심의 체험교육으로 감성계발이나 사회성교육을 중시, 공동체 교육 및 공동체성 고양 프로그램 운영"이다.

이러한 것은 일반학교 교육이 학생들의 인성교육을 함양하기 위한 정신성과 영성을 계발하는 데는 소홀할 뿐만 아니라, 근본적으로 한계가 있다는 데서 비롯된다. 또한 오명희(2001)의 지적대로 대안학교의 교육내용 선정은 "공교육의 교육내용이 이론적인 지식에 치우쳐 있고(40.5%), 지역·성·진로를 무시한 획일적인(26.2%) 내용이며, 교과목 수가 너무 많다(19.0%)."는 비판에서 비롯된다는 것도 중요한 지적이다.

결국, 특성화 대안학교들이 추구하는 교육내용을 볼 때, 일반학교들이 소홀하게 취급하는 삶의 현장, 체험성, 지역사회 연계성에 대한 비판과 대안으로 시도되고 있다고 볼 수 있다.

2) 대안학교 유형별 지역사회와의 연계 특성

대안교육이 갖고 있는 정의(定意)의 다양성으로 인해 실제 설립·운영되고 있는 대안학교들은 각기 추구하는 교육이념이나 교육과정이 매우 다양하다. 그래서 대안학교를 분류할 때는 제 나름의 준거를 토대로 대안학교를 유형화하고 있는 실정이다.

지역사회와의 교육과정 연계 방안을 논의하는 본 절에서는 특성화 대안학교를 기숙형의 농어촌 학교와 비기숙의 도시형 대안학교로 분류하여 설명하고자 하였다.

가) 농어촌의 기숙형 대안학교

전통적으로 인간의 삶과 교육은 밀접하게 연관되었다. 전통사회에서는 마을 속에 서당이 존재했었고, 근대사회에 와서 공교육이 전개되면서 초등학교는 마을 속에 큰 집으로 자리 잡아 지역주민과 함께하는 공간으로 존속해 왔다.

그러나 근대화, 도시화가 지속되면서 농어촌 지역사회의 경우 학교가 점점 폐교되는 상황이 되면서 문제가 나타나고 있다. 도시화로 농어촌의 인구가 격감하고 학생 인구도 줄어들게 되었다. 정부는 학생 수가 줄어드는 농어촌 학교에 대해 소규모 학교로 유지하기보다는 경제적 효율성 차원에서 통폐합을 하게 된 것이다.

대안학교 인가 초기에 농어촌의 폐교된 학교 시설을 활용·권장한 경우나 현재 비인가로 운영되는 대안학교의 경우에도 폐교를 활용하고 있는 경우가 많다.

그러나 인구가 줄어드는 농어촌 지역에 대안학교가 들어서게 될 경우, 마을 공동체와는 독립적으로 학교를 운영하기에는 어려운 한계가 있다.

첫째, 특성화 대안학교의 교육과정 특성상 지역사회와 연계 교육과정을 도모할 수가 없다는 점이다. 왜냐하면, 삶과 연계된 체험학습의 다양한 교육과정 운영은 지역사회의 인적·물적 환경 속에서 원활하기 때문이다.

둘째, 특성화 대안학교에 다니는 학생들이 졸업 이후 활동할 공간이나 성인으로서 살아가야 할 공간은 도시 속에서 다양한 사람들과의 만남의 장이다. 부적응 학생을 위한 재적응형의 학교의 경우에는 지역사회와 격리된 일시적인 적응의 교육공간으로서 의미를 갖지만 교육과정 운영에 있어서 도시를 포함한 지역사회의 자원을 활용한다는 측면에서는 어느 정도 한계를 지니고 있다.

따라서 대안학교가 설립되는 과정에서 지역사회의 주민과 삶을 공유할 수 있는 대안학교 설립 방안이 필요하다. 금산의 간디 청소년학교의 경우 개교와 더불어 학부모들이 학교 옆에 마을을 이루는 형식을 추진해 나가는 경우도 이러한 취지에서이다.

나) 비기숙의 도시형 대안학교

한국의 특성화 대안학교 중 비기숙의 도시형 대안학교는 이우학교와 공립의 경기대명고등학교 둘뿐이다. 비기숙형 대안학교가 갖는 생활지도 및 동아리 활동의 어려움으로 비기숙형으로 시작된 광주 동명고등학교가 기숙형으로 전환하였으며, 경기대명고등학교도 기숙사 신축으로 기숙형을 택하는 과정에 있다.

특성화 대안학교가 기숙과 비기숙을 떠나 도시라는 지역사회 공간 속에 자리 잡고 있다는 것만으로 교육과정 운영상 지역사회와의 연계성을 도모할 수 있다는 유리한 점이 있다. 따라서 비기숙의 도시형 대안학교의 확산과 그 장점을 활용하는 지혜가 필요하다.

이규봉(2001, 20)은 "도시 공간에서 도시의 문화와 도시 자체를 교육공간으로 접목할 수 있는 도시형 대안학교나 체험을 통한 다양한 체험센터 등을 만들어 도시 속에서도 이들을 교육할 수 있는 대안적 교육공간이 활성화되어야 한다."고 주장하면서 그 근거를 '도시는 중요한 교육 공간이며, 우리들 삶의 터전'이라는 것에서 찾고 있다.

황인국(2001, 48-49)은 도시형 대안학교의 장점을 "도시적 환경에서의 자생력, 가족공동체의 회복, 시민사회의 건강한 발전에 기여" 측면에서 논의하고 있다. "대안교육 이수 후 학생들이 살아가야 할 공간은 도시환경으로, 일시적인 좌절을 반복하더라도 도시적 환경에서 적응력과 자생력을 키워 주어야 한다는 것이다. 또한 가족-교사-학생과의 교육 네트워크 재생을 통해 가족의 관심과 참여 유도로 가족공동체의 회복을 이끌어 나가야 한다는 점이다. 그리고 교육의 제4주체로서 학교 운영에 참여의 주체로서 각계 시민사회의 동참을 이끌어 낸다면 그 자체가 우리 시민사회의 공동체 정신 함양과 함께 건강한 발전에 도움이 된다."는 것이다.

김찬호(2006, 4)는 "학교 이외의 도시 공간의 많은 부분은 '유해' 환경으로 가득 차 있다는 전제하에 청소년들의 출입을 금지하고 보호해야 한다는 발상이 도시 청소년 정책의 한 기조를 이룬다."고 주장한다. 그러나 관점을 달리해서 보면, "도시 안에는 다양한 체험의 기회와 풍부한 학습의 텍스트가 담겨 있다면서, 도시형 대안학교는 그러한 조건을 최대한 활용하는 방향에서 기획되고 운영되어야 한다."고 주장하고 있다.

또한 그는 "정보사회에서 정보와 지식이 생성되고 유통되는 현장은 어디든 학교가 된다면서 대학, 문화센터, 주민체육시설, 박물관, 도서관 등은 물론 시민단체, 관청, 교회, 기업, 병원, 보육원, 방송국 그리고 더 나아가 동네의 빵집이나 미용실까지도 배움터가 될 수 있다고 했다. 다양한 사람들이 일하고 배우고(상게서, 5) 살아 숨 쉬는 그러한 현장이야말로 세상을 체험적으로 익혀 가는 교실이 된다는 것이다."

따라서 도시 지역의 수많은 다양한 분야의 전문 인사를 대안학교의 교육인적 자원으로 활용할 수 있고, 각종 교육·문화 시설을 교육과정 운영에 이용할 수 있다는 점이 도시형 대안학교가 지역사회와 연계 교육과정을 이루어 가는 장점이라 할 수 있다.

이병환(전게서, 85)은 대안교육 활성화를 위한 국가수준 교육과정의 운영 방안 연구에서 지역사회의 학교 참여 및 지원에 관한 조사를 하였다. 조사 항목은 지역사회의 학교 참여 및 지원에 관한 조사는 재원 기부, 교육계획, 수업운영, 학교평가, 지역사회 요구 반영 사항, 학부모 교육 및 연수사례로 구분하여 각 학교별 운영 현황을 분석하였다.

학교교육과정을 운영하는 데에 있어서 다양한 측면에서 지역사회의 인적·물적 자원을 활용할 수 있다는 시사를 주고 있다.

〈표 I -26〉 지역사회 참여 및 지원 현황에 관한 조사

	지역사회 참여 및 지원 현황
재원 기부	학교축제 및 교육프로그램의 지원, 장학금 지원, 기숙사 건립 시 지원 등이 있으나, 재정적 지원은 거의 없는 편이다. 합천군의 학교 담벼락 공사, 학교 앞 도로 확장 지원(원경고)
교육계획	학기 중 활동과 노작을 지역사회와 병행하거나, 농업기술 센터, 청소년 녹색농촌학교, 특수학교와의 자매결연 등이 있다. 농촌 일손 돕기 계획, 합천군 원폭 피해자 복지회관 봉사활동 계획(원경고)
수업운영	NGO 수업에 일부 참여, 산악 등반 시 참여, 지역출신의 특성화 교과 전문강사의 활동, 청소년 녹색 농촌학교 참여. 집단상담 수업 시 합천군 청소년 상담실 상담원 참가(원경고)
학교평가	학교 평가 시 지역위원으로 참가하거나 다양한 프로그램 계발 노력
지역사회 요구 반영 사항	일손 돕기 봉사활동, 자원봉사활동, 인력 지원에 적극 협력, 환경정화, 노력봉사 활동 참여, 봉사활동 및 농번기 일손 돕기, 수재민 구호활동 등 지역행사에 참여(양업고)
학부모 교육 및 연수사례	마음공부 과목을 학부모에게 연중 실시하거나 학교폭력 예방 선포, 자녀교육 등의 연수가 있다.
기타	학교가 주도적으로 지역사회와 하나 되도록 노력한다.

* 출처: 이병환(2004, 85)

다. 교육과정의 지역사회 연계성

청소년을 포함하는 우리 사회의 모든 구성원들은 각각 다양한 지역사회와의 연관관계 속에서 살아가고 있다. 이러한 지역사회는 우리들에게 우리의 삶의 질을 향상시킬 수 있는 다양한 것들을 제공한다.

지역사회의 중요성은 학교교육과정 편성·운영에 연계·활용으로 나타나고 있다. 경기도교육청의 교육과정 편성·운영지침에 나타난 교육과정 편성·운영의 지역사회 연계 관련 사항은 다음과 같다.

첫째, 특기·적성교육(경기도교육청, 2006: 41-42)에 관련된 사항으로는 "특기·

적성교육은 학생들의 소질과 특기를 신장시키기 위하여 다양한 프로그램을 개설·운영하되, 지역사회 자원 인사, 외부강사 등을 초빙하여 운영할 수 있다."고 명시하고 있다.

둘째, 현장 체험학습(상게서, 42)에 관련된 사항으로는 "체험학습의 프로그램 내용은 실험, 관찰, 조사, 수집, 노작, 견학 등 직접적인 체험 활동이 되도록 한다. 체험학습은 도·농 간 교류학습, 체험학습의 날 운영, 가족행사 및 지역사회 행사 참가 등 다양한 형태로 실시할 수 있다."는 것이다. 학생들이 가급적 지역사회의 현장을 체험학습장으로 이용하도록 하고, 현장체험 학습장에 근무하는 인사를 명예 지도교사로 활용할 수 있다.

셋째, 공동교육과정 편성·운영(상게서, 43)에 관한 사항으로서, "당해 학교의 교육적 여건으로 개설이 어려운 교과목을 학교, 학생의 교육적 필요에 의해 타 학교 또는 지역사회의 공공성 있는 사회교육기관과 공동으로 교육과정을 편성·운영하고자 하는 경우, 학교는 학교 간, 학교와 기관 간에 공동교육과정 편성·운영 계획을 수립하여야 한다"는 것이다.

넷째, 재량활동(상게서, 211)에 관한 사항으로서, 그 기본 방향을 "학생 개개인의 흥미, 관심, 특기를 고려한 영역과 내용 설정, 다변화하는 시대적 변화에 대응하고 지식 정보 및 사회적 요구를 최대한 수용한 범교과 학습과 자기주도적 학습, 획일적이고 경직된 교과서 중심의 교육체제에서 벗어나 학교 나름의 특색 있는 교육활동"을 추구하고 있다.

지도 중점으로는 "학생의 요구와 필요, 학부모의 요구, 학교의 실정, 지역사회의 실태 및 특수성을 반영하여 학교별로 특색 있는 프로그램을 개발·운영하여 지도, 인성과 창의성 함양에 중점을 둔 범교과 학습 및 학생의 자기주도적 학습 능력의 신장, 지역 및 학교의 특수성이 특색 있게 구현될 수 있는 다양한 프로그램을 개발·적용, 이론적인 학습보다는 실험, 관찰, 조사, 수집, 노작, 토론, 견학 등의 직접적인 체험 활동의 비중 높임, 현장 체험학습, 학교장 주도의 학교 특성화 프로그램, 교사 특기중심의 프로그램, 그리고 자기주도적 학습을 위한 자유 연구와 같은 활동들을 학교의 여건에 따라 적절하고 다양하게 운영"하는 것을 제시하고 있다.

다섯째, 특별 활동(상게서, 212)에 관한 사항으로서, 지도 중점으로는 "각 영역에서의 활동은 운영 계획 수립 및 활동 과정에서 지도교사와 학생들이 공동으로 협의하고, 주기적으로 역할을 교체하여 다양한 체험을 할 수 있도록 한다. 학교, 학생, 지역사회의 여건을 고려하여 다양하게 편성 운영하되, 학생의 희망을 최대한 존중"하도록 하고 있다.

여섯째, 교육과정의 평가와 질 관리를 위한 학교교육과정의 편성·운영 지원 체제(상게서, 218)에 관한 사항으로서, 단위학교는 "학교교육과정의 합리적 편성과 효율적 운영을 위하여 교원, 교육과정 전문가, 학교 운영위원회 위원, 학부모, 지역사회 인사 등이 폭넓게 참여하는 학교교육과정위원회를 구성하여 운영해야 한다. 또한 학교교육과정위원회는 학교나 지역사회의 실정에 맞게 조직·운영하되, 형식적인 운영이 되지 않도록 한다."는 점을 강조하고 있다.

돌이켜 보면, 특성화 대안학교의 인가로 전통적인 학교와 교과 개념에 대한 인식이 많이 바뀌어졌다. 10년 전만 하더라도 체험학습적인 국토순례나 지리산 종주 등이 교과 단위수로 들어간다는 것은 상상도 할 수 없었다. 따라서 특성화 대안학교에서 특성화 교과가 갖는 현장성과 체험성은 지역사회와 연계해야 할 필연성을 갖는다.

또한 특성화 대안학교에서의 특성화 교과는 주로 인간의 기본적인 의식주와 관련된 삶의 현장의 자립교과, 청소년들의 대중문화적인 욕구를 충족시킬 수 있는 예술(실용음악, 미술실기, 영상음악 등), 컴퓨터 관련(애니메이션) 교과가 주를 이루고 있다. 이러한 특성화 교과는 현장성과 체험성을 기반으로 이루어지고 있기 때문에 지역사회 및 지역주민의 직업과 삶의 터전이 특성화 대안교육의 장으로 연계될 수 있다. 천연 염색장이나 허브 농장, 도예지 등은 대표적인 곳이다.

라. 지역사회 연계 교육과정 운영 방안

지역사회를 학습의 자원으로, 학습의 장으로, 학습의 도구로 활용하는 교육이야말로 살아 있는 교육이요(이규봉, 전게서, 36) 특성화 대안학교가 지향해야 할 교육의 한 방향이라 볼 수 있다.

특성화 대안학교에서 교육과정 편성·운영상 지역사회와의 연계 교육과정 방향과 구체적인 운영 방안을 제시하면 다음과 같다.

1) 지역사회와의 연계 교육과정 운영 방향

첫째, 평생학습 시대와 주5일 수업제에 따른 학교교육과정 편성·운영에 있어서 교육공동체의 의견과 학교의 교육여건을 고려하여 지역사회의 인적·물적 자원을 최대한 활용해야 한다. 교수·학습 지원센터 등의 유관 기관이나 도서관, 박물관, 문화원, 청소년 수련원, 문화센터, 일반 행정기관, 종교단체의 문화강좌, 백화점의 문화강좌 등에서 제공하는 교육프로그램 및 자료 등을 적극적으로 활용하는 교육과정을 편성·운영한다.

둘째, 비기숙의 도시형 대안학교의 경우, 도시 지역의 수많은 다양한 분야의 전문 인사를 인적자원으로 활용하는 교육과정 편성·운영 방안을 강구한다.

특히, 비기숙의 도시형 대안학교에 있어서는 학교 자체의 교육이 지속적으로 효과를 나타내기 위해서는 가정의 교육력 증대를 위한 부모연수 및 지역사회 유관기관과의 연계체제가 구축 되어야 한다.

셋째, 설립 이념에 따라 다양한 학교가 있지만 특히 종교재단에서 설립한 학교는 종교인을 특성화 교과 운영을 위한 산학겸임교사로 활용할 수 있게 한다.

문제는 현행 산학겸임교사 제도가 교사 임용의 융통성을 어느 정도 제공해 주고 있으나 그 적용 비율과 자격 요건 등이 지나치게 엄격하여 실효성이 떨어지고 있는 현실에서 산학겸임교사 채용의 유연화가 제기(이병환, 전게서, 116)되고 있다.

산학겸임교사의 경력이 당초 5년에서 3년으로 하향 조정되었고(2006년 9월), 그 활용가능성이 넓어지게 된 만큼 다양한 교과목 개발과 관련해 다양한 분야의 산학겸임교사의 활용이 요구된다.

넷째, 재적응형 대안학교의 교육과정을 편성·운영하는 데에 있어서는 부적응 학생들의 적응력 향상을 위한 통합적 전략이 요구된다. 그들의 현재 부적응 행동은 오래된 생활환경 속에서 형성된 바, 그들의 부적응적 삶에 대한 경로분석을 통해 학교, 쉼터, 상담센터, 봉사기관, 일반 행정기관 등 지역사회가 통합적 해결을 도모하는 접근방식이 요구된다.

다섯째, 빈민 자녀, 결손가정의 유기된 자녀, 탈북 새터민 자녀, 코시안 자녀를 포함한 다국적 자녀, 해외 역이민 자녀 등 학교 및 인간관계에 적응이 어려운 학생들을 위한 교육과정 편성·운영에 있어서 특별한 적응교육 프로그램의 배려가 요구된다.

2) 지역사회와의 연계 교육과정 운영 방안

첫째, 지역사회의 농토(과수원 등 포함)를 체험학습의 장으로 활용하는 방안이다. 임대 계약으로 학교가 전적으로 재배하는 방식보다는 재배 준비 단계에서 수확단계에 이르기까지 전 과정에 체계적으로 참여(학습＋노동력 제공)하는 방식이 효과적이다. 여기에는 학교교육계획 수립 시 농작물 재배시기와 관련하여 노작교육에 대한 주도면밀한 계획이 있어야 한다.

둘째, 지역사회 주민들의 생산물을 학교 학생들의 급식 등으로 이용하는 방안이다. 학생들에게는 식생활에 대해 체험적 의미를 더해 줄 수 있으며, 지역 주민에게는 공동체적 삶의 의식과 생태환경에 대한 의식을 향상시킬 수 있다.

셋째, 지역 주민들의 특산품(된장, 고추장, 한과…… 등) 생산 과정에 참여하는 교육계획 구안으로 주민과의 일체감은 물론 전통적인 지역 특산품을 전수받게 되는 교육의 효과도 가질 수 있다.

넷째, 지역 주민들을 위한 문화생활의 자원으로 학생들을 활용할 수 있다. 학교에서 배운 예능적 소질과 특기를 표현하는 기회일 뿐만 아니라, 주민들에게 문화적 체험 기회를 갖게 한다. 여기에는 악기나 풍물 연주, 합창, 탈춤, 작품(사진, 미술, 조형, 목공예, 도자기 공예, 화초…… 등) 전시 등이 있다.

다섯째, 학생들의 특성화 교과 운영에서의 실습 성과물(제빵 등)이나, 기술(헤어미용, 피부미용, 홈페이지 만들기 등)을 지역 주민들에게 제공하는 계획을 교육과정으로 수립할 수 있다. 지역 주민들에게 실습성과물로서 제빵을 값싸게 제공해 주거나, 미용이나 이발을 해 주기, 농산물 판매를 위한 개인 또는 마을 단위 홈페이지 만들어 주기가 그 예이다. 지역 주민과 함께하는 공동체 의미뿐만 아니라, 봉사적인 체험도 같이 할 수 있는 방안이다.

여섯째, 지역사회의 노인들을 초대하거나 방문하여 경노효친의 예절 및 인성교육의 효과를 추구할 수 있는 교육과정 및 교육계획을 세울 수 있다.

마. "지역이 학교요, 학교가 지역"이 되는 대안학교

지역사회는 우리가 살아가는 데 삶의 장으로서 중요한 의미를 갖는다. 특히, 청소년에게 있어서 지역사회는 행동, 태도, 가치관 등에 많은 영향을 주게 되고, 사회화에 기여하는 교육적 기능이 대단히 중요하다.

더불어, 평생학습시대와 주5일제 수업이 전개됨에 따라 사회화와 교육의 장으로서 지역사회의 중요성은 더더욱 부각되고 있다.

특성화 대안학교는 "자연현장실습 등 체험 위주의 교육을 전문적으로 실시하는 학교"로서 학교 지정·고시 취지와 목적에서 일반학교와는 달리 지역사회와 교육과정상 긴밀한 연계를 요구하고 있다.

교육과정 편성·운영지침에 나타난 교육과정 편성·운영의 지역사회 연계 관련 사항은 특기·적성교육, 현장 체험학습, 재량활동, 특별활동, 교육과정의 평가와 질 관리를 위한 학교교육과정의 편성·운영 지원 체제에서 나타나고 있다.

지역사회를 학습의 자원, 학습의 장, 학습의 도구로 활용하는 '살아 있는 교육'이 되기 위해 특성화 대안학교가 지향해야 할 연계 교육과정 구축 방향과 구체적인 운영 방안을 제시하였다.

교육과정 연계 방향으로는 "평생학습시대와 주5일 수업제에 따라 지역사회의 인적·물적 자원을 최대한 활용, 부적응 학생들의 적응력 향상을 위해 지역사회가 통합적 해결을 도모하는 접근방식, 다양한 교과목 개발과 관련해 다양한 분야의 산학겸임교사의 활용, 지역사회에 교육적 소외자로서 빈민 자녀, 결손가정의 유기된 자녀, 탈북 새터민 자녀, 코시안 자녀, 다국적 자녀, 해외 역이민 자녀 등에 대한 배려" 등이 제시되었다.

지역사회와의 연계 교육과정 운영 방안으로는 "지역사회의 농토(과수원 등 포함)를 체험학습의 장으로 활용하는 방안, 지역사회 주민들의 농산물을 학교 학생들의 급식으로 활용하는 방안, 지역 주민들의 특산품(된장, 고추장, 한과······ 등) 생산 과정에 참여로 전통을 전수, 학생들을 지역 주민들을 위한 문화생활의 자원으로 활용, 특성화 교과 운영에서의 실습 성과물(제빵 등)이나, 기술(헤어미용, 피부미용, 홈페이지 만들기 등)을 지역 주민들에게 제공 방안, 지역사회의 노인들을 초대하거나 방문하여 경노효친의 예절 및 인성교육 방안 등"이 구체적으로 제시되었다.

중요한 것은 특성화 대안학교의 지역사회 연계 교육과정을 편성·운영하는 데 있어서 연계 교육활동에 대한 포괄적 이해가 선행되어야 한다는 것이다. 이는 특성화 교육과 대안교육에 대한 문명사적 접근, 지역사회의 교육적 기능과 중요성이 핵심이 될 것이다. 또한, 지역사회와의 연계 교육과정 운영의 효과는 연계 방안을 얼마나 다양하게 구체화시키고, 지속적으로 추진하느냐에 달려 있다고 할 것이다.

바. 지역사회 연계 교육과정 운영 사례
—경기대명고등학교를 중심으로(2005~2006년 교육부 정책연구학교)—

경기대명고등학교는 「초·중등교육법시행령」 제91조(특성화 고등학교)에 따라 설립

· 운영되고 있는 특성화 고등학교이다. 따라서 특성화 고등학교 교육과정 편성·운영 기준에서 보면 "특성화 고등학교는 교육과정을 운영함에 있어서 사회교육기관, 다른 학교와 인적·물적으로 유기적인 관계를 유지하고 교육과정 이수 인정 등, 조치를 하여야 한다."고 규정되어 있어 교육과정 편성·운영에 있어서 지역사회와의 연계성을 강조하고 있다.

이하에서는 교육과정 운영상의 지역사회 연계 실태를 인적, 물적, 재정적인 차원에서 분석하고, 그 문제점 및 개선방안을 도출하였다.

1) 지역사회 연계 교육과정 실태 분석

가) 인적 연계 사례 분석

국민공통기본교과에 있어서 인적 연계는 통합교과활동을 통해 이루어진다. 통합교과활동은 통합주제 교과활동과 통합체험 교과활동으로 나누어지는데, 통합주제 교과활동은 주제별 활동으로서 종이 접기, 풍선공예 등에서 전문 강사를 활용하고 있다. 통합체험 교과활동에서는 월별 각 활동장소에 따라 기관의 전문 직원으로부터 안내와 설명을 듣는 인적 연계를 하고 있다.

공동 교육과정 운영에 있어서 인적 연계는 노동부와 연계하여 직업흥미 검사와 직업적성 검사를 실시하고, 그 결과를 바탕으로 하여 학생들의 합리적인 진로의식을 갖게 하는 것이다. 또한 직업체험학습의 일환으로 직업전문학교(경기도립학교, 엘림직업전문학교, 천안기계전문학교, 덕우직업전문학교, 건설공제조합)를 방문하여 구체적이고 합리적인 진로선택을 돕는다. 이에 근거하여 3학년 때는 직업분야 위탁교육을 선택한 학생들은 위탁 직업전문학교와 공동으로 교육과정을 운영하게 된다. 이 과정에서 노동부의 표준화 검사 전문가, 직업전문학교 체험 시의 당해 기관 홍보자, 직업전문학교 전 교직원과의 인적인 연계 협력을 위탁교육활동 속에서 갖는다.

특성화 전문교과를 운영하는 데 있어서 인적 연계는 도교육청·학교선택과 학생선택으로 나누어 볼 수 있다. 도교육청·학교선택 교과에 있어서 심성계발 교과를 포함하여 학생선택 교과로서 헤어미용, 골프, 사진영상, 상황극 만들기, 태권도 교과는 지역사회 외부 강사를 초빙하여 실시함으로써 인적 연계를 하고 있다.

학생선택 교과로서 국외문화체험은 인천항에서 배를 타고 중국 단동항을 거쳐 고구려 문화유적지와 백두산, 압록강, 북경을 거쳐 비행기로 오는 과정에서 우리 동포 및 중국인들과 다양한 인적 연계 속에 이루어졌다. 또한 여권 발급 과정 속에서 행정기관 직원, 공항과 항공기 안에서의 직원들과의 만남도 교육·문화적으로 볼 때 커다란 인적 연계라고 볼 수 있다. 향토문화체험은 2006년 첫 시도되었는데, 강원도 일대의 양구 박수근미술관, 선사문화유적지, 백담사에서 한용운의 삶과 문학 탐방, 이효석문학관 및 효석문화마을 탐방, 이승복기념관, 하조대 일대 해안생활 문화 견학을 통해 각 기관의 안내원, 학예사, 지역 주민들과 인적 연계를 갖게 되었다.

특성화 전문교과로서 도교육청·학교선택 교과인 국토순례(도보순례, 제주도일주 자전거하이킹)가 있다. 도보순례에서는 원활한 식사공급을 위해 지역주민을 취사 보조자로 활용하였으며, 제주도일주 자전거하이킹에서는 제주 현지인을 자전거 수리 및 선도 차량 인도자로 활용하고 있다. '현장체험학습Ⅰ' 교과로서 1학년은 현대전자산업, 예원도요, 의왕 천연염색체험장, 청계천, 원평 허브농원을 견학·체험하면서 각 체험장의 강사 요원들과 자연스럽게 연계하게 되었다. 2학년은 목공방, 부모 직장, 이천 도자기 체험, 입북동 농촌일손돕기로 각 체험장 강사 요원들과 인적 연계를 하였다.

창의적 재량활동의 영역으로서 한국문화 정체성 교육은 한국민속촌에서 4박 5일간 이루어졌다. 전통예절교육, 농악놀이, 줄타기 공연관람, 떡메 치기(인절미 만들어 먹기), 전통민속놀이, 한국민속촌 견학 및 체험 등이 다양하게 이루어지면서 예절교육 전문강사, 전통놀이 공연단원, 민속놀이 시연자, 전통 민속음식 기능자, 한국민속촌 홍보자 등의 다양한 외부의 지역사회 인적자원과 연계하였다.

특별활동의 대다수 영역은 학교 자체의 교사들을 중심으로 이루어지고 있다. 자치활동 영역에서 음주·흡연·약물 관련 내용은 외부 기관인 수원시 권선구 보건소와 우리누리 청소년회 직원들이 중심이 되어 교육과 캠페인을 하는 인적 연계를 하고 있다. 적응활동 영역에서는 가평수덕원에서 신입생 적응교육의 일환으로 새내기나래펴기 수련회가 이루어짐으로써 가평수덕원의 직원들과 교육청 인사들을 강사 및 운영요원으로 인적 연계를 하고 있다. 봉사활동 영역에서는 가평 꽃동네에서 학년별 1박 2일간 이루어지는 과정에서 꽃동네 직원들과 인적 연계로 이루어진다.

나) 시설 및 물적 연계 사례 분석

국민공통기본교과에 있어서 시설 및 물적 연계는 통합교과활동을 통해 이루어진다. 통합주제 교과활동은 주제별 활동으로서 낙원복지시설에서의 봉사활동, 주제 관련 '영화관람' 시의 영화관, 스포츠클라밍은 인공암벽(수원 월드컵경기장), 스케이트 활동 시의 스케이트장(수원 탑동스케트장) 시설을 이용하고 있다. 통합체험 교과활동에서는 월별 각 활동장소에 따라 화성행궁, 왕송저수지, 해양연구소, 한택식물원, 남한산성도립공원, 광교산 등과 시설 및 물적 연계를 하고 있다.

공동교육과정 운영에 있어서는 2학년 때 직업체험학습의 일환으로 경기도립학교, 엘림직업전문학교, 천안기계전문학교, 덕우직업전문학교, 건설공제조합, 서울대와 성균관대를 방문하여 구체적이고 합리적인 진로선택을 돕는 시설 및 물적 연계를 한다. 이에 근거하여 3학년 때는 직업분야 위탁교육을 선택한 학생들을 위해 각 위탁 직업전문학교(엘림직업전문학교, 천안기계전문학교, 덕우직업전문학교, 수원요리제과제빵학원, 국제미용직업전문학교)와 공동으로 교육과정을 운영함으로써 공동 교육과정 위탁기관과 시설 및 물적 연계를 한다.

특성화 학생선택 교과에서는 헤어미용 교과의 수원 소재 국제미용학원, 골프 교과는 학교 인근의 ○○ 실내 골프연습장과 탑동 골프장, 사진영상 교과는 실습을 위해 수원 지역 자연과 건축물 촬영, 태권도 교과는 학교 인근의 신성태권도장을 이용하여 시설 및 물적 연계를 하고 있다.

학생선택 교과로서 국외문화체험은 인천항에서 배를 타고 중국 단동항을 거쳐 고구려 문화유적지와 백두산, 압록강, 북경을 거쳐 비행기로 오는 과정에서 우리의 옛 산하와 중국 국토, 선박과 공항 및 항공기, 집안의 고구려 문화유적지, 중국의 각종 문화유적지와 시설 및 물적 연계라고 볼 수 있다.

향토문화체험으로서, 강원도 일대의 양구 박수근미술관, 선사문화유적지, 백담사에서 한용운의 삶과 문학탐방, 이효석문학관 및 효석문화마을 탐방, 이승복기념관, 하조대 일대 해안생활 문화 견학을 통해 각 기관의 시설을 활용하는 연계를 갖게 되었다.

경기도교육청·학교선택 교과에 있어서 국토순례와 산악등반 교과는 강원도 홍천일대의 산야, 제주도의 자연·문화 자원과 시설, 지리산 국립공원의 산야와 산장 및 대피소를 시설 및 물적으로 연계 이용하고 있다. '현장체험학습Ⅰ' 교과로서 1학년은 현대전자산업, 예원도요, 청계 천연염색체험장, 청계천, 원평 허브농원의 시설과 물적 자원을 활용하였다. 2학년은 목공방, 부모 직장, 이천 도자기 체험, 입북동 농촌 일손 돕기로 각 체험장 시설과 기관과 물적 연계를 하였다.

창의적 재량활동으로서 한국문화 정체성 교육이 한국민속촌에서 4박 5일간 이루어졌다. 전통예절교육, 농악놀이, 줄타기 공연관람, 떡메 치기(인절미 만들어 먹기), 전통민속놀이, 한국민속촌 견학 및 체험 등이 다양하게 이루어지면서 예절교육 시설, 전통놀이(농악, 줄타기) 악기와 시설, 공연과 놀이장, 전통음식, 한국민속촌 시설 등의 다양한 시설 및 물적 자원과 연계하였다.

특별활동의 대다수 소영역 활동은 학교 자체의 시설을 활용하여 이루어지고 있으나, 자치활동 영역에서 음주·흡연·약물 관련 교육프로그램 및 홍보용 자료, 측정도구 등은 권선구 보건소와 우리누리청소년회의 물적 지원을 받고 있다.

적응활동 영역에서는 경기도교육청 산하의 가평수덕원에서 신입생 적응교육의 일환으로 새내기나래펴기 수련회가 이루어지는데, 수덕원의 시설물과 인근 가평 꽃동네 시설, 삼악산과 검봉산을 연계 활용하고 있다.

봉사활동 영역에서는 가평 꽃동네에서 학년별 1박 2일간 이루어지는 과정에서 꽃동네의 여러 시설 속에서 연계가 이루어진 봉사활동이다.

지역사회 주민들에게 학교 시설물인 운동장 개방을 들 수 있다. 개방 시간은 방과

후 및 휴일에 이루어지고 있으며, 주로 학교 인근의 당수동 주민, 천주교 청년회, 조기축구회, 각종 교회, 장애우 단체, 외국인 근로자 모임 등에서 이용하고 있다. 이는 학교가 외부 지역사회에 시설물을 제공해 주는 형태의 연계라 할 수 있다.

다) 재정적 연계 사례 분석

경기대명고등학교는 교육과정을 운영하는 데 있어서 대다수의 재정수요를 학교 운영비, 시·도교육청의 자율학교(2002~2006) 지원비, 교육부의 연구학교(2005~ 2006) 지원비, 수익자 부담금으로 충당하고 있다.

지역사회와의 재정적 연계 지원은 공동 교육과정 운영에 있어서 각 직업전문위탁기관에서 주어지는 기숙사비 무료지원, 교육비 지원, 훈련보조비 지급 등에서 찾을 수 있다. 또한 수원지방노동사무소에서 직업의식을 위한 표준화 검사비(직업흥미검사 및 직업적성검사) 지원도 재정적 지원으로 볼 수 있다.

또한 학생들의 면학의식과 의지를 북돋아 주기 위해 외부 지역사회 단체인 수원시여자치과회, 수원중앙침례교회, 수원시의사회, 티브로드장학회, 삼성열린장학회, 삼성-동아일보장학회, 근로복지공단장학회, 백웅기념사업회 등에서 장학금으로 재정지원을 하는 연계를 형성하고 있다.

라) 교육과정 평가상의 지역사회 연계 실태

교육과정 평가상의 지역사회 연계는 학교교육활동 및 프로그램 운영에 있어서 심의가 필요한 부분에 대해 학교 운영위원회의 학부모 위원들과 지역사회 위원들이 참여한 가운데 반성하고 발전 방안을 제시하는 평가이다.

학교축제인 대명제가 펼쳐지는 11월에 각종 직업위탁기관에서 본교 학생들이 실습한 작품을 전시하고 평가하는 기회가 공동 교육과정 운영에 대한 평가와 함께 이루어지고 있다.

체험학습이 많은 본교에서 가정형편이 어려운 학생들에게 체험학습 경비 부담을 줄이기 재정적 지원 가능성에 대한 논의를 할 뿐 지역사회와의 평가논의는 이루어지지 않고 있다.

마) 지역사회 연계 교육과정 편성 운영에 있어서 문제점 및 요구사항

경기대명고등학교의 지역사회 연계 교육과정 편성 운영에 있어서 문제점 및 요구사항을 인적 연계, 시설·물적 연계, 재정적 연계로 나누어 보면 다음과 같다.

(가) 인적 연계 관련

첫째, 인적 연계에 있어서 특성화 교과 운영을 위한 강사 위촉과 관련된 문제이다. 특성화 교과를 운영하기 위해서는 다양한 영역의 전문성을 갖춘 강사들이 필요하다. 농어촌에 위치하고 있는 기숙형 대안학교에 비해 강사를 구하기는 쉬운 편이나, 강사들의 신분상 학기별로 자주 교체되어 지속성을 갖기 어렵다. 이는 본교 학생들의 특성과 실태를 고려한 학생지도가 어려울 뿐만 아니라, 대안교육의 전문성이 향상되기 어려운 요인이기도 하다.

둘째, 특별활동 운영에 있어서 본교 교원들 위주로 운영함으로써 학생들의 흥미와 욕구에 맞는 다양한 활동을 전개하기 어려워 형식에 치우치는 경향이 있다. 좀 더 학생들의 욕구와 흥미를 고려한 활동분야를 찾아 외부의 전문성 있는 강사를 위촉하여 운영하는 방안으로 개선해야 한다. 외국어 중심의 방과 후 특기·적성활동을 운영하는 데 있어서도 회화 중심의 외국인 강사를 활용하는 방안도 학생들의 참여도와 효과를 높일 수 있다고 본다.

셋째, 경기대명고등학교와 같은 재적응형 대안학교 학생들은 결손가정, 부모로부터 유기, 가족들과 대화가 단절된 학생들이 많은 편이다. 이들이 심리적 안정감을 유지하고 어려움에 부딪칠 경우 합리적인 문제해결력을 지닐 수 있도록 지역 상담센터 상담가, 상담자원봉사자, 각종 협회의 회원들과 유기적인 상담이 가능하도록 연계가 되어야 한다.

넷째, 재적응형 학교로서 본교 학생들이 지역주민들에게 부정적인 인상을 갖는 현실에서 축제나, 전시회, 학교공개 행사 때에 지역주민들을 초청하는 기회를 가짐으로써 본교에 대한 인식을 전환할 수 있도록 인적 연계를 하는 것이 필요하다.

다섯째, 주5일 근무제에 따른 토요 휴무에 따라 뚜렷한 계획 없이 가정과 사회에서 방치되는 학생들이 다양한 사회교육기관 및 지역주민과 연계되어 삶의 질을 향상할 수 있는 활동을 할 수 있도록 인적 연계가 요구된다.

(나) 시설 및 물적 연계 관련

첫째, 결손가정이나 부모로부터 유기된 학생들이 비행에 빠지지 않고 최소한의 의식주 생활이 가능하도록 외부의 청소년 쉼터, 종교단체 등의 기관과 시설 및 의식주 관련 물적 연계가 이루어져야 한다.

둘째, 지역사회와의 시설 및 물적 연계는 주로 체험학습과 관련된 몇몇 시설에 국한된 점이 있다. 좀 더 다양한 기관인 도서관, 박물관, 문화원, 청소년수련원, 문화센터, 일반 행정기관, 종교단체와 백화점(문화강좌) 시설과 프로그램에 참여하는 연계 활동을 활성화해야 한다.

셋째, 특성화 선택 교과의 실습 성과물(제빵, 연주, 작품전시 등)과 학생들이 연마한 기술 및 기능(헤어미용, 사진 등)을 지역 주민들에게 제공하는 시설 및 물적 연계를 추진하는 계획을 수립하는 것이 필요하다.

(다) 재정적 연계 관련

첫째, 가정의 경제적 형편이 어려운 학생들이 많은 본교에서 국외체험학습을 하는 데 많은 어려움이 있다. 교육과정 운영상 다양한 체험학습이 원활하게 이루어질 수 있도록 지역사회 단체나 독지가들과 연계하여 체험학습 경비를 지원받을 수 있는 연계 노력이 요구된다.

둘째, 대부분의 사립 특성화 대안학교들은 전국적인 모집으로 지역사회의 학생들이 극소수에 불과하기 때문에 지역사회의 재정적 지원이 인색한 실정이다. 그러나 본교는 경기도교육청이 설립한 비기숙형의 특성화 대안학교로 학생의 대다수가 학교 인근의 수원, 안산, 군포, 안양 지역의 학생들이다. 따라서 일반 행정기관 및 지역의 각종 협회나 단체들로부터 재정지원을 받을 수 있는 조건이 된다. 수익자 부담의 각종 체험활동 및 면학 의욕을 고취시키기 위한 차원에서 경제적으로 취약한 학생들을 위한 재정적 연계체제가 시급하게 요구된다.

바) 나오며

평생학습사회와 주5일제 수업 시행에 따라 학교 위주의 교육과정 운영에서 지역사회와의 연계 교육과정 편성·운영의 필요성이 한층 요구되고 있다.

특히 체험학습을 위주로 하는 특성화 대안학교 및 대안학교에서는 교육과정 운영상 지역사회와 인적·물적·재정적인 연계 체제를 구축하는 것이 무엇보다도 중요하다. 많은 특성화 대안학교 및 대안학교에서는 그러한 연계가 어느 정도 이루어지고는 있으나 체계적이지 못하거나 활성화가 되지 못하고 있다. 이는 지역사회와의 연계가 어려운 산촌에 위치, 교원들의 학교교육 위주의 고정관념, 연계 활동 시 생활지도의 어려움과 외부의 부정적 인식 등으로 학교 내에서의 교육과정 및 활동에 안주하려는 경향 등에서 비롯된다.

따라서, 대안학교에서 지역사회 연계 교육과정을 활성화시키기 위해서는 지역사회 연계 교육과정에 대한 대안학교 교원들의 인식과 실천 의지, 학교－지역사회 연계 교육과정을 편성·운영화할 수 있는 세밀한 작업이 관건이라 할 수 있다.

2. 대안학교 졸업생의 진로 연착륙[60]

대안학교가 특성화 학교로 제도화된 지 10년이 지나고 있고, 위탁형 대안학교, 미인가의 전원형 및 도시형 대안학교 등 다양한 형태의 대안학교 졸업생들이 배출되고 있다. 이러한 시점에서 그들의 진학이나 취업 등 진로에 대한 관심이 요구된다. 이러한 관심은 초·중등의 각 단계 및 진로과정(진학, 취업 등)과 관련해서 다양하게 논의될 수 있지만 본 글에서는 고등학교 수준의 대안학교 졸업생들의 대학 진학과 관련하여 연착륙 방향을 논하고자 한다.

가. 대안학교 학생의 진로정책

한국의 대안학교를 구분하면 크게 네 가지로 나눌 수 있다. 첫째, 1997년 인가받은 「초·중등교육법시행령」 제91조(특성화 고등학교)에 따라 "자연현장실습 등 체험 위주의 교육을 전문적으로 실시하는 학교"로서 특성화 대안학교이다. 둘째, 「초·중등교육법」 제28조(학습부진아 등에 대한 교육) 및 동법시행령 제54조(학습부진아 등에 대한 교육)의 규정에 따라 각 시·도교육청이 조례로 제정한 「대안교육기관의지정및학생위탁등에관한규칙」에 의해 인가받은 위탁형 대안교육기관들이다. 이러한 위탁형 대안학교는 "정상적인 학교생활을 하기 어려운 학생과 학업을 중단한 학생 그리고 개인적 특성에 맞는 교육을 받고자 하는 학생들에게 개인적 특성을 고려하여 체험학습, 적성교육, 진로지도 등 다양한 교육내용을 제공하기 위해 필요한 교육을 실시"하고 있다. 셋째, 특성화 학교로 인가받지 않거나 받지 못하고 비인가 대안교육기관으로 운영되는 다양한 형태의 대안학교를 들 수 있다. 마지막으로, 2005년 3월 24일 공포된 「초·

---

60) 본 2절은 2008년 2월 13일 '대안학교 학생의 진로 연착륙 방향'에 대한 '대안학교 – 대학 간 연계 워크숍(인하대학교)'에서 필자가 주제발표(2) 한 내용이다.

중등교육법」 제60조의 3항 및 「대안학교의 설립·운영에 관한 규정」(2007.6.28. 대통령령 제20116호)에 따라 2008년도부터 각 시·도교육청별로 인가·운영될 대안학교는 각종학교로서 대안학교이다. 설립·인가 취지는 "학업을 중단하거나 개인적 특성에 맞는 교육을 받고자 하는 학생을 대상으로 현장 실습 등 체험 위주의 교육, 인성 위주의 교육 또는 개인의 소질·적성 개발 위주의 교육 등 다양한 교육을 실시하는 학교"이다.

　좀 더 구체적으로 대안학교의 특성을 인가 여부와 법적 근거, 설립취지, 교육대상 및 교육내용에 따라 유형별로 분류해 보면 <표Ⅰ-27>과 같다.

〈표Ⅰ-27〉 대안학교 유형별 특성

구분	특성화 대안학교	위탁형 대안학교 및 대안교육기관	대안학교	대안교육기관	대안적 교육공간
교육 대상	획일적인 제도교육에 적응하지 못하는 학생	정상적인 학교생활을 하기 어려운 학생과 학업을 중단한 학생 그리고 개인적 특성에 맞는 교육을 받고자 하는 학생	학업을 중단하거나 개인적 특성에 맞는 교육을 받고자 하는 학생	잠재적 탈학교 학생(입시포기, 장결학생, 낮은 학습의욕), 자기선택	다양한 계층과 문화 배경 가진 학생(교육 및 사회소외자, 소수자, 탈이념 추구 자녀)
교육 내용	-인성 위주의 창의적, 자연 친화적 교육 내용 -자연현장실습 등 체험 위주의 교육	보통교과 최소 운영 및 체험학습, 적성교육, 진로지도 등 다양한 교육내용	현장 실습 등 체험 위주의 교육, 인성 위주의 교육 또는 개인의 소질·적성 개발 위주의 교육 등 다양한 교육	학교 및 설립자 철학을 바탕으로 기초지식, 자립, 자기주도적 학습내용(학교에 따라 매우 다양)	매우 다양 -치유교육 -일·놀이·학습 통합 -적응교육 등
설립 취지	다양한 특성화 교육	학습부진아 등에 대한 교육	자율성, 실험성, 다양성 등을 근간으로 미인가 대안교육시설에 대한 법적 양성화 및 재정 지원	다양한 대안적 교육 실험	-돌봄, 쉼 -탈학교, 종교적 확신, 이념적 가치
법적 근거	「초·중등교육법시행령」 제91조 및 제76조	「초·중등교육법」 제28조 및 동법시행령 제54조, 대안교육기관의지정및학생위탁등에관한규칙	「초·중등교육법」 제60조의 3항 및 「대안학교의 설립운영에 관한 규정」	비인가, 미인가 형태	학교를 넘어선 미인가의 교육공간(계절, 주말, 방과 후 등)
비고	1997년 제도화	'90년대 후반 학생 제적 유보에 따른 부적응 학생 대책	2008학년도부터 인가 운영	무학년 통합 과정으로 운영	공동육아, 공부방, 홈스쿨링

한국교육사에 있어서 1990년대 중반 대안학교가 등장한 것은 전통적인 학교교육에 대한 비판에서 비롯되었다. 특히, 정부가 정책적으로 대안교육과 대안학교를 인가한 것은 1997년 특성화 대안학교에서부터이다. 당시 일반 공교육에 대한 '보완' 내지 '대체'의 비판적 성격을 지닌 대안교육을 정부가 제도적으로 수용한 것은 학교교육의 다양화를 통해 학교선택권을 확대한다는 측면도 있었지만 교육복지 차원에서 학교중도탈락자를 예방한다는 취지가 컸다.

특성화 대안학교를 인가한 이후 정부는 대안교육을 확대·내실화하기 위한 다각적인 노력을 해 나왔다. 대안학교에 대한 사회 일각의 부정적인 인식을 줄이기 위해 위탁형 대안학교 운영 법제화, 미인가 대안교육기관을 양성화하기 위한 각종학교로서 대안학교의 법제화, 미인가 대안교육기관에 대한 재정적 지원 등이 그것이다.

정부가 대안학교를 확대하려는 정책의 밑바탕에는 현재의 공교육이 사회변화를 이끌어 가거나 다양한 학생들의 요구를 반영하고 교육수요자들의 교육만족도를 향상시키기 어렵다는 인식에 근거하고 있다. 또한 다양화·특성화·자율화를 핵심으로 하는 대안학교의 특성이 미래 학교교육의 방향과도 일치하기 때문이다.

그럼에도 불구하고 지금까지 정부의 대안학교 정책을 보면 대안학교 졸업생들의 진로 모색과 관련된 정책적 관심이나 정책 표명이 없었던 것이 아쉽다.

나. 대안학교 졸업생의 진로 특성

특성화 대안학교가 법제화된 이후 현재 다양한 형태의 대안학교가 운영되고 있다. 고등학교 수준의 대안학교 졸업생 수는 2007년도 한 해에 1,036명에 이르렀다. 일반학교에 비해서는 아직 미미한 수준이지만 향후 각종학교로서 대안학교가 등장하는 것을 감안하면 그 수가 크게 늘어날 전망이다.

대안학교 졸업생들의 진로에서 나타난 특성을 보면 다음과 같다(<표Ⅰ-28> 참조). 첫째, 대안학교 졸업생들의 대학 진학률이 매우 높다는 것이다. 2007년 2월 대안학교 졸업생 1,036명 중 819명(79.1%)이 대학 진학을 하였고, 취업은 56명(5.4%), '기타'가 161명(15.5%)으로 나타났다. 세부적으로 보면, 특성화 대안학교 졸업생의 90%, 위탁형 대안학교 출신자의 67%, 전원형 대안학교 63.3%, 도시형 대안학교 41%가 대학 진학을 선택하였다. 학교유형으로 볼 때 특성화 대안학교 졸업자의 90%가 대학 진학률을 보이고 있어 일반계 고등학교 87.1%보다 높았다. 이는 2004년도 일반계 고등학교의 대학진학률이 81.3%일 때 특성화 대안학교는 88.5%로 높았던 것이 지속적으로 이어지고 있다. 물론 일반계 고등학교에 비해 대학에 진학하는 학력 수준은 차이가 있을 수 있지만 대안학교 학생들이 높은 진학 욕구와 진학률을 갖고 있다는 것은 명확하다.

둘째, 대안학교 졸업자의 주된 대학입학 전형방법이 대안학교 졸업자 특별전형보다는 일반전형이 많다는 점이다. 2003~2004년도 당시 대안학교 졸업생 중 국내 대학 진학자들의 전형유형별 대학진학 비율을 보면 일반전형으로 대학에 진학하는 학생들은 2003년 37.6%, 2004년 37.9%이었고, 대안학교 출신자 특별전형으로 대학에 진학한 학생은 각각 20.8%, 20.4%였다(이병환, 2004: 96). 이는 대안학교 졸업자 특별전형으로 뽑는 모집인원이 2008학년도 현재 16개 대학에 160명[61]으로 매우 적다는 데에 있다. 대안학교 졸업생끼리 치열하게 경쟁하는 것보다는 오히려 일반학교 학생들과 경쟁을 통해 진학하고 있다는 사실이다.

---

61) p.201의 <표 I −29> "대안학교 졸업생을 위한 특별전형 대학 현황" 참조.

〈표 I −28〉 2006학년도 고등학교 졸업생 진로 현황

단위: 명(%)

구 분		학교 수 (교)	졸업생 수 (명)	진로 현황			계	비 고
				대학 진학	취업	기타		
일반학교	일반계고	1,437	412,649	359,478 (87.1%)	3,605 (0.9%)	49,566 (12.0%)	412,649 (100%)	* '기타'에는 무직, 입대자, 미상을 포함 한다.
	전문계고	707	158,708	113,487 (71.5%)	32,075 (20.2%)	13,146 (8.3%)	158,708 (100%)	* 전문계고 진학자의 61.9%는 전문대 진학.
대안학교 인가	특성화고	12	636	574 (90%)	14 (2%)	48 (8%)	636 (100%)	
	위탁형고	15	186	124 (67%)	28 (15%)	34 (18%)	186 (100%)	
비인가	전원학교	7	150	95 (63.3%)	4 (2.7%)	51 (34%)	150 (100%)	
	도시형대안	24	64	26 (41%)	10 (16%)	28 (43%)	64 (100%)	
계		58	1,036	819 (79.1%)	56 (5.4%)	161 (15.5%)	1,036 (100%)	

※ 일반학교 관련 통계는 교육부 통계시스템의 자료를 참고했으며, 대안학교 관련 자료는 교육부(2007)의 대안교육백서에 나타난 자료를 참고하여 작성한 것임.

셋째, 대안학교 졸업자를 위한 특별전형을 하는 대학들은 인천 카톨릭대를 제외하고는 모두가 '수시 2학기' 모집을 하고 있으며, 원광대를 제외하고는 수능 최저등급을 적용하지 않고 학생부와 면접 그리고 서류 전형을 한다는 점이다. 이는 대입전형에 있어서 지적인 학력 지표로서 수능점수에 근거하기보다는 학생부와 심층 면담을 통해 학교생활과 그들이 갖고 있는 삶의 인성적 자질을 중시한다는 것이다.

넷째, 현재 대안학교 졸업생을 특별 전형하는 대학에서는 그 지원 학과를 일부 대학 또는 일부 학과로 제한하고 있다. 대학의 입장에서 보면 대안학교 학생들의 일반적인 학력 수준을 감안한 차원에서 이해할 수 있다. 그러나 대안학교 학생들로서는 특별전형으로 가고 싶어 하는 대학이나 학과를 제한하는 결과로 볼 수 있다. 따라서 대안학교 졸업생들을 특별전형으로 뽑지 않는 대다수의 대학이나 학과에 입학하려면 대안학교 교육과정과 수능을 위한 입시과목에 이중으로 매달리지 않을 수 없는 현실에 봉착하게 된다.

다. 대안학교 – 대학 간 진학 연착륙 방향

대안학교 – 대학 간 진학의 연착륙 방향에 대한 논의는 다음과 같다.

첫째, 지난 10년간 대안학교 수요는 지속적으로 증가되어 왔고, 2008학년도부터 각종학교로서 대안학교가 인가될 것으로 보아 향후 대안학교 졸업생들의 진학 문제가 크게 대두될 것으로 본다. 따라서 대안학교 졸업생들을 위한 특별전형 또는 대학의 독자적 기준에 의한 모집인원이 확대되어야 한다.

둘째, 대안교육을 받은 학생들에게 적합한 전형기준 또는 전형 방법이 마련되어야 한다. 현재 대안학교의 학생 평가 및 학생부 기술방식은 일반학교와는 다르다. 대안학교의 특성을 고려한 전형기준이 요구된다.

셋째, 초·중등학교 단계에서 대안교육을 받은 학생들이 대학에 와서도 대안교육과 연계될 수 있는 교육내용이나 학과가 개설되어야 한다. 초·중등단계에서 오랫동안 대안교육을 받은 학생들이 대학에서도 연계성 있는 교육 또는 대안교육을 받을 수 있도록 해야 한다. 그렇지 않을 경우 대안학교 졸업생의 대학에서의 부적응 문제가 나타나게 될 수도 있다.

넷째, 대안학교 졸업생들의 특별전형에 있어서는 현재의 능력보다는 향후 학생이 보일 수 있는 발전가능성(잠재력)을 고려한 접근이 요구된다. 이는 1997년 특성화 대안학교 법제화 당시의 주요 목적이 교육복지 차원에서 학교 부적응학생 교육에 있었고, 실제 재적응형의 대안학교를 포함하여 많은 대안학교 학생들은 교육적으로 소외된 학생들이 많기 때문이다. 또한 위탁형 대안학교는 학습부진아 등에 대한 교육을 기본적으로 전제하기 때문에 현재의 학업능력에 좌우되어서는 안 된다. 장기적으로 볼 때, 입학사정관계 도입으로 다양한 입학 전형요소가 개발·적용되어야 한다.

다섯째, 미인가 대안교육기관을 포함한 홈스쿨링 학생들을 위한 다양한 전형 방법과 기준이 적용되어야 한다. 국가나 가정에 따라 홈스쿨을 실시하는 이유가 다양하지만, "기존 학교교육에 대한 학부모의 불만, 학교에서의 아동에 대한 존중감 부족, 학부모가 학교보다 더 나은 교육을 실시할 수 있다는 확신, 학부모의 강한 종교적 확신, 학부모의 강한 이데올로기적 가치관(생태주의 등), 학교와 가정의 지리적 거리 등"(김재웅, 2006)이 작용하기 때문이다.

라. 대안학교 학생들의 진학 연착륙을 위한 과제

첫째, 대안학교 – 대학 간의 진학 연착륙 방향 모색을 통해 시사받을 수 있는 것은 대학입시의 자율화와 입학사정관제가 전제되어야 한다는 것이다. 물론 대학입시 자율화와 입학사정관제가 정착되기 위해서는 정부의 정책적 판단도 중요하지만 대학의 학생 선발에 대한 사회적이고 국민적인 신뢰와 용인이 필요하다.

둘째, 현 단계에서는 입학사정관제 도입에 따른 전형기준과 방법이 구체적이고 객관적으로 개발·제시되어야 한다. 그리하여 대안학교 특별전형에 있어서 대안교육을 잘 받은 졸업자가 대학에 입학할 수 있도록 선발에 있어서 타당성과 신뢰성이 있어야 한다. 대안교육을 잘 받은 졸업자라는 개념이 애매모호하지만 일단은 대안교육의 핵심 내용으로 볼 때 자립심, 특기·소질, 공동체성, 생태성, 자유와 자율성, 개성과 다양성, 인성적 자질, 체험적 자질이 중시된다고 할 수 있다.

셋째, 대안학교 교육과정에 대한 평가를 통해 대안교육 자체에 충실하고 그 정체성을 유지하고 있는 대안학교 학생을 높이 평가할 수 있어야 한다. 자칫 학부모와 학생들의 요구에 따라 입시 위주 교육으로 흐르는 학교, 대학입시만을 위해 편법으로 대안학교를 선택한 학생들이 쉽게 대학에 진학하는 사례를 줄일 수 있어야 한다. 그러기 위해서는 전문성을 가진 입학사정관 선발과 그 역할이 요구된다.

넷째, 각각의 대안학교는 건학이념과 철학에 따라 교육내용이 매우 다양하다. 또한 대안학교 학생들도 일반학교 학생들과는 다소 상이한 교육경험을 가지고 있다는 점을 감안한다면 대안학교 나름의 특성을 대학의 전형방법으로 다양화·특성화시키는 전략이 필요하다. 이는 대안학교의 특성을 살리면서도 그 졸업생을 대학교육으로 연계시키는 연착륙 방안이라 할 수 있기 때문이다.

〈표 Ⅰ-29〉 대안학교 졸업생을 위한 특별전형 대학 현황(2008학년도)

대학	모집 구분	모집 인원	지원 자격	최저학력 기준	전형요소 반영 비율(%)
꽃동네 현도사회 복지대 (충북청원)	수시2	2	본교에서 작성한 대안학교 리스트에 해당하는 고교의 졸업예정자이거나 졸업자로서 대안학교장의 추천을 받은 자		논술 50% 면접 50%
선문대 (아산, 천안)	수시2	4	학교장의 추천을 받은 자(순결학과, 통일신학과, 스포츠학과 제외)	내신성적 산출 가능한 자	1단계: 학생부 100% 2단계: 학생부 80% 면접 20%
성공회대 (서울)	수시2	19	본교에서 정한 대안학교 졸업예정자이거나 졸업자로서 당해 학교 교사의 추천을 받은 자(특성화 대안학교 포함 23교)		-면접:100%(영, 중, 신방과, 유통정보과) -학생부성적 20, 논술 40, 면접 40% (일, 사회복지, 사회과학부)
원광대 (익산)	수시2	8	교육부로부터 인정받은 대안학교 졸업예정자로 학교장 담임의 추천을 받은 자(졸업예정자에 한함)	수능종합 7등급 이내(식물자원, 생물환경, 생화과학, 도예, 디자인)	학생부 80% 면접 20%
한동대 (포항)	수시2	25	본교가 인정하는 대안고등학교 졸업(예정)자로서 대학입학자격을 갖춘 자		1단계: 학생부(교과) 100%. 2단계: 학생부: 50%, 면접구술: 50%

대학	모집 구분	모집 인원	지원 자격	최저학력 기준	전형요소 반영 비율(%)
한신대 (오산)	수시2	20	교육부가 인정하는 고교 졸업 학력 대안학교 및 본 대학이 인정하는 대안학교의 졸업(예정)자 학교장이 추천한 자		1단계: 학생부(교과) 100%. 2단계: 학생부: 60%, 면접: 40%
인천가톨릭대	정시 나군	1	교육부로부터 인정받은 대안학교 졸업(예정)자로 학교장의 추천을 받은 자		학생부 60% 실기 40%
한세대학교	수시2	1	교육부인가 대안학교 졸업 또는 졸업예정자로서 학교장의 추천을 받은 자		학생부 70% 면접 30%
인하대학교	수시2	10	−21C 글로벌 리더 영역 중 홈스쿨링 및 대안학교 출신 자 −사대, 약대, 의학대, 예술계 학과제외	수능최저등급 적용 없음	1단계: 검정고시 100. 2단계: 검정 50, 서류 및 심층면접 50
명지대 (용인)	수시2	10	대안학교 및 홈스쿨링 출신자 (인문5, 자연 5명)	적용 없음	1단계: 학생부100. 2단계: 학생부 66.7, 면접 33.3%
숭실대 (서울)	수시2	8	교육부 인정 특성화 대안학교 졸업자	적용 없음	학생부(교과) 70%와 논술 30%
전주대	수시2	20	본 대학 인정의 28개 대안학교	적용 없음	도시환경미술: 면접100%, 기타학생부 90%＋면접 10%
한국성서대 (서울)	수시2	5	대안학교장 추천자		학생부 60%, 면접 40%
군산대	수시2	10	특성화 대안학교 졸업자	적용 없음	학생부 100%(교과 90, 출결 10%)
감리교신학대	수시2	2	교육부 인정 특성화 대안학교 (신학부 2명)	학생부 없는 자 및 검정출신 제외	학생부 40%, 면접 30%, 성경 40%
남서울대 (천안)	수시2	15	각 시·도교육청에 등록된 대안학교 출신자	검정출신 제외	학생부 100%
계	16교	160			

3. 대안교육·대안학교의 과제

대안교육 및 대안학교가 제도권으로 인가받은 후 공교육에 대한 보완적 역할 및 일반학교에 다양한 변화를 가져왔다. 그럼에도 불구하고 대안학교와 대안교육이 안고 있는 어려움과 과제는 다양하다.

본 절에서는 대안학교 및 대안교육과 관련된 일반적인 과제와 대안학교의 핵심이라 할 수 있는 인성교육의 과제에 대해 알아본다.

먼저, 대안학교 및 대안교육과 관련된 일반적인 과제를 나열하면 다음과 같다.

첫째, 대안교육이 추구하는 지역 공동체 교육을 실현하기 위해서는 물화된 도시를 떠나 외딴 곳에서 교육을 하기보다는 도시 속에서 지역사회와 연대하는 교육을 더 한층 강화해 나가야 할 것이며, 산학연대 교육도 활성화시켜야 한다(권현숙, 137). 도시가 갖고 있는 무한한 인적·물적 및 문화적 교육 자원을 활용함으로써 도시형 대안학교의 장점을 살릴 수 있기 때문이다. 물론 도시형 대안학교의 경우 학부모 연수, 공동체 생활 경험, 생태교육 등을 강화해야 하는 과제가 뒤따라야 하겠다.

둘째, 기존의 제도교육을 비판하고 멀리하기보다는 공교육 체제와 연대하거나 통합하는 방안도 모색해 보아야 한다. 물론 공교육 속에서도 대안교육에 관심 있는 교원들에 의해 대안교실 또는 대안학급이 운영되고 있다. 일반학교에 대한 영향력으로서 대안학교의 파급효과와 함께 공교육의 학교문화가 변화할 수 있도록 일반학교 교원들에 대한 대안교육 연수가 지속적으로 이루어져야 한다.

셋째, 대안학교 교사 양성 및 한계 극복 문제이다. 대안학교의 성공은 교사들의 헌신적인 노력에 의해 결정된다고 단언할 정도로 교사들의 역할은 중요하다. 따라서 교직에 대한 봉사와 열정 이외에 대안문명 및 대안교육에 대한 가치, 대안교육의 내용 및 방법에 대한 전문성을 키울 수 있는 대안학교 교사양성 체제가 요구된다. 대학의 학과 또는 부전공, 교육대학원에서의 대안교육 전공학과 설치가 필요하다. 또한 대안학교 교사로서 정체감을 위한 지속적인 연수, 교원들이 수업연구와 학생지도에 몰두할 수 있도록 행정업무 및 기숙사 사감 탈피, 특성화 교과 전문성 신장을 위한 지원, 교원 가족의 문화생활을 위한 제 복지 대책이 요구된다.

넷째, 대안교육의 실천원리와 교육내용, 교육방법 등에 대한 보다 체계적인 연구·개발이 필요하다. 대안교육이 갖고 있는 개념상의 비형식성 때문에 현재 대안교육이 형식에 얽매이지 않는다는 점도 있지만, 자유로운 교육과정일수록 보다 과학적이고 주도면밀한 교육실천 계획이 있어야 하며 그러한 노력이 없다면 성공적인 교육활동이 이루어지기 힘들기 때문이다(권현숙, 전게서). 대안교육에 대한 이론적 연구·개발 및 체계화 작업은 교육의 지평을 좀 더 넓힐 수 있다.

다섯째, 대안학교 졸업생들의 진로 연착륙에 대한 대안학교 내외의 노력이 요구된다. 상급학교 진학 및 진로 문제는 대안교육을 받고자 하는 사람들의 딜레마 중의 하나이다. 대안학교 졸업생이 상급학교 및 대학과 연계교육이 이루어질 수 있도록 입학전형 및 개설학과에 대한 정책적 배려가 있어야 한다.

여섯째, 각각의 대안학교에서는 '학습동기 강화 프로그램'과 '결핍보충 프로그램'을 개발·운영할 필요가 있다. 대다수 대안학교 입학자들은 학업중단 과정에서 나름의 학습동기를 상실한 경우가(특히 학업중단학생 위주의 대안학교 경우) 많기 때문이다. 학생들의 교육적 욕구를 충족시켜 줄 시스템이 부족할 때, 학생들의 심리적 이반은 점차 심화되어 또다시 학업을 중단하게 되는 경우를 종종 볼 수 있다. 따라서 대안학교에서는 학생들의 학습동기를 자극할 수 있는 각종 실험, 주제학습, 체험, 축제 등의 프로그램을 개발하고 정규 교육과정 운영에 도입해야 한다. 또한 학교의 결핍구조를 보완하기 위해서는 자발성을 신장시키고 질적 수월성을 담보할 수 있는 각종 특별 프로그램(철학교실, 인문교양교실, 각종 과학교실 등) 도입을 적극 고려할 필요가 있다.

일곱째, 대안학교에 적합한 교육과정 및 평가제도의 개발 부재로 일반학교와 같은 방식에 의해 평가받고 관리되기 때문에 대안학교 운영이 경직될 우려를 안고 있다. 이러한 점은 특히 공립 대안학교가 직면하고 있는 문제이며, 정부 인가에 따른 재정적 지원과 함께 일반 사립 대안학교에서도 피할 수 없는 과제가 되었다. 교육부가

2003년도 정책과제로 추진하고 있는 국가수준의 대안학교 교육과정개발 프로젝트를 보면, 설립이념에 따라 혼재하는 대안학교의 교육과정을 체계적으로 정비하겠다는 의미도 있지만 자칫 또 다른 획일성을 조장하지는 않을지 염려도 된다. 무엇보다도 다양한 대안학교 학생들의 욕구를 충족시켜 줄 수 있는 다양한 대안학교 교육과정을 개발해야 할 필요는 있다. 따라서 다양한 대안학교에 적합한 교육내용을 선정하기 위한 전문성과 안목, 그리고 확고한 교육철학, 교육내용에 따라 수준이 검증된 다양한 교재의 확보 등의 특성화 대안학교의 교육과정 개발을 통해 보다 교육적이고 효과적인 대안학교의 교육활동 및 교육과정으로 자리 잡아야 할 것이다.

다음으로, 대안학교에서 인성교육은 참으로 중요하다. 그것은 대안적인 교육이념에 대한 이해와 신념은 인성교육으로 귀결되고, 대안학교에서의 전 교육활동이 인성교육에 바탕을 두어야 하기 때문이다. 따라서 대안교육 및 대안학교에서 인성교육에 대한 발전적 전략을 도모하는 것은 자연스러운 현상이라 할 수 있다. 대안학교에서의 인성교육의 과제는 다음과 같다.

첫째, 대안학교 자체만의 노력으로는 학업중단 경험이 있는 부적응 학생들의 행동, 심리·성격적인 문제를 해결하려는 것은 원천적으로 한계가 있다. 부적응 학생들의 행동의 문제는 그들의 그러한 성격과 습관, 행동 형성의 삶의 경로에 대한 정확한 진단이 필요하기 때문이다. 따라서 필요시 전문 심리·상담·치료적 접근이 요구된다.

둘째, 재적응형의 대안학교 및 부적응 학생들에게 의미 있는 인성교육프로그램을 제공해 줄 수 있는 기관(청소년상담원 등) 및 시설과의 연계체제 구축이 필요하다. 대안학교 교육에 전념하는 교사들만으로는 시간 할애의 곤란으로 전문성 있는 프로그램 개발 및 상담적인 접근이 어려울 수 있기 때문이다.

셋째, 부적응 청소년의 문제는 가정, 사회문제와 밀접하게 연결이 된 만큼 해결의 과정도 부모를 중심으로 하는 가정의 교육력 증진, 사회의 교육적 풍토 조성이 함께 이루어질 때 효과가 있을 것이다.

넷째, 대안학교 전 교직원들이 대안학교의 설립취지인 체험 위주의 인성교육에 대한 믿음과 마인드가 있어야 하고, 그러한 믿음이 학교교육활동 및 학생지도 전반에 스며들어야 한다.

다섯째, 대안학교 교원들이 인성교육 분야에 대한 전문성을 함양할 수 있도록 연수가 활성화되어야 한다. 특히, 인성교육에 대한 이해와 중요성을 인식하고 실천하는 것, 학교에서 다양한 유형의 부적응 행동에 대한 심도 있는 연수를 학교 차원에서 권장하고 지원하는 분위기가 필요하다.

여섯째, 공립 대안학교에 있어서 정신성 또는 영성을 계발하기 위한 인성교육프로그램이 있어야 한다. 공립학교의 특성상 종교적 배경을 바탕으로 할 수 없기 때문에 학생들의 정신성이나 영성을 계발할 수 있는 한계가 있다. 사립 대안학교가 갖는 인성교육에의 종교적 영향을 볼 때, 공립 대안학교는 또 다른 측면(교육사상, 이념 등)에서 인성교육적인 배려와 노력이 있어야 할 것이다.

일곱째, 대안학교 교원들의 선발에 있어서 기본적인 인성적 자질이 중요하게 고려되어야 한다. 혹여 "인성교육을 받아야 할 사람이 인성교육을 시키는 오류는 줄여야 한다."는 것이다. 또한 성격 특성상 자기주장이 강한 것을 넘어서서 독선과 비사회적 인성의 소유자도 같은 맥락에서 경계해야 할 부분이다. 이는 원만한 성격의 소유자가 잠재적 교육과정의 모델링으로 대안학교에 필요하기 때문이다.

마지막으로, 공립 대안학교를 희망하는 교원이 학생교육보다는 승진 점수에 우선성을 둔다면 대안교육의 본질은 외면될 수밖에 없으며, 대안학교의 교직풍토(교무실 분위기)는 인성교육과는 거리가 먼 일(?)에 헌신하는 결과를 낳게 될 것이다.

제 II 부

대안교육정책

제1장 대안교육정책

1. 대안학교 정책 추진 현황

일반적으로 정책의 시기 구분은 정책이 입안되는 의제화 과정에서부터 현재까지의 정책을 중요 전환점을 기준으로 구분한다. 한준혜(2002, 23)는 대안교육정책이 수립된 1996년과 정책 시행을 위해 세부 정책과 다양한 법안을 마련한 1999년을 기준으로 대안학교 정책단계를 정책수립기(1995~1996년 초), 정책반영기(1996년 말~1999년), 정책확장기(2000년 이후)로 구분하고 있다.

그러나 5·31 교육개혁방안에 따라 제기된 학교유형의 다양화, 교육내용의 특성화, 학교 운영체제의 자율화 방향이 학교체제로서 대안학교의 속성과 맥락을 같이하고 있고, 이를 기점으로 대안교육에 대한 시민들의 요구 및 논의가 활발하게 전개되기 시작하였다. 따라서 본서에서는 대안학교 정책의 시점을 1995년으로 설정하고 정책을 논의한다.

한국에서 대안교육운동이 정책 의제화되고, 자율학교로 시범 운영하게 되는 역동적인 시기(1995-2001년)를 '제도화기'로 보았다. 이후 시범운영 결과 긍정적인 평가로 특성화 대안학교를 확산되는 정책의 시기(2002-현재)를 '정책 확장기'로 구분하였다.

제도화기는 1995년 교육당국에 의해 정책적 관심으로 부각되는 시기를 거쳐 1997년 특성화 학교 형태로 인가 및 자율학교로 시범 운영하게 되는 시기이다. 교육정책적 대응으로는 5·31 교육개혁방안, 오인탁 교수의 '고등학교 유형의 다양화 방안'의 정책연구, 1996년 교육개혁방안(Ⅲ), 학교중도탈락자예방종합대책, 문용린의 '부적응 학생 및 청소년을 위한 교육체제 구축'의 정책연구, 부적응 학생을 위한 대안학교 설립·운영 지원 계획, 특성화학교법, 자율학교법으로 구현되고 있다.

정책 확장기는, 자율학교 시범운영 결과 긍정적인 평가로 다양한 특성화 대안학교들이 설립되는 2002년부터 특성화 대안학교의 정착과 내실화를 위한 방향 정립 시기이다. 이때의 정책은 2003년에 발표된 대안교육 확대 내실화 방안, 2004년 '대안교육 활성화 계획 추진', 2005년 대안교육에 대한 일반교사와 대안학교 교사들의 공동연수, 전국 중등교장들을 상대로 한 대안교육에 대한 연수, 2006년 대안교육정책에 대한 자체평가 등으로 나타난다.

가. 제도화기(1995년~2001년)

한국에서 대안교육에 대한 논의는 기존의 공교육에 대한 비판에서부터 비롯되었다. 교육부(1994. 1: 12)가 1994년 교육여건의 개선 차원에서 '학교 모형의 다양화' 과제를 제시하여, 지역특성과 다양한 교육활동이 가능한 신학교 모형을 개발·보급한다는 계획을 추진한 것도 이 같은 맥락이다. 이는 정부 내에서 고등학교 유형의 다양화와 특성화, 창의적인 학교 운영의 재량권 확대의 필요성 측면에서 대안학교의 이념적인 단초가 태동되고 있었음을 의미한다.

이어 1995년 교육개혁위원회(1995.5.31)에서는 정보화, 세계화 시대를 맞아 문명사적 변화에 부응하여 한국교육의 현안문제를 진단하고 그 해결책으로서 '신교육체제'의 이름으로 5·31 교육개혁방안을 발표하였다.

신교육체제는 "열린교육사회, 평생학습사회" 건설을 비전으로 "학습자 중심 교육, 교육의 다양화, 자율과 책무성에 바탕을 둔 학교운영, 자유와 평등이 조화된 교육, 교육의 정보화, 질 높은 교육"을 특징으로 하고 있었다. 당시, 신교육체제의 특징으로 볼 때 학습자 중심의 교육,[62] 교육의 다양화, 자율과 책무성에 바탕을 둔 학교운영은 특성화 대안학교의 인가 취지인 '학생·학부모의 선택권 확대와 학생 위주의 교육, 획일적인 교육에서 벗어나 다양성 존중, 자율학교 운영'과 밀접한 관련성을 갖고 있다. 특히, 학습자의 다양한 개성을 존중하는 초·중등교육을 운영하는 데 있어서 고등학교 유형의 다양화는 핵심 내용이었다. 이를 위해 학교시설 설비기준을 학교의 특성에 맞게 다양화하고, 고교설립준칙주의를 시행함으로써 새로운 형태의 다양한 특성화 고등학교(예, 국제고, 정보고, 디자인고, 학습부진아고 등)가 설립될 수 있도록 하는 것이다.

정부는 5·31 교육개혁의 효과를 "학생과 학부모들에게는 적성과 능력에 따라 다양한 교육프로그램 운영으로 인해 원하는 공부를 할 수 있으며 다양화된 학교체제에서 자신이 원하는 고등학교를 선택할 수 있다는 점, 학교는 단위학교를 자율적으로 운영할 수 있게 되었다는 점, 교육부는 규제중심에서 지원중심 교육행정 체제로 개편하는 계기"가 되었다는 점을 부각하고 있다.

나아가, 교육부는 중등교육의 다양화와 특성화를 위해 '고등학교 유형의 다양화 방안 연구'의 정책연구(1995년 교육정책연구과제)를 수행하게 하였다. 연구에서 오인탁은 현재의 고등학교교육이 대학입시라는 커다란 장애물 앞에서 각 학교 및 학교체제(일반계, 실업계, 특수목적고)가 특성을 잃고 파행적 운영을 하고 있다는 전제하에 학생들의 적성과 소질을 살릴 수 있고, 미래 사회에도 걸맞은 다양하고 특성화된 고등학교를 설립할 필요성을 제기하였다.

동 연구에서는, "특성화 고등학교는 학생들의 적성을 최우선적으로 고려하되 일반계, 실업계, 특수목적고를 망라한다. 특성화 고등학교 설립을 위해 고등학교설립준칙안을 마련하여 최소 기준만 충족하면 고등학교를 자유롭게 설립할 수 있도록 규제를 완화한다. 특성화 고등학교는 다양화와 소계열화 내지는 특수 영역의 단일 전문고등학교를

---

62) 교육개혁위원회는 학습자 중심의 교육을 구현하고자 하는 일환으로 '민주시민교육안'에 대한 공청회(1996)를 통해 "1998년부터 초·중·고등학교에서 학생 체벌 금지, 교사의 존대어 사용 의무화, 체벌금지위원회 설치 운영으로 교사의 체벌과 학생 간 폭력행위를 제도적으로 금지"하기도 했다.

지향한다."는 내용과 특성화된 다양한 유형의 고등학교가 다음과 같이 제시되었다.

①소계열화한 특성화 고등학교: 전기·전자고등학교, 연극·영화고, 문예·창작고, 제과·제빵고, 은행·보험고, 교통·운송고 등이다.

②특수영역의 특성화 고등학교: 컴퓨터고, 자동차고, 국제고, 경제고, 수학고, 관광고, 미용고, 보석가공고, 무역고, 안경고, 시계고 등이다.

③예·체능계 특성화 고등학교: 미술고, 음악고, 국악고, 무용고, 대중음악고, 연극고, 영화고, 체육고등학교(운동경기 특성에 따라 육상, 격투기, 구기, 축구, 테니스, 골프, 승마 등) 등이다.

오인탁의 정책연구는 '고교설립준칙주의', '다양한 학교유형'을 제시해 줌으로써 소규모의 다양한 특성화 대안학교가 설립할 수 있는 토대가 되었다고 볼 수 있다.

교육개혁위원회(1996.8)는 새로운 교육개혁 추진과제의 하나로, 한국 교육의 '음지'를 해소한다는 교육복지 차원에서 교육기회를 확대하고 교육의 기회균등을 구현하기 위한 방안을 모색하고자 '장애인 교육체제 확립'과 '부적응 청소년 교육대책'을 수행하고자 하였다.

한국교육사에서 '교육복지'라는 개념은 당시 교육부장관으로 취임한 안병영 장관의 학문적 관심에서 비롯된 것이다. 복지학을 강의한 안 장관은 당시 신자유주의적인 세계화가 교육에 강조될 때 사회적 평형을 유지하기 위해 교육복지와 대안교육에 관심을 쏟게 된 것[63]이다. 교육에 있어서 복지 개념을 받아들여 교육복지를 추구한 시발점이라는 점에서 한국교육사에 큰 의미가 있다 할 것이다.

대안교육과 관계 깊은 부적응 청소년 교육대책의 정책과제는 "학습부진이나 성격상의 문제 등으로 학교 안팎에서 겉돌고 있는 학생들이 외양적으로는 교육기회를 향유하고 있는 것처럼 보이지만 사실상 교육에서 소외되고 있다."는 판단하에 적절한 프로그램을 제공하여 적극적인 의미에서 교육기회를 보장하고자 한 것이다.

---

63) '2장 3절 나)학교중도탈락자 예방의 사회적 적합성' 평가에서 안병영 장관의 면담(p.282)을 참고 바람.

나아가 1996년 12월 25일 교육부가 발표한 학교중도탈락자예방종합대책은 특성화 대안학교를 설립하는 데 있어서 결정적이고 구체화된 계기였다. 대책 수립의 배경은 학교중도탈락생이 한 해에 7~8만 명(전체 중·고교생의 1.7%) 정도로 증가하였으며, 이들 중 상당수(약 30%)가 비행 등과 연계되고 있어 중대한 사회문제가 되고 있다는 것이다.

특히 입시 위주의 획일적인 학교교육의 병폐는 성적이 중·하위권인 학생은 물론 상당수의 학생들을 학교생활에 흥미를 잃게 하는 잠재적 중퇴생으로 만들고 있다는 점에서 학교교육 전반에 대한 획기적인 대안 모색이 요청되고 있다는 위기감에서 비롯되었다.

학교중도탈락자예방대책의 핵심은 학교가 주도적 역할을 담당하여 가정과 사회를 이끌어 가야 한다는 데에 국민 모두가 인식을 갖고 있기 때문에 학교중도탈락자 사전 예방을 위해서는 "가고 싶은 즐거운 학교"를 만드는 데 역점을 두어야 한다는 것이다. 대책의 기본방향은 학교 모델의 다양화·특성화를 통해 다양한 학습욕구를 수용할 수 있는 부적응학생 교육을 위한 대안학교 설립과 청소년들의 대중적 문화수요를 수용할 수 있는 학교를 설립한다는 것이다. 또한 학교 운영체제를 혁신하여 학교생활 부적응 현상을 최소화하기 위해 체험교육과 특별활동 강화, 학교를 가고 싶은 '즐거운 학교'로 재구조화, 학생징계제도를 선도형으로 개선, 학교 부적응학생에 대한 특례전학제도를 도입하는 등 학교의 교육적 기능 강화와 체질 개선에 주력한다는 것이다.

학교중도탈락자예방 추진대책으로서 부적응학생 교육을 위한 대안학교는 다양한 학습욕구 수용이 가능한 학교로 설립을 추진한다는 것이다. 교육대상은 중퇴생과 학교부적응 현상이 심한 학생으로서 학부모나 학생이 입학을 희망하거나 학교장이 입학을 추천한 학생으로 하고, 설립형태는 3년 과정의 정규학교형과 1년 이내 단기과정(이수 후 원적교로 복귀)의 프로그램형으로 하였다. 대안학교 교육과정은 체험 위주의 비정형적인 교육과정 운영, 1인 1기 교육 강조, 무학년제, 무학기제, 수시입학제 등 학제의 탄력적 적용, 학생들의 대중적 욕구를 수용할 수 있는 다양한 흥밋거리를 교육프로그램에 반영, 마약이나 약물 그리고 알코올 중독 및 비행 학생을 위한 치료교육도 병행하는 교육으로 구성한다는 것이었다.

대안학교 설립방안의 하나로서 정규학교형은 폐교된 학교시설을 활용하여 경관이 수려한 위치에 전원학교 형태의 완전 기숙사제로 하며, 기존 학교의 분교형태로 설립하여 대안학교 학생에 대한 사회의 부정적인 인식문제를 해소한다는 것이었다. 프로그램형 학교는 별도의 학교를 설립하는 것보다는 학생교육원, 학생야영장 등을 활용하여 단기 과정을 설치·운영하는 방안을 강구하는 것이다. 또한 종교단체, 사회단체 등의 설립을 적극 권장하고, 설립신청 시에는 폐교된 학교시설의 사용 허가 및 운영비 일부를 보조한다는 것을 포함하고 있다.

설립계획은 정규학교형은 1998년에 1개교를 설립하되, 시범운영 후 확대하여 총 6개 교를 설립한다는 것이다. 프로그램형도 1998년까지 6개 교(과정)를 설립하되, 2~4개 시·도가 상호협약에 따라 공동투자, 공동운영 형태로 설립한다. 권역별로 1개 교씩 공동 설립계획을 세우고, 재원도 876억 원의 소요예산을 계획하고 있음을 <표Ⅱ-1>을 통해 알 수 있다.

〈표Ⅱ-1〉 중도탈락자예방종합대책에서 대안학교 설립추진 계획

설립지역	서울 강원	부산 경남	대구 경북	인천 경기	광주, 전북 전남, 제주	대전, 충북, 충남	계	소요예산 (억 원)
정규학교형 (설립 연도)	1('98)	1('99)	1(2000)	1(2000)	1(2001)	1(2001)	6	522
프로그램형	1	1	1	1	1	1	6	354

※ 학교규모: 학급당 20명, 학년 당 5학급(중학교 2학급, 고등학교 3학급) 15학급 300명
※ 교육부 자료(1996)

학교중도탈락자예방종합대책에서 대안학교[64] 설립 내용은 1997년 교육부 주요업무계획에

---

64) 정부가 특성화 학교의 한 형태로 대안학교를 법제화(『초·중등교육법시행령』 제91조)하기 전에는 대안학교로 명명(교육복지대책의 일환으로 학교중도탈락자 예방종합대책에서도 대안학교)하였는바, 당시 문서에 나타난 개념에 충실하게 구분하여 쓰고자 한다. 물론 2002년 교육부 국감자료에서와 같이 특성화 대안학교와 비인가 대안학교를 구분하지 않고

반영되어 추진되었다. 세부적으로는 학교 운영방법의 개선을 위한 교육행정 및 교육재정 제도 정비, 고교설립준칙주의 도입으로 소규모 특성화된 고등학교 설립을 유도하는 것(교육부, 1997.1: 3, 18, 25)으로 구체화되었다.

이어서 교육부(1997.3: 3)는 부적응학생 교육을 위한 대안학교 설립·운영 지원 계획을 발표하였다. 1996년 12월 중도탈락자예방종합대책에서의 대안학교 설립계획과는 달리 대안학교의 기본방향을 "공립학교를 새로 설립하는 것보다는 종교단체, 사회단체 등 민간에서의 설립을 적극 유도·지원"하는 방향으로 바뀌었다. 또한 기존의 정규학교에 대한 중퇴와 학교부적응이 심한 학생을 별도 수용하는 영산성지학교의 경우에는 교육여건 개선을 위한 재정을 특별 지원하고, 고교설립준칙주의에 따라 일정 기준에 달한 경우 정규학교로 인정한다는 것이다. 특히, "학생의 부적응 현상도 하나의 개인특성(학습욕구)으로 보고, 이러한 다양한 학습욕구를 충족하는 특성화된 학교형태"로서 대안학교를 본 것이다.

또한, 교육부는 부적응학생 교육을 위한 정책연구(문용린 외, 1997)를 수행하였다. 정책연구에서 문용린 교수는 학교나 사회가 부적응학생들을 예방 및 선도하고, 이들의 입장을 이해하고 전문적으로 치유할 수 있는 대책과 제도적 대안이 미흡하기 때문에 청소년 비행이나 학교폭력과 같은 심각한 문제를 양산하고 있다고 분석하였다.

동 연구에서는, 학생 선도의 한 방안으로 대안학교를 제안하였는데 이는 중도탈락자 예방종합대책에서의 대안학교 설립계획과 같은 맥락과 내용으로 이루어졌다. 구체적인 내용을 보면, "학교규모에 있어서 학급당 학생 수는 20명 내외, 학년당 3학급 정도의 소규모 학교, 인성중심 교육, 학생중심의 학습, 다양한 현장 체험학습, 노작학습 등을 실시, 대안교육이 가능하도록 교육관계법령상 규제를 최소화, 심리치료전문가를 배치하여 상시 상담체제를 구축"한다는 내용을 구체화하였다.

한편, 교육부는 1997년 2월 5일 대안학교 설립 논의를 위한 대안교육전문가협의회를 개최하였으며, 동월 13~15일에는 대안교육 현장에 대한 현장 실태조사의 일환으로

'대안학교'로 쓰기도 하였다.

영산성지고등학교와 안산의 들꽃피는학교 및 홍성의 풀무농업고등기술학교에 대하여 방문조사를 하였다. 또한 1997년 12월 7일 특성화 대안학교 설립 신청을 마감한 결과 10개[65] 학교가 신청을 하였고, 동년 12월 25일 영산성지고등학교 인가를 시작으로 6개[66]의 특성화 대안학교가 인가되어 1998년 3월 개교하게 되었다.

여기에서 중요한 것은 교육부가 대안학교에 대한 인식 제고를 위해 1997년 12월 대안교육을 담당하고 있는 시·도교육청 담당자들의 현장연수[67]를 실시하였다는 점이다. 이후 시·도교육청의 대안학교 담당자들의 연수는 없었다. 특히, 2001년 이후 중등교육에 대한 권한이 시·도교육청으로 위임된 후에는 대안학교 담당 장학사들이 자주 바뀌게 되어 업무의 일관성보다는 새로운 일, 애매모호한 일로 여겨지게 되었다.

그러한 가운데, 1998년 1월에는 '1998년도 특성화 대안학교 신입생 모집'에 대한 보도 자료를 배포 및 시·도교육청에 '보도자료 홍보 및 신입생 모집' 협조 공문도 시달하였다. 또한 인가된 특성화 대안학교의 교육활동을 효율적으로 지원하기 위해 1998년 1월과 2월에 시범학교 예산을 지원하면서 향후 연차적 평가를 통한 예산지원 계획을 발표하였다.

1998년 2월 교육부가 발표한 특성화 대안학교 설립·운영 지원 세부계획은 <표Ⅱ-2>와 같다. 즉, 교육부는 1998년 개교한 특성화 대안학교 시범운영 학교와 사회교육시설 및 1999년 개교 예정의 특성화 대안학교 법인에 대해 한 학교당 5억 원 내외에서 특별교부금 60억을 지원한다는 것이다. 지원 분야는 기숙사·식당· 특별실 건축비를 포함하여 교육과정개발 운영비, 내부시설·기자재 구입에 대한 지원이다.

---

65) 1998년 개교한 6개 학교를 포함하여 전북 세인고, 인천 문화고, 수곡 두레학교, 전남 진성고가 인가를 신청하였다.
66) 충북 청원의 양업고등학교, 경북 경주의 화랑고등학교, 전남 담양의 한빛고등학교와 영광의 영산성지고등학교, 경남 합천의 원경고등학교와 산청의 간디학교이다.
67) 1997년 12월 10~11일 양일간 시·도교육청의 행정과장 및 행정계장 등 실무자 33명이 영산성지고등학교, 산청 간디청소년학교, 거창고등학교를 방문하였다.

〈표Ⅱ-2〉 특성화 대안학교 설립운영·지원을 위한 지원 계획

지원 예산	지원 대상 및 규모	규모 및 시기	지원 분야
60억 원 (특별교부금) * 예산은 국고 사업으로 확보 추진	−1998년 개교의 교육부 지정 시범학교 −사회교육시설 −1999년 개교 예정의 대안학교 법인	−40억 원 내외('98년 3월) −학교당 5억 원 내외 −시설 1억 원 내외 −20억 원 내외('98년 10월)	−기숙사·식당·특별실 건축비 −교육과정개발 운영비 −내부시설·기자재구 입

※ 출처: 교육부 내부 행정자료, 1998.2.

이어 교육부는 1998년 3월에 '특성화 대안학교 설립·운영 지원 세부계획'을 시·도교육청에 시달하였다(<표Ⅱ-3> 참조).

〈표 II - 3〉 특성화 대안학교의 시범학교 지정 및 예산지원 계획

구 분	내 용
시범학교 대상	- 1998년 개교한 특성화 고등학교 중 대안학교 6개 교 이내 - 법상 특성화 고등학교의 지위를 얻지 못했으나 학교에 준하는 형태로 대안교육을 실시하고 있는 학교 또는 사회교육시설 중 4개 이내
시범운영 기간	- 1998. 4. 1.~1999. 3. 1(1년간) - 원칙적으로 1년 단위로 시범 운영하되, 평가 후 2차에 걸쳐 연장 가능 - 학교 당 총 시범 운영기간은 3년 이내
시범운영 내용	- 학사 전반에 걸친 탈규제 정책 실시: 「초·중등교육법」 제61조 및 동법 시행령 제105조의 규정을 적용하여 수업, 교원인사, 학생선발 등 학사 전반에 걸쳐 자율권 부여. - 교원임용의 탄력적 운영: 성직자를 산학겸임교사, 강사 등으로 활용 가능. - 교육과정 편성/운영의 자율책정권 부여: 다양한 현장 체험학습 등이 가능하도록 학교단위 교육과정 운영권 부여. - 입학금 및 수업료 자율책정권 부여. - 시범운영 중간·결과 보고회 개최: 학교별 1회.
예산지원대상 및 지원규모	- 교육부 지정 시범학교·사회교육단체 - 1999년 대안학교 개교예정으로 설립된 학교법인
학교별 지원규모 및 내역	- 1998년 개교 대안학교(6개교): 교당 10억 원 내외(평균 5억 원 정도)를 기숙사, 식당, 특별실, 건축비, 내부 시설비, 교육과정개발, 운영비 등으로 지원 - 특성화 고등학교가 아닌 시범학교·사회교육시설에는 교당 1억 원 내외: 내부시설, 기자재, 교육과정 개발 운영비 등 지원 - 1999년 대안학교 개교예정으로 설립된 학교법인은 교당 5억 원 내외: 기숙사, 식당 등 건립비 지원
기 타	- 시·도교육청으로 하여금 재정결함보조금 등을 통한 운영비 지원 - 1999년 이후 개교예정 학교(법인)에 대하여 적극적으로 폐교부지 알선·매각도록 권장

※ 교육부 내부 행정자료, 1998.3.

그 내용을 보면 "시·도교육청은 1998년도에 개교한 특성화 대안학교 및 사회교육시설에 통보하여 학교시설 면에서 예산지원 신청을 받아 특성화 대안학교 6개

교에 대하여 93억 원과 사회교육시설 4곳에 3억 원을 지원한다. 또한 1999년 이후 개교 예정의 학교법인에 대해 적극적인 폐교부지 알선 및 매각토록 권장한다."는 것이었다.

또한 다양한 특성화 대안학교가 설립될 수 있었던 것은 학교중도탈락자종합대책과 더불어 추진된 학교설립준칙주의이다. 학교설립준칙주의는 고등학교 이하 각급 학교 설립을 용이하게 하고자 최소한의 설립 기준을 충족하여 학교 설립 신청을 하는 경우 교육청이 인가하는 제도이다. 학교설립준칙주의의 적용 대상은 고등학교 외에 유치원, 초·중학교, 공민/기술/고등기술학교, 각종학교 등이다.

교육부는 1996년 대학설립준칙주의를 도입하여 대학시장에의 진입장벽을 낮춘 데 이어, 1997년 고교설립 기준을 최소화하여 일정기준을 충족하면 특성화된 다양한 고등학교를 자유롭게 설립·운영할 수 있도록 하는 고교설립준칙주의[68]를 도입하였다. 고교설립준칙주의에 따를 경우 사립고등학교는 전 학년 학생을 60명 이상으로 하여 "교사(校舍), 교지, 수익용 기본재산"의 기준을 갖추어 학교설립 인가를 신청하는 경우 이를 인가하는 제도이다.

고교설립준칙주의 도입에 따라 특성화 대안학교 설립을 주도했던 김광조 과장(1998: 40)은 당시 특성화 대안학교 인가에 따른 기대효과를 다음과 같이 주장하고 있다.

"수요자 중심의 교육구현에 이바지, 학생의 소질과 적성을 살리는 교육으로 전환, 교육복지에 기여(학교중도탈락자를 포함한 교육소외계층) 및 민간 차원의 대안학교운동을 제도권으로 수용, 고등학교 현장의 혁신 및 구조를 재편하는 데 있다."

특성화 대안학교 설립과 관련하여 정책 실행을 가능하게 하는 조건으로 자율학교[69]

---

68) 고교설립준칙주의에 대한 좀 더 상세한 내용은 본 장 2절(p.232)의 설립조건으로서 '고교설립준칙주의'를 참고 바람.
69) 자율학교에 대한 좀 더 상세한 내용은 본장 2절의 (p.236) '운영조건으로서 자율학교제도'를 참조 바람.

제도가 도입되었다. 자율학교란「초·중등교육법시행령」제105조(학교 운영의 특례)에서 처음으로 사용한 법률 용어이다. 행정 용어로는 교육부가 1996년 5월에 내부 문서로서 '탈규제학교(regulation-free school)'로 명명한 것에서 비롯된 것이다. 이는 학교교육의 획일성을 극복하기 위하여 중등교육의 다양화·특성화 정책과 학교 운영의 자율성 신장 정책의 구현 조건이 되는 교육개혁의 의지에서 비롯되었다.

교육부는 1997년 12월 13일 제정한「초·중등교육법」제61조(학교 및 교육과정 운영의 특례)와 1998년 2월에 공포된「초·중등교육법시행령」제105조(학교 운영의 특례)[70]를 통해 정부의 탈규제적 학교정책 방향과 학교 운영의 자율성 신장, 그리고 특성화 대안학교가 운영될 수 있는 조건으로서 자율성을 보장하려는 의지를 보여 주었다.

자율학교 제도의 핵심 내용은「초·중등교육법」제61조(학교 및 교육과정 운영의 특례) 1항에 명시되어 있다. "교장이나 교감 자격이 없는 사람을 학교 운영 및 관리자로 둘 수 있으며(21조1항), 현행 3월의 학년도 개시(24조1항)나 학년별 진급제(26조1항), 3년의 수업 연한 등에 구애받지 않을 수 있다(39, 42, 46조). 또한 교과서를 개발 및 재구성하여 사용할 수 있으며(29조1항), 학교 운영위원회 설치도 아니 할 수 있다(제31조)."는 파격적인 내용이었다.

자율학교 운영과 관련된 세부 사항은「초·중등교육법시행령」제105조에 규정하고 있는데, 자율학교는 국·공·사립의 초등학교·중학교 및 고등학교를 대상으로 한다. 지정은 학교장의 신청에 의해 교육감의 추천을 받아 교육부장관이 지정한다는 것이다. 그러나 현재 자율학교 지정 권한은 초·중등교육의 시·도 교육감 이양 및 위임 추세에 따라 몇 차례 개정과정을 거쳐 2001년에 그 지정권이 교육감에게 위임되었다. 대상학교 지정·운영에 있어서 "학습부진아 교육 실시 학교, 개별학생의 적성·능력을 고려한 열린교육 또는 수준별 교육과정 운영 학교, 특성화 중학교, 특성화 고등학교, 기타 교육부장관이 특히 필요하다고 인정하는 학교 등"은 교육부장관이 교육감으로 하여금

---

70)「초·중등교육법시행령」제105조는 "자율학교 대상교, 지정권, 대상학교 지정운영, 학생 모집사항, 지정기간 및 지원"에 관한 사항을 규정하고 있다.

자율학교로 지정·운영하게 할 수 있도록 했다.

학생모집에 관한 사항으로서, 자율학교의 장은 초등학교나 중학교 의무교육 또는 고등학교 평준화 적용 지역에서 입학 시기나 학군 등의 제한을 받지 않고 필기고사 외의 방법으로 학생을 선발할 수 있도록 하였다.

또한, 자율학교 지정은 3년 이내로 지정·운영하되 교육부장관이 정하는 바에 따라 연장 운영할 수 있도록 하였으며, 교육부장관이나 교육감은 자율학교 운영에 필요한 지원을 하여야 한다고 의무조항으로 하였다.

「초·중등교육법시행령」 제45조의 자율학교 운영 관련 사항을 보면, 자율학교의 경우 관할청의 승인을 얻어 연간 220일 이상으로 되어 있는 수업 일수를 1/10 범위 안에서 감축 운영할 수 있도록 규정하고 있다.

이후 교육부는 자율학교에 대한 시범운영을 위해 정책적 논의[71]를 하였다. '자율학교 시범운영의 필요성과 시범운영 범위 설정 문제'에 대한 정책토론회 결과 "자율학교는 특성화고 및 예·체능고에 우선 적용하고, 실업계는 시차를 두고 성과를 평가하여 확대 실시한다. 자율학교 교장은 학교 운영·관리자이므로 자격이 불필요하나, 교감은 자격이 필요하므로 현행 제도대로 운영한다. 학년제/수업연한, 등록금 제도는 현행대로 유지하고, 교장 추천에 의한 학생 월반의 폭을 확대한다. 자율학교 학생선발 시 주지과목 위주의 필기고사는 규제할 필요가 있다. 교사의 인사상 가점 및 공문서 보고 의무 면제 폐지, 자율학교 선정은 교육정책심의회 위원을 활용한다."는 것을 확정하였다.

자율학교 제도의 운영을 확대하려는 정책 방향은 "1998년 개교하는 6개 특성화 대안학교에 대해 교육부가 자율학교 시범운영교로 지정하여 특별재정지원을 60억 원 지원(교육부, 1998.1: 26)한다."는 것이다. 또한 학교중도탈락 학생을 위한 4개 교의 재적응형 특성화 대안학교를 설립·확대"하고 지원체제 강화를 위해 "규제를 최소화한

---

71) 교육부는 자율학교 시범운영에 대해 장관 주재의 정책토론회를 두 차례(1차 1998.6.15., 2차 1998.7.28)나 거쳤다(교육부, 1999: 47－48, 57－59).

14개 학교를 1999년부터 2001년까지 3년간 자율학교로 시범 운영하는 것(교육부, 1999: 2, 8)"을 포함하고 있다.

또한, 교육부는 1999년 10월 7일 「학교 수업료 및 입학금에 관한 규칙」 제2조 개정을 통해 특성화 대안학교(특성화고, 특성화중, 자율학교 중 교육감이 정하는 학교의 경우)에 대해 2000년부터 학생납입금 책정을 학교장이 자율적으로 할 수 있도록 하였다. 현실적으로 볼 때, 이 조치는 특성화 대안학교의 재정 운영에 도움을 주는 차원보다는 자율 책정의 경우 시·도교육청의 재정지원이 어렵다는 암묵적인 조건에 따라 대다수의 특성화 대안학교들은 수용하지 않았다.

2001년 6월 교육부는 대안교육의 활성화를 위한 방안의 일환으로 학교의 설립요건을 완화하는 조치를 발표하였다. 내용의 핵심은 "도시개발 구역 안에 학교를 설립할 때 수익용 기본재산을 3년을 초과하지 않는 범위 안에서 연차적으로 확보할 수 있도록 한다. 아울러 특성화 중·고등학교의 설립 시, 시·도 교육감이 교육상 지장이 없는 범위 안에서 교사, 체육장의 기준을 완화하여 인가할 수 있도록 요건을 완화한다."는 것이었다. 이는 「고등학교이하각급 학교설립·운영규정」 제12조[72]와 동법시행규칙[73]의 개정으로 반영되었다.

2001년도에 접어들면서, 사회통합을 촉진하는 인적자원 개발정책 추진의 일환으로 중도탈락청소년 예방 및 사회적응대책을 수립·추진(교육부, 2001.1: 16, 26)하는 데 있어서 교육부를 중심으로 관련 부처와 민간단체가 참여하는 범정부적인 대처하는 방식[74]을 취하게 되었다.

이 당시 교육부의 특성화 대안학교 정책에 대한 시각은 국정감사 답변자료(교육부, 2001a)에도 나타나고 있다.

임종석 의원의 질의에 대한 답변에서 교육부는 "대안학교가 중도탈락 학생들을

---

72) 「고등학교이하각급 학교설립·운영규정」[일부개정 2001.10.31. 대통령령 제17397호]
73) 「고등학교이하각급 학교설립·운영규정시행규칙」[일부개정 2001.11.20. 교육부령 제795호]
74) 교육부(2001.3.17). 인적자원 강국으로의 도약을 위한 교육인적자원정책 추진 계획.

바람직한 방향으로 이끌어 가고 있으나, 중도탈락 학생에 비해 학생 수용 인원이 부족, 도시지역 대안교육 수요자와 경제적 어려움이 있는 학생에게 대안교육 기회 제공의 부족을 위해 정책연구 결과를 토대로 '특성화 대안학교의 설립인가 기준 완화의 법령개정 추진'과 '대안교육 활성화를 위한 체계적인 개선방안을 수립'하겠다."는 것에서 찾을 수 있다.

또한, 2001년도 교육부에 대한 '국정감사결과 시정 및 처리 요구사항에 대한 처리결과보고서'(대한민국 정부, 2002.2) 중 대안교육 관련 내용을 발췌해 보면 <표Ⅱ-4>와 같다.

중도탈락 학생 예방과 비행학생 수용을 위한 대책으로서 다양한 대안교육(특성화 대안학교, 도시형 대안학교, 대안교실, 공립 대안학교 설립)을 교육부 관련 부처 및 각 시·도교육청별로 요구하고 있는 것이다. 주목할 만한 것은 교육부를 포함한 정부가 아직도 대안학교 및 특성화 학교에 대해 개념을 혼동해서 사용하고 있으며, 넓은 의미의 대안교육 및 대안학교(특성화 대안학교 포함)를 중도탈락 학생과 비행학생을 수용하는 학교로 인식하고 있다는 것이다. 또한, 경남교육청의 경우에는 간디학교와의 갈등이 정리되지 않는 듯한 '대안학교 신청 시 입학할 학생 수의 증가 추세 등을 감안하여 신중히 검토하겠다.'는 식의 향후 계획을 밝히고 있음에 유의할 필요가 있다.

소관부서	시정 및 처리요구사항	조치 결과 및 향후 계획
국제교육정보화기획관실	학생들의 자퇴가 늘고 해외 유학생 수가 증가하는 데 대한 원인 규명과 대책 요구	중도탈락청소년대책 추진을 위한 대안교육정책 연구 발주
서울특별시교육청	중도탈락 학생과 비행학생 수용의 도시형 대안학교 및 공립 대안학교 등 다양한 대안교육 실시방안 마련	− 도시형 대안학교 운영(위탁형, 프로그램형) 및 활성화(대안학교 프로그램 개선, 시설개선, 교사 전문성 신장), − 중학생 대안교육 실시, 정규 대안학교 신설·지원(공사립), 서울시대안교육센터와 운영협조
서울특별시교육청	무상의무교육 전면실시에 따른 비행학생 대책 세울 것	− 대안교실 등을 통한 적응교육의 다양화(일반적응 교육, 복교생, 징계학생, 대안학교 위탁준비교육과정) − 고교중도탈락·부적응 학생 중 희망자를 위한 도시형 대안학교 운영, − 중학생 대상의 대안교육 실시(단기의 대안교실, 중·장기의 대안교육)
부산광역시교육청	중도탈락 학생과 비행학생 수용의 도시형 대안학교 및 공립 대안학교 등 다양한 대안교육 실시방안 마련	− 대안교실 운영의 활성화, − 도시형 대안학교 설립인가, − 신설 대안학교 내실화 위한 지원강화, − 시교육청의 대안학교 운영활성화 지원, − 사립 대안학교 설립 권장
부산광역시교육청	대안교실 운영 프로그램을 타 교육청에 전파하여 운영토록 할 것	− 우수사례 발표 및 홍보자료 발송 홍보 − 홈피에 대안교실 운영결과보고서 탑재
대구광역시교육청	중도탈락 학생과 비행학생 수용의 도시형 대안학교 및 공립 대안학교 등 다양한 대안교육 실시방안 마련	− 다양한 대안교육 실시방안 마련 − 도시형 대안학교 설립(가인가 추진)
인천광역시교육청		지구촌고를 충실히 운영 및 별도 대안학교 설립 필요시 적극적인 행·재정 지원
광주광역시교육청		동명고 운영 지원(2001년 12억 5천) 및 필요시 시설확충 지원으로 수용규모 확대 고려
대전광역시교육청		− 2003년 개교 목표의 대안학교 설립 추진 − 비행학생에 대한 대안교육, 프로그램 실시
울산광역시교육청		도시형 대안학교(두남학교) 설립 추진 − 중도탈락 학생 및 비행학생을 위한 대안교육 실시 − 대안학교에 중학생 과정의 현장체험학습 과정 개설
경기도교육청		공립 도시형 대안학교 설립 추진 중(경기대명고등학교)
강원도교육청		팔렬중학교 운영 및 고등학교 과정 추진 유관기관과 연계 협조
충북교육청		대안학교 운영 지원 및 대안교육 활성화를 위해 학교별 중퇴생대책위원회 구성
전북교육청		도시형 대안학교나 공립학교 설립계획 없으나, 교육부의 연구결과에 따라 대안교육 활성화 방안 마련계획
전남교육청		대안학교 설립 제안 시 특성화 학교로 학력 인정, 대안교실 운영 권장, 학교적응 교육프로그램 보급
경북교육청		대안학교 행·재정적 지원을 현재와 같이 계속 지원(경주 화랑고)
경남교육청		대안학교 신청 시 입학할 학생 수 증가 추세 등을 감안하여 신중히 검토

※ 출처: 대한민국 정부(2002.2), 2001년도 교육부에 대한 '국정감사결과 시정 및 처리 요구사항에 대한 처리결과보고서'

나. 정책 확장기(2002년~   )

교육부(2003.7)는 학생들의 다양한 소질과 적성에 맞는 교육을 실현하기 위하여 2003년 7월 대안교육기회의 확대·내실화 추진방안을 발표하였다. 이는 대안교육기관에 대한 학교 수업 인정 및 '학력 인정 대안학교(가칭)' 설립 등을 통한 '대안교육기회의 확대·내실화 추진방안'으로서 2002년 7월 5일 대안교육정책방향 관련 민간 전문가 정책세미나(학계, 민간 대안교육기관, 대안학교 등 관계자 11명)결과 미인가 대안교육기관에 대한 학교 수업 인정 및 학력 인정 대안학교 설립에 관련된 것이기에 상당히 포괄적인 대안교육정책이었다.

추진 배경은 학교부적응(학업중단) 학생 증가, 학교부적응 원인의 다양화 및 공교육에 대한 불만 추세, 학생의 다양한 소질·적성 계발을 위한 대안교육기회의 확대 필요성에서 비롯되었다. 특히, 학교 부적응과 관련된 공교육에 대한 불만이 종래의 "가정형편, 성적, 엄격한 규율 등"은 상대적으로 감소된 반면, "진학, 취업, 적성, 교육내용 등"이 크게 나타나고 있다는 사실이다. 구체적인 학교중퇴 사유로 분석된 것은 ①진학·취업에 도움이 안 돼서(15.1%), ②능력과 적성 무시(13.8%), ③교육내용 불만(13.5%), ④엄격한 학교규율(13.1%) 순이었다.

대안교육의 확대·내실화 방안을 추진하기 위해 교육부는 다양하게 의견을 수렴하였다. 당시 교육부는 2003년 5월 31일에서 6월 16일까지 2개 정부 부처, 13개 시·도교육청, 교원단체, 대안교육기관과 단체 또는 개인 등 총 26개 기관에서 의견을 제출받아 추진하였다. 의견수렴 결과, '대안교육기관의 학생위탁 및 학교 수업 인정', '학력 인정 대안학교 설립 추진', '공교육 차원의 대안교육프로그램 활성화' 방안을 포함하여 관련 법령 정비 및 개·제정을 추진한다는 기본방향을 설정하였다. 세부 추진방안으로는 학교 내의 다양한 대안교육프로그램 운영의 확대, 대안학급(교실) 설치·운영 확대, 공립 특성화 대안학교 설치 및 지정 권장 등을 통해 공교육 차원의 대안교육프로그램을 활성화하는 것이다.

주요 내용으로서 '학교 내의 다양한 대안교육프로그램 운영을 확대'한다는 세부 내용은 첫째, 특기·적성교육 활동과 연계하여 체험 위주의 교육 등 학교 내 대안교육프로그램 운영 및 문화 활동에 있어서 지역사회 자원을 적극 활용, 둘째, 대안교육과정에 다양한 프로그램, 체험학습, 봉사활동, 새로운 직업과정(네일아트, 애견미용, 영화, 만화, 영상기술 등) 개설·운영, 셋째, 시·도교육청의 교수-학습지원센터 등 관련 기관에서 학교 급별, 교과별 대안교육프로그램 개발·보급을 유도한다는 계획이다.

'공립 특성화 대안학교 설치 및 지정 권장'한다는 세부 방안을 보면, 첫째, 공교육의 책무성 강화 및 대안교육 수요의 적극 충족을 위해 시·도별로 적정 수 학교를 시범적으로 운영토록 권장(경기도의 경기대명고 사례), 둘째, 지역별로 농어촌 폐교시설 및 도시형 미니(Mini)학교 등 여건에 맞게 다양한 형태의 학교를 추진한다는 것이다.

당시 제기된 대안교육의 문제점으로는 "입시중심의 교육과정 운영에 따른 학교 차원의 대안교육 인식 부족으로 내실 있는 특기적성 교육과 체험학습 운영에 한계, 기관-학교 간 연계·협력체제 미비로 중도탈락 학생 등을 위해 다양한 정책을 수립 추진하고 있으나 정책수행의 실효성이 부족, 특성화 중·고등학교가 운영 측면에서의 경험 부족으로 다양성과 유연성 결여, 재단의 영세성으로 정부지원에 의존, 대안교육을 희망하는 학생들에 비해 수용능력 부족, 대안교육(학교)을 '문제아 교육(학교)'이라는 편향된 사회적 인식과 거부감의 문제, 특성화 대안학교들이 대부분 읍·면 등 농촌지역에 위치로 도시지역의 대안학교가 절대 부족한 실정, 대부분 기숙사 생활로 경제적인 어려움이 있는 학생들의 입학이 어려움, 학교 설립 시 일반 사립학교와 동일한 절차와 기준을 적용함에 따라 대안학교의 특징인 소규모 학교 설립에 어려움" 등이 지적되었다.

의견 수렴 및 문제점 도출에 따라 교육부는 법령 제·개정[75] 추진과 2003년도 재정지원 계획을 <표 II-5>과 같이 구체적으로 제시하였다.

---

75) '학력 인정 대안학교(가칭)' 설립과 관련하여 「초·중등교육법」 개정과 「대안학교설립·운영규정」(시·도 조례) 제정, 그리고 '위탁교육기관의 지정·운영'과 관련하여 「대안교육기관의 지정및학생위탁등에관한규정」을 시·도 교육규칙으로 제정·추진한다.

구 분	위탁교육지정기관	특성화 대안학교(중·고)
지원규모	◦ 30억 내외	◦ 10억 내외
지원대상	◦ 100개 정도	◦ 중 4교, 고 15교
지원 예상금액	◦ 기관당 2−3천만 원 내외 ※ 추후 조정 가능	◦ 2000 이전 신설: 프로그램개발비 2−3천만 원 내외 ◦ 2001년 이후 신설: 프로그램개발비 3−4천만 원 내외, 기자재구입비 4−5천만 원 내외(추후 조정 가능)
지원용도	◦ 대안교육프로그램개발비	◦ 대안교육프로그램개발비 ◦ 기자재 구입비
지원절차 및 방법	◦ 지정된 기관에 대하여 기관별 지정현황 및 예산지원신청서를 제출받아 지원	◦ 학교별 예산지원신청서 및 자체투자계획서(자구노력) 등 관련 자료를 제출받아 지원

　※ 자료: 교육부(2003.7)　　※ 재원: 지방재정특별교부금

　교육부의 대안교육에 대한 정책기조는 국정감사(제232회 정기국회, 2002.9.16)에서도 나타난다. 평준화 정책에 대한 교육부의 기본입장과 향후 자율학교 운영 방안에 대한 김경천 의원의 질의에 대한 교육부의 서면답변이다.

　　"자율학교는 지난 3년간(1999∼2001) 시범운영 결과, 제도 도입이 바람직하다는 평가에 따라 확대·운영하고 있으며, 평준화의 기본 틀을 유지하면서 고교교육의 다양화·특성화가 확대될 수 있도록 한다."

고 밝혔다.

　또한 고등학교 정책(평준화, 특목고, 특성화고, 대안학교, 자율학교, 자립형 사립고)에 관한 이재오 의원 질의에 대한 서면답변에서

　"고교 평준화의 기본 틀을 유지하면서 학생의 소질과 적성 및 창의성 계발을 지원하고, 학교선택권을 확대하며, 사학의 자율성을 제고시켜 평준화 정책을 보완하기

위하여 특성하고, 특수목적고, 자율학교를 확대할 예정"이라고 밝혔다.

대안교육에 대한 인식의 폭을 넓히고 나아가 일반 공교육을 변화시키기 위한 정책의 일환으로 2005년부터 대안교육 교사공동연수를 추진하였다. 주관은 교육부의 예산(특별교부금) 지원을 받은 대안교육연대가 서울시교육청에서 특수분야 연수기관으로 지정받아 추진하였다. 연수의 주제는 "만남과 소통, 대안교육과 공교육의 접점 찾기"에 두었고, 연수 목적은 일반학교와 대안학교 소속 교사 간 공동연수를 통한 대안교육에 대한 상호 이해 제고 및 다양한 교육적 수요에 대한 상호 공감에 두었다.

연수는 "소통과 만남에 대한 주제 강연, 주제별 모둠활동, 연수 참가자가 자기주도적인 학습자로 참여하는 나눔 마당, 토론, 대안교육현장 방문" 등 다양하고 현장감 있는 내용으로 이루어졌다. 연수 첫해인 2005년을 시작으로 매년 3년간 1,140명의 교사들을 대상으로 연수가 이루어졌다. 2005년도에는 7월 25일부터 8월 19일까지 4기에 걸쳐 320명의 교사들을 대상으로 원광대학교와 원불교중앙중도훈련원에서 3박 4일간 30시간의 대안교육 직무연수가 이루어졌다. 2006년도에는 8월 2일부터 8월 19일까지 4기에 걸쳐 500명의 교사들을 대상으로 충남대학교와 제주시 교육문화회관에서 3박 4일간 30시간의 대안교육 직무연수가 이루어졌다. 2007년도에는 7월 23일부터 8월 17일까지 4기(1, 2기 초등교사, 3, 4기 중등교사 대상)에 걸쳐 320명의 교사들을 대상으로 원광대학교에서 4박 5일간 30시간의 대안교육 직무연수가 이루어졌다.

더불어, 2006년도에는 '일선학교 교장들에게 대안교육에 대한 이해의 폭을 넓히고 향후 공립 대안교육기관 및 대안교육 관련 기관의 확대에 대비하여 자질과 마인드를 갖춘 관리자급 인적자원을 확보하는 것을 목적'으로 '제1회 전국 중등 학교장 대안교육연수'가 실시되었다. 2박 3일(2006.8.7~9)간 20시간 과정 프로그램으로 서울 유스호스텔(남산 소재)에서 실시하였다. 전국의 중·고등학교 교장을 대상으로 24명을 모집하는 데에 110명이 지원할 정도로 성황을 이루었다.

주관은 서울특별시교육청 산하의 대안교육종합센터가 하였지만, 교육부가 지원하는 형태로서 대안교육정책사에 의미 있는 과정이었다. 연수 주제는 "Changing minds,

Changing school(마음을 바꾸면 학교도 바뀐다)"으로 대안교육에 대한 학교장들의 이해를 증진하고, 마인드 강화를 위하여 현재 운영 중인 대안교육기관 사례와 정책을 중심으로 이론과 현장탐방을 병행하는 연수과정이었다. 연수 내용은 "교육의 대안적 패러다임, 대안학교의 현황과 전망, 학교혁신모형 소개, '대안교육의 담론이 우리교육에 주는 의미'라는 특강, 대안교육정책세미나, 대안학교 탐방, 사례발표" 등이었다.

대안교육정책과 관련하여 의미 있는 일은 2006년 교육부(2006.7)가 대안교육정책에 대해 정책 평가를 실시하였다는 것이다. 이는 2006년 2월에 발표하였던 대안교육정책을 포함한 주요정책과제에 대해 정책품질관리 차원에서 자체평가 형식이었다. 대안교육정책과 관련한 "소외계층에 대한 교육기회의 실질적 보장" 과제는 "학업중단청소년을 포용하는 학교 안팎의 대안교육을 활성화, 새터민·외국인근로자 자녀 등 새로운 취약계층에 대한 교육지원을 강화하는 방향(상게서, 3)"으로 추진하였다. '학업중단청소년을 포용하는 학교 안팎의 대안교육 활성화' 항목에 대한 평가 목표는 "대안교육 활성화를 통해 중도탈락자 및 다양한 교육수요를 가진 청소년을 위한 국가적 차원의 교육안전망 구축"에 두었다. 주요 평가내용은 "대안학교 설립·운영 근거 법령 제정 및 정비, 대안교육 질적 제고를 위한 대안학교 및 시설 운영 지원 추진, 일반 및 대안학교 교사 공동연수 등 대안교육기관 연계 강화, 위탁교육기관 지정 확대 등으로 대안교육 수혜율을 제고하는 것(상게서, 120–121)"이었다. 평가지표는 계획수립의 적절성과 정책수단의 적절성, 성과 계획의 적정성, 시행과정의 효율성, 시행과정의 적절성(대응성, 연계성), 목표 달성도에 두었다.

평가 결과(상게서, 123–363)는 다음과 같다. 첫째, 계획 수립의 적절성은 사전조사, 의견수렴 등으로 정책결정 과정의 민주성과 절차적 합리성을 제고한 것으로 평가하였다. 정책목표 달성을 위한 정책수단의 적절성에 대해서는 "중도탈락자에 대한 지속적인 교육기회 부여를 위해 대안학교 설립운영 근거를 마련, 대안학교에 대한 기자재, 교구 등 교육여건 확충을 위한 지원을 확대하여 대안교육 수혜자 교육의 질을 제고" 한 것으로 평가하였다.

둘째, '성과계획의 적정성' 평가에 있어서, 대안학교 설립·운영을 위한 법령정비의 진척도를 성과목표로 하고 대안교육 수혜율을 검증 지표로 한 검증방법은 적절하다고 보았다. '시행과정의 효율성'의 평가에 있어서는 연초에 설정한 과제 추진 단계와 일정을 준수한 것으로 평가되었다. 과제추진을 위한 자원의 효율적인 배분과 집행부분에서는 적절한 협조를 도출하여 정책 및 사업 집행의 효율성을 기한 것으로 평가되었다. '시행과정의 적절성' 평가에 있어서, 시행과정에서 행정여건·상황변화에의 대응성은 대안교육 현장의 주기적인 의견 제시와 사전 협조 요청을 통해 원활한 정책 추진을 도모한 것으로 평가하였다. 시행과정에서 관련 기관·정책과의 연계 및 협조체제의 구축에 대해서는 대안교육 현장전문가 집단 및 연대(대안교육연대, 이우교육연구소, 대안교육협의회 등)와 협조체제를 구축하여 공동의 노력을 경주할 체제를 갖춘 것으로 평가되었다.

셋째, '당초 설정한 목표 달성도' 평가에 있어서는 현재까지 대안교육의 법적 근거 마련을 위한 하위 법령체제 정비 차원에서 관련 정책연구 추진, 공청회, 의견수렴, 관계자 회의, 부내 토론회 등을 추진함으로써 목표 달성을 향해 나아가고 있다고 평가하였다. 그러면서 향후 대안교육 교사 공동연수 연계성 및 전문성 강화, 연수 주관의 경험이 있는 대안교육 현장 전문가 참여 확대('06.7), 연수프로그램 다양화 및 현장중심의 프로그램을 확대('06.8)한다는 계획을 제시했다.

교육부가 정책품질관리 차원에서 특성화 대안학교를 포함한 대안교육정책 전반에 대해 자체평가를 한 것은 정책추진과정에 대한 행정적인 평가로서 의미 있는 일이었다.

대안교육정책에 대한 2007년 교육부 입장(2007.1.24)을 보면 대안교육의 방향이 폭넓게 전개되고 있음을 알 수 있다. 대안교육의 추진배경 및 목표를 "양극화, 학교부적응, 가정해체 등으로 인한 학교중도탈락자가 매년 4만여 명에 달하는 상황에서 이들에 대한 교육 안전망 구축, 학업중단청소년을 포용하는 대안교육에 대한 내실 있는 지원을 통해 교육적 기회를 적극적인 확대·추진한다."는 것이다. 이는 1997년 학교중도탈락자 예방종합대책의 일환으로 '대안학교 설립운영'이 특성화 대안학교로 법제화, 대안교육기회의 확대·내실화 추진 방안 마련 및 시행('03.7), 대안학교 설립근거 마련('05.3), 일반학교와 대안학교 교사간의 공동연수('05~'06), 대안교육의 영향분석 및 제도화 방안 정책연구

('05.6~11) 등의 일련의 대안교육정책 추진 상황을 점검하고 향후 교육부의 대안교육정책의 방향을 설정하고자 한 것이다.

정부가 추진한 특성화 대안학교 정책 추진 현황을 보면, 다음 <표Ⅱ-6>과 같이 정리할 수 있다.

<표Ⅱ-6> 정부의 특성화 대안학교 정책 추진 현황

추진 시기	대안학교 설립·지원정책 관련 추진 내용
1995.5.	5.31 교육개혁방안발표(교육개혁위원회)
1995.9.	고교유형의 다양화 방안 정책 연구(연세대 오인탁 교수)
1996.12.	학교중도탈락자 예방종합대책 발표(12.10)
1997.3.	대안학교 설립 및 운영·지원 계획 확정, 발표(3.30)
1997.5.	각급 학교 시설과 설비 완화 방안 발표
1997.6.	대안학교를 포함한 소규모의 다양한 특성화 고교설립을 허용하는 고교설립준칙주의 도입 방침 도입(6.27)과 설립요건 완화('97.9)
1997.10.	특성화 고등학교교육과정 시행(수업 일수 30일의 범위 내에서 다양한 현장 체험학습 등이 가능하도록 학교장에게 재량권 부여)
1997.12.	1998년 3월 개교의 특성화 대안학교 설립신청 마감(12.6)
1997.12.	영산성지고등학교를 특성화 대안학교로 첫 인가(12월 25일), 이후 시·도교육청별로 5개 특성화 대안학교 설립인가(영산성지고, 양업고, 화랑고, 한빛고, 원경고, 간디청소년학교)
1998.2.	특성화 대안학교 시범학교에 예산지원 계획 발표
1998.3.	대안학교의 근거가 되고 있는 특성화 고등학교 제도와 자율학교 제도가 「초·중등교육법시행령」 제91조·제105조에 각각 명문화(3.1)
1998.3	특성화 대안학교 6개 교 개교
1999.10.	특성화 중고등학교와 자율학교 중 교육감이 정하는 학교의 경우 2000년부터 '학생 납입금 책정의 자율화' 실시(「학교 수업료 및 입학금에 관한 규칙」 제2조 개정)(10.7)
1999.12.	도서·벽지 외에 읍면 지역의 폐교재산도 수의계약으로 매각할 수 있는 관련법령 개정
2000~	도시형 대안학교 설립방안 연구(홍익대 김영화 교수 외)

추진 시기	대안학교 설립·지원정책 관련 추진 내용
2001.10.	특성화 중·고등학교 설립인가요건 완화 추진으로 「고등학교이하각급 학교설립운영 규정」개정 공포(2001.10.31), - 교육상 지장이 없는 범위에서 교사·체육장 기준을 완화
2002. 5~9.	대안교육기회의 확대·내실화 추진계획(시안) 마련 및 의견수렴 - 시·도교육청 관계관, 지방교육분과위원회 위원, 관계 전문가 등
2002.7.	대안교육정책 방향 관련 민간전문가 정책세미나 개최(7.5) - 학계, 민간 대안교육기관, 대안학교 등 관계자 11명
2003. 6	대안교육기관에 대한 학교 수업 인정 및 '학력 인정 대안학교(가칭)' 設立 등을 통한 대안교육 확대·내실화 추진계획(안) 발표
2003.7.	대안교육 확대·내실화 추진 방안 <공립 특성화 대안학교 설치 및 지정 권장, 대안교육 내실화를 위한 특성화 대안학교에 재정 지원 계획> 발표
2003. 7~10.	시·도교육청 실정에 따라 다양한 초·중·고교 설립 기준을 마련하도록 「초·중등교육법」개정을 추진
'05 - '07	대안교육 교사공동연수 추진(2005~2007), 2006년 전국 중등 학교장 대안교육 연수
2006.7.	대안교육정책에 대한 정책 평가 <교육부 정책품질 관리 차원>

2. 대안학교 관련 정책

가. 설립조건으로서 「고교설립준칙주의」

5·31 교육개혁방안에 따른 신교육체제는 학습자의 다양한 개성을 존중하는 것이다. 이를 초·중등교육에 구현할 수 있는 전제는 고등학교 유형을 다양화하는 것이다. 이를 위해 학교시설 설비기준을 학교의 특성에 맞게 다양화한 것이 고교설립준칙주의 시행이다. 고교설립준칙주의로 인해 새로운 형태의 다양한 특성화 고등학교가 설립될 수 있었으며, 특성화 대안학교도 이러한 맥락에서 설립·인가될 수 있었다.

교육부가 제시한 고교설립준칙주의의 도입취지는 다음과 같다. 현행과 같은 획일화된 대규모 고교형태로는 학생 개개인의 적성과 다양한 욕구를 충족시켜 줄 수 없을 뿐만 아니라, 세계화·정보화 시대에 능동적으로 대처할 수 있는 교육경쟁력 확보에도 한계가 있다. 따라서 고교 설립기준을 대폭 낮춘 「고교설립준칙주의」를 도입하여 다양하게 특성화된 소규모 고교가 보다 자유롭게 설립·운영될 수 있도록 함으로써 입시·주지교과 위주로 획일화된 교육을 지양하고, 학생의 소질·적성·능력에 부응하는 다양한 교육을 통해 교육선택의 폭 확대를 유도한다.

고교설립준칙주의에 따라 학교 설립기준을 완화한 내용을 보면, "이전에는 교사(校舍)를 학교 급별, 학급 수별 소요실의 종류, 수, 면적을 일일이 정하던 것을 학교 급별 학생 1인당 최소 기준만 제시, 체육장(운동장)은 종전보다 기준 면적을 대폭 완화하여 학교 급별로 최소 면적만을 규정하였으며, 특히 기존 학교시설 또는 인근 공공시설을 이용하거나 도서·벽지지역이나 특성화 고교는 체육장 없이도 성립 가능, 교지는 교사 건축용 대지와 체육장을 합한 면적으로 건축법 관련 규정에 의한 최소 면적으로 완화, 최소 설립기준 학생 정원을 60명으로 하고, 고교 유형별 특성화를 위해 학생 규모에 따라 차등 적용할 수 있도록 함으로써 소규모 특성화 고교(초미니 고교) 설립이 용이하도록 하였다."

당시 교육부는 이 같은 내용을 담은 준칙을 제도화하기 위하여 기존의 대통령령인 「학교시설·설비기준령」을 포함하여 4개 법령[76]을 폐지하고, 대신 「고등학교 이하 각급 학교설립운영규정」(대통령령) 및 동 시행규칙(부령)을 1997년 9월 23일 공포·시행하였다. 획기적인 일은 고교설립준칙주의에 따라 최초로 학교설립 인가 신청을 하는 경우에는 학교설립 소요 기간을 현행 1년에서 6개월로 단축시킴으로써 1998년 3월을 목표로 특성화 대안학교를 설립을 할 수 있게 특단의 조치[77]를 하였던 것이다.

---

76) ①학교시설·설비기준령, ②학교법인의 학교재산기준령, ③학교법인의 학교 경영재산기준령시행규칙, ④학교설립인가사무처리규칙, ⑤각종학교 등의 체육장기준에 관한 규칙의 폐지이다. ①, ②폐지로 「고등학교이하각급 학교설립·운영규정」(대통령령 제15, 483호, 1997.9.23)을 제정하였고, ③, ④, ⑤를 폐지하는 대신 「고등학교이하각급 학교설립·운영규정시행규칙」(교육부령 제700호, 1997.10.11)을 제정하였다.

77) 「고등학교이하각급학교설립운영규정시행규칙」 제3조(특성화 고등학교의 설립절차에 관한

즉,「고등학교이하각급학교설립운영규정시행규칙」제3조(특성화 고등학교의 설립절차에 관한 경과조치) ①항에 "1998학년도 1학기 개교를 예정으로 특성화 고등학교를 설립하고자 하는 자는 제2조 및 제4조의 규정에 의한 시한에 불구하고 교사의 주요 구조부의 공사가 완료되지 아니한 경우에도 개교예정일 3월 이전까지 학교설립계획서의 제출과 학교법인 설립허가 신청 및 학교설립 인가 신청을 함께 할 수 있다."고 규정하고 있다.

법령 정비와 관련하여「초·중등교육법시행령」의 주요 개정 내용은 다음과 같다. 첫째, 특성화 고등학교에 자연현장실습 등 체험주의의 교육을 전문적으로 실시하는 대안학교를 포함(제69조의 2 제2항 4호)한다. 둘째, 학생의 적성 등을 우선 고려한 다양한 방식으로 학생을 선발할 수 있도록 입학방법상 특례를 적용하되 학교별 필기시험에 의한 전형은 금지한다(제69조의 2 제2항 제4호 및 제112조의 7 제2항). 셋째, 일반계·실업계·특목고 등 다른 계열로의 전·편입학을 허용한다(제74조의2). 넷째, 거주지 제한 없이 전국단위로 학생모집이 가능하다(제112조의 5 내지 제112조의 6).

고교설립준칙주의와 관련하여 특성화 고등학교에 대한 지원사항(교육부, 1997b)을 보면, 첫째, 학교설립이 용이하도록 설립비용을 간접 지원한다. 특성화 고등학교 설립 희망자에게 폐교 부지를 적극 알선·매각함으로써 부지 확보에 드는 막대한 비용을 절감할 수 있도록 한다. 둘째, 설립 절차상 각종 행정편의를 제공한다. 절차상의 문제로 학교설립이 좌초되는 일이 없도록 사전협의·상담 등 행정지원을 적극화하고, 학교설립 관련 민원인에 대한 상담지원체제를 구축한다. 셋째, 기존 학교를 특성화 고등학교로 전환을 유도한다. 기존 사립 실업계 고등학교뿐 아니라, 정규학교가 아닌 각종학교, 고등기술학교, 사회교육시설 등을 특성화 고교로 전환, 유도하며 영세 사학의 특성화 고등학교 전환을 적극 지원한다(경기도 평택 성지중학교, 시흥 성택중학교 전환 추진 중). 넷째, 공립 특성화 고등학교를 설립 추진한다. 기존의 공립 실업계 고등학교 등을

경과조치) ①항에 "1998학년도 1학기 개교를 예정으로 특성화 고등학교를 설립하고자 하는 자는 제2조 및 제4조의 규정에 의한 시한에 불구하고 교사의 주요 구조부의 공사가 완료되지 아니한 경우에도 개교예정일 3월 이전까지 학교설립계획서의 제출과 학교법인 설립허가 신청 및 학교설립 인가 신청을 함께 할 수 있다."고 규정하고 있다.

수요자의 요구에 부응하는 특성화 고등학교로 전환하거나 신설을 추진한다.

　　교육부(1997a)의 특성화 학교 설립운영 확대 방안에 따르면, 고교설립준칙주의를 통해 특성화학교 형태로 대안학교를 인가하게 된 취지 및 계획 그리고 내용을 알 수 있다.

　　첫째, 대안학교에 대한 부정적인 인식을 불식시키기 위해 「초·중등교육법」에 특성화학교를 법제화하고 「초·중등교육법시행령」 제76조(특성화중) 및 제91조(특성화고)에 이를 명시한다. 둘째, 국·공립 특성화 대안학교 신설 시 약 87억 원이 소요될 것으로 추정되어 정부의 재정 형편상 민간의 설립을 적극 유도하는 정책을 추진한다. 셋째, 시·도교육청 평가 시 특성화 학교 설립, 지원 실적을 반영하여 간접적인 설립을 촉진한다. 넷째, 학교설립 기준을 대폭 낮춘 '설립준칙주의'를 도입하여 다양하게 특성화된 소규모 학교를 쉽게 설립, 운영할 수 있도록 하고, 「고등학교이하각급학교설립·운영규정」 및 동 시행규칙을 제정한다(1997년 9월). 이 시행규칙에 따른 특성화학교는 운동장이 없어도 설립이 가능하다. 다섯째, 특성화 학교 설립을 지원하기 위해 도서, 벽지지역 외에 읍·면지역 소재 폐교 재산도 수의계약으로 설립주체에게 매각할 수 있도록 1998년 7월 지방재정법 시행령을 개정한 바 있다. 여섯째, 특성화 학교의 교육여건 개선 및 운영을 지원하기 위해 98년 3월부터 일반학교와 같은 수준의 교직원 인건비를 지원한다. 일곱째, 기타 학생의 능력과 적성에 맞는 교육활동을 펴 나갈 수 있도록 교육과정 개발 등 교육활동의 활성화를 위해 재정지원을 추진해 나간다. 여덟째, 특성화 학교의 실정에 맞는 다양한 현장 체험학습 및 실험실습 지원을 위해 수업 일수 220일 중 30일의 범위 내에서 학교장에게 재량권을 부여한다는 내용이다.

　　고등학교 유형의 다양화를 위해 특성화 학교를 설립하고자 시행한 고교설립준칙주의는 한국에서 대안교육이 설립·인가될 수 있었던 전제가 되었다. 이를 통해 종래 획일화교육에서 학습자의 선택권을 존중하는 수요자 중심의 교육으로 전환될 수 있었던 계기가 되었다.

나. 운영조건으로서 '자율학교 제도'

1) 자율학교 제도의 의의

교육환경의 변화 속에서 창의력이 경쟁력의 핵심이 되는 21세기 정보화 사회에서는 스스로 지식을 습득, 관리, 창조할 수 있는 능력을 갖고 공동으로 문제를 해결할 수 있는 인재를 육성하는 것이 필요하다. 이를 위해서는 기존의 경직된 학교 운영체제에서 벗어나 학생·학부모의 교육욕구를 충족시킬 수 있는 자율적이고 새로운 학교 운영체제를 마련할 필요가 제기되고 있다.

자율학교란 탈규제학교(regulation-free school)와 같은 개념으로, 현행 교육관계 법규의 규정에 따라 모든 학교에 일괄적으로 적용되고 있는 교원자격, 교육과정 편성·운영, 교과서 사용, 학생선발 등의 규제로부터 벗어나 어느 정도 학교 운영의 자율성이 보장되는 학교를 말한다. 자율학교 제도는 교육개혁을 통해 달성하고자 하는 '다양한 형태의 교육을 통한 학교 경쟁력 강화'를 위해 추진되고 있다. 사실 우리나라의 학교는 그동안 공립과 사립을 막론하고 교육관계 법규의 획일적 적용으로 일관되어 왔다. 이러한 점에서 자율학교는 교육개혁이 지향하는 목표가 학교 현장에서 가시적으로 나타날 수 있도록 하고, 현행 교육관계법상 가능한 범위 내에서 규제를 최소화함으로써 자유롭게 학교를 운영할 수 있도록 하고, 궁극적으로는 각급 학교 현장의 자율성과 창의성을 극대화하는 데 그 목적을 두고 있다(이재갑, 2001: 312-313).

학교의 자율성 신장을 위해서는 무엇보다 교육현장에 만연되어 있는 각종 교육규제를 혁파하는 것이 필수적이다. 단위학교 운영의 작은 부문까지 중앙에서 결정하여 획일적으로 적용하는 교육규제가 학교의 자율성 향상에 가장 큰 장벽으로 작용하고 있기 때문이다.

자율학교 제도는 학생의 적성과 능력에 맞는 교육 등 교육개혁의 기본이념을 교육현장에서 스스로 구현해 나갈 수 있도록 하는 분위기를 조성하는 데 그 근본

취지가 있다. 또한 다양한 학교 운영을 통하여 학생들의 학교선택권을 확대하며, 단위학교의 자율적인 운영을 통하여 학생들의 학력을 높이는 동시에 최근 관심의 대상이 되고 있는 특성화(대안교육 및 직업교육) 고등학교 입학생 등 소외된 계층에 대한 교육적 배려도 내포되어 있다.

교육부가 추진하고 있는 일련의 교육개혁 과제에는 학교 운영의 자율성을 강조하는 과제들이 많은데, 그 이유는 교육개혁의 성공은 단위학교의 자율성을 확보하지 않고는 실현되기 어렵다고 판단하기 때문이다. 자율학교 제도의 대상은 초·중등학교는 물론 공립과 사립학교 모두가 해당된다.

시범운영 중인 자율학교의 주요 특징을 보면 ①학교장 자격이 없는 인사도 학교장으로 임용이 가능하며 ②교육과정 편성·운영의 자율화 ③교과서 선택권 확대 ④학교 운영위원회 설치의 자율화 ⑤학생 모집·선발 방법의 다양화 등을 들 수 있다.

따라서 자율학교는 학생들의 다양한 교육적 요구에 부응할 수 있는 신축성 있는 교육프로그램을 자율적으로 운영할 수 있으며, 교사들의 창의적이고 헌신적인 노력을 교육활동에 적용할 수 있도록 제반 교육활동에 관한 사항을 단위학교 수준에서 결정하고 조성할 수 있는 매우 의미 있는 제도이다. 따라서 새롭게 시도되고 있는 학교유형으로서 대안학교는 학교운영 조건으로서 반드시 전제되어야 하는 제도이다.

2) 자율학교 운영의 자율성 근거

학교의 자율성에 관한 이론적인 기반은 여러 가지 측면에서 제시될 수 있다. 먼저 헌법 제31조 제4항은 교육의 자주성, 전문성, 정치적인 중립성을 보장하고 있다. 다음으로 헌법상 보장된 교육의 자율성을 학교단위에서 구현하는 방법에는 학교단위책임 경영제가 있다.

가) 학교자율성의 헌법적 근거[78]

(1) 교육의 자주성과 교육의 자율성

헌법이 보장하는 교육의 자주성이란 교육의 내용, 방법을 교육주체가 스스로 정할 수 있고 행정권력에 의한 획일적인 간섭의 배제를 의미한다. 교육이 효과적으로 이루어지기 위해서는 피교육자의 관심과 환경, 지능, 희망이나 욕구 등에 적합하여야 하므로 관료적인 획일적 규제로는 목적을 달성하기 어려운 경우가 많다. 즉 교육의 자주성은 교육현장을 담당하는 학교와 교사 및 학교교육의 수혜자인 학부모와 학생의 재량 및 융통성 있는 의사결정의 여지를 부여하는 의미로 해석되어야 한다. 교육자주성은 교육에 대한 자기결정 내지 자기지배라는 의미에서 교육자율성과 같은 의미로 사용될 수 있다(나병현, 1997).

교육의 자주성을 확보하기 위해서는 행정기관의 교육에 대한 불필요한 간섭을 차단하여 교육주체의 자주적인 결정권이 보장되도록 제도를 구성하여야 한다. 헌법이 보장하는 교육의 자주성은 단위학교 구성원들의 자주성이 중심적인 내용이 된다.

(2) 교육의 전문성과 교육의 자율성

헌법이 보장하는 교육의 전문성이란 교육에 대해 전문적인 지식과 능력을 갖춘 자가 교육을 담당해야 한다는 것을 의미한다. 교육자의 전문성을 존중하고 보장함으로써 교육의 질적 수준을 보장한다는 것은 교육의 자율성을 규정하는 핵심이다(나병현, 1997). 이러한 교육의 전문성은 교육자의 자격요건을 강화하고 재교육을 위한 연수의 강화 및 교육여건의 개선을 통한 연구분위기의 조성 및 교육현장에 대한 행정청의 간섭을 최소화하고 교육자의 전문적인 판단을 존중함으로써 달성될 수 있다. 교육행정청이 교육의 내용에 대하여 획일적인 간섭을 하게 되면 교사의 전문성은

---

78) 학교 자율성의 헌법적 근거는 "이기우, 초·중등학교 교육자율화의 의미와 과제, KEDI 교육정책포럼, 2002-3호, pp.10-12."에서 발췌한 내용임.

현저히 제한되거나 침해되며 이는 헌법이 보장하는 교육의 전문성과 양립하기 어렵다고 할 것이다.

(3) 교육의 정치적 중립성과 교육자치

헌법이 보장하는 교육의 정치적 중립이란 교육이 정치적인 목적으로 이용되어서는 안 된다는 데 그 본질이 있다. 즉 특정한 정권이나 정당을 위하여 교육이 악용되어서는 안 된다는 것을 의미한다. 교육의 정치적인 중립성은 '교육의 정치에 대한 중립성'과 '교육에 대한 정치의 중립성'의 의미를 지닌다(나병현, 1997). 전자는 '학교에서 교사는 정치적인 편견을 가르쳐서는 안 된다는 것'으로, 교육의 내용이 파당성을 가져서는 안 되며 학문적으로 검증될 수 있는 것이어야 한다는 것이다. 후자는 교육에 대한 정치의 부당한 간섭과 통제의 배제를 의미하며, 이를 보장하기 위해서는 정치에 예속되기 쉬운 교육행정청으로부터 교육자를 독립시켜 교육의 내용을 자주적으로 결정하고 정치적인 파당성으로부터 벗어날 수 있게 함으로써 가능해질 수 있다. 이 점에서 교육의 정치적 중립은 교육의 자율성을 전제로 보장될 수 있는 것이다.

헌법 제31조 제4항에 보장된 교육의 자주성, 전문성, 정치적 중립성 가운데 가장 핵심적인 것은 교육의 자주성이라고 할 것이며 교육의 전문성과 정치적인 중립이 보장될 수 있는 토양이 된다고 할 수 있다.

나) 대안학교와 자율학교 관련 법 조항

1997년 12월 13일 「초·중등교육법」 개정 시에 "자율학교" 명칭 확정 및 자율학교 특례가 확정되고, 1998년 2월 24일 동법시행령 제정으로 "자율학교의 지정권자, 지정절차, 지정범위, 지정기간 등의 모형의 구체화"가 이루어졌다.

(1) 자율학교 특례법

「초·중등교육법」 61조 및 「초·중등교육법시행령」 보칙 105조에는 학교 운영의 특례로서 자율학교 운영을 규정하고 있다.

"제61조(학교 및 교육과정 운영의 특례) ①학교교육제도를 포함한 교육제도의 개선과 발전을 위하여 특히 필요하다고 인정되는 경우에는 대통령령이 정하는 바에 의하여 제21조 제1항·제24조 제1항·제26조 제1항·제29조 제1항·제31조·제39조·제42조 및 제46조의 규정을 한시적으로 적용하지 아니하는 학교 또는 교육과정을 운영할 수 있다. ②제1항의 규정에 의하여 운영되는 학교 또는 교육과정에 참여하는 교원 및 학생 등은 이로 인하여 불이익을 받지 아니한다."

"제105조(학교 운영의 특례) ①법 제61조의 규정에 의한 학교(이하 '자율학교'라 한다)는 국·공·사립의 초등학교·중학교 및 고등학교를 대상으로 교육부장관이 지정한다. ②자율학교를 운영하고자 하는 학교의 장은 교육감의 추천을 받아 교육부장관의 지정을 받아야 한다. ③교육부장관은 다음 각 호의 학교에 대해서는 교육감으로 하여금 자율학교를 지정·운영하게 할 수 있다. 1. 법 제28조의 규정에 의한 학습 부진아 등에 대한 교육을 실시하는 학교, 2. 개별학생의 적성·능력을 고려한 열린교육 또는 수준별 교육과정을 운영하는 학교, 3. 특성화 중학교 , 4. 특성화 고등학교, 5. 기타 교육부장관이 특히 필요하다고 인정하는 학교, ④자율학교의 장은 제16조·제24조·제68조·제81조 및 제82조의 규정에 불구하고 학생의 지원에 의하여 필기고사 외의 방법으로 학생을 선발할 수 있다. ⑤자율학교는 3년 이내로 지정·운영하되, 교육부장관이 정하는 바에 따라 연장 운영할 수 있다. ⑥교육부장관 또는 교육감은 자율학교의 운영에 필요한 지원을 하여야 한다."

그리고 학습부진 또는 성격장애 등의 사유로 정상적인 학교생활을 하기 어려운 학생 및 학업을 중단한 학생들에 대한 교육 문제는 초·중등교육법 제28조와 동법시행령 제54조에 별도 규정을 두고 있으며, 이에 대해서는 국가 및 지방자치단체에 교육상 필요한 시책을 강구할 책무를 부여하고 있다.

  "제28조(학습부진아등에 대한 교육) 국가 및 지방자치단체는 학습부진 또는
성격장애 등의 사유로 정상적인 학교생활을 하기 어려운 학생 및 학업을 중단
한 학생들을 위하여 대통령령이 정하는 바에 의하여 수업 일수 및 교육과정의
신축적 운영 등 교육상 필요한 시책을 강구하여야 한다.
  제54조(학습부진아 등에 대한 교육) ①법 제28조의 규정에 의한 정상적인 학
교생활을 하기 어려운 학생 및 학업을 중단한 학생에 대한 판별은 교육감이 정
하는 기준에 따라 학교의 장이 행한다. ②학교의 장은 제1항의 규정에 의한 학
생에 대하여 교육감이 정하는 수업 일수의 범위 안에서 체험학습 등 필요한 교
육을 실시하거나 교육감이 적합하다고 인정하는 교육기관 등에 위탁하여 교육
을 실시할 수 있다."

(2) 특성화 학교 관련 법 조항

「초・중등교육법시행령」 제76와 제91조에는 대안학교를 포함한 특성화 중학교와
특성화 고등학교에 대한 규정이 있다.

  "제76조(특성화 중학교) ①교육부장관은 교육과정의 운영 등을 특성화하기 위
한 중학교(이하 '특성화 중학교'라 한다)를 지정・고시할 수 있다. ②제1항의 고
시에는 학교명・학급 수・학생모집지역 및 그 적용시기가 포함되어야 한다. ③특
성화 중학교의 장은 제68조의 규정에 불구하고 학생의 지원에 의하여 학생을
선발할 수 있다. ④ 특성화 중학교의 장은 제3항의 규정에 의하여 학생을 선발
하는 경우 필기시험에 의한 전형을 실시하여서는 아니 된다.
  제91조(특성화 고등학교)
  ①교육부장관은 소질과 적성 및 능력이 유사한 학생을 대상으로 특정분야의
인재양성을 목적으로 하는 교육 또는 자연현장실습 등 체험 위주의 교육을 전
문적으로 실시하는 고등학교(이하 '특성화 고등학교'라 한다)를 지정・고시할 수
있다. ②제90조 제2항의 규정은 특성화 고등학교의 경우에 이를 준용한다."

3) 대안학교의 자율적 운영 범위

가) 대안학교의 자율적 운영의 의의

자율학교 및 특성화 학교 관련법에서 보듯이, 대안학교는 자율적인 학교 운영이 보장되는 학교이다. 학생의 입장에서 보면 대안교육은 필수라기보다는 선택이기 때문에 학생들의 필요와 요구에 부응하지 못하면 선택에서 제외될 수 있다. 따라서 중요한 것은 일반학교와는 달리 관료적 행정기관이나 대안학교 행정가의 관료적 규제나 제약으로부터 가능한 한 자유로워야 한다. 대안학교가 자율학교로서 관료적 지배와 통제를 벗어나지 못하는 한 대안교육의 참다운 의미는 퇴색될 수밖에 없으며, 또 하나의 정형화된 공교육의 형태일 수밖에 없다. 이런 점에서 공립 대안학교는 어느 정도 한계가 있을 수도 있다. 그러나 대안교육과 자율학교에 대한 공립 대안학교 구성원들의 의식과 마인드가 이러한 한계를 극복할 수 있다는 점을 간과해서는 안 된다. 우리는 여기에서 일부 교육청 관련자의 말에 귀를 기울일 필요가 있다. "자율학교(대안학교를 포함한 특성화 학교)들이 자율학교법으로 주어진 특례도 제대로 이용하지 못하고 매사 일반학교의 관례를 따르려고 한다든가, 오히려 일반학교보다도 더 엄격한 잣대로 학교를 운영한다."는 것이다. 물론 여기에는 대안교육과 자율학교에 대한 무지와 이해 부족, 오랜 공교육의 인습으로 인한 타성, 권위주의적 의식과 유치증적인 독선적 자세 등에 연유한다고 볼 수 있다.

결국 대안학교는 관료적 지배와 통제로부터 자유롭고, 자율학교로서의 자율성을 점점 확대해 나갈 때 발전될 수 있는 제도임에 틀림없다.

나) 대안학교의 자율적 학교 운영 특례

1997년 12월 13일 「초·중등교육법」 제정 시, '자율학교' 명칭 확정 및 자율학교 특례법이 확정되고, 1998년 2월 24일 동법시행령 제정으로 자율학교의 지정권자, 지정절차, 지정범위, 지정기간 등의 모형이 구체화되었다. 그러면서 1998년 8월 말교육부에서 확정한 '자율학교 시범운영 계획안'에서 '교장임용, 교육과정 편성·운영, 교과서 사용 및 학교 운영위원회 구성' 등에 한정하여 자율학교 시범학교에 자율특례사항(이재갑, 전게서. 315-316)을 <표Ⅱ-7>과 같이 부여하고 있다.

<표Ⅱ-7> 자율학교의 특례

구 분	자율학교 법령상 특례	자율학교 시범학교에 부여된 특례
1. 교원자격	교장, 교감 자격기준 미적용	교장만 무자격임용 허용
2. 학기 개시	학기 시작/종료 자율 결정	특례규정 시행 유보
3. 학년제 적용	학년 단위 진급을 하지 않을 수 있음	특례규정 시행 유보
4. 교육과정 운영	교육과정 편성·운영의 자율	좌 동
5. 교과서 사용	자체 개발 또는 선정 사용 가능	좌 동
6. 학운위 설치	설치의 자율 결정	2000년 제도개선, 특례규정 시행 유보
7. 수업연한	6-3-3 학제 미적용	특례규정 시행 유보

대안학교는 일반학교와는 다른 교육적 이념을 추구하기 때문에 교육내용이나 방법이 일반학교와는 다를 수밖에 없으며, 일반학교에 적용되는 국가중심의 교육과정과 교과서를 대안학교에서는 그대로 적용할 수 없다. 대안학교가 가져야 할 자율성의 영역을 일반학교의 경우와 비교해서 제시하면 <표Ⅱ-8>과 같다.

<표Ⅱ-8> 대안학교의 자율 영역

영 역	자율 운영의 방향	기존 학교의 운영 방식
교육목적 (교육내용)	·능력과 적성의 발견과 개발 중심 ·학습자의 문제 해결 중심	·상급학교 진학 중심 ·교과(지식) 교육 중심
교육과정	·학습자중심 교육과정의 편성·운영	·국가교육과정의 편성·운영
교 과 서	·교과서에 대한 규제 없음 ·교과서외 교육자료의 일반적 사용	·국정 및 검·인정교과서만의 사용 ·교과서외 교육자료의 예외적 사용
학교선택권	·원칙적 보장, 예외적 제한	·원칙적 제한, 예외적 허용

대안학교에 높은 수준의 자율성을 주는 것은 실험적이고 모험적인 조치가 될 수 있으며, 대안교육 당사자 입장에서도 두려운 것일 수 있다. 또한 이 같은 영역의 자율성 보장이 앞서 지적한 바와 같이 특정인이나 단체 등의 편견에 의해 자율성 부여의 취지가 훼손될 가능성도 있다. 따라서 대안학교의 운영에 있어서는 모든 영역에 있어 거의 완전한 자율성을 부여하되, 그 책무성을 담보할 수 있는 제도적 장치를 두지 않으면 안 된다(김영화, op. cit, pp.87 - 88.).

4) 자율학교 운영 결과

자율학교 운영 결과에 대한 논의는 2000년 당시 자율학교로 시범 운영되고 있는 15개 학교에 대한 분석을 통해 바람직한 자율학교 운영 모델을 제시하고자 한 이종태 외(2000, 70 - 73)의 연구 결과에서 드러난 성과에서 찾을 수 있다.

첫째, 학교교육과정에 관한 교사(학교)의 의식과 태도 변화이다. 자율학교 제도의 도입은 그동안 오랜 관행에 익숙한 학교 현장에 작지만 근본적인 변화를 가져왔다. 무엇보다도 교육과정의 편성과 운영, 그리고 교재의 사용에 관하여 일일이 교육청의 승인을 받을 필요가 없게 됨으로써 교육과정은 '위에서 주어지는 것'이라는 교사들의 고정관념이 깨지고 있으며, 학생들의 특성이나 요구에 부합하는 교육과정을 편성·운영하고자 하는 노력이 전개되고 있다. 따라서 교사들이 학교교육과정에 관하여 주체의식과 책임의식을 갖게 되었으며, 그 결과 교육과정의 개발을 위한 연구·개발 노력이 시작되고 있다고 할 수 있다.

둘째, 학교교육과정의 다양화·특성화를 가져왔다. 교사들이 학교교육과정에 관한 주체의식과 책임의식을 갖게 된다는 것은 곧 교육과정의 편성과 운영이 획일화를 벗어나 다양화·특성화된다는 것을 의미한다. 실제로 일부 자율학교의 시범운영 결과는 괄목할 만하다고 할 수 있다. 영산성지고등학교의 무학년 무학급제 운영이나 계원예술고등학교의 새로운 교과목 개발과 교수·학습프로그램 개발, 서울국악예술고등학교의 새로운 시간표 편성 방식 등은 대표적인 사례이다.

셋째, 학습자의 흥미와 참여 제고이다. 교육과정 편성의 다양화·특성화는 여러 가지 기준으로 말할 수 있지만, 결국 학생들의 특성이나 요구를 반영하고자 하는 데서 자연스럽게 구현된다.

또한 자율학교를 통해 학교 운영체제를 혁신하고자 한 정부의 취지는 새로운 학교 유형을 넘어서서 기존의 인문계고, 실업계고, 통합형고 등도 자율학교 지정에 포함시켰다.

이종태 외는 연구 결과 논의되고 제시된 개선 방향을 바탕으로 학교 유형별(특성화 고등학교, 특수목적 고등학교, 실업계 고등학교, 인문계 고등학교)로 자율학교 운영 방안을 제시하였다.

첫째, 특성화 고등학교는 앞으로 설립되는 학교를 포함하여 모든 학교를 자율학교로 지정하도록 한다. 교육과정의 편성·운영이나 교과용 도서에 관해서는 현행 방식을 유지하되 교육청의 규제를 최소화하도록 한다. 장기적으로는 국가교육과정을 영국과 같이 학생들의 성취기준 정도로 완화하여 학교의 자율 범위를 확대하도록 한다. 교사의 수급을 원활히 할 수 있도록 교사 인건비 지원을 도급적 총액배분제로 하는 것을 검토하고, 공립의 경우 순환근무제를 폐지 또는 개선한다. 학생 선발방법은 성적 위주보다는 학교의 교육목적에 따라 학교 나름의 다양한 기준을 적용할 수 있도록 한다. 학교의 시설이나 기자재를 학교의 특성을 고려하여 갖출 수 있도록 그 기준을 학교에 일임하고, 학교의 회계 운용 재량권을 확대하여 자체 수익활동을 용이하게 한다.

둘째, 특수목적고등학교의 경우에도 모든 학교를 자율학교로 지정하되, 학교 본래의 설립목적과는 다르게 대학입시 위주로 운영한다고 평가되는 외국어고등학교는 여건이 성숙할 때까지 보류한다. 특수목적고등학교의 교육과정 운영은 특성화 고등학교와 마찬가지로 새로운 교과를 개설할 수 있도록 보완하고, 영재교육의 특성을 고려하여 학년제나 수업연한 등의 특례조항을 우선적으로 적용하도록 한다. 사립 특수목적고등학교의 경우 현행 학급당 교사 수를 늘리도록 하고, 학생 선발의 시기나 방식에서 학교의 재량권을 확대한다. 또한 학생들의 특수한 재능을 기르기 위한 교육을 강화할 수 있도록 동일계 진학 방식을 확대 적용한다.

셋째, 원칙적으로 전문교육의 위기를 감안하여 모든 전문계 고등학교를 자율학교로 지정할 수 있도록 하되 효과적인 지원과 관리를 감안하여 자율적인 학교 운영을 위한 준비가 된 학교(예컨대, 교육과정 자율운영 시범학교)에 우선 적용한다. 교사진의 경우 새로운 산업사회의 변화에 부응할 수 있도록 재교육을 강화하고, 신규 채용교사의 경우 현장 경험을 중시하도록 한다. 학생 선발은 지금처럼 단기간에 선발하는 것보다는 충분한 기간을 두고 다양한 전형 방법을 동원하여 해당 분야에 적성과 소질을 가진 학생들을 우선 선발할 수 있도록 한다.

마지막으로, 전체 고등학교의 60%를 차지하는 일반 인문계 고등학교의 경우에는 11개의 국립사대부고와 건학 이념과 운영 실적이 양호한 모범 사학 가운데 엄선된 학교만을 자율학교로 지정하도록 한다. 인문계 고등학교의 교육과정은 국가교육과정에서 모든 과목의 이름과 과목별 이수단위까지 정해져 있어 유연성이 가장 적다. 그러나 자율학교가 될 경우 이러한 제약을 벗어날 수 있도록 국가교육과정상의 제약을 최소화하고, 어느 정도까지는 새로운 과목도 개설할 수 있도록 허용해야 할 것이다. 특히 사립학교의 경우에는 설립 이념에 따라 국가 시책에 다소 거리가 있는 교육과정도 편성할 수 있도록 허용되어야 할 것이다. 모범 사학의 경우 교사의 수급은 현행 학급당 학생 수를 대폭 줄일 수 있도록 교사 수를 늘리거나 학생 수를 줄이는 조치가 병행되어야 할 것이다. 학생 선발의 경우 비록 평준화 지역이라 하더라도 사대부고나 모범 사학 모두 각자의 설립 이념에 부합하는 학생을 뽑을 수 있도록 학교에 나름의 재량권을 부여할 필요가 있다. 다만, 그것이 과거의 입시 명문고등학교 부활의 빌미가 되지 않도록 필기시험에 의한 선발은 엄격하게 제한해야 할 것이다(상게서, 124-126).

자율학교 운영에 대한 관심이 높아져 가면서 자율학교로 지정되는 학교 수는 꾸준히 증가되고 있다. 1999년 3년간의 14개 교의 시범학교로부터, 2002년 32개 교, 2003년 46개 교, 2004년도 83개 교, 2005년 99개 교, 2006년 139개 교, 2008년 263개 교이다. 2008년 현황을 보면 고등학교가 224개 교로 대부분인 가운데 중학교 24개 교, 초등학교도 15개 교 포함되어 있으며, 사립학교도 86개 교(중 11개 교, 고 75개 교)이다. 자율학교 운영효과에 대한 긍정적 인식과 관심 증대를 전제로 자율학교로 좀 더 확대할 수 있는 방안을 생각해 볼 수 있다.

이종재는 자율학교 운영을 확대하는 방안 중의 하나로 자율운영의 주체를 유형별로 나누어 운영하는 방안을 제안하고 있다.

첫째, 미국의 협약학교(Charter School) 모델과 같이 공립학교 교장 또는 교사모임이 중심이 되는 자율운영학교. 둘째, 일본의 지역사회학교(Community School) 모델과 같이 지역사회 교육공동체가 중심이 되는 자율운영학교. 셋째, 교총 교사회나 전교조 교사회, 한교조 교사회 등의 교직단체가 중심이 되는 자율운영학교가 있다(이종재 외 7인, 2001 : 292).

21세기 급변하는 국제사회에서 교육혁신을 통한 국가 경쟁력 차원에서 운영되고 있는 자율학교 제도가 잘 정착되어야 한다. 그리하여 획일성을 넘어서 학생 자신의 능력과 소질 계발, 학교의 자율성과 책무성 증진할 수 있도록 해야 한다.

제2장 대안학교 정책 평가

1. 교육정책 평가

가. 교육정책 평가의 개념

(1) 정책의 개념

정책이 무엇인가에 대해 학자들의 견해는 다양하다.

보울딩(K. Boulding, 1958: 1)은 "특정 목적을 지닌 활동을 지배하는 제 원리"로, 에슨(D. Easton, 1965: 32)은 "정치체제가 내린 권위적 결정"으로, 린드롬(C. Lindblom, 1968: 4)은 "상호협력을 거쳐 여러 사회집단이 도달한 결정"으로, 드로(Y. Dror, 1968: 12)는 "매우 복잡하고 동태적인 과정을 통하여 주로 정책기관에 의하여 만들어진 미래지향적인 행동지침"으로 정의하였다. 라스웰(H. D. Lasswell, 1975)은 정책을 "문제해결 및 변화유도를 위한 활동"으로, 맥레와 윌드(D. MacRae & J. A. Wilde, 1979: 3)는 "많은 사람들에게 영향을 미치는 행동지침"으로 정책을 정의하였다.

한국에서의 김신복(1982, 11)은 정책을 "공공기관이 어떤 목표를 달성하기 위하여 의도적으로 선택한 행동의 주요지침", 강신택(1985, 71)은 "정치체제와 그 하위의 정치적 단위가 일정목표를 달성하기 위하여 결정한 행동방안과 지침", 유훈(1991, 40)은 "각종 정치적·행정적 과정을 거쳐 권위 있게 결정된 공적 목표"라고 정책을 정의하고 있다.

김종철(1989, 673 - 4)은 "정책이란 국가와 공공단체가 공공복리에 영향을 주는 주요 관심사에 관하여 정치적 과정을 거쳐 내린 일련의 결정으로서 국민과 관련 주민들의 동의를 바탕으로 하면서도 공권력을 배경으로 강제성을 가지고 추진되는 가치 지향적 집단행동의 기본 지침이며 문제해결을 위한 대안의 선택을 의미하는 것"으로 정의하고 있다.

　여러 학자들의 정책에 대한 논의를 종합해 보면, 정책은 행위 주체가 정부와 공공기관으로 한정되고, 목표 지향적 또는 목표 추구, 무엇인가를 해결하기 위한 노력, 일련의 정치적 또는 사회적 절차와 과정을 거치는 것으로 종합할 수 있다.

　따라서 정책이란 국가나 자치단체가 사회적 문제를 해결하기 위해 정치적이고 사회적인 과정을 거쳐 목표를 세우고, 그 목표를 달성하도록 수단과 방법을 동원하도록 하는 행동노선 또는 행동지침이라고 할 수 있다.

(2) 정책 평가의 개념

　정책 평가는 어떤 특정한 정책 또는 그 정책의 구성요소의 값어치를 결정하는 사회과정 또는 독자적인 학문영역이며 1960년 초부터 시작되었다(노화준, 1991: 25 - 26).

　정책은 실현하고자 하는 정책목표와 이를 실현할 수단들 간의 관계를 포괄하고 있기 때문에 그 자체가 정책 평가의 필요성을 제기하고 있다. 정부가 결정하여 집행하고 있는 정책에 대한 평가는 정책이 지니는 내재적인 성격 외에도 정책이 형성되어 집행되고 있는 정책환경의 변화로 인하여 그 중요성이 점점 더 강조되고 있다. 정책 평가에 대하여 학자들은 다양한 정의를 내리고 있다.

　나미어스(Nachmias, 1979: 3 - 4)는 정책 평가란 "현재 진행 중인 프로그램이 그 목적을 달성하는 데 효과적인가 하는 효과성을 따져 보는 것으로서 프로그램 개선에 뜻이 있는 것"이라고 말하였다. 다이(Dye, 1981)는 "정책 평가를 정책결과에 대하여 아는 것"으로 정의하면서 정책 영향이 나타나는 정책의 모든 결과에 관심을 가져야 하며, 정책 평가가 정책목표 달성에 의의를 두어 온 기존 관념에서 벗어날 것을 강조하였다.

다이와 나미어스는 목표 달성이나 프로그램 개선을 위해 정책 효과나 정책결과에 관심을 두고 정책을 검증하기 위해 정책 평가가 이루어져야 한다는 입장을 취하고 있다.

이와는 달리 앤더슨(Anderson, 1979: 1513)은 "정책 평가란 정책 내용, 집행 및 효과 등에 관하여 추정(estimation), 사정(assessment), 평정(appraisal) 하는 것"이라면서 정책의 최종 단계에서뿐만 아니라 정책의 전 과정에서 이루어지는 것을 강조하고 있다.

울시(J. S. Wholey, 1976)도 "정책 평가란 현재 집행 중에 있는 프로그램이 그 목적을 달성하는 데 효과적인가를 따져 보는 것으로, 정부가 현재 운용하고 있는 프로그램을 수정하여 그 프로그램을 개선하고자 하는 의도적 노력"이라고 정의하고 있다.

정책 평가의 개념과 관련하여 정책 평가의 속성에 대해 던(W. N. Dunn, 1981: 340)은 "가치중립성, 사실－가치상호의존성, 현재 및 과거지향성, 가치 중복성"으로 설명하고 있다.

정책 평가에 대한 제 학자들의 견해를 종합한 노화준(2000, 26)은 "평가라고 하는 것이 어떤 행동이나 결과를 이해하고 가치를 판단하는 사회적인 과정이라고 한다면, 정책 평가는 정책의 내용, 집행 및 그 영향을 추정하거나 사정 또는 평정하기 위하여 체계적인 연구방법들을 응용하는 것으로서 어떤 한 정책의 과정이나 결과를 이해하고 그 값어치를 판단하는 사회적인 과정"이라는 정의를 내리고 있다.

(3) 교육정책 및 교육정책 평가의 개념

교육정책에 대한 개념도 학자들에 따라 다양하게 논의되고 있다. 김종철(전게서, 680)은 교육정책을 "사회적·공공적·조직적 활동으로서의 교육활동에 관하여 국민의 동의를 바탕으로 하면서 국가의 공권력을 배경으로 강행되는 기본방침 또는 지침을 의미하며, 그것은 교육활동의 목적·수단·방법 등에 관한 최적의 대안을 의도적· 합리적으로 선택한 것"이라고 정의하고 있다.

정태범(1994, 116)은 "교육정책은 국가의 이념, 정치권력의 작용, 정책 결정 과정 등의 중요성이 포함되는 교육목표 달성을 위한 국가의 교육활동에 관한 기본방침"이라고 정의하였다.

윤정일 외(1994, 181)는 "교육정책을 교육목적의 달성을 위해 정부가 공익과 국민의 동의를 바탕으로 강제하는 체계적인 활동들로 구성된 교육지침"이라고 정의하였다.

교육정책에 대한 국내 학자들의 개념적 논의를 통해, 교육정책의 개념적 속성을 보면, "국가 또는 정부의 교육목표, 국민의 동의 또는 공익, 교육지침이나 교육방침"이 공통적인 요소로 내재해 있음을 알 수 있다.

캠펠(Campbell, 1971: 308)은 "교육정책을 광범위한 교육목적이나 목표의 표현"으로 정의하였다. 코난트(Connant, 1976: 45－53)는 "교육정책을 교육에 관한 국가 및 공공단체의 이념"으로 보았다. 그린(Green, 1975: 1－2)은 "교육정책이란 정책 산출을 목적으로 이미 수립된 절차를 통해서 적절한 정치권력에 의해서 결정되는 것"이라고 하였다. 위버(Weaber, 1975: 1－2)는 "교육정책을 정책 산출을 목적으로 이미 수립된 절차를 통해서 적절한 정치적 권력에 의하여 결정되는 활동"이라고 정의하였다.

이상의 논의를 통해 교육정책이란 사회의 교육문제를 해결하기 위해서 공공기관이 정치체제 내에서 일정한 절차를 거쳐 교육목표를 세우고, 그 목표를 달성하도록 수단·방법을 동원하는 교육활동의 행동노선이나 지침이라고 할 수 있다.

나아가, 오늘날 교육정책에 대한 평가가 중시되고 있다. 그 이유는 "교육의 공공성에 대한 인식 증대와 교육발전에 대한 정부의 역할과 기능 강화, 교육정책과정의 복잡성, 조직적 평가과정을 거치지 않고서는 개선방안 도출이 곤란, 교육정책의 형성과 집행에서 교육적 가치뿐만 아니라 경제적 효율성 강조, 교육정책의 성격이 고도의 공익성을 지니고 정책 집행이 공공재정에 의존함으로써 납세자에 대한 교육의 책무성 증대, 교육정책과정이 정책의 형성과 집행 및 평가의 순환과정으로 파악되면서 평가가 필수과정으로 인식"(김종철, 전게서, 785－786)되고 있기 때문이다.

또한, 김종철은 교육정책 평가를 "사회적, 공공적, 조직적 활동으로서의 교육에 대한 기본지침에 관하여 합리적인 준거를 바탕으로 그 합리성을 점검하는 일련의 과정을 지칭한다."고 정의하였다. 교육정책 평가는 정책단계로 볼 때, 교육정책의 형성과 집행, 그리고 교육효과 등 전 과정에서 이루어진다고 했다. 또한, 교육정책 평가는 일정한 기준에 의한 가치판단의 뜻을 내포하고, 다른 평가활동과 같이 합리적 과정이며 과학적인 문제해결방식과 반성적 사고방식을 그 본질로 하는 하나의 사회적 과정(상게서, 782－785)이라고 보았다.

따라서 교육정책 평가란 교육정책이 수립되어 어느 정도 교육 실제에 적용되고 성과를 거두고 있는가 여부를 일정한 기준에 의해 평가해 보는 과정이라고 할 수 있다.

나. 교육정책 평가의 유형과 준거

(1) 교육정책 평가의 유형

정책 평가의 유형은 관점에 따라 다양하게 분류된다. 일반적으로 자주 제시되는 것은 정책 평가의 단계, 평가내용, 그리고 평가자에 따라 분류하는 유형이다.

첫째, 평가단계에 따른 정책 평가 유형은 정책의 형성단계, 정책의 집행단계 그리고 정책을 집행한 후에 이루어질 수 있는데, 이들 단계에 따라 구분한 것이 사전평가(ante－evaluation), 과정평가(process evaluation), 사후평가(post－evalu ation)이다. 사전평가는 정책의 형성 과정에서 이루어지는 것으로 합리적 정책결정, 목표에 알맞은 정책 내용 선정, 적절한 예산 배정을 목적으로 행하여지는 평가이다. 과정평가는 정책 집행 과정에서 이루어지는 평가로서 정책 집행 방법의 타당성, 내용의 재검토 등에 초점을 두고 있으며 이런 것들이 목표에 맞게 선택되고, 적용되고 있는가를 평가하는 것이다. 사후평가는 집행 후에 나타난 변화, 곧 정책성과를 찾아내어 그것이 정책목표에 맞게 이루어졌는지를 평가하는 것이다.

둘째, 정책의 평가내용에 따른 유형은 정책 과정과 정책 효과로 나눌 수 있다. 정책의 어느 부분을 평가하느냐에 따라 과정평가, 정책의 평가 대상이 무엇이냐에 따라 효과평가가 있다(김창곤, 1986: 47－49). 과정평가는 정책의 집행과정에 대한 평가를 뜻하지만 실제 평가할 때에는 정책의 형성 및 결정 과정과 집행과정 모두를 포함한다.

이때 정책목표의 타당성, 정책결정의 합리성 및 민주성 등이 평가의 대상이 된다. 효과평가는 영향평가, 효율성 평가, 프로그램 전략평가로 나누어진다.

셋째, 정책 평가를 누가 하느냐에 따른 분류로서 학자에 따라 의견은 다르지만 일반적으로 자체평가(self-evaluation), 내부평가(inside-evaluation), 외부평가(outside-evaluation)로 나누기도 하고, 내부평가와 외부평가로 나누기도 한다. 자체평가는 정책결정 당사자와 정책집행 당사자들이 당해 정책을 평가하는 것이다. 내부평가는 당해 정책 또는 프로그램의 행정조직 내부의 인사에 의한 평가이다. 외부평가는 정책 당사자들의 위촉에 의해서 이루어지는 경우와 순수한 연구 목적으로 제3자의 입장에서 평가하는 경우가 있다.

교육정책 평가의 유형을 분류하는 것은 무엇을 기준으로 평가하느냐에 따라 다양하다. 김신복(1995: 131-132)은 정책 평가는 정책의 형성단계, 집행단계, 정책 집행 이후 단계에서 이루어질 수 있으며, 이 단계에 따라 사전평가, 과정평가, 사후평가로 구분하였다. 김창곤(1986: 64-65)은 교육정책 평가를 위한 일반모형을 제시하면서 단계별 평가과정을 정책형성 및 결정과정 평가, 정책집행 과정평가, 정책의 효과평가로 제시하였다. 장재원(1991: 48)은 고등학교 평준화 정책을 평가하는 연구모형을 제시하면서 정책 평가의 과정을 결정 과정평가, 집행과정 평가, 집행 후 과정평가로 구분하였다.

(2) 교육정책 평가의 준거

정책 평가의 일반적인 목적은 "정책의 추진 여부, 정책의 내용 수정, 효율적인 정책 집행·전략을 수립하는 것"(정정길, 1989: 40)이다. 정책을 평가할 때는 그 판단의 준거가 필요하고, 평가의 준거는 정책결정 내지 정책 평가에 있어서 따라야 할 바람직한 평가 척도라고 할 수 있다(서정화, 1986b: 74).

정책 평가의 준거는 정책 평가의 목적과 관련하여 정책의 어떤 점을 평가하려고 하느냐? 즉, 정책의 어느 측면에 중점을 두고서 평가하려고 하느냐의 문제이다. 정책 평가의 준거를 어디에 두느냐에 따라 평가 결과는 많은 영향을 받게 된다. 따라서 정책 평가의 준거는 정책의 내용 및 특성, 정책의 과정 또는 평가자의 의도에 따라 달라질 수 있다.

정책을 평가하기 위해 평가자는 대안을 비교하고, 관련 이해관계자들이 받아들일 수 있을 만한 판단을 내리기 위해 평가 준거를 사용한다. 이는 대안을 비교하기 이전에 평가 준거를 설정하는 것은 평가자 자신이 따라야 할 규칙을 미리 세움으로써 자신이 선호하는 방향으로 합리화하려는 유혹을 줄일 수 있기(C. V. Patton & D. S. Sawicki, 1993: 186) 때문이다. 이러한 차원에서 좋은 준거란 명확하여 양적 분석이 가능하고, 다른 가치들과의 조정이 가능하도록 일관성이 있으며, 폭넓게 정책 대안들을 비교할 수 있는 보편성을 가진 준거(상게서, 219)라고 볼 수 있다.

정책 평가의 준거에 대한 논의도 다양하다. 드로(Dror, 1968: 26-27, 61-68)는 정책 평가는 준거와 표준을 포함한다고 보았다. 준거는 과정의 실제수준 또는 질을 확인하는 데 사용되고, 표준은 확인된 질을 평가하는 데 사용된다고 함으로써 표준의 질의 정도를 상대적으로 표시한 것으로 보고 있다. 여기서 준거는 1차적인 것과 2차적인 것으로 구분되며, 1차적인 준거는 산출로부터 투입을 제외한 것이고 2차적인 준거는 과정 유형적인 것이다. 드로는 1, 2차 준거에 의해 확인된 질은 다음 표준에 따라 평가되어야 한다고 하였다. "성취한 질이 ①과거의 것과 비교해서 어떠한가? ②비슷한 기관에서 성취한 것과는 어떠한가? ③주민의 요구를 충족시키는가? ④적용되고 있는 전문가 표준을 충족시키는가? ⑤계속 유지될 수 있는가? ⑥당초 계획만큼 충분한 것인가? ⑦바람직한 모델에 따를 수 있을 만큼 좋은 것인가?"이다.

바다크(E. Bardach, 1971)가 유형화한 평가 준거는 "기술적 실행가능성Technical Feasibility), 경제적·재정적 가능성(Economic and Financial Possibility), 정치적 실행성(Political Viability), 행정적 운영가능성(Administrative Operability)"이다. 기술적 실행가능성이란 정책이나 프로그램의 결과가 그 의도했던 목적을 달성했는지를 측정하는 것으로, 즉 대안이 기술적 의미에서 작용되었는가를 측정하는 질문이다. 기술적 실행가능성을 측정하는 두 가지 원칙적인 평가 준거로서 효과성과 타당성이 있다. 효과성이란 계획된 정책이나 프로그램이 의도한 효과를 낼 것이냐에 대한 준거로서 직접적·간접적 효과, 장기적·단기적 효과, 수량적·비수량적 효과 등의 차원들로 나눈다. 타당성은 정책이나 프로그램이 진술된 목표를 완전히 만족시킬 수 없을 것으로 보일 때, 우리가 사용할 수 있는 자원으로 얼마만큼 문제를 해결하였는가를 측정하는 준거이다.

경제적·재정적 가능성을 분석하기 위해 경제학에서 도출 가능한 평가 준거에는 ①해당 정부 기관과 그 하부 기관들의 자산과 부채의 모든 변화를 측정하는 순 가치의 변화, ②자원의 사용에서 얻어진 이익의 최대화를 추구하여 사회적 만족의 최대 결과를 얻는 경제적 효율성, ③경제적 실행 가능성 측정, 가치 할인된 비용에 대한 가치 할인된 이익의 비율의 측정, 가치 할인된 이익에서 가치 할인된 비용의 차감의 측정으로 분석되는 비용－편익 분석, ④비용－수익 분석을 통해 측정되며, 좁은 의미로는 한 정부의 화폐화된 수익과 비용 사이의 차이로 정의되는 수익성, ⑤최소의 비용으로 계획을 수행하는 것을 목적으로 할 때 적절한 준거로서 비용 효과성 등이 있다.

정치적 실행성이란 의사결정자, 법률제정자, 행정가, 영향력 있는 시민단체, 주민단체, 노동조합, 정치적 동맹 등 영향력을 가진 사람들의 관점에서 정책이나 프로그램의 결과를 측정하는 것이다. 고려되어야 할 정치적 준거로는 ①정책이 정치적 과정에서 행위자들에게 받아들여질지, 그리고 고객이나 다른 행위자들이 새로운 정책을 받아들일 수 있을지를 결정하는 수용성 ②정책목표가 지역과 사회의 가치에 부합하는지에 대한 문제인 적절성 ③정책이나 프로그램이 그 요구를 달성할 것인가에 대한 목표 집단의 인식을 말하는 반응성 ④대안 설계에 영향을 주는 법, 규칙, 규정 등에 대한 합법성 ⑤정책 변화가 미치는 차별적인 영향에 대한 고려가 중시될 때의 정치적 준거로서 형평성(equity)[79]을 들 수 있다.

행정적 운영가능성이란 정치적·사회적·행정적 맥락하에서 행정 체제가 실제로 정책이나 프로그램을 수행할 능력이 있는지에 대한 준거이다. 이에 대한 준거로는

---

79) 형평성은 평등보다는 공평의 문제라고 할 수 있으며, 공평성을 위해서 주거지역, 소득계층, 나이, 성, 가족 지위, 자택소유 여부, 현세대와 미래세대 등이 고려된다.

①정책실행 집단이 필요한 변화를 이루어 내며, 다른 집단과 상호협력을 요구하고, 우선순위를 결정할 수 있는 명백한 권위를 가지고 있는가를 고려하는 권위 ②모든 직원의 정책 수행에 참여도를 살펴보는 제도적 몰입/참여(institutional commitment), ③직원의 능력이나 재정적인 능력, ④정책실행에 필요한 장비, 물리적 시설, 그 밖의 다른 지원 서비스에 대한 조직적 지원 등이 필요하다(Carl V. Patton & David S. Sawicki, 전게서, 208 – 219).

나카무라(Nakamura)와 스멜우드(Smallwood, 1980: 146 – 151)는 정책 평가의 준거로서 정책목적의 달성, 효율성, 주민의 만족, 수혜자에 대한 대응성, 체제 유지 등을 제시하고 있다. 여기서 정책목적 달성은 정책의 집행 결과가 정책목표를 달성했는가의 '효과성'을 말하며, 효율성은 비용과 관련된 성과의 질을 말하며, 만족은 주민에게 어느 정도 만족감을 주었는가를 평가하는 준거이다. 대응성은 수혜자의 인지된 욕구에 대응하는 것인가를 말하며, 체제 유지는 정부, 사회제도, 집행단위의 안정과 추진력을 말한다(김종철, 전게서, 790 – 795).

던(W. N. Dunn, 1981: 137)은 정책분석에서 대안에 대한 비교분석의 평가기준으로 가치 있는 산출이 이루어지느냐의 효과성(effectiveness), 가치 있는 산출을 얻는 데 얼마나 많은 노력이 요구되느냐의 효율성(efficiency), 가치 있는 산출로서 문제가 어느 정도 해결되느냐의 충족성(adequacy), 정책 산출이 특정집단의 필요 선호가치를 충족시키느냐의 대응성(responsiveness), 비용과 편익이 서로 다른 집단에 공정하게 분배되느냐의 형평성(equity), 원하는 산출이 실제로 가치 있는 것이냐의 적합성(appro priateness) 등 6개 준거를 제시하고 있다.

장재원(1991, 34 – 35)은 교육정책 단계에 따른 평가 대상별로 평가 준거를 제시하였다. 정책 과정에 대한 단계는 정책 결정단계, 정책 집행단계, 정책 집행 후 단계로 설정하였다. 평가 대상은 정책결정 과정에 있어서는 정책문제배경 진단, 정책결정 과정, 정책목표, 정책수단, 정책대상자 선정이며, 집행과정에는 집행계획, 집행과정, 정책상황이며, 정책 집행후과정은 정책결과이다. 평가 준거는 정책결정단계에서는 정책문제배경 진단의 정확성 준거, 정책결정 과정의 합리성과 민주성 준거, 정책목표의 적합성과 실현가능성 준거, 정책수단의 효과성,

능률성, 실현가능성 준거를 설정하였으며, 정책대상자 선정에는 공평성과 균형성 준거를 설정했다. 정책 집행 과정에서는 집행계획의 실현성, 집행과정에 있어서는 일관성, 정책상황에는 대응성 준거를 설정했다. 정책 집행 후 과정은 정책결과의 효과성과 능률성을 제시하였다.

나기산(1998, 14-16)은 평가단계에 따른 평가 항목을 평가 준거와 함께 제시하였다. 첫째, 정책 형성단계에 관련된 평가 준거는 ①문제정의의 타당성과 포괄성, ②정책대안의 도출 및 조합과 우선순위의 적합성, ③정책의 타당성과 실현성, ④정책대상 고객의 의견 수렴도 및 관련 부처와의 협의 조정 정도이다. 둘째, 정책 집행단계에서의 평가 항목과 평가 준거는 ①집행의 계획적 관리와 관련해서 추진일정의 계획일치성, 추진요소의 계획일치성, 지원체계의 계획일치성, ②상황변화의 관리에서는 대응의 체계성, 환류성, ③집행의 민주적 관리에서는 공개성, 수용성이다. 셋째, 정책성과 단계에서의 평가 항목과 준거는 ①효과성과 관련해서는 정책 목표의 달성도, 사회적 영향 등이며, ②능률성에는 정책의 경제성, 산출 대 투입자원의 비율 최소화, ③서비스 질에서는 적시성, 정확성, 접근 용이성이다

강형근(2003, 61)은 '직업분야 특성화 고등학교 정책의 평가 연구'에서 정책 평가 준거를 평가단계에 따라 설정하였다. 정책 형성단계에서는 적합성, 일관성, 민주성, 정책 집행단계에서는 실현가능성, 적합성, 그리고 정책성과 평가에서는 효과성을 적용하였다. 또한 평가 준거를 내용적 평가기준으로서 적합성, 일관성, 실현가능성, 적합성, 효과성(목표 달성도, 정책대상자 만족도)을 설정하고, 절차적 평가 준거로 민주성을 적용하였다.

평가 준거에 대한 여러 학자들의 논의를 정리하면 <표Ⅱ-9>와 같다.

<표 Ⅱ-9> 연구자들의 정책 평가 준거

연구자	정책 형성	정책 집행	정책 집행 후
바다크 (Bardach)	-기술적 실행가능성(효과성, 타당성), -경제적·재정적 가능성(순 가치 변화, 효율성, 비용 대 편익, 수익성, 효과성, -정치적 실행성(수용성, 적절성, 반응성, 합법성, 형평성), -행정적 운영가능성(권위, 제도적 참여, 능력, 조직적 지원),		
드로(Dror)	1, 2차 준거에 따라 확인된 질을 7개 표준에 따라 평가 -이전 것과 비교성, 타 기관과 비교성, 전문가 표준 충족성, 유지성, 충분성		유권자 만족도, 목표도달 효과성
나카무라 & 스멜우드 (Nakamura & Smallwood)			정책목적 달성(효과성), 효율성, 주민의 만족, 수혜자에 대응성, 체제유지
던(Dunn)	효과성, 효율성, 충족성, 대응성, 형평성, 적합성		
장재원	정확성, 합리성, 민주성, 적합성, 효과성, 능률성, 실현가능성, 공평성, 균형성	실현성, 일관성 대응성	효과성, 능률성
나기산	타당성, 포괄성, 적합성, 타당성, 실현성, 의견수렴도·협의 조정 정도	계획일치성, 환류성, 대응의 체계성, 공개성, 수용성	정책목표 달성도, 사회적 영향, 경제성, 비용 최소화, 적시성, 정확성, 접근용이성
강형근	적합성, 일관성, 민주성	실현가능성, 적합성	효과성(목표 달성도, 정책대상자 만족도)

이상 살펴본 정책 평가의 준거들은 일반적인 것들이다. 이러한 준거들은 어떤 정책에서나 똑같이 적용되는 것은 아니며, 정책의 내용에 따라 각각 알맞은 구체적인 준거가 마련될 필요가 있다. 왜냐하면 정책 평가 준거들은 정책 과정 전반에 걸쳐 정책 평가의 일관성 확보를 위해 필요한 것으로, 정책의 형성단계나 정책의 적용과 실천, 정책의 산출과 결과 및 영향을 분석·평가함으로써 정책목표 달성을 위해 유용한 정보를 산출하도록 하는 척도가 되기 때문이다. 따라서 교육정책 평가에 있어서 정책

평가의 준거에 따라 정책 평가의 결과에 많은 영향을 주기 때문에 교육정책의 성격과 특성에 따라 적합한 준거를 설정하는 것이 중요하다.

2. 특성화 대안학교 정책 평가 모형

앞에서 살펴본 정책 평가 이론 및 선행연구자들의 평가 유형과 평가 준거, 평가 모형 등은 특성화 대안학교 평가 모형을 개발하는 데 유의한 시사점을 주고 있다.

교육선택권이 존중되는 시대적 흐름 속에서 정책목표의 적합성과 결정 과정의 민주성 그리고 정책결과로서 효과성과 수요자 만족도는 중요한 의미를 주고 있다. 특히 특성화 대안학교를 인가하면서 기대된 정책목표는 중요한 평가 기준이 될 것이다.

특성화 대안학교 정책 평가를 위한 평가 모형 구상은 평가 유형, 평가 준거, 평가 항목을 기본 요소로 설정하였다.

가. 평가 유형 및 평가 대상

교육정책의 평가는 교육정책의 형성, 교육정책의 집행, 그리고 교육정책의 결과 내지 효과 등의 측면에서 이루어질 수 있다(서정화, 1986: 77). 특성화 대안학교 정책 평가를 위한 평가 유형은 평가 단계 및 과정에 따라 형성단계, 집행단계, 집행 후 단계로 구분하였다. 평가 단계에 따른 평가 대상은 형성단계에서는 정책목표와 정책결정 과정, 집행단계에서는 집행계획과 집행과정, 집행 후 단계에서는 정책결과와 학교 운영결과를 포함한다.

나. 평가 준거

정책 평가의 준거는 정책의 특성과 목표에 따라 달리할 수 있다. 이 연구에서는 특성화 대안학교 정책 평가의 준거를 정책단계 및 과정에 따라 포괄적으로 평가할 수 있는 준거를 2개씩 설정하였다.

먼저, 정책 형성단계에서는 정책 평가 대상이 되는 정책문제 배경 진단, 결정 과정, 정책목표, 정책수단, 정책 대상자 선정 등에 따라 다양한 준거들을 설정할 수 있다. 즉, 정책문제 배경 진단에는 정확성, 정책목표에는 적합성, 타당성, 구체성, 실현가능성 등을, 정책 결정 과정에는 합리성, 민주성을, 정책수단에는 준비성, 적절성, 능률성 그리고 정책 대상자 선정에는 균형성, 형평성 등이 흔히 제시되고 있다.

특성화 대안학교 설립 정책 당시의 상황을 보면, 공교육에 대한 비판적 대안에서 비롯된 특성화 대안학교를 설립하려는 정책목표가 과연 시대적·사회적·교육적으로 적합성을 갖는지가 중요한 평가 준거가 될 수 있다. 따라서 정책목표의 적정성, 적절성, 타당성을 포괄하는 준거로서 정책목표의 적합성[80] 준거를 설정하였다.

또한 정책 결정 과정에서는 정확성, 합리성, 민주성 등과 관련된 준거가 논의되고 있다. 이는 전문가 참여 및 각계각층의 참여와 의견 수렴과정을 통해 시민들의 호응과 지지를 받는 것이 기본이기 때문이다. 특히, 교육의 공공성이 강조되는 시기에 교육정책의 수혜집단이라 할 수 있는 학생, 학부모, 교원들의 지지를 받아야 하는 것은 당연하다. 따라서 정책결정 과정에서는 민주성 준거가 적합성을 갖는다.

둘째, 정책 집행단계에서는 집행계획, 집행과정, 정책상황의 평가 영역에 따라 대체로 실현가능성, 합리성, 대응성, 일관성 등의 준거가 제시되고 있다. 특성화 대안학교 정책 집행과정을 보면 실행수단으로서 자율학교 정책과 관련하여 추진되었고, 지방자치 및

---

80) 정책목표의 적합성에서 '적합성' 준거는 의미상 적정성, 적절성, 타당성, 대응성 준거와 유사하다. 던(Dunn)이 '원하는 산출이 실제로 가치 있는 것이냐'라는 '적합성(appropriateness)' 준거를 연구대상과 연구자의 특성에 따라 적절성(김종철, 서정화), 적합성(정정길, 장재원)으로 쓰고 있다.

분권화를 포함한 역동적인 사회상황과 새로운 학교유형을 추구하는 교육개혁 추세 속에 진행되어 왔다. 따라서 특성화 대안학교 정책의 집행계획이 행·재정적이고 법적으로 제대로 수립·지원되었는가의 실현가능성의 준거를 설정하였다. 그리고 정책집행 도중 상황 변화에 따라 당초 정책이 굴절되지 않고 안정된 가운데 일관성 있게 추진되었는가를 평가하는 일관성 준거도 중요하다. 물론 일관성 유지보다는 정책 상황에 따라 수정·보완 또는 정책전환이 바람직할 때는 탄력적인 대응이 필요할 수 있다. 그러나 소규모학교 통폐합정책과 같은 타 정책과의 관계나 특성화 대안학교의 정책 추진 상황에서 대안교육에 대한 교육청 관계관들의 거부감으로 볼 때 대응성보다는 일관성이 더 중요한 것으로 여겨지기 때문에 일관성 준거를 택하였다.

셋째, 정책 집행 후 단계에서는 정책결과나 정책성과에 대한 효과성, 효율성(능률성), 목표도달, 수요자 만족, 체제 유지 등의 준거가 검토될 수 있다. 어떤 정책일지라도 정책 집행 후 과정에서는 정책 집행 결과가 당초에 의도한 정책목표대로 효율적으로 달성했는지 여부와 집행에 따른 문제점과 부작용은 없는지를 알아보는 것은 중요하다.

특성화 대안학교 정책에 있어서 정책 집행 후의 정책결과 및 정책성과에 대한 평가 준거는 정책목표의 달성도를 알아보는 효과성과 학교선택권을 전제하는 수요자 만족도가 강조된다. 특히, 생태적이고 공동체성 그리고 작고 느린 것의 철학과 삶이 중시되는 특성화 대안학교의 성격상 경제적인 효율성 준거보다는 효과성이 더 큰 의미를 갖는다. 또한 획일적으로 운영되는 일반학교에 비해 학교선택권이 학생, 학부모에게 있고, 교육과정이나 교육활동에서 학생의 교과 및 프로그램 선택권이 존중되는 대안학교 운영 체제에서 교육의 과정 전반에 대한 학생, 학부모의 만족도 평가는 중요하다. 따라서 학생, 학부모의 수요자 만족도를 정책 집행 후의 평가 준거로 설정하였다.

특성화 대안학교 정책 평가에 있어서 정책 과정에 따른 단계별 평가 준거를 종합하면, 정책 형성단계에서는 정책목표에 대한 적합성과 정책 결정 과정에 대한 민주성이 핵심 준거이다. 정책 집행단계에서는 정책 집행계획의 실현가능성과 집행과정의 일관성이 중요한 준거가 된다. 정책 집행 후 단계에서는 정책성과나 결과에 대한 효과성과 학교 운영 결과에 대한 수요자 만족도라는 준거가 무엇보다 중요시된다. 정책 평가단계에 따른 평가 준거는 <표 Ⅲ-2>와 같다.

<표 Ⅱ - 10> 평가단계에 따른 평가 준거

준거 \ 영역	정책 형성단계	정책 집행단계	정책 집행 후 단계
적합성	○		
민주성	○		
실현가능성		○	
일관성		○	
효과성			○
수요자 만족도			○

다. 평가 항목

(1) 정책 형성단계

(가) 정책목표의 적합성

정책목표는 정책구조의 중심 요소로서 가치와 사실의 결합에 의하여 선택된 것이며, 정책을 통하여 해결하거나 달성하고자 하는 일의 '바람직한 최종 상태'이다(최종운, 1986: 23). 그러므로 정책목표는 사회적으로 야기되고 있는 문제점을 바람직한 상태로 해결하기에 적합한 것이어야 한다. 그러면서도 정책목표는 어디까지나 사회의 보편적인 가치규범에 어긋나지 말아야 하며, 교육정책의 목표일 경우에는 교육의 상위 가치체계인 교육이념이나 교육목표에 어긋나지 않는 타당성을 지녀야 한다(장재원, 전게서, 38).

그런데 하나의 정책에는 두 개 이상의 정책 목표가 있을 수 있다. 이럴 경우 목표들 간에 모순·충돌이 발생하는 경우가 있다. 이때 사회 전체의 입장에서 가장 바람직한 것을 우선순위로 결정하면 그 정책목표는 적합하다고 할 수 있다. 따라서 정책목표들이 교육적인 문제점을 해소하기에 적합한지 여부와 그러면서도 교육이념과 상위의 교육목표에 어긋나지 않는 타당성을 지녔는지가 평가의 초점이 된다(상게서, 38).

이러한 관점에서, 1990년대 중반 특성화 대안학교를 설립·지원을 추진하게 된 정책 목표는 두 가지로 볼 수 있다. 하나는 고교유형의 다양화로 학생의 소질·적성 위주의 교육선택권을 확대해야 하는 필요성이고, 다른 하나는 학교중도탈락자의 급증과 비행에 따라 학교중도탈락자를 예방해야 하는 현실적 필요이다.

따라서 고교유형의 다양화로 학교선택권을 확대하고 학교중도탈락자 예방의 특성화 대안학교 정책목표가 시대적, 사회적으로 적합한지, 그리고 특성화 대안학교의 정책 목표가 전인교육이라는 교육이념과 상위 교육목표에 부합하는지의 관점에서 평가될 수 있다.

(나) 정책 결정 과정의 민주성

정책과정은 기본적으로 정치적 성격을 띠고 있기 때문에 정책 형성·결정 과정에서의 민주성은 중요하다. 즉 정책의 영향을 받는 대상 집단 간의 이해의 충돌을 피하거나 최소화하기 위해 정책방향 및 수단의 결정 과정에서 정책과 관련된 모든 사람들에게 널리 공개하고, 많은 사람들이 참여하여 의견을 자유롭게 제시할 수 있도록 세미나·공청회 개최, 질문지 조사 등의 절차를 거치는 것 자체가 중요한 의미를 가진다(정정길 외, 2004: 279-280).

김창곤(1986, 64)은 정책 형성·결정 과정에서의 민주성(다중의 참여, 면담, 공청회, 협의회 등을 통한 전문가 및 이익집단의 의사반영·관계 기관과의 협의절충 등)을 가장 중요한 평가기준으로 보았다.

이러한 측면에서 볼 때, 특성화 대안학교 정책 형성단계에서 민주성 준거는 특성화 대안학교 정책 형성 및 결정 과정에서 정부 밖의 외부인의 참여를 배제한 채 정부 관료집단에 의해 주도적으로 이루어졌느냐 아니면, 대안교육전문가 및 관련 집단이 참여할 수 있도록 공청회, 세미나, 교육수요자로서 학생과 학부모들에 대한 폭넓은 의견수렴 과정을 거쳤느냐가 평가의 초점이 된다.

(2) 정책 집행단계

(가) 집행계획의 실현가능성

정책수단은 실질적 정책수단과 실행적 정책수단으로 구분된다. 실질적 정책수단은 처음에 정책의 최적 대안을 결정할 때 정책목표와 함께 목표 달성을 위한 기본계획으로 수립된 것을 뜻하고, 실행적 정책수단은 실질적 정책수단의 하위수단으로서 성격을 갖는다. 실현가능성의 평가에서는 정책목표 달성을 위한 실질적 정책수단이 있고, 실질적 정책수단을 목표로 하는 보다 구체적인 하위의 실행적 정책수단이 제대로 수립되어 있는지, 그리고 수립된 실행적 정책수단(실행계획)이 제대로 실행되느냐에 대한 평가이다.

따라서 특성화 대안학교 정책 집행단계에서 실현가능성의 평가는 첫째, 실질적인 수단으로서 대안학교 설립·운영 계획이 제대로 수립되고 운영되었는지에 대한 평가이다. 둘째, 대안학교의 생명이자 자율적인 학교 운영의 토대가 되는 자율학교 제도에 대한 계획 수립과 자율학교로서 대안학교 운영에 대한 지원이 적절하게 이루어졌는지가 평가의 핵심이 된다.

이를 통합하여 제시하면, 자율학교로서 특성화 대안학교에 대한 정책적이고 재정적 지원이 적절하게 수립되고 실행되었는가에 대한 평가, 특성화 대안학교가 자율학교로 지정·운영되면서 자율성에 따른 책무성을 증진시킬 수 있는 교육의 과정에 대한 질 관리 및 평가체제는 적절히 이루어졌는가가 평가 항목이다.

(나) 집행과정의 일관성

정책 평가기준으로서 일관성에는 두 가지가 있다. 첫째, 관련된 타 정책과의 일관성으로, 이는 새로이 결정된 정책이 타 정책과 모순·대립되는 점이 없는지에 대한 일관성이다. 새로운 정책이 선행된 타 정책과 모순·대립될 경우에 타 정책의 관련 부분을 수정하든지 그렇지 않으면 집행이 어렵거나 집행에 따른 부작용이 수반된다. 둘째, 시간이 변화하여 정책이 결정될 때와 다른 상황의 전개로 정책의 수정·종결 등의 변화를 필요로 하는 경우가 있다. 이 경우에 새로운 정책을 결정할 때와 같은 과정을 밟게 된다. 그렇지 않으면, 대상 집단 및 국민의 신뢰를 잃게 되어 추진·집행에 커다란 타격을 받게 된다(정정길, 전게서, 308-309).

따라서 특성화 대안학교 정책 집행단계에서 일관성에 관한 준거는 특성화 대안학교의 구체적인 정책 내용이 타 정책 내용과 모순·대립 여부, 그리고 정책 상황에 대응하여 일관성 있게 집행되었는가가 평가의 초점이다.

특성화 대안학교 정책 집행 과정에서 관련된 타 정책과의 일관성을 평가하는데 '농어촌 소규모학교 통·폐합정책'과의 관련성 속에서 평가할 수 있다. 또한, 참여정부의 지방자치 및 분권화 정책으로 특성화 대안학교에 대한 관리 권한이 시·도교육청으로 위임된 이후에도 지원이 일관성 있게 이루어졌는지도 중요한 평가 항목이다. 나아가, 2000년부터 특성화 대안학교에 적용된 '학생 납입금 책정 자율화 정책'이 특성화 대안학교 정책이 추진되는 데 어떤 영향을 주었는지도 평가 항목이 될 수 있다.

(3) 정책 집행 후 단계

(가) 정책결과의 효과성

모든 교육정책은 교육행정, 학교 경영 등의 경로를 밟아 실천되며, 학생들의 성장 발달 속에서 그 결과가 나타나게 된다.[81] 따라서 교육정책의 평가는 교육행정권에서

---

81) 정태범(1999, 121-122)은 교육정책의 궁극적 목표는 학생들의 성장발달에 있다면서, 교육정책이 수립되어 실천되는 과정을 경로 도식으로 보여 주었다. 정부(국회, 국무회의, 교육부)에서 수립한 교육정책은 행정의 계층조직(교육부 각 국, 시·도교육청, 지역교육청)을

수행하는 평가를 포함하여 학교교육권의 실천과정에 대한 평가와 함께 학생들의 성장 발달과정을 살펴야 한다(정태범, 1999: 122).

교육정책성과에 대한 평가로서 효과성의 개념은 정책결정 과정에서 정책수단이 정책목표를 달성하는 데 효과적인가를 평가하는 관점과 정책 집행 후 과정에서 종결된 정책 또는 장기적인 정책의 평가를 하려는 정책 집행 결과에 대한 효과성을 평가하는 관점으로 나눌 수 있는데, 여기서는 후자의 관점에서 논의한다.

정책 집행 후 과정에서의 효과성 준거는 크게 두 가지로 구분된다. 첫째는 '정책결정 당시 의도했던 정책목표의 달성도'와 '의도하지 않았던 부수적으로 나타난 긍정적인 효과'이다. 다른 하나는 정책결정 당시 예상 내지 우려했던 정책에 따른 부작용 내지 문제점 및 예상하지 못했던 문제점 등 부정적인 역효과이다. 정책성과에 대한 평가 과정에서는 이 두 가지 측면을 모두 평가하는 것[82])이 정책의 종합적·총괄적 평가로서 가치가 있다.

따라서 특성화 대안학교를 설립한 정책목표를 고교유형의 다양화를 통한 교육선택권의 확대와 교육복지 차원에서 학교중도탈락자 예방으로 볼 때, 정책성과로서 효과성을 평가하는 기준은 "교육선택권 확대와 학교중도탈락학생 예방의 정책목표가 달성되었는가?"가 평가의 초점이 된다. 또한, 기대는 했지만 의도하지 않았던 일반학교에의 긍정적인 파급효과는 무엇인지도 평가 항목이다. 나아가, 특성화 대안학교 인가 당시 우려했던 대안교육의 본질에 대한 정체성 왜곡문제이다. 특성화 대안학교가 설립목적에 맞게 교육의 과정이 제대로 운영되고 있는지? 아니면, 왜곡되지는 않았는지, 부정적인 영향도 평가 대상이 된다.

통해 집행되며, 학교 경영에서 구체적으로 실천되어 학생들의 성장발달 속에서 그 결과가 나타난다는 도식이다.

82) 다이(Dye)는 긍정적인 정책목표에만 관심을 가진 기존의 논의에서 벗어나 정책의 부작용 내지 문제점 등의 모든 결과에 관심을 가져야 한다고 주장하였다.

(나) 학교 운영에 대한 수요자 만족도

평가 준거로서 수요자 만족도는 특정 집단이나 전체 주민의 필요와 욕구, 선호와 가치 등에 어느 정도 대응하느냐의 대응성과 유사한 개념으로 주민의 만족도나 수혜자의 호응·만족도 등을 의미한다.

특성화 대안학교는 기본적으로 대안학교로서 특성을 갖고 있기 때문에 학생과 학부모의 학교선택권이 존중된다. 이는 학교교육에 대한 학생, 학부모의 만족도와 학교교육의 효과에 따라 학교선택이 좌우되고 학교의 존폐가 결정될 수 있기 때문이다. 따라서 특성화 대안학교 정책 평가에 있어서의 수요자 만족도 준거는 필수적인 평가요소라 할 수 있다. 수요자 만족도 준거와 관련된 평가 항목은 "학교 운영에 따른 교육수요자로서 학생, 학부모의 만족도는 어떠한가."에 대한 평가이다.

위에서 설정한 평가단계 및 대상, 평가 준거, 평가 항목을 토대로 특성화 대안학교 정책을 평가하기 위한 평가 모형을 제시하면 [그림Ⅱ-1]과 같다.

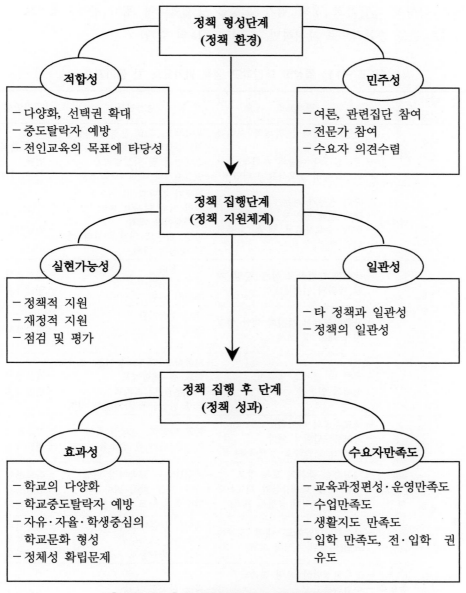

[그림 Ⅱ - 1] 특성화 대안학교 정책 평가 모형

또한 특성화 대안학교 정책 평가 모형을 구체화하여 평가 준거, 평가요소 및 평가지표 등을 종합적으로 제시하면, <표Ⅱ-11>와 같다.

<표Ⅱ-11> 특성화 대안학교 정책 평가요소 및 평가지표

정책 단계	평가 대상	평가 준거	평가요소	평가지표	평가방법
정책 형성	정책 목표	적합성	- 다양화, 선택권 확대의 시대적 요구 - 중도탈락자 예방의 사회적 요구 - 전인교육의 교육목표에 타당성	- 교육제도, 학교 운영의 획일성 - 학교중도탈락률 증가율 - 소년범죄 및 학생범죄율 - 설립취지와 목표, 교육내용	- 자료, 통계 분석 - 면담, 설문 자료

	정책
	결정
	과정
		민주성	- 관련 전문가 자문
			- 정책 이해 당사자 의견 반영
			- 정책 수요자로서 학생, 학부모
			  의견 수렴
				- 전문가 간담회 및 협의회 개최
				- 관련 이해 당사자 면담
				- 정책세미나 개최
				- 학생, 학부모 의견 수렴의 설문
				  및 공청회 개최
					- 자료 분석
					- 면담자료

정책 집행	집행 계획	실현 가능성	- 특성화 대안학교 설립·운영·지 원 계획의 여부	- 법령 정비 - 행정적 지원 - 재정적 지원	- 자료분석 - 면담자료
			- 자율학교로서 특성화 대안 학교 평가 계획 및 체제	- 평가 주관기관 - 평가 주안점 - 평가방법	- 평가보고서
	집행 과정	일관성	- 관련 타 정책과 일관성 - 정책의 일관성	- 자율학교 제도, 농어촌 소규모 학교 통·폐합정책 - 지방분권 및 자치화 - 학생 납입금책정 자율화 정책	- 자료분석 - 면담자료
정책 집행 후	정책 결과	효과성 (긍정, 부정)	- 학교유형의 다양화 - 학교중도탈락자 예방 (특성화 대안학교 정책목표)	- 학교 다양화, 선택권 확대 - 학교중도탈락률 감소율	- 자료분석 - 면담자료
			- 체험학습 중시의 교육 강조 - 자유·자율·학생중심의 학교문화 형성(비의도적인 긍정적 효과)	- 체험학습의 교육과정 편성 - 자유·자율·학생 위주교육 - 민주적인 학교 운영 문화	- 자료분석 - 면담자료 - 설문결과
			- 특성화 대안학교 내의 정체성 확립(예상된 부정적 효과)	- 대학입시 준비교육 - 안주적인 교사문화 - 관료적 학교풍토	- 설문결과 - 자료분석 - 면담자료
	학교 운영	수요자 만족도	- 교육과정편성·운영 만족도 - 수업만족도 - 생활지도 만족도 - 입학 만족도, 전입학 권유도	- 학생 만족도 - 학부모 만족도	- 설문결과

3. 대안학교 정책 평가[83]

- 정책 평가를 위한 연구방법 -

교육정책 평가에 있어서 양적인 방법과 질적인 방법을 상호보완적으로 활용하고 적용하려는 노력이 강조(이종승, 1988: 393, 최희선, 2006: 79, 정일환, 2000: 184, 민병제, 2002: 62)되고 있다.

본 정책 평가에서도 양적인 접근방법과 질적인 접근방법을 함께 활용하였다. 특성화 대안학교 정책에 대한 관련 문서 및 정책 관련 통계자료는 물론이고 설문조사를 통한 통계자료, 면담자료를 사용하였다.

연구내용에 따라 연구방법을 달리하였다. 특성화 대안학교 정책에 대한 특성화 대안학교 구성원들의 인식 및 학교 운영의 만족도를 파악하기 위해 설문조사를 하였다.

1. 설문조사

가. 조사 대상

특성화 대안학교 정책 형성, 정책 집행과정, 정책의 성과 및 효과에 관해 특성화 대안학교에 소속된 학교 관계자들(교원, 학생, 학부모)의 인식과 반응을 알아보기 위하여 전국의 20개 특성화 대안학교(고등학교에 국한)의 교원 321명 전원, 학생 500명, 학부모 500명을 대상으로 하였다. 2006년 6월 20일부터 7월 20일까지 설문조사를 실시하였는데, 2개 학교를 제외(학교분규 등의 이유로 어려움)하고 18개 학교에서 회수되었다. 구체적인 설문 대상별 설문지 배부 현황을 보면, 다음과 같다.

대 상	모집단수(명)	배부수(명)	회수율(명, %)	유효수(명, %)
교 원	321	321	164(51.1)	164(22.4)
학 생	1,986	500	430(81.8)	409(56.0)
학부모	1,986	500	170(31.6)	158(21.6)
계	4,293	1,321	764(57.8)	731(100.0)

---

[83] 본 절의 대안학교 정책 평가는 1997년 정부가 대안학교를 특성화 학교의 한 형태인 '특성화 대안학교'로 인가하고 정책·행정적 지원을 주로 하였기 때문에 정책 평가의 대상은 특성화 대안학교에 국한하였다.

나. 조사 도구

　설문 내용은 정책 단계에 따라 대상별로 차별화된 설문지 구성을 하였다. 정책 형성단계와 관련해서는 교원 3문항, 정책 집행단계와 관련해서는 교원 7문항, 정책 집행 후 단계와 관련해서는 교원 1문항, 학생 4문항, 학부모 3문항의 8문항을 구성하였다. 특성화 대안학교의 발전과제 및 정책 제언과 관련해서는 교원 7문항을 포함하여 총 25문항을 구성하였다. 설문지의 문항구성 내용은 정책단계 및 변인, 그리고 설문대상에 따라 아래와 같이 구성하였다.

	변인	대상	특성 변인	문항
정책 형성단계	－특성화 대안학교 인가 목적과 배경 －특성화 학교 형태로 인가에 대한 적절성 인식 －특성화 대안학교 설립요건에 대한 적절성 인식	교원	* 교사 ①성별 ②연령 ③총 교직경력	Ⅰ.1~3
정책 집행 단계	－재정지원의 효과성 －인가·운영 이후 대안학교의 자체 변화 －자율학교로 지정·운영의 효과성 인식 －정부의 단위학교교육과정 지원성 인식 －다양한 대안학교 확대 지원정책에 대한 인식 －교사들의 공동연수의 효과에 대한 인식	교원	④대안학교 교 육경력 ⑤직위 * 학생 ①성별 ②학년 ③현재학교 입 학 전 상황 ④거주지 ⑤본인의 학업 성적 ⑥가정의 경제 적 형편 * 학부모 ①성별 ②연령 ③거주지 ④학력 ⑤자녀의 입학 전 상황 ⑥현 학교에서 학업성적 ⑦가정의 경제 적 형편	Ⅰ. 4, 5, 6, 7, 9, 10,
정책 집행 후 단계	－특성화 대안학교 운영 효과에 대한 평가	교원		Ⅱ－3
	－교육과정 편성 및 운영 관련 만족도 －수업 관련 요인에 대한 만족도 －생활지도 관련 요인에 대한 만족도 －특성화 대안학교에 입학 만족도	학생		<학생용> 1~4－1
	－교육과정 편성 및 운영 관련 만족도 －생활지도 관련 요인에 대한 만족도 －특성화 대안학교에 입학 만족도 및 학교 운영 관련 　만족도	학부모		<학부모용> 1~4－2
과제 및 제언	－한국대안학교협의체의 활동 효과 －대안학교 교사양성과정 및 교사자격증 필요에 대한 　인식 －도시형 대안학교 설립 확대에 대한 인식 －특성화 대안학교 평가기준 마련과 평가 필요성에 　대한 인식 －특성화 대안학교의 대안교육의 이념, 학교 운영 구 　조, 대안성 추구노력에 대한 평가	교원		<교원용> 8, 11, 12, 13 Ⅱ.1, 2, 4

설문지의 반응은 척도형에 있어서 리커트(Likert)식 5단계 평정척도에 따라 구성하였는데, '매우 그렇다'에 1점, '매우 그렇지 않다'에 5점으로 점수화하였다.

다. 자료 처리

자료 분석방법은 [SPSS 12.0 version]프로그램을 이용하여 문항별 빈도분석을 하였다. 그리고 조사 대상자 집단의 특성 변인에 따라 차이가 있는지를 알아보기 위해 교차분석(x^2 검정)을 실시하였다.

2. 면담조사

면담 대상자는 특성화 대안학교 정책 입안과 정책 집행 과정에 참여했던 교육부 인사 6명과 당시 정책자문 역할을 했던 교수 및 대안학교 관계자 5명, 총 11명이다. 사전약속과 허락에 따라 녹취하였으며, 이를 위해 구체적인 계획을 세우고 면접 포맷으로 구조화된 질문을 미리 구성했으며, 면담자의 대답에 따라 다시 질문하는 비구조화된 질문형식, 즉 구조화와 비구조화된 질문형식을 혼합한 형태의 반구조화[84](semistructured)된 면담 질문지를 사용하여 심층면담을 하였다.

면담자	당시 직책(정책결정·집행)
B 담당관	지방교육지원과 사무관('96 – '97년)
A 장관	교육부장관, 부총리 겸 교육부장관
C 과장	지방교육지원과 사무관('97 – '98년)
S 협력관	2004년 교원양성연수과장
Y 서기관	지방교육기획과('01 – '03년) 자율, 대안학교 평가
L 서기관	지방자치과 서기관
L 박사	한국교육개발원 연구원(정책자문)
J 교수	서강대 교수(정책자문)
L 교수	원광대 교수(대안교육정책회의 주관)
G 교장	영산성지고등학교 교감(정책자문)
Y 교장	간디학교 교장(정책자문)

---

84) 반구조화 면접은 구조화 면접보다 반구조화 면접의 장단점을 보완하여 개발한 것으로

가. 정책 형성 평가

1) 적합성

가) 다양화, 선택권 확대의 정책목표가 갖는 시대적 적합성

고교평준화 정책은 고교입시 과열에 따른 사교육의 문제를 해결하기 위한 방안으로 실시되었다. 중학교교육을 정상화하고 고등학교 간의 교육격차를 줄이는 데 크게 기여해 왔다. 반면에 고교평준화 정책은 학교의 학생선발권과 학생·학부모의 학교선택권을 제한하였고, 이에 따른 불공평 시비를 제거하기 위하여 등록금 책정과 학교교육과정 운영 등에 차이가 없도록 하였다. 그 결과 공·사립을 막론하고 전국의 일반계 고등학교들은 다양성과 특수성이 없는 공통된 교육을 실시하게 되었다.

1990년대 지식정보화 사회가 되면서 종래의 획일적인 교육체제로는 치열한 국제경쟁에 대처하기 어렵다고 지적되어 왔다. 즉, 평등주의적, 획일적인 교육방식과 제도 운영을 통해서는 새로운 시대가 요구하는 인간, 즉 자신의 독특한 잠재력을 계발하여 독창적인 지식을 창조할 수 있는 인간을 길러 낼 수 없다는 인식을 하게 된 것이다.

이러한 시대적 상황에서 정부는 종래의 교육을 근본적으로 바꾸기 위해 학교유형의 다양화와 학교 운영방식의 자율화를 추구하는 '5·31 교육개혁방안'을 발표하게 된 것이다. 이러한 노력의 일환으로 고등학교 유형의 다양화와 예술교육의 특성화, 특성화 고등학교 확대, 교육과정의 개선 및 운영의 다양화 등이 제시되었다.

특성화 대안학교가 나타나게 된 것도 1980년대 이후 경직된 제도교육의 문제가 다양한 형태로 표출되면서 새로운 형태의 교육을 모색하는 움직임이 학교 안과 밖에서 일기 시작한 것과 궤를 같이하고 있다. 그리하여 1996년 교육부는 "학교중도탈락자

일정한 수의 중요 질문을 구조화하고 그 외의 질문은 비구조화하는 방법이다(조용환, 2002: 120).

예방종합대책"에서 "학교모델을 다양화한다는 것과 학교 운영체제를 혁신하여 부적응 현상을 최소화한다."는 차원에서 특성화 대안학교를 인가하게 된 것이다. 학교중도탈락자 예방종합대책에서 분석한 학교중도탈락의 요인 중 교육제도의 문제점으로서 지적된 것은 '교육과정의 획일적 적용과 운영, 정형화되어 있는 학교 모형'이었다 (교육부, 1996.12: 47).

이와 관련하여 김영화 외(2000, 20-21)는 50여 년 넘게 교육과정 제도와 교과서 제도의 획일성과 통제성으로 인해 개인의 창조성과 개성을 존중하지 못함으로써 대안교육운동과 대안학교에 대한 요구가 자연스럽게 나타날 수밖에 없다고 주장하였다.

특성화 대안학교가 설립된 정책환경과 관련하여 당시 교육부 김광조 과장은 입시 위주로 획일화되고 경직화된 학교사회에 대한 정부의 기본 시각[85]을 다음과 같이 밝히고 있다.

> "대안학교가 왜 정부의 관심을 끌게 되었는가 하면 우리의 고등학교교육이 다 아시다시피 너무 입시 위주로 획일화돼 있지 않습니까? 지향성에서 보면 입시 위주고 내용 면에서 보면 획일화된 이것을 극복하지 않고서는 자라나는 우리 아이들은 제대로 길러 낼 수 없다는 절박한 시대인식에서 나온 것이지요 (p.52)."

또한, 교육부의 특성화 대안학교 설립취지와 관련하여 당시 담당사무관이었던 배성근은 대안학교 운동에 정부가 개입하게 된 기본적인 취지가 교육선택권의 확대에 있음을 '고교설립준칙주의 도입에 따른 특성화 고교 및 대안학교 설립지원방안(1997.10.11)'을 통해 다음과 같이 밝히고 있다.

---

85) '미내사 클럽' 잡지와의 면담 자료(배성근, 2001: 61)에서 재인용.

"현행과 같은 획일화된 대규모 고교 형태로서는 학생 개개인의 적성과 다양한 욕구를 충족시켜 줄 수 없으므로, 고교 설립기준을 대폭 낮춘 고교설립준칙주의를 도입하여 다양하게 특화된 소규모 고교가 보다 자유롭게 설립·운영할 수 있도록 함으로써 입시 위주·주지교과 위주로 획일화된 교육을 지양하고, 학생의 소질·적성·능력에 부응하는 다양한 교육을 통해 교육선택의 폭 확대를 유도한다(배성근, 2001: 59-60에서 재인용)."는 것이었다.

특성화 대안학교 설립정책이 나오게 된 배경을 학교체제의 획일성에 따라 학교중도탈락과 비행이 증가하게 된 것과 평준화의 대안으로서 학교의 다양화 측면을 논의한 J 교수의 증언은 대안학교 설립의 정책목표가 갖는 시대적 적합성을 명쾌하게 결론짓고 있다.

"벌써 10년 전 일인데, A 장관이 갑작스럽게 대안학교와 관련해서 일해 온 사람들을 초청을 했어요. <...... 중략 ......> 배경은 두 가지라고 봅니다. 하나는, 획일적인 학교체제가 너무 많은 학생들의 부적응을 낳고, 그 부적응이 심각한 청소년 문제화되는 것들에 대한 안타까운 마음들이 그동안 많았던 것이죠.
다른 하나는, 학교부적응자들에 대한 배려뿐만 아니라 평준화의 문제를 입시위주, 인지 위주, 성적 위주로 해제해서는 안 되고, 오로지 학교를 좀 더 다양화하는 방법으로 해야 되겠다는 것이었지요. 시대도 이미 지식정보화 사회로 들어가는 가교였으니까. 그런 시대 변화에 걸맞은 인재 양성이 가능한 중등학교 체제를 만들어야 하지 않느냐. 그런 두 가지 배경이 맞물렸는데, 가장 첨예한 사안은 역시 획일적인 학교체제, 특히 입시 위주 교육에 따라 많은 학생들이 자발적 또는 타율적으로 탈락된 것이 특성화 대안학교 인가에 대한 배경이라 할 수 있습니다."

고등학교 유형의 다양화를 통해 교육선택권을 확대하려는 정책에는 재정지원의 효율성에 대한 비판이 있어 왔다. 이는 1980년대 이후 농어촌 인구의 격감으로 과소규모의 학교가 늘어남에 따라 예산절감 차원과 과소규모 학교 학생들에게 적정 수준의 교육여건을 마련해 주기 위해 과소규모학교 통·폐합정책이 추진되는 상황이었기 때문이다. 학교 규모 및 학생 수로 볼 때 통·폐합의 대상이 되는 특성화 대안학교를 설립·지원하는 것 자체가 논란의 대상이 될 수 있었다.

그러나 종래의 학교교육체제와 방식으로는 변화하는 교육환경을 유지하기 어려운 상황에서 청소년 보호대책의 하나로서 대안교육에 대한 사회적 관심과 호응이 높아짐에 따라 특성화 대안학교의 설립과 지원은 정당성을 얻었다(이재갑, 2001: 306).

정책 평가를 위한 설문결과, '다양한 성격의 특성화 대안학교를 늘이는 정책 지원'에 대한 교원들의 반응을 보면, '필요하다'가 80.5%로 대다수를 차지하고 있다. 그 이유에 대해서도 '다양한 교육을 제공하여 교육선택권을 확대할 필요가 있기 때문에'가 59.8%로 가장 높았다. 그러나 단순 비교치로서 생각되는 '대안교육을 받고자 하는 학생 수요가 많기 때문에(7.6%)', '학업중단학생 수에 비해 대안학교가 적기 때문에(6.1%)' 대안학교를 늘려야 한다는 반응은 많지 않았다.

또한, 특성화 대안학교 인가목적에 대한 교원들의 인식에서도 '학교부적응 청소년 예방교육 차원'(57.9%)이 가장 높았다. 그 다음으로 '다양한 교육으로 교육선택의 폭을 넓히는 차원'(36.6%) 순으로 반응함으로써 특성화 대안학교 인가목적을 교육선택권 확대로 받아들이고 있다.

이러한 교육선택권 확대 차원에서 대안학교 정책에 관심이 많았던 안병영 장관 (2004.12.23)은 향후 다양한 성격의 특성화 대안학교의 등장을 기대하고 있다.

> "인가받은 특성화 대안학교들은 그 종류나 유형에 있어 너무 단순하다는 생각이 듭니다. 대안학교가 소위 '문제아'를 다루는 학교라는 인식을 해소하기 위해서는 훨씬 더 다양한 메뉴의 대안학교들이 생겼으면 좋겠습니다."

이는 정책 초기의 학업중단학생 예방의 재적응형 학교 위주에서 다양한 성격의 특성화 대안학교 설립과 정책 지원이 필요함을 나타낸다. 이러한 경향과 요구로서 귀국자녀 및 역이민 자녀를 위한 대안학교, 탈북 새터민 자녀를 위한 학교, 다국적 혼혈아를 위한 다문화 대안학교의 필요성이 제기되고 있다.

따라서 학생들의 다양한 소질과 적성을 키워 나갈 수 있는 교육선택권 확대 차원에서 좀 더 다양한 성격과 특성을 가진 다양한 메뉴의 특성화 대안학교의 설립 운영이 요청되고 있다.

특히, 도시 지역에 대안교육 수요가 많고, 현재 대다수의 특성화 대안학교가 농촌지역에 소재하고 있는 것으로 보아 도시 지역을 배경으로 한 다양한 특성화 대안학교 설립이 요청된다. 이는 교육부(2003.7)가 '대안교육기회의 확대·내실화 추진방안'을 위해 2002년 7월 5일 대안교육정책방향 관련 민간 전문가 정책세미나 결과 제기된 문제이기도 하다. 그러나 특성화 대안학교들이 대부분 읍·면 등 농촌지역에 위치로 도시지역의 대안학교가 절대 부족한 실정임에도 도시 지역에 특성화 대안학교는 늘어나지 않고 있다. 대도시의 학생 수와 학업중단 청소년 수에 비해 특성화 대안학교는 고작 3개 교에 279명(8.3%)이다.

〈표 II - 12〉 학생대비 지역별 특성화 대안학교 현황

구 분	계	대도시	중소도시	농어촌
재학생(중·고생)	3,742,325명	1,806,159명 (48.3%)	1,359,145명 (36.3%)	577,021명 (15.4%)
학업중단 청소년	66,996명	35,145명 (52.5%)	20,780명 (31.0%)	11,071명 (16.5%)
특성화 대안학교	3,360명/29교	279명/3교 (8.3%)	611명/4교 (18.2%)	2,470명/22교 (73.5%)

※ 재학생과 학업중단청소년 현황은 2001년 교육부 통계자료이며, 특성화 대안학교 현황은 2007년 3월 현황임.

정책 평가를 위한 설문결과, 응답 교원의 77.4%가 도시형 대안학교 설립을 위한 정책 지원이 필요하다는 인식을 하고 있다.

평가 결과, 교육부의 특성화 대안학교 설립정책은 학교유형의 다양화를 통해 공교육의 한계를 극복하고 교육선택권 확대라는 측면에서 동시에 추진되었다. 이는

교육선택권이 1970년대부터 유럽과 북미에서 확대되어 왔고, 1990년대부터는 OECD 각국에서 본격적으로 논의되면서 학부모의 학교 운영에 참여 권장, 교육의 다양성 촉진, 교육과정 개선, 교육소외자에 교육기회 확대의 효과를 갖기 때문에 최근 주요 국가들의 교육개혁의 방향(김윤태, 2000: 389−390)과도 일치한다.

따라서 고등학교 유형의 다양화로 학생들의 소질과 적성을 살리고 교육선택권을 확대하는 차원의 특성화 대안학교 설립목표는 평준화에 따른 획일성을 극복하고 다양성 존중과 학생들의 학교선택권을 확대함으로써 지식정보화 사회에서 국제경쟁력을 키워야 한다는 시대적 요구에 적합성을 갖는다고 평가된다.

나) 학교중도탈락자 예방의 사회적 적합성

특성화 대안학교 설립의 정책목표 중의 하나는 학교중도탈락자 예방에 있다. 이는 교육개혁위원회(1996.8: 27−28)가 "신교육체제 수립을 위한 교육개혁방안(Ⅲ)"에서 "한국교육의 '음지' 해소"라는 교육개혁 과제를 수행하는 차원에서 비롯된 것이다. 즉, "한국 특유의 '교육열'에 의한 급격한 교육팽창은 교육기회의 보편화를 가져왔음에도 불구하고 아직도 교육기회에서 여전히 소외된 인구가 적지 않은 것이 사실이다. 따라서 교육의 '음지'에 가려져 있는 이들(특히, 장애인, 부적응 청소년 등)에 대한 교육기회를 확대하고 명실상부하게 교육의 기회균등을 구현하고자 모색한다."는 점을 지적한 교육개혁의 목표는 충분히 의미가 있다

이어서 교육부(1996.12.10)가 교육복지종합대책[1]의 하나로 「학교중도탈락자예방종합대책」을 발표한 것도 이러한 맥락이다. 물론, 정부가 학교중도탈락자예방종합대책을 발표하게 된 사회적 배경에는 당시 학교중도탈락자의 숫자는 1997년도에 8만 명을 넘어섰고, 학교중도탈락자들이 범죄에 연루되는 비율도 점점 높아져 소년 범죄자는 1993년도 11만 604명에서 1997년도 15만 199명으로 무려 35.8%가 증가한 현실을 반영한 것이다. 이는 전체 범죄자가 1993년도 173만 8,952명에서 1997년도 198만 6,254명으로 14.2% 증가한 것과 비교하면 증가율이 2배 이상이다. 또 전체 범죄자 중

소년범죄자 구성비를 보면 1993년도에 6.4%에서 1997년도에는 7.5%로 1.1% 증가했다. 특히, 전체 소년범죄자 가운데 학생 범죄자 비율도 1993년도 41.8%에서 1997년도 52%로 매년 증가 추세에 있었다.

당시 대안학교 설립을 통해 학교중도탈락자를 예방하고자 했던 교육부의 계획은 G교장의 회고를 통해 나타난다.

"1995년도 당시 교육개혁위원회가 청소년종합대책 발표 당시에 학교 밖에 있는 청소년들의 숫자기 워낙 많았어요. 전체가 50−60만 정도였고, 1년에 6−7만 정도가 나왔지요. 책임 있는 정책이 없는 상태에서 중도탈락자들을 위한 교육대책이 청와대에 보고가 되고, 그래서 교육부도 학교 밖에 있는 아이들에 대해 연구 대책을 지시받을 걸로 알고 있어요.

1995년 12월에 교육부에 불려 들어가 김○○ 정책국장을 만났는데, '그 다음 날 방송이 있는데, 학교 밖에 있는 아이들을 성공적으로 잘 이끌고 있는 영산성지고등학교 사례에 대해 방송을 해 달라는 것이었어요.' 청소년종합대책의 일환으로 말이에요. 그것이 교육개혁위원회의 청소년종합대책과 교육부의 학교중도탈락자 예방종합대책이 합쳐져서 1996년도에 대안교육정책을 입안했는데, 그것이 일부 언론에서 '부랑아 수용소'라는 제목을 내놓으면서 부정적 이미지가 번지니까 반대를 많이 했죠."

학교중도탈락자 예방종합대책은 세 방향으로 추진되었다. 첫째는, 당시 급증하고 있는 부적응학생 교육을 위해서는 대안학교 설립을 통해 학생을 수용한다는 것이다. 둘째는, 대중적 문화수요를 수용할 학교(대중음악학교, 만화학교, 영상학교, 문학학교, 패션학교 등)를 설립하여 탈학교 학생들을 예방하고 수용한다는 것이다. 셋째, 일반학교를 변화(다양하고 신축성 있는 교육과정 운영, 가고 싶은 즐거운 학교로 재구조화, 학생징계제도 개선, 학생상담활동 강화)시켜 중도탈락 학생을 예방하려는 대책을 추진하는 것이다. 기타 중퇴생을 위한 사회적 지원체제를 구축하는 동시에

'중퇴생 학교복귀를 위한 특별조치'를 추진한다는 것이다. 이 세 가지 방향을 사회적 적합성 차원에서 평가하면 다음과 같다.

먼저, 부적응학생 교육을 위한 대안학교 설립방안이다.

정부의 대안학교 설립계획에 나타난 비판은 대안교육 및 대안학교를 부적응 학생 교육으로 한정시킨 것에 대한 것이다. 이는 근대 교육이 안고 있는 한계와 공교육의 획일성에 따라 학생들의 다양한 욕구를 충족시켜 주지 못했기 때문에 자유·자율·학생 위주의 대안교육이 등장했음을 간과한 것이다. 그 결과, 당시 대안교육계의 비판은 물론이고 특성화 대안학교 설립과정에서 주민 반발을 가져온 요인으로 작용하였다.

이와 관련하여, 배성근(2001: 60)은 1996년 교육부가 발표한 '학교중도탈락자종합대책'이 대안학교 정책의 중요한 계기가 된 것은 사실이다. 그러나 법제화 과정에서 당시 '대안학교는 곧 문제아 학교'라는 일반의 부정적인 시각[86]을 바꾸기 위하여 1997년 법제화 과정에서 특성화 학교 형태로 대안학교를 제도화한 것[87]에 유념할 필요가 있다고 강조한다. 대안학교에 대한 부정적인 시각은 당시 심각하였다. 그 여파로 청주의 양업고는 주민 반대로 세 번이나 학교 부지를 옮겨야 했고, 부여의 반디불고도 오랜 우여곡절 끝에 미인가 형태로 운영되어야 했다. 조금 나중의 일이었지만 공립의 경기대명고등학교도 2001년 폐교를 활용하여 설립을 준비하는 과정에서 지역 학부모 대표의 항의("깡패학교를 만드느냐?"의 전화)와 지역주민(주민자치회)들의 민원("설립을 철회하지 않으면 유치반대위원회를 구성하여 대처"한다는 민원 접수)으로 곤욕을 치른 가운데 설득으로 설립될 수 있었다.

---

86) 당시, 언론에서 비인가 대안학교 현장에 대한 기획 연재로 긍정적인 효과도 있었지만 부정적으로는 '대안학교는 부적응학생 교육기관'이라는 인식이 각인되게 되었다.

87) 교육부가 '97년 특성화 대안학교 입법 당시 '영산성지형'을 염두에 둔 것은 사실이나 영산성지형이 한국의 대안교육의 전부일 수는 없으며, 전부인 것처럼 보여서도 안 된다는 확고한 신념과 의지를 당시 교육부 실무자들이 갖고 있었던 듯하다. 당시 김광조 지방교육지원과장과 실무 사무관인 배성근이 특성화 고등학교 법 조항을 만들기 위해 영산성지학교가 아닌 산청에 있는 간디학교를 네 차례나 방문하여 간디학교 설립자인 양희규 박사와 많은 교감을 나눈 것이나 동시에 거창고를 모델로 한 한빛고 설립관계자들과도 부단히 만났던 것을 들고 있다.

실제적으로도 인가 첫해인 1998학년도 특성화 대안학교 재학생들의 성향을 통해서도 당시 특성화 대안학교가 학교부적응자를 위한 교육으로 볼 수 있는 여지를 갖고는 있었다(<표Ⅱ-13> 참조). 즉 1998년 개교한 6개 특성화 대안학교에 재학하고 있는 학생 중 중퇴경력 및 범법 경력을 포함한 학교부적응자의 비율이 53.4%였다는 점이다. 특히, 재적응형의 대안학교는 그 비율이 상당히 높은 편이었다.

〈표Ⅱ-13〉특성화 대안학교 재학생들의 성향

단위: 명(%)

구 분	정상 진학자	학교 부적응자			합 계
		중퇴경력자	소년범경력자	소계	
영산성지고등학교	19(23.4)	40(49.4)	22(27.2)	62(76.5)	81
간디청소년학교	14(70.0)	6(30.0)	0(0)	6(30.0)	20
한빛고등학교	94(91.3)	7(6.8)	2(1.9)	9(8.7)	103
양업고등학교	9(22.5)	27(67.5)	4(10.0)	31(77.5)	40
경주화랑고등학교	19(47.5)	14(35.0)	7(17.5)	21(52.5)	40
원경고등학교	2(3.8)	41(77.3)	10(18.9)	51(96.2)	53
계 (평균)	157(46.6)	135(40.0)	45(13.4)	180(53.4)	337

※ 자료: 교육부 내부 자료, 1998.

이러한 시각은 특성화 대안학교 인가 이후 4년이 지난 2002~2003년도에도 여전히 나타나고 있다. 재적응형의 학교를 포함하는 일부의 학교라는 점을 감안하더라도 입학 전 상황으로 볼 때, 재학생들의 학업중단학생들의 비중이 평균 69.6%로 매우 높다는 것이다(<표Ⅱ-14> 참조).

단위: 명(%)

구 분	1학년		2학년		3학년		계	
	학업중단자	정상진학자	학업중단자	정상진학자	학업중단자	정상진학자	학업중단자	정상진학자
영산성지고	9	19	32	5	20	5	61(68)	29(32)
양업고	25	8	23	1	30	0	78(89.7)	9(10.3)
경기대명고	15	6	36	0	- - -	- -	51(89.5)	6(10.5)
광주 동명고	12	27	18	25	18	8	48(44.4)	60(55.6)
계	61(50.4)	60(49.6)	109(77.9)	31(22.1)	68(84)	13(16)	238(69.6)	104(30.4)

※ 영산 성지고(2002년), 양업고(2003년), 경기대명고(2003), 광주 동명고(2002년) 자료임.

그러나 특성화 대안학교 개교 첫해인 1998년의 경우에도 6개 학교 중 간디학교와 한빛고등학교는 일반학생들을 대상으로 한다는 점이라든지, 현재 운영되고 있는 21개 특성화 대안학교 중 특수한 성격으로서 탈북 새터민 자녀를 위한 한겨레학교와 귀국자녀 및 해외동포 자녀를 위한 지구촌고등학교를 제외하고 10개의 학교[88]가 일반학생들을 대상으로 한다는 점에서 볼 때 편협된 인식이 아닐 수 없다.

그리고 중요한 것은 정부의 대안학교 관련 정책자료[89]를 보면, 특성화 대안학교 정책의 근본 배경을 교육복지에서 찾을 수 있다. 대안교육정책이 입안되는 과정에서 산파 역할을 했던 안병영 장관은 당시를 이렇게 회고하고 있다.

"제가 대학에서 사회복지정책을 가르치고 있어요. ......<중략> 그래서 복지문 제에 대해서 워낙 관심이 많았죠.

제가 1995년 12월에 장관이 됐을 때, 이미 그해 5월 31에 5·31 교육개혁이 시작됐어요. ......<중략> 세계화·정보화 추세에 따라서 경쟁력 제고도 필요하다 고 생각하고, 민주화도 필요하다고 생각했지요. 그러나 너무 경쟁력 쪽에 역점

---

88) 성적불량 학생을 대상으로 한다는 세인고를 제외한 일반학생 대상의 특성화 대안학교에 대해서는 p.328의 '<표Ⅱ - 22> 특성화 대안학교별 학교교육의 특징'을 참조 바람.

89) 교육부(1997.8), 중퇴복교생 지도 보완대책, 교육부(1997.1), 학교중도탈락자 복학 및 예방 세부계획, 정책협의 자료, 교육부(1996.12), 학교중도탈락자 예방종합대책, 교육복지종합대책[1].

이 주어지면 한쪽으로 치우칠 것 같아서 교육복지 측면에서 교육복지정책에 또 하나의 축을 세워야겠다는 생각을 해서 추진했는데, 교육부에서는 장관 프로젝트라는 얘기를 많이 했어요.

교육의 음지에 있는 소외된 학생들에 대한 내용이 최초로 들어가 있는 교육개혁방안(3차 보고서)은 제가 장관이 된 후에 추진됐기 때문에 교육개혁위원회와 교육부하고 협동작품입니다. ......<중략>. 저는 평소부터 너무 신자유주의 쪽으로 가는 건 무리라고 생각했고, 평형을 이루기 위해서 교육복지 쪽을 좀 더 강조했습니다."

교육복지 차원에서 김영화 외(1999, 56)는 교육소외 및 교육결손 학생들에 대한 대안학교 설립정책에 대해 다음과 같이 평가하고 있다.

"우리 사회에는 형식적으로는 교육기회를 부여받고 있지만 실질적으로는 교육기회가 제한되어 있는 아동과 청소년이 상당수에 달한다. 중도탈락자, 비진학자, 학습부진아 등이 이러한 교육결손집단에 속한다. 이들은 정규 교육체제에 적응하지 못하고 소외감, 열등감, 좌절감 등을 경험하여 탈선할 우려가 크다. 기존 학교에 적응하지 못하는 학생들을 위하여 대안학교 설립을 적극 장려하는 등 대책 없이 이들을 학교 밖으로 내모는 일이 없도록 해야 한다. 이와 같은 교육결손 집단의 교육기회 확대를 위한 조치들은 교육복지정책의 중요한 영역에 속한다."

이렇게 볼 때, 교육부가 추진한 특성화 대안학교 설립정책은 학교중도탈락자 예방을 넘어서서 교육적 소외계층이자 교육결손집단에 대한 교육기회 확대라는 교육복지 차원에서 사회적 적합성을 가질 뿐만 아니라 한국교육사에서 교육복지정책의 전환점이 된 정책으로 평가할 수 있다.

두 번째, 대중적 문화수요를 수용할 학교를 설립하여 탈학교 학생들을 예방하고 수용한다는 방안이다. 부적응 학생들을 위한 대안학교 설립과 대중적 문화수요를 수용할 학교설립 계획은 학교중도탈락학생예방 및 탈학교 경향을 예방하는 의미는 가질 수 있다. 그러나 정부가 당초 의도했던 대중적 문화수요를 수용할 대중음악·만화·영상·문학·패션학교 등의 특성화 대안학교는 이후 설립되지 않았고, 직업분야의 디자인·애니메이션·자동차·조리·도예학교 등이 특성화 학교 형태로 인가되었을 뿐이다.

따라서 대안학교가 직업분야의 특성화 학교와 함께 특성화 학교 형태로 인가된 것에 비판이 제기되고 있다. 그 비판의 핵심은 직업분야 특성화 학교를 "공부 이외의 다양한 직업적 재능을 키워 전문적인 직업인을 키우는 과정"으로 이해할 때, "기존의 삶의 방식이 아닌 대안적 삶을 살도록 인간을 키우는 대안교육"이 하나의 학교유형으로 묶여 있다는 것이다. 이 논란에 대해 교육부는 '부적응도 하나의 학습욕구'로 볼 수 있기 때문에 특성화 학교로 인가하였다고 주장하고 있다.

그러나 이종태(2001b, 142)는 특성화 학교란 미국의 마그넷 스쿨(magnet school)의 번역어로 쓰이고 있으며, 정부가 애초 특성화 학교에 담고자 했던 것은 만화나 디자인, 대중음악 같은 대중문화예술 교육이었다고 술회하고 있다.

실제적으로 특성화 학교의 전제가 되는 미국의 마그넷 스쿨의 경우, "모든 학생들에게 도움이 되는 한 가지 교육과정이나 학습방법이 존재하지 않으며, 철학적·종교적·경제적·사회적 배경이 각각 상이한 학생과 학부모들의 다양하고 다변적인 교육적 욕구를 공교육체제 내에서 수용한다."(Peebles, 1982. 이현림·최손환, 182 재인용)는 데서 비롯되었다는 것이다.

또한 마그넷 스쿨의 경우, 학생들에게 독특한 교육과정(수학, 과학, 기술, 컴퓨터, 예술, 인문학 강조 등)을 제공하거나 독특한 방법(개별학습, 열린학습 등)으로 학교의 성과를 가져오는(Blank, 1990, 상게서, 재인용) 측면에서 특성화 교육도 대안교육의 영역으로 볼 수 있다. 따라서 대안교육이 특성화 학교의 형태로 인가된 것에 대한 일부의 비판은 큰 의미가 없다고 본다.

G 교장은 특성화 대안학교가 제도권 학교로 인가받게 되는 당위성을 '일반학교에

학교중도탈락 학생을 수용하는 것이 현실적으로 어려운 상황[90]에서 새로운 학교유형으로서 특성화 대안학교를 제도화 시킨 것'으로 설명하고 있다.

> "중략...... 1997년 당시 제도권 교육으로는 학교 밖에 있는 청소년들에게 성과를 내지 못하니까 또 다른 대안적 방법으로 청소년들을 제도권 교육 안에 다시 끌어들여서 새로운 교육을 해 보고자 특성화 학교법을 만들었죠. 중략......"

마지막으로, 일반학교를 변화시켜 학교중도탈락 학생들을 예방하려는 방안이다. 교육부는 학교중도탈락 학생들을 예방하기 위해 '학교중도탈락자 복학 및 예방 추진계획'[91]을 추진하였다.

학교중도탈락자 복학 및 예방 추진계획의 핵심 내용은 첫째, 다양하고 신축성 있는 교육과정 운영을 위해 '학교장에게 교육과정 운영 재량권을 확대'한다는 것으로, 중학교는 총 수업 일수의 1/5(교과 80%, 특활 20%), 고등학교는 1/4(교과 75%, 특활 25%)로 특별활동의 재량권[92]을 확대한다. 둘째, 학교를 가고 싶은 '즐거운 학교'로 재구조화하기 위해 내실 있는 특별활동 운영과 건전한 또래 문화를 형성하고자 한다. 구체적으로는 다양한 특별활동 체험학습 강화, 청소년들의 대중문화 수요 반영이다. 셋째, 전·편입학제도의 특례로서 학교생활 부적응 등 학교환경 전환이 필요한 학생의 전입학 허용을 수용능력 범위 내에서 정원에 관계없이 허용하는 '잠정정원제'를 운영하는 것이다. 넷째, 학생에 대한 징계제도 개선으로서 근신, 유·무기정학, 퇴학처분을 학교 및 사회봉사, 특별교육·선도처분의 선도형으로 개선하는 것이다. 특별교육에는 대안교육프로그램 이수를 의무적으로 부과한다. 다섯째, 중퇴생을 위한 사회적 지원체제 구축으로서 "가출학생 쉼터 설치, 가정환경이 어려운 학생과 대리부모 결연 활성화,

---

90) 교육부가 '97년 1월 추진한 학교중도탈락자 복학 및 예방 추진 계획이 실효성이 없었던 것(재탈락, 학생문화 왜곡, 중도탈락학생 복교 저조)을 가리킨다.

91) 교육부는 1997년 1월에 내부 문건으로 학교중도탈락자 복학 및 예방 추진계획을 추진하였다.

92) 이전에는 중학교(교과 95%, 특활 5%), 고등학교(교과 92%, 특활 8%)였다.

학력 비인정의 사회교육시설과 야학 등의 비정규 교육시설에 대한 지원 육성, 중앙과 시·도별 및 지역별로 '중퇴생대책협의회'를 구성·운영한다."는 것이다.

일반학교를 변화시켜 중도탈락자들을 예방하고자 하는 다양한 대책들은 상당히 포괄적이고 긍정적으로 판단된다. 그러나 일반학교에서 교원들의 변화 마인드가 더디고, 학업중퇴자 복교조치에 따른 전문화된 교육프로그램이 준비되지 않은 상태에서 급격하게 복교조치가 이루어지면서 복학생의 재탈락과 복교학생 저조,[93] 학교 내의 학생문화 왜곡 및 학교붕괴가 가속화된 결과를 초래하였다는 비판적인 평가가 나타났다.

정진곤 외(1998)는 학교중도탈락자 예방종합대책의 시행과정을 분석하면서 복귀생들의 복귀동기, 사회와 학교생활에 적응 정도, 학교에 대한 의식 등을 알아보기 위해 심층면접을 통해 알 수 있다. 연구 결과, 학교에 복교한 학생들 가운데는 가정생활, 학교생활 적응에의 어려움, 옛 생활에 대한 미련 등의 여러 가지 이유로 인하여 학교에서 또다시 퇴학하는 학생들이 많이 있다. 이들은 학교에 복귀하여 다니는 동안에 동료 학생들에게 폭력을 행사하거나 교사들에게 반항하는 등 여러 가지 좋지 않은 영향을 미친다(정진곤 외, 1998: 20)는 것이다. 이로 인해 교사들이 복귀제도를 우려하고 반대한다는 것이다. 면담에서 나타난 한 교사의 적나라한 표현은 당시 심각한 학교 상황을 말해 주고 있다. "'이들이 한 차례 학교를 휩쓸고 가면, 마치 태풍이 지나간 것처럼 학교가 쑥밭이 되며' 또한 재탈락하게 되는 학생도 더 큰 좌절감을 불러일으킨다(상게서, 21)."는 것이다.

복교생들의 학교 적응에의 문제점으로는 "복교 이전의 여러 문제들의 상존, 복교생들 수준에 맞지 않는 획일적인 학교교육과정 운영, 복교생들을 위한 특별 지도와 상담 활동 형식성과 이들에 대한 편견과 부정적 인식, 복교생 자신의 결단과 의지가 아닌 부모 강요에 의한 복교, 복교생들의 학교생활 사전 적응교육 부실, 복교생들 중에는 학교의 교육내용 및 학교생활에 무의미와 애착 없음"을 들고 있다.

당시 정진곤 외는 복교정책의 보완 방안 및 대책으로 여러 가지를 제시하고 있다.

---

93) '95~'96년 사이에 중·고교 중도탈락 학생 125,387명 중 '96~'97년에 복교한 학생은 11.6%인 14,526명이었다('97.3.31일 현재).[교육부(1997.5), 중도탈락생 복교현황 및 생활지도대책. 교육부 내부 자료]

이 중 "①학생들의 다양한 적성과 흥미에 알맞은 교육프로그램 개발·시행, ②다양한 형태의 특수 고등학교로서 교육부에서 추진하겠다고 제시한 '다양한 형태의 정보학교, 만화학교, 패션학교, 문학학교, 예술학교 등의 설립, ③학생들이 갖고 있는 문제의 성격과 정도에 따라 교육시기와 교육내용, 교육방법을 달리하여 학교 적응력을 길러주는 대안학교 설립과 운영"은 이후 복교 정책 추진에 시사점을 주었다(상게서, 22-24).

L 교수는 일반학교의 변화를 통한 중도탈락학생예방대책이 학교와 시·도교육청의 마인드 때문에 특성화 학교로 우회하여 인가되었다고 설명하고 있다.

> "진짜로 특성화라고 하는 것은 게임, 디자인, 야구, 골프 등과 같이 직업 분야와 예체능 같은 것인데…… <중략> …… 대안학교 명칭에 대해 기존 제도에서 공교육의 잘못을 인정하는 것으로 비칠까 봐, 상당수 거부세력들이 있었지요. 더 중요한 것은 교육부가 일반학교를 재구조화해서 학교중도탈락자를 예방하려고 시도했는데, 지역에 있는 시·도교육청 쪽에 변화의 시간이 더디고, 그쪽에서 이해하지 못하는 부분들도 생겨 정책상 마찰이 생기잖아요. 그래서 우회하는 전략으로 대안학교를 특성화 쪽으로 집어넣어서 인가를 내준 것이지요."

정책 평가를 위한 설문결과, 대안학교를 특성화 학교의 한 형태로 인가한 것에 대한 적절성 여부에 대해 응답교원의 61.0%가 '적절하다'고 한 반면, 22.5%는 '적절하지 못했다'고 응답하였다. 교원들의 특성변인별로는 통계적으로 의미 있는 차이가 나타나지 않았다.

학교중도탈락자 예방을 위한 대안학교 설립의 정책목표가 갖는 사회적 적합성을 종합 평가하면 다음과 같다.

한국교육사에서 교육부가 특성화 대안학교를 정식 학교형태로 설립·인가한 주목적은 당시 학교중도탈락 학생들의 급격한 증가로 인한 탈학교 경향에 대한 우려와 이들의 사회비행을 줄여 보고자 하는 교육부의 현실적이고 교육복지적 필요가 중요하게 작용하였음을 알 수 있다. 동시에 평준화로 인한 획일화된 고등학교 유형을 다양화함으로써

'학생의 소질·적성에 부응하는 교육선택의 폭을 넓히는 차원'이 자연스럽게 선택적 친화성을 갖게 됨으로써 급속하게 전개된 것이라고 볼 수 있다.

다) 전인교육의 교육목표에의 부합성

한국의 초·중등학교의 교육목표는 전인교육이다. 따라서 초·중등교육에 있어서 지·덕·체를 조화롭게 겸비한 인간 양성은 학교 현장에서 추구해야 할 이상적 가치이다. 그러나 한국교육은 대학입시 위주의 교육으로 인해 전인교육이 소홀하게 여겨지고, 입시를 위한 도구로 초·중등교육이 전락된 지 오래된 것으로 보인다.

이러한 학교교육의 현실을 비판하고 대안적인 학교를 모색하고자 했던 운동이 특성화 대안학교로 나타났기 때문에 그 설립 취지상 체험 위주의 인성교육을 추구하는 것은 지극히 자연스럽다고 볼 수 있다. 물론 특성화 대안학교의 유형이 다양하게 존재하고 있는 것도 사실이지만 정부가 1997년 대안학교 설립 계획 당시 부적응 학생들을 염두에 두고 설립·지원한 사실은 이미 잘 알려진 사실이다. 또한 현실적으로 볼 때, 다수의 특성화 대안학교가 재적응형의 학교이고 학생들의 다수가 학교중도탈락의 경험이 있는 만큼 인성교육의 필요성은 절실하다.

학교중도탈락 학생들과 인성교육의 관련성은 중도탈락 배경요인에서 찾을 수 있다. 일반적으로 중도탈락 발생 배경요인은 개인적 특성 요인, 가정적 요인, 학교환경 요인, 사회적 요인(유해환경) 등으로 대별할 수 있다. 그 중 개인의 인성적 특성 요인으로는 잘못된 생활태도, 상황판단의 미숙, 자기조절능력의 부족, 도덕성과 법의식의 미숙, 부정적 자아관, 나쁜 인간관계, 약물 탐닉, 낮은 자아 존중감과 자기 만족감, 강한 공격성, 장래에 대한 비관적 기대감 등(권이종, 2002: 4)으로 일반학교의 학생과는 구별된다.

경기도교육청의 자료(1997, 17)에 따르면, 학업중단학생들의 중퇴 원인으로서 개인적 특성은 자신감이 없거나 인간관계에서 신뢰감이 부족한 경우가 많다. 정신, 심리치료가 필요한 경우도 많은 것으로 나타나고 있다. 또한 경기도 지역 학업중단학생들을 연구한 송복(1996)등은 학업중단과 관련된 개인적 요인으로 학생 개인의 심리 및 가치 관련 요인과 학교 안팎에서의 행동을 중요한 것으로 보았다. 특히 학생 개인의 심리 및 가치 관련 요인, 즉 개인의 지향성과 심리적 특성이 학업중단에 영향을 미치는 중요한 요인으로 보았다. 또한 이들은 자존감이 낮고 자신의 인생에 대한 통제력을 외부에 두는 경향이 있으며, 긍정적인 성인과의 유대감이 약한 성격적 특성(조영승, 2001: 17)이 있다는 것이다.

조영승은 청소년이 자신의 소중함과 중요한 존재임을 인식하는 정도, 즉 자기존중감의 정도는 재학생집단에 비하여 학업중단청소년 집단에서 유의미하게 낮다고 보고하고 있다. 이는 낮은 자기존중감이 학업중단의 원인이 되는지 아니면 학업중단 결과로 나타나는지는 알 수 없지만 낮은 자기존중감과 학업중단과는 유의미한 관계가 있다(상게서, 72)는 것이다.

이러한 연구결과들을 토대로, 학업중단 청소년들의 일반적인 성격·심리적 특징은 다음과 같다.

> "열등감이라는 공통의 특징, 인내성이 부족, 대부분 의지가 박약하고 이로 인해 자극이나 유혹에 쉽게 넘어가며 향락적인 놀이에 빠져 고민하거나 불안에 싸여서 조그마한 문제에도 맞서 이겨 나가지 못하고 좌절한다. 자주성, 책임감이 결여, 생활의 기본적인 자세 확립이 습관화되어 있지 않다. 배타적 불신감을 갖고 있다. 가정생활이 불안정하다. 교우관계에 문제가 있다. 상대방의 입장에서 배려하는 것보다는 이기적인 행위를 함으로써 여러 차례 교우들로부터 경고와 소외를 당해도 쉽게 고쳐지지 않는다. 사회적인 규범을 무시하는 경향이 있다."

현실적으로 학업중단 경험이 있는 학생들이 다수를 차지하고 있는 특성화 대안학교에 있어서 학생들의 인성적 특성은 위에서 제시한 학업중단청소년들의 특성과 매우 유사하다고 볼 수 있다. 따라서 특성화 대안학교의 설립 취지나 현재 운영되고 있는 특성화 대안학교의 성격으로 볼 때, 그 교육의 바탕에는 인성교육이 교육의 핵심으로 부각될 필요가 있다.

이러한 시각에서 특성화 대안학교는 일반학교에 적응하지 못한 학생들에게 체험 위주의 인성교육을 교육활동의 목표로 하여 모든 학교 운영이 전인교육적인 차원에서 이루어져야 함은 재고의 여지도 없다. 물론 이러한 바탕에는 대안학교 학생 구성원들의 성격·심리적 특성이 열등감과 낮은 자아존중감, 부정적인 자아개념, 잘못된 기본생활습관, 자립심과 책임감 결여, 준법정신 결여, 충동성과 인내심 부족 등의 경향이 강하기 때문이다.

이러한 인식을 바탕으로 특성화 대안학교에서 중요하게 여기는 교육 내용의 우선순위를 분석한 연구(오명희, 2001)를 보면, "학교마다 조금의 차이는 있지만 인성교육(32.5%), 진로교육(16.7%), 노작교육과 생태교육(12.7%), 기타 종교교육, 컴퓨터 미디어교육"으로 인성교육이 우선시되고 있다. 또한 특성화 대안학교로서 특성화 교과의 교육내용을 구체적으로 보면 인성교육(마음일기, 요가, 묵상, 종교, 단전호흡 등), 노동의 중요성(텃밭 가꾸기, 원예조경, 집짓기, 목공 등의 노작활동), 학습자중심의 체험교육, 공동체 교육 중시로(경기도교육청, 2003: 147) 인성교육이 주요 영역으로 자리 잡고 있다는 점이다. 이러한 점은 특성화 대안학교의 성격상 전인교육의 차원에서 학생들의 가치관 형성과 인격함양의 필요성을 반영한 것이라 볼 수 있다. 실제로 특성화 대안학교에서 인성교육은 다양하게 이루어지고 있다.

대안학교의 전 교육과정이 인성교육을 지향하고는 있으나 실제 시도되고 있는 인성교육의 교육과정 및 활동을 보면 <표Ⅰ-7>과 같이 다양하게 운영되고 있다.

원불교 재단인 영산성지고와 원경고는 마음공부를 근간으로 인성교육을 하고 있으며, 기독교 재단인 동명고는 묵상과 멘토링, 세인고는 5차원 전면교육 차원에서 심력교육과 인간관계 교육, 공립 대안학교인 경기대명고등학교에서는 홀리즘(통전성)에 바탕을 둔 생활명상과 심성계발, 양업고의 인간관계와 현실요법을 실시하고 있다. 이 밖에 학교마다 독특한 인성교육의 방법을 종교와 연결하여 영성을 계발하고 있다.

종합해 보면, 특성화 대안학교 설립정책은 초기의 학교중도탈락자와 같은 부적응 학생중심의 대안학교 차원에만 머문 것은 아니다. 대안학교가 부적응 학생 교육과

무관하지 않다는 것은 아니지만 영산성지고등학교의 성공 모델이 제시되고 알려지면서 마치 부적응 학생을 위한 학교가 대안학교의 전부인 양 알려지게 된 것이 문제였다.

결국, 특성화 학교 형태로서 대안학교를 인가한 것은 교육부 내의 저항과 주민 반대에 따른 우회적인 전략으로도 받아들일 수 있지만, 더 중요한 것은 학교중도탈락자 예방대책의 일환으로 추진했던 일반학교 변화 과정이 더디고 성과가 나타나지 않음으로써 공교육체제 밖에서 교육문제 해결의 단초를 찾아보자는 데에서 포괄적인 성격의 특성화 학교로 인가되었다고 판단된다. 여기에서 공교육체제 밖에서 교육문제 해결이란, 당시 입시 위주의 교육으로 획일화되고 왜곡된 교육현실을 극복하고 학생 각자의 소질과 적성을 살릴 수 있는 교육본질에 대한 변화 요구이다. 이러한 변화 요구는 당시 학교에서 성적에 따라 방치된 학생이나 여타 이유로 중도탈락 학생들을 아우르지 않고서는 해결할 수 없는 문제이다. 이는 우리 교육이 내세우고 있는 전인교육의 목적에도 부합하는 방향으로 볼 수 있다.

정책목표의 적합성 준거에 대한 평가 결과를 종합하면, 특성화 대안학교 설립정책은 지식정보화 시대에 맞는 다양한 인재육성의 필요성에서 나타난 교육선택권 확대, 교육복지라는 큰 틀 속에서 학업중단학생의 급격한 증가와 그들의 비행 증가에 따른 국가·사회적 우려에 시기적절하며, 한국교육이 추구하는 전인교육의 목적 및 상위 교육목표에 부합하는 타당한 교육적 대응으로 평가된다.

2) 민주성

1997년 2월 5일 교육부는 대안학교 설립 논의를 위한 대안교육전문가협의회 및 간담회를 장관 주재로 개최하였다. 학교중도탈락 학생 구제와 관련된 대안학교 실태조사와 대안교육에 대한 정책 자문의 성격을 띤 간담회였다. 참석자는 정유성(서강대 교수), 이종태(한국교육개발원 연구원), 강태중(교육개혁위원회 전문위원), 김창수(서울중앙고 교사), 조연희(책읽는 마을 유치원대표) 등(교육부, 1997. 3: 2)이다. 협의회에서 위원들은 교육부가 제시한 중도탈락자 위주의 부적응학교로서 대안학교 개념과 권역별로 공립 대안학교 설립 방안 추진에 대해 강한 비판적 자문을 하였다. 이 협의회는 대안교육에 대한 교육부의 관심을 확인할 수 있었으며 정책 의제(아젠다)로서 가능성을 보여 준 의의를 갖는다.

대안교육전문가로서 교육부의 자문 역할을 했던 L 박사는 당시를 이렇게 회고하고 있다.

"……중략……다양화라는 큰 틀에다 중도탈락자를 구제한다는 작은 틀인데, 중도탈락자를 대상으로 한 별도의 학교를 처음엔 6개 권역으로 전국을 나누어서 권역별로 한 개씩 만들겠다고 했어요. 교육부가 직접 만들어서 운영하겠다고 했는데, 그때 대안교육운동을 한다고 모였던 저나 J 교수를 포함해서 관계자들이 그 부당성을 강하게 어필했지요.

지금 영산성지학교가 성공한 것이 무엇인지 아느냐? 월 30만 원을 받으면서도 아랑곳하지 않고 오직 아이들하고 헌신적으로 생활하는 그런 교사로부터 성과가 나오는 것이지, 공립학교를 만들어서 어느 날 교사를 발령을 내서 운영해 봐야 백 날 안 된다. 그런 얘기를 했더니 그래서 바꾸었죠.

그때 우리가 정부의 잘못을 지적한 것이 두 가지였어요. 하나는 정부가 직접 대안학교를 설립하겠다는 것이며, 또 하나는 대안학교를 완전히 중도탈락자를 위한 학교로 개념화한 것에 대한 것이죠. 교육청에 있는 분들은 아직도 대안학교란 그런 줄로 알고 있죠. '대안교육이라 하는 것은 꼭 학교 부적응하는 아이들만이 아니라 자유롭게 여러 가지 실험적 교육을 할 수 있는 학교를 말한다.'고 어필을 했더니, 그것도 바꾸었어요. 그래서 1997년도에 「초·중등교육법시행령」 개정작업을 하면서 '체험 위주의 인성교육을 하는 학교' 하고, '소질과 적성을 살리는 학교'로 했지요."

이어서 1997년 2월 21일 교육부는 대안학교 설립추진 관련 인사에 대한 면담을 실시하였다. 면담자는 김완호(전남지역 새로운 학교 설립추진위원장), 서광덕(원불교 부산교구), 김상호(원불교 대구교구사무국장)였다(교육부, 상계계획, 2).

또한 1997년 3월 29에는 대안학교 관련 전문가 간담회를 실시하였다. 당시 자료에 따르면, 대안학교에 대한 교육부의 입장과 대안학교 설립운영 지원 계획을 구체적으로 알 수 있다.

교육부는 대안학교 유형을 극단적 형태, 온건 형태, 중간적인 형태로 규정하였다. 극단적 형태의 대안학교는 학교의 틀 자체를 벗어나려는 탈학교 운동의 형태로, 들꽃피는학교, 간디청소년학교로 보았다. 온건 형태의 대안학교는 기존학교 형태이나 수업방식이나 학교 운영 방식을 혁신하는 형태로, 열린교육 실시학교, 거창고, 한가람학교로 보았다. 중간적인 형태의 대안학교는 학교의 틀을 유지하되 이념과 내용, 방식 등을 기존의 학교와는 달리 운영하는 형태로, 영산성지학교, 풀무농업고등기술학교로 보았다.

정부가 구상하고 있는 대안학교는 '지식 위주의 기존 학교교육에 대한 보완적 성격'으로 보았다. 간담회 결과, '대안학교 설립 및 운영 지원 계획'을 확정하고 바로 다음 날인 1997년 3월 30일 발표하였다.

<표Ⅱ-15> 대안학교 설립을 위한 의견수렴 현황

시 기	모임명	장 소	내 용	의 의
1997.2.5.	대안학교 관련 전문가 협의회	교육부 소회의실	학교중도탈락생 구제와 관련된 대안학교 실태조사 및 간담회에 대한 정책 자문	교육부의 대안교육에 대한 관심과 정책 변화(정부주도의 공립 대안학교 설립 유예, 학교탈락자 위주의 대안학교 개념에 의의 제기)
1997.2.21.	대안학교 관련 인사 면담	교육부	대안학교 설립추진 관련 인사 면담	민간 종교계의 대안학교 설립지원을 위한 모임
1997.3.29.	대안학교 관련 전문가 간담회	교육부 장관실	학교중도탈락생을 위한 대안학교 관련 정책 방향 협의	·교육부 대안학교 설립·운영 지원 및 정책 추진을 결정 ·1997.3.30. '대안학교 설립 및 운영 지원 계획'을 확정 발표 ·1997.10. 새로운 형태의 학교 활성화를 위한 법적 근거 마련 ·1998년 3월 6개 대안학교 개교
2002.7.5.	대안교육 정책 세미나	교육부	대안교육기관에 대한 학교 수업 인정 및 '학력 인정 대안학교(가칭)' 설립 등을 통한 대안교육기회의 확대·내실화 추진방안 논의	·학계, 민간 대안교육기관 및 대안학교 관계자 참여 ·대안교육기회의 확대·내실화 추진 시안 마련
2003.5.31 ~6.16.	대안교육 정책에 의견수렴	서류로 의견 제출	2개 정부부처, 13개 시·도교육청, 교원단체, 대안교육기관과 단체 또는 개인 등 총 26개 기관에서 의견 받아 대안교육기회의 확대·내실화 추진 방안에 반영	·대안교육 확대 내실화 정책 추진을 위해 정부 부처를 포함하여 각 시·도교육청, 교원단체, 대안교육기관 및 개인 등의 의견을 광범위하게 수렴하여 추진

이후 교육부(2003.7.)는 대안교육기관에 대한 학교 수업 인정 및 '학력 인정 대안학교(가칭)' 설립 등을 통한 대안교육기회의 확대·내실화 추진방안을 위해 2002년 7월 5일 대안교육정책방향과 관련하여 학계, 대안교육기관의 민간전문가를 포함하여 대안학교 등 관계자 11명을 초청하여 정책세미나를 개최하여 의견을 수렴하였고, 이를 토대로 대안교육기회의 확대·내실화 추진방안을 확정하였다.

교육부의 초기 자료와 면담자(L 박사, G 교장)들의 증언, 그리고 대안교육정책의 변화를 통해 볼 때, 정부는 교육복지종합대책의 일환으로 추진된 학교중도탈락자 예방종합대책과 대안학교 설립정책에 대한 교육부의 계획은 대안교육전문가들의 자문과 조언을 통해 수정되었음을 알 수 있다.

특히, 정부가 주도적으로 권역별 공립 대안학교를 설립하겠다는 방안이 '민간에서 설립하도록 유도하고 지원하는 것'으로 바뀌었으며, 대안학교를 부적응 학생교육으로 한정한 것에서부터 '대안학교의 성격을 부적응 학생만을 대상으로 하는 것이 아니라 자연 친화적인 인성교육을 하는 곳'으로 사고를 확산시켰다는 점이다. 즉 당초 교육부가 계획했던 대안학교의 개념이 '학생의 부적응 현상도 하나의 개인특성(학습욕구)'이라는 인식에서 특성화 학교로 법제화되었으며, 권역별 공립학교로서 추진되었던 대안학교가 교사의 헌신이 밑바탕이 되는 민간 종교단체가 설립을 할 수 있도록 유도하고 지원하는 방향으로 선회하게 된 것이다.

정책결정 과정의 민주성 준거에 대한 평가 결과를 종합하면 다음과 같다. 특성화 대안학교를 설립하는 정책을 입안·추진하는 과정에서 정부는 민간의 대안교육전문가들과 협의회와 간담회를 통한 자문, 대안교육실천가 및 설립추진 인사와의 면담, 대안교육현장 방문, 학계 및 민간 관계자들과 정책세미나 등을 통해 특성화 대안학교 정책의 방향을 설정하고 수정함으로써 특성화 대안학교 정책 형성의 민주성을 확보하려 하였다고 평가할 수 있다. 다만, 대안교육에 관심 있는 일반인들을 대상으로 한 공청회, 대안교육의 수요자라고 할 수 있는 학생과 학부모들의 의견을 제대로 수렴하지 않는 것이 아쉬움으로 남고 있다.

나. 정책 집행 평가

1) 실현가능성

가) 정책적 지원

특성화 대안학교에 대한 정부의 정책적 지원은 학교 운영 및 자율학교 운영에 관련된 법령의 제정과 정비, 학교 운영에 필요한 각종 행정적 지원(대안학교 교원 양성문제, 대안교육 관련 연구 및 자료개발, 시·도교육청의 대안교육담당자들에 대한 연수 등) 등을 들 수 있다.

교육부(1996: 21, 31)는 주요업무계획에서 교육수요자의 선택기회 및 참여 확대의 일환으로 고교유형의 다양화 및 전·편입학을 확대한다는 목표를 세우고, 1997년 시행사항으로 '새로운 형태의 특성화 고등학교 설립방안을 강구'한다는 계획을 추진하였다. 또한 교육개혁의 성공적 추진을 위한 지원체제의 정지 일환으로 '일선 교육현장의 자율성과 창의성을 저해하는 법령, 훈령, 예규, 지침 등 각종 교육규제를 전면적으로 정비하는 등 특성화 학교 형태로 입법화하기 위한 「초·중등교육법시행령」[94]을 개정하였다.

또한, 소규모 특성화 대안학교가 설립할 수 있도록 한 행정적인 지원을 보면, 1997년

---

[94] 당시 개정한 「초·중등교육법시행령」 제76조 및 제91조 내용은 다음과 같다. 제76조(특성화 중학교) ①교육부장관은 교육과정의 운영 등을 특성화하기 위한 중학교(이하 "특성화 중학교"라 한다)를 지정·고시할 수 있다. ②제1항의 고시에는 학교명·학급 수·학생모집지역 및 그 적용시기가 포함되어야 한다. ③특성화 중학교의 장은 제68조의 규정에 불구하고 학생의 지원에 의하여 학생을 선발할 수 있다. ④특성화 중학교의 장은 제3항의 규정에 의하여 학생을 선발하는 경우 필기시험에 의한 전형을 실시하여서는 아니 된다. 제91조(특성화 고등학교) ①교육부장관은 소질과 적성 및 능력이 유사한 학생을 대상으로 특정분야의 인재양성을 목적으로 하는 교육 또는 자연현장실습 등 체험 위주의 교육을 전문적으로 실시하는 고등학교(이하 "특성화 고등학교"라 한다)를 지정·고시할 수 있다. ②제90조 제2항의 규정은 특성화 고등학교의 경우에 이를 준용한다.

3월 17일 고교설립준칙주의와 연계하여 대안학교 설립 및 운영 지원 계획을 확정 발표(3월 30일)하였고, 5월 19일에는 각급 학교의 시설과 설비를 완화하는 방안을 발표하였다. 동년 6월 27일에는 대안학교를 포함한 소규모의 다양한 특성화 고교의 설립을 허용하는 고교설립준칙주의 도입방침을 발표하였다.

교육부의 적극적인 의지는 1998년 3월에 특성화 대안학교가 설립·운영되기 위한 법률적인 조치를 사전에 취했다는 사실이다. 먼저, 학교설립에 관련된 준칙을 제도화하기 위해 기존의 대통령령인「학교시설설비기준령」등 4개 법령을 폐지하고, 대신「고등학교이하각급학교설립·운영규정」(대통령령) 및 동시행규칙(부령)을 1997년 9월 23일 공포·시행하였던 것이다.

특히「고등학교이하각급학교설립·운영규정시행규칙」제3조(특성화 고등학교의 설립절차에 관한 경과조치) ①항[95]의 명문화는 당시 교육부가 특성화 대안학교에 대한 강한 의지를 보여 주는 특례조항이라고 평가할 수 있다.

G 교장은 그 당시를 이렇게 말하고 있다.

"중략…… 그때 당시 교육부는 영산성지고등학교를 포함한 6개 학교를 구체적으로 지명해서 국가가 가질 수 있는 모든 권한을 모두 동원해 주었죠. 지금도 그 법은 부칙에 남아 있습니다. 그 6개 학교는 선 인가, 후 조건을 받아라. 그래서 법적인 구비조건을 갖추지 못하면 먼저 인가부터 해 주고, 나머지 구비조건은 차차 갖추라고 특단의 조치를 해 주었던 거죠."

정부의 적극적인 의지에 따른 추진으로 법적으로 정규학교 지위를 인정받지 못하고 있던 각종학교 및 사회교육시설들이 최소한의 기준만 구비했을 때는 정규학교로

---

95)「고등학교이하각급학교설립·운영규정시행규칙」 제3조(특성화 고등학교의 설립절차에 관한 경과조치) ①1998학년도 1학기 개교를 예정으로 특성화 고등학교를 설립하고자 하는 자는 제2조 및 제4조의 규정에 의한 시한에 불구하고 교사의 주요 구조부의 공사가 완료되지 아니한 경우에도 개교예정일 3월 이전까지 학교설립계획서의 제출과 학교법인 설립허가 신청 및 학교설립 인가 신청을 함께 할 수 있다.

편입이 가능하게 됨에 따라 탈학교 형태의 대안교육운동도 공교육체제로 편입이 가능할 수 있게 되었다. 당시 교육부가 법령을 통한 정책지원에 적극적이었던 것은 '특화된 소규모학교(특성화 학교)'로서 대안학교들이 공교육의 한계를 극복하는 데 기여하리라는 믿음 때문이었다.

또한 교육개혁의 목표하에 미인가 대안교육기관들도 그들이 원하고, 완화된 학교설립 기준을 충족할 경우에는 인가와 동시에 재정지원을 해 주기로 결정하였다. 즉, 학교 설립조건을 대폭 완화함으로써 제도권 밖 미인가 대안교육기관들이 정부지원을 받을 수 있는 특성화 대안학교가 될 수 있도록 한 것이다. 여기에는 대안학교들이 비록 수적으로는 적지만 기존의 공립학교에 미치는 과급효과가 만만찮을 것임을 기대하면서 적극 지원하기로 한 것으로 판단된다.

특성화 고등학교의 운영 지원을 효율적으로 추진하기 위해 교육부와 시·도교육청의 해당 부서를 규칙(「교육부와그소속기관제시행규칙」 제9조 3항, 교육부령 제791호, 일부개정 2001.10.8)으로 정하였다. 내용은 "특성화 고등학교에 대한 중앙정부 차원의 운영 지원은 교육부 교원자치국 지방교육기획과에서 담당하며, 지방정부 차원의 운영 지원은 시·도교육청의 고등학교 직업교육 담당부서 또는 중등교육과에서 담당한다."는 것이다.

2003년도에 와서 교육부는 각 시·도 실정에 맞는 특성화 대안학교 설립 기준을 마련하였다. 당시 「고등학교이하각급학교설립·운영규정」(대통령령)에 따라 전국이 일률적인 설립기준을 적용하여 왔던 것을 국민 의견수렴 절차를 거쳐 시·도교육청 실정에 따라 다양한 초·중·고교 설립기준을 마련하도록 「초·중등교육법」 개정작업을 추진[96]한 것이다. 핵심 내용은 시·도교육청 실정에 따라 초·중·고교의 설립기준을 달리하여 학교를 설립할 수 있도록 체육장·시설·설비기준 등 설립인가 기준을 시·도 조례로 정하는 방안을 추진키로 하고 「초·중등교육법」을 개정한다는 것이다. 그리하여 향후 학교설립에 필요한 시설·설비기준 등을 시·도 조례로 제정할 경우, 각 지역실정에

---

96) 의견수렴: 2003.7.31~8.20, 입법예고: 2003.8.25~9.15, 규제심사 및 법제심사: 2003.9.16~9.25, 차관회의 및 국무회의: 2003.9.26~10.10, 국회 제출: 2003.10.20.

따라 미니학교, 운동장이 없는 학교, 아파트단지 내 분교 등 다양한 형태의 학교설립이 가능하도록 한 것이다.97)

자율학교제도는 1996년 5월 교육부에서 처음 입안될 때 '탈규제학교(regulation free school)'로 명명되었는데, 여기에서 드러나듯이 핵심적인 문제의식은 현행 법령체계가 과도하게 규제 위주로 되어 있는 탓에 단위학교가 교육수요자인 학습자의 소질과 적성에 맞는 교육프로그램을 개발하고 적용하는 데 한계가 있다는 것이었다. 따라서 학생 수, 교사 수, 학급당 인원, 교육과정, 학교시설, 실험실습 기준, 법정 소요예산 등에서 기존의 법령체계를 벗어나 자유롭게 학교를 설립하고 운영할 수 있는 기틀을 마련하자는 것이었다.

특성화 대안학교의 효율적 운영을 위한 실행적인 수단으로서 자율학교제도와 관련된 법령의 입안과정을 보면, 1997년 12월 13일에 「초·중등교육법」 제정 시 '자율학교' 명칭 확정 및 자율학교 특례조항을 확정하였고, 1998년 2월 24일에는 동법시행령 제정으로 "자율학교의 지정권자, 지정절차, 지정범위, 지정기간 등의 모형을 구체화"하였다. 교육부의 대안학교정책은 당초에 '재정 지원은 하되 규제는 하지 않는다.'는 입장을 견지해 왔기 때문에 특성화 대안학교를 자율학교로 지정하는 것은 물론 제도적으로 자율성을 위한 지원의 의지를 나타내 주고 있었다. 그동안 공립과 사립을 막론하고 교육관계 법규의 획일적 적용을 받아 왔다는 점에서 자율학교는 교육개혁이 지향하는 목표가 학교 현장에서 가시적으로 나타날 수 있도록 한 제도이다. 이는 현행 교육관계법상 가능한 범위 내에서 규제를 최소화하여 줌으로써 자유롭게 학교를 운영할 수 있도록 하고, 궁극적으로는 각급 학교 현장의 자율성과 창의성을 극대화하는 데 그 목적을 두고 있다.

교육부는 자율학교에 매년 2,000만 원의 특별교부금을 지급하고, 시범운영 기간인 3년 동안은 학교평가 대상에서 제외했다. 장학지도는 학교장이 요청하는 경우에만 실시하도록 했다. 1999년 3월부터 간디학교, 양업고, 한빛고, 성지고, 원경고 등 5개의

---

97) 교육부, 업무혁신(다양한 초·중·고등학교 설립기준 마련)을 위한 「초·중등교육법」 개정 추진에서(교육부 홈페이지).

특성화 대안학교가 자율학교로 지정받아 운영되었다.

2002년도의 교육인적자원정책 추진계획(교육부, 2002.2.15: 7,13)을 보면, 현행의 고교평준화 제도를 보완하는 초·중등교육체제의 다양화·자율화를 지속적으로 추진하며, 자율학교 운영을 확대하여 특성화고(41개교), 예·체능고(35개교), 농어촌고(666개교)를 지정한다는 것이다. 또한 사회적 취약계층의 인적자원 개발 지원으로서 대안교육 정비·개선 등 중도탈락 청소년 사전예방과 사회적응을 위한 범정부 차원의 종합대책을 상반기 중 수립한다는 것이다. 여기에는 특별학급 운영, 대안교육을 위한 지역사회 준교육기관과의 연계활동 강화 등을 강조하고 있다.

교육부의 자율학교에 대한 정책기조는 대안교육 관련 국정감사(제232회 정기국회, 2002.9.16)의 김경천 의원의 질의에 대한 서면 답변과 고등학교 정책에 관한 이재오 의원의 서면답변에 나타나 있다. 즉 "특성화 대안학교와 자율학교제도 도입이 바람직하다는 평가에 따라 확대 운영한다."는 것이다.

결국, 교육부의 특성화 대안학교에 대한 정책적인 지원과 자율학교로서 특성화 대안학교 운영에 대한 자율성 행사에 대한 교원들의 반응[98]을 통해 볼 때, 교육부의 특성화 대안학교에 대한 정책적 지원은 1990년대 후반 한국사회 전반에 대안교육이 급속히 확대된 주요 요인이었다.

특히 정부 정책을 통해 국민들에게 대안학교 및 대안교육이 널리 알려진 것은 큰 의미(강대중: 2002a)가 있었다는 평가처럼 정부의 정책적 지원은 당시로서는 파격적인 것이었다.

나) 재정적 지원

정부의 대안학교 설립정책에 대한 구체적인 계획은 교육복지대책의 일환인 학교중도탈락자 예방대책에 나타나 있다. 대책에서 정부는 당초 1998년에서 2001년도까지 6개 교의 설립예산으로 522억을 계획하였다.

---

98) p.316의 <표Ⅱ-19> 자율학교로서 자율권 행사에 대한 교원들의 인식 참조.

그러나 대안교육전문가들과의 협의 결과 정부에서 대안학교를 세우는 것보다는 민간종교단체 등에서 설립을 지원하는 방식으로 바뀜으로써 설립 비용보다는 적은 220억 원이 지원되었다.

교육부의 특성화 대안학교 설립 및 지원 정책으로서 예산지원 현황은 학생의 능력과 적성에 맞는 다양한 교육활동이 가능하도록 교육과정 개발, 시설 확충 및 개선을 위한 재정 지원을 비롯하여 대안학교의 교육여건 개선을 위해 인건비·운영비·시설비 등 재정결함을 보조해 왔다. 특성화 대안학교의 성격이나 설립과정, 그리고 시·도교육청에 따라 단위학교에 대한 지원 규모는 다르다. 교육복지 차원에서 부적응 학생들을 대상으로 하는 몇몇 학교들은 열악한 교육환경을 개선하고 교육의 질을 높이기 위해 지원을 많이 받은 반면, 외부에서 볼 때, 소위 귀족학교 또는 입시 위주의 학교라는 비판을 받았던 학교들은 지원이 적거나 없었던 것이다. 물론, 교육과정 지원이나 프로그램 개발비 형태의 자율시범학교 운영을 위한 특별교부금은 자율학교로 지정된 학교에는 동일하게 지원되었다.

용도별로 보면, 국비는 기숙사 설립비 등 특성화 대안학교의 교육환경 개선에 지원(특별교부금)되었다. 지방비는 사립학교에는 인건비, 운영비 등을 재정결함보조 형식으로 지원했으며 공립학교에는 시설비 등에 지원되었다. 지난 10년간(1998~2006) 정부의 특성화 대안학교에 대한 학교별 재정지원 현황을 보면, 특성화 대안학교가 추구하는 성격과 학교 특성, 시·도교육청에 따라 지원의 차이를 알 수 있다(<표Ⅱ-16> 참조).

〈표 Ⅱ-16〉 특성화 대안학교에 대한 연도별 재정지원(1998-2006년)

단위: 백만원

구분	학교명	1998년 국고	1998년 지방비	1999년 국고	1999년 지방비	2000년 국고	2000년 지방비	2001년 국고	2001년 지방비	2002년 국고	2002년 지방비	2003년 국고	2003년 지방비	2004년 국고	2004년 지방비	2005년 국고	2005년 지방비	2006년 국고	2006년 지방비	계 국고	계 지방비
부산	지구촌고	-	-	-	-	-	-	-	-	0	3.7	90	90	90	0	0	0	0	0	180	3.7
대구	달구벌고	-	-	-	-	-	-	-	-	-	-	-	-	-	-	-	-	0	0	0	0
인천	산마을고	-	-	-	-	200	308	0	381	0	216	30	30	22	707	5	628	0	481	257	2,721
광주	동명고	-	-	200	175	814	312	0	406	0	580.7	30	30	76	0	35	0	0	0	1,155	1,473.7
광주	두레자연고	-	-	200	26	300	287	0	383	7.8	512	30	30	1,534	14	142	0	15	0	2,228.8	1,222
경기	경기대명고	-	-	-	-	-	-	0	722	20	1,774	20	20	30	10	36	4	19	21	125	2,531
경기	이우고	-	-	-	-	-	-	-	-	-	-	-	-	30	0	35	0	5	0	70	0
경기	한겨레고	-	-	-	-	-	-	-	-	-	-	-	-	-	-	-	-	-	-	0	0
충북	양업고	500	442	4	289	0	435	589	582	0	789	38.3	-	10.8	791	0	823	369	369	1,142.1	4,520
충남	공동체비전고	-	-	-	-	-	-	-	-	-	-	90	90	100	-	30	20	0	20	220	20
충남	한마음고	-	-	-	-	-	-	-	-	-	-	90	90	847	55	30	30	0	11	947	96
강원	전인고	-	-	-	-	-	-	-	-	-	-	-	-	-	-	-	-	-	-	0	0
강원	팔렬고	-	-	-	-	-	-	-	-	-	-	-	-	-	-	-	-	-	-	0	0
전북	세인고	-	-	200	68	200	95	0	158	0	277	30	-	35.5	772	0	684	0	342	455.5	2,396
전북	푸른꿈고	-	-	400	95	300	43	0	164	500	202	30	30	39.8	777	0	884	0	384	1,259.8	2,549
전남	영산성지고	1,831	293	0	343	0	641	0	853	0	469.6	30	30	744	0	800	0	456	0	3,861	2,599.6
전남	한빛고	500	28	0	459	680	80	560	78	0	21	0	-	142	0	884	0	475	0	3,241	666
경북	경주화랑고	500	251	0	442	0	590	0	665	0	378	30	-	50	0	5	0	0	0	585	2,326
경북	간디학교	500	130	20	198	20	272	20	53	0	334	30	-	682.1	0	1220	0	830.6	0	3,322.7	987
경남	원경고	500	314	20	404	20	957	20	562	0	712	30	-	955	0	1175	0	924	0	3,656	2,949
경남	지리산고	-	-	-	-	-	-	-	-	-	-	-	-	87	0	16.4	0	28	0	131.6	0
계		4,331	1,458	1,044	2,499	2,534	4,020	1,189	5,007	527.8	6,269	598.3	0	5486.2	3.126	4,413.4	3,073	2,752.6	1,608	22,876.3	27,060

49,936.3

*자료: 교육부(2003), 교육부 국회제출자료(2006.8), 2003년 지방비 지원현황은 자료 미파악 상태.

※ 국고: 기숙사 설립비 등 특성화 대안학교의 교육환경개선 지원(특별교부금)

※ 지방비: 사립학교는 인건비, 운영비 등을 재정결함보조 형식으로 지원하며, 공립학교는 시설비 등도 함께 지원.

인가 첫해(1998)에는 당시 교육부가 추진하고 있는 대안학교 모델이자 열악한 교육환경을 가진 영산성지고에 대대적인 지원을 제외하고 대체로 5개 학교에 비슷한 수준의 국고 지원이 이루어졌다. 당시 지방의 교육재정이 어려운 상황에서도 시·도교육청별로 차이는 있지만 특성화 대안학교에 대한 재정지원도 이루어졌다. 그러나 2002~2003년도에 오면서 국고 지원이 현저히 줄어들었고, 지방비도 학교 수에 비추어 보았을 때 현저히 감소되었다. 물론, 시·도교육청과 좋은 관계를 유지하였던 영산성지고, 원경고, 세인고, 양업고, 두레자연고 등은 2002년까지는 재정지원을 비교적 많이 받았다.

그러나 시·도교육청과 갈등관계에 있었던 간디학교, 한빛고, 이우고는 재정의 어려움을 겪고 있다. 간디학교는 2000년 경남교육청과의 법적 투쟁의 결과로 판단되며, 한빛고는 입시교육의 장이라는 인식과 학교 운영에 대한 불협화음 등이 원인인 듯하다. 이우학교는 경기도교육청이 지원을 안 해 준다는 인가 조건으로 설립한 것에서 기인한다. 특히, 이우학교의 경우는 "입학 경쟁에 대한 공개 여부, 학생납입금 자율책정의 규칙, 공교육으로서 재정지원 여부"와 관련하여 경기도교육청과 갈등을 겪고 있다. 교육의 공공성 측면에서 볼 때, 이우학교에 대한 경기도교육청의 지원 정책은 재고할 필요가 있다.

좀 더 특이한 것은 2004년도부터 인천, 전북, 충북을 제외하고 타 시·도교육청은 특성화 대안학교에 대한 지원이 거의 없다는 사실이다.

또한, 대안교육에 대한 인식의 폭을 넓히고 나아가 일반 공교육을 변화시키기 위한 정책의 일환으로 2005년부터 2007년 현재까지 대안교육 교사공동연수 경비를 교육부의 예산(특별교부금)으로 지원하였다. 그 효과 또한 "아이들을 중심에 놓고 함께 방법을 나눈 연수의 의미, 교사들의 자발성과 실천 그리고 성찰이 돋보인 연수, 공교육에 새로운 자극을 주고 대안(생태, 자발, 민주의 가치)을 보여 준 연수, 대안학교 교사로서 정체성과 지금까지 걸어온 길을 성찰하는 계기, 연수생 만족도는 2005년도와 2006년도에 각각 93.4%, 91.7%의 높은 만족도"의 긍정적인 효과를 보였다. 나아가

"대안적인 교원연수의 모델 제시, 교육개혁의 방향에 시사점을 준 연수, 교원연수 문화와 내용에 대안 제시 등의 의의를 갖는 연수"로 평가[99]되었다.

정책 평가를 위한 설문 결과, 일반학교 교사와 대안학교 교사의 공동연수의 효과에 대한 특성화 대안학교 교원들의 인식을 보면, '효과가 있을 것이다'가 64.7%로 나타났다. 교원의 특성 변인별로는 의미 있는 차이가 나타나지 않았다. 단, 특성화 대안학교 교사들이 일반학교 교사와의 공동연수를 통해 일반 공교육의 변화를 추구하고자 하는 기대가 크다는 것을 나타내며, 실제로 일반학교 교사들도 대안교육에 대한 관심이 커져 가고 있음을 알 수 있다.

정책 평가를 위한 설문 결과, 특성화 대안학교에 대한 재정지원의 효과를 묻는 '전체적인 재정지원의 효과' 항목에 대해 37.8%('매우 효과적이다'에 4.9%와 '효과적이다'에 32.9%)의 교원들이 '효과적이다'고 응답하고 있다. 반면, 23.1%의 교원들이 '효과적이지 못하다'('전혀 효과적이지 못하다' 3.0%, '효과적이지 못하다' 20.1%)는 반응에 주목할 필요가 있다.

세부항목을 보면, '학교환경 개선 지원'에는 56.7%가 '효과적이다'고 반응하고 있는 반면에 '교재 개발 및 재구성, 프로그램개발 지원' 항목에는 '효과적이다'에 30.4%와 '효과적이지 못하다'에 29.9%가 반응하고 있다. 특히, '체험학습프로그램 지원' 항목에서는 '효과적이다'에 29.9%와 '효과적이지 못하다'에 40.2%가 반응하고 있다. '매우 효과적이다' 항목에 1점, '전혀 효과적이지 못하다'에 5점 척도로 볼 때, '교재 개발 및 재구성, 프로그램 개발 지원' 항목과 '체험학습프로그램 지원' 항목에서는 효과성이 낮음(평균 3.00, 3.14)을 알 수 있다(<표Ⅱ-17> 참조).

---

99) 대안교육연대에서 3년간 추진한 교사공동연수 중 2년간(2005~2006년) 평가한 결과를 교육부에 보고한 내용의 핵심이다. 평가는 연수생에게 설문지를 통한 만족도와 의견조사, 그리고 분야별로 자체 평가한 내용이다(대안교육연대, 2005b, 대안교육연대, 2006b).

단위: 명(%)

구 분	매우 효과적 이다	효과적 이다	보통 이다	효과적 이지 못하다	전혀 효과 적이지 못하다	전체	평균 (표준편차)
학교환경 개선 지원 (기숙사, 교사동 신축 등)	20 (12.2)	73 (44.5)	45 (27.4)	24 (14.6)	2 (1.2)	164 (100.0)	2.48 (.930)
교재 개발 및 재구성, 프로그램 개발 지원	5 (3.0)	45 (27.4)	65 (39.6)	43 (26.2)	6 (3.7)	164 (100.0)	3.00 (.900)
체험학습프로그램 지원 (국내외 체험학습비 등)	9 (5.5)	40 (24.4)	49 (29.9)	51 (31.1)	15 (9.1)	164 (100.0)	3.14 (1.062)
학교 운영비 지원 등	9 (5.5)	50 (30.5)	70 (42.7)	26 (15.9)	9 (5.5)	164 (100.0)	2.85 (.942)
전체적인 재정지원의 효과	8 (4.9)	54 (32.9)	64 (39.0)	33 (20.1)	5 (3.0)	164 (100.0)	2.84 (.909)
전 체	51(6.2)	262(32.0)	293(35.7)	177(21.6)	37(4.5)	820(100.0)	

교원 특성별 교차분석 결과, '체험학습프로그램 지원 효과' 항목, '학교 운영비 지원 효과', '전체적인 재정지원의 효과' 항목에서 교원 특성 변인별로 유의미한 차이가 있는 것으로 나타났다. '체험학습프로그램 지원 효과' 항목에서는 교직경력이 '20년 이상'의 교원집단과 '5년 이하'의 교원집단이 효과를 높게 인식하였고(.003),[100] 중간 경력의 교원들은 낮은 효과성 인식과 더불어 '효과적이지 못하다'는 반응(48.1~57.1%)을 보이고 있다. 대안학교 교육경력에 따라서는 3년 이상~5년 미만의 경력을 가진 교원들이 '체험학습프로그램 지원 효과'에 대해 높이 인식(.025)하고 있는 반면 5년 이상의 대안학교 교육경력을 가진 교원들은 '효과적이지 못하다'는 인식을 하고 있다. 대안학교 근무경력이 많을수록 '체험학습프로그램 지원 효과'에 대해 낮게 인식하고 있는 것은 주목되는 일이다. '학교 운영비 지원 효과' 항목과 '전체적인 재정지원의 효과' 항목에서는 '40대 이상'의 연령집단(.002)과 '20년 이상'의 교직경력을 가진

---

100) χ^2 검증에서 유의도 수치임.(*0.5 < p ≤ .1, **.01 < p ≤ .05, ***p ≤ .01)

교원집단(.020)이 '효과적이다'라는 반응이 높다.

재정 지원의 효과에 대한 특성화 대안학교 교원들의 상반된 반응에 대해 다음과 같이 해석할 수 있다.

첫째, 특성화 대안학교의 성격(재적응형 학교와 초기 개교한 학교에 기숙사 지원 등)과 시·도교육청의 대안학교에 대한 호감도에 따라 단위학교에 대한 지원이 많은 차이가 나거나, 일부 학교는 아예 지원을 받지 못한 데서 연유하기도 한다. 이는 <표Ⅱ-16>에서도 학교의 성격에 따라 재정지원의 차이가 난다는 사실을 알 수 있다.

또한 대안교육에 대한 시·도교육청의 태도에 따라 재정지원이 차이가 많이 난다는 것을 S 협력관의 면담을 통해 알 수 있다.

> "......<중략> 몇몇 특성화 대안학교에서는 건물과 시설 지원, 운영비를 지원해 줄 수 없느냐고 자주 전화가 왔지요. 법규상 안 되니까 지원이 안 되었지요.
> 전국에 산재해 있는 특성화 대안학교 중에 시·도교육청과 관계가 좋은 학교는 지원을 좀 더 받았을 것이고, 그렇지 않은 학교는 아마 혜택을 많이 못 받았을 거예요.......<중략>
> 교육과정을 특성화하는 대안학교에서 재원은 참으로 필요한데 재정적 어려움이 있지요. 시·도교육청 입장에서는 특성화 대안학교가 많은 자율권을 누리고 있는 학교라고 생각하고 있기 때문에 그런 학교에 뭘 지원해 주느냐? 학생들도 나름의 선발기준으로 뽑을 수 있고, 교육과정을 멋대로 할 수 있고, 시·도교육청 말도 잘 안 듣는 것 같고, 그런 학교에 그렇게 자율권이 많이 갔는데 왜 재정지원을 많이 해야 하느냐는 생각을 시·도교육청에서는 하고 있었어요."

둘째, 특성화 대안학교에 지원된 재정지원의 효과에 대한 교원들의 자체평가를 볼 때, 인가 초기에 열악한 교육환경에서 학교환경을 개선하는 데 국고의 지원이 효과적이라고 반응한 것은 교육복지 차원에서 의미가 있었던 일이다. 이에 대해 S 협력관은 다음과 같이 평가하고 있다.

"......<중략> 재정 지원으로 대안학교가 한 단계 업그레이드될 수 있는 기회였다기보다는 학교환경을 개선하는 데 일조했어요."

반면, '교재 개발 및 재구성, 프로그램 개발 지원' 항목과 '체험학습프로그램 지원' 항목에 '효과적이지 못하다'는 부정적인 인식에 유의할 필요가 있다. 이는 향후 실질적인 재정지원 효과가 나타날 수 있도록 해야 함을 시사해 주고 있다. 특히 '교재 개발 및 재구성, 각종 인성교육프로그램 및 체험학습 프로그램 개발' 같은 분야는 단위학교에 지원하는 것보다는 유사한 학교들 간의 협력으로 공동 개발한다든가 아니면 한국대안학교협의회에서 개발하여 보급하는 방법이 형식성을 탈피하여 재정지원의 효과도 높이고, 교재 및 프로그램의 전문성도 살릴 수 있는 방안이라 할 수 있다.

결국, 교육부 및 시·도교육청의 특성화 대안학교에 대한 재정적 지원은 당시 학교 운영의 안정성에 큰 기여를 하였다고 평가할 수 있다. 간디학교 교사들의 '임금공동체라는 자조 어린 말'이나 각 학교마다 높은 이직률, 열악하고 비위생적인 학교환경 개선, 체험학습을 통한 인성교육 등에 큰 효과를 담보해 주었다고 평가된다. 물론 전체적으로 보면, 재적응형의 특성화 대안학교는 교육복지 측면에서 재정지원이 많이 이루어졌다는 사실, 특성화 대안학교에 대한 각 시·도교육청의 인식과 태도에 따라 학교 간에 재정지원의 차이가 많이 나타나고 있음을 알 수 있다.

다) 질 관리를 위한 평가체제

특성화 대안학교가 인가·설립 목적에 맞고 그 전문성을 추구해 나가고 있는지, 그리고 자율학교로 지정·운영의 취지대로 운영되는지의 평가는 필요하고도 중요하다. 그러면서도 그것을 평가하는 체제가 적합한지 여부도 중요하다. 따라서 특성화 대안학교 질 관리를 위한 평가가 있었는지 그리고 그 평가체제는 어떠했는지를 평가방향, 평가 주안점, 평가방법, 주관기관의 측면에서 분석하였다.

교육부는 특성화 대안학교를 포함하여 자율학교로 시범 운영되고 있는 학교에 대해 운영 결과를 분석·평가하는 한편, 그 결과에 비추어 시범운영 이후의 자율학교 확대 방안과 자율학교제도의 정착을 위한 법적·제도적 방안을 마련하기 위해 정책연구[101]를 하였다. 연구 대상은 통합형 고등학교를 제외한 15개 자율학교[102]였으며, 자율학교 시범운영 보고서 3차 연도분을 토대로 하여 평가가 이루어졌다. 평가방식은 1999년도와 2000년도의 평가 결과와 자율학교 시범운영 담당자에 대한 설문 및 면담 조사 결과 그리고 학교교육계획서와 기타 문서 등을 참조하였다. 일부 학교를 방문하고 자율학교 운영 담당자들과 많은 대화를 나누기는 하였지만, 문서 자료를 바탕으로 하였기 때문에 타당도나 신뢰도 측면에서 평가 결과는 일정한 한계(이종태·정수현, 2001: 7)를 지닐 수 있었다.

평가는 주로 자율학교들이 주어진 자율권을 활용하여 학교 운영이나 교육활동에서 자율학교의 취지를 얼마나 구현하고 있는가를 기준으로 삼았다. 자율학교에 주어진 자율권으로서 교장임용, 교육과정, 교과서, 학생선발 등의 자율권을 활용하여 학생의 소질·적성·능력에 맞는 교육 구현, 단위학교 차원의 교육활동의 변화와 혁신을 위한 전게 마련, 새로운 학교 운영 모델성과의 창출이라는 자율학교의 취지를 어느 정도 구현하고 있는지 살펴보았다. 아울러, 학교의 노력이 학생들에게 의미 있는 것으로 받아들여지고 있는가도 분석의 대상이었다.

종합적으로 2001년 자율학교 평가를 보면, 평가체제가 문서와 면담을 통해 이루어졌기 때문에 한계도 있을 수 있지만 자율학교에 부여된 특례와 자율성을 어느 정도 활용하였는지를 평가기준으로 삼았기 때문에 평가체제로서 실현성이 있는 평가로 판단된다.

---

101) 한국교육개발원의 이종태·정수현 연구팀에 연구를 의뢰했고, 그 결과는 '자율학교 시범운영 결과 분석과 제도화 방안 연구'(수탁 연구 CR 2001 – 20. 한국교육개발원)에 나타나 있다.

102) 당시 자율학교는 모두 20개 교였으며, 평가 대상교는 예술계고 7개 교, 체육고 1개 교, 특성화 직업학교 2개 교, 특성화 대안학교(고교) 5개 교이다.

2002년도에 있어서 자율학교로서 특성화 대안학교에 대한 평가(배장오, 2002)는 교육부로부터 학교종합평가 사업을 위탁받은 한국교육개발원이 실시하였다. 평가 대상학교는 26개 자율학교 중 특성화 대안학교 7개 교[103])에 대해 1차 연도의 진단평가가 이루어졌다. 당시, 한국교육개발원이 추진한 자율학교 평가 모형의 특징은 학교의 자체진단과 그에 입각한 현장방문평가를 통해 학교의 강점과 약점을 발견하여 학교 개선을 위한 기초자료를 제공하는 데 있다. 특히, 자율학교로서의 교육목적과 목표를 실현하기 위한 교육활동 실제에 대한 자체진단으로 향후 개선을 위한 노력의 계기를 제공하는 데 있다.

자율학교 평가는 자율학교 취지에 맞는 학교의 개선과 개혁, 책무성 제고에 있다. 구체적인 자율학교 평가목적을 제시하면, "교육의 다양화와 특성화를 목적으로 한 자율학교 취지 달성 여부를 점검, 자율학교 정책의 효과 점검, 학생·학부모의 학교선택권에 따른 학교에 대한 정보 제공 및 학교의 책무성 제고, 규제보다 육성이 우선되는 자율학교의 취지에 맞게 진단과 조언중심의 평가로 단위학교의 개선·지원 및 교육의 질 개선, 평가 과정과 결과를 통해 학교교육 관련 주체 간의 정보 교류를 활성화"하는 데 있다.

자율학교 지정권은 시·도 교육감에게 위임되어 있으나 평가주체의 측면에서 시·도교육청의 자율학교 평가는 부적절하기 때문에 국가수준의 자율학교 평가가 필요하다. 그 이유는 자율학교의 비중이 일반학교에 비해 매우 낮은 상태에서 시·도교육청의 시책은 일반학교 중심으로 추진될 수밖에 없고, 형평성을 이유로 자율학교에도 그러한 시책에 순응하라는 압력이 가해지게 되면 자율학교의 자율성이 저해될 수밖에 없기 때문이다. 게다가 재지정 여부를 결정하는 주체인 시·도교육청이 학교에 대한 평가를 실시할 경우 그 평가는 진단 및 개선 지원을 위한 평가가 될 수 없다. 그 결과 학교평가는 자율학교의 육성보다는 또 다른 규제의 수단으로 변질될 수 있다. 현재 자율학교 지정 권한이 시·도교육청에 위임되었다고는 하지만 궁극적으로는

---

103) 경기도의 경기대명고등학교(공립)와 두레자연고등학교, 충북의 양업고등학교, 전남의 한빛고등학교와 영산성지고등학교, 경남의 원경고등학교와 간디학교이다.

교육부장관에게 있으며 자율학교 정책을 기획, 추진하는 부서는 교육부장관이므로 자율학교 정책의 효과를 점검하고 그 개선방향을 정립하기 위해서도 국가수준에서의 자율학교 평가는 필요하다(이영만 외6, 2004: 346－347). 실제로 2001년도에 자율학교 관계자들로부터 운영에 관한 의견을 청취한 결과 상급기관인 시·도교육청의 이해 부족과 간섭을 가장 큰 애로사항의 하나로 들었다.

평가단계를 보면 진단평가(지정 연도) 추수평가(중간 연도), 종합진단평가(최종 연도)의 세 단계로 이루어지며, 평가주기로 볼 때 지정기간 3년의 경우는 매년, 5년의 경우는 격년(1년차, 3년차, 5년차)으로 평가한다는 계획을 세웠다. 또한 재지정된 학교의 경우 자체진단을 위주로 운영하고, 외부 평가자에 의한 방문평가는 지정 최종연도의 종합진단평가만 실시하도록 하였다. 나아가, 평가의 계속성을 유지하기 위해 가급적 동일한 평가위원이 계속 평가하는 방식을 취하였다.

자율학교 평가방향과 내용은 "목표지향평가 차원에서의 학교평가, 자율권을 활용한 교육적 변화 차원의 평가기준 설정, 학교현장 관계 속에서 평가 영역 구분, 영역별 기준 설정, 구성원의 관점을 평가에 최대한 고려, 단위학교 특성을 드러내는 하위평가기준을 추출 적용 가능, 학교 내외적 조건을 고려한 평가, 상호정보제공 과정으로서의 학교평가"(상게서, 349－351)를 취했다. 자율학교 평가 영역 및 기준을 보면, 다음 <표Ⅱ－18>과 같다.

자율학교에 대한 평가방법은 "질적·양적 자료의 종합적 활용, 자체평가와 방문평가 포함, 평가자들이 수집 자료와 판단결과를 공유로 총체적 이해, 평가 결과에 대한 질적 기술로 무엇이 학교의 강점과 약점이고 왜 그런가를 표현"하는 방식(상게서, 352－353)을 취하였다. 그러나 2002년 진단평가 이후 국가수준의 자율학교 평가는 끝나고 시·도교육청의 평가 또는 장학체제로 들어갔다.

〈표 Ⅱ - 18〉 2002년 자율학교로서 특성화 대안학교 평가 영역 및 기준

평가 영역	평가기준	소영역	하위평가 영역	평가 기준
학교 헌장	학교교육과정, 교육 활동 및 교육지원활 동의 변화를 이끄는 역할을 하는가?	학교헌장 · 운영계획	학교헌장 및 학교 운영계획	·현실성 ·개선지향성
학교 교육 과정	학교헌장의 취지를 살리는 방향으로 변화하고 있는가?	학교 교육과정	학교교육과정의 변화	·변화의 충실성 ·변화의 교육적 적절성 － 학교헌장에의 부합성 － 구성원들의 특성·의사 반영
교육 활동	학교헌장의 취지를 살리는 방향으로 변 화하고 있는가?	교과 교육활동	교과 교육활동의 변화	·변화의 충실성 ·변화의 교육적 적절성 － 학교헌장에의 부합성 － 변화들 간의 일관성
		교과 외 교육활동	교과 외 교육활동의 변화	
교육 지원 활동	학교헌장의 취지를 살리기 위한 교육활 동의 변화를 지원 하는가?	인적자원 의 활용	교직원조직	·학교교육과정 및 교육활동 변 화에의 적합성 － 교육과정 및 교육활동 변화가 요청하는 교육지원 활동과제 인식의 충실성 － 교육과정 및 교육활동 변화에 따르는 과제 해결에의 적합성
			인사 관리	
		물적 자원의 활용	시설 및 여건	
			예산 편성 및 집행	

이렇게 볼 때, 특성화 대안학교를 포함한 자율학교 평가는 1999년부터 3년간 이루어졌고, 종합평가를 실시한 결과 자율학교제도가 바람직한 것으로 나타남에 따라 농어촌 지역 고교로 지정 대상을 확대하였다. 이어 2002년 한국교육개발원에서의 자율학교 평가는 특성화 대안학교의 장점과 강점을 발전시키고 파생되는 단점과 약점을 보완하는 노력과 시도로 각각의 특성화 대안학교들이 발전을 추구해 나왔다.

그러나 2002년 자율학교에 대한 국가 수준의 자율학교 평가를 마지막으로 특성화 대안학교의 관리와 평가가 지역의 시·도교육청에 위임됨으로써 자율학교로서 특성화 대안학교에 대한 규제와 통제가 크게 나타나[104] 많은 갈등과 더불어 자율성의 위축을

가져오게 되었다고 평가할 수 있다. 2005년 경기도의 모 대안학교의 경우 한해에 요청장학, 평가, 감사를 3번이나 받는 경우도 있었다.

정책 평가를 위한 설문결과, 대안교육의 질 관리 차원에서 평가기준 마련과 평가를 해야 할 필요에 대한 특성화 대안학교 교원들의 반응을 보면, 응답자의 77.4%가 '필요하다'는 반응을 높게 보이고 있다. 교원의 특성에 따라서는 변인 간에 의미 있는 차이가 나타나지 않았다. 따라서 교원들의 특성변인과는 상관없이 공통적으로 평가의 필요성에 공감하고 있는 것으로 해석할 수 있다.

특성화 대안학교 교육의 과정(Process)을 평가해야 하는 이유에 대한 반응을 보면, '끊임없는 개선노력으로 또 다른 정형화된 교육에서 벗어나기 위해(36.2%)'가 가장 많았고, 그 다음으로 '교수－학습의 질 향상과 교원들의 전문성을 증진시키기 위해(18.9%)', '대안적인 학교문화와 민주적인 학교 운영구조를 만들기 위해(16.5%)', '생활지도 및 인성교육의 실효적인 효과를 향상시키기 위해(15.7%)', '대안문명과 대안교육이념과 본질을 유지하기 위해(12.6%)' 순이었다. 이는 특성화 대안학교의 운영 조직과 풍토, 교원들의 전문성 향상, 실효적인 대안교육의 활동 효과에 대한 끊임없는 대안성 추구 노력이나 현실적인 개선의 필요성을 반영하고 있다고 판단할 수 있다. 또한 대안교육의 질 관리 차원에서 자율학교로서의 책무성에 대한 인식을 갖고 있다고 판단할 수 있다.

교원의 특성 변인에 따르면, '성별', '교직경력별' 변인에서 통계적으로 의미 있는 차이를 보였다. 성별로 보면 남교원집단이 '대안적인 학교문화와 민주적인 학교 운영구조를 만들기 위해' 항목, '생활지도 및 인성교육의 실효적인 효과를 향상' 항목, '대안문명과 대안교육의 이념과 본질 유지' 항목에서 여교원집단보다 높게 반응(.006)하였다. 여교원집단은 '교수－학습의 질 향상과 교원들의 전문성을 증진' 항목, '끊임없는 개선노력으로 또 다른 정형화된 교육에서 벗어나기 위해'라는 항목에서 남교원집단에 비해 높은 반응을 보였다. 교직경력별로는 '5년 미만'의 교원은 '끊임없는 개선노력으로 또 다른 정형화된 교육에서 벗어나기 위해' 항목과 '교수－학습의 질 향상과 교원들의

---

104) 이에 대해서는 바로 뒤의 '2) 일관성' 평가에서 p.323의 "<표Ⅱ－21> 교육부 및 시·
도교육청의 지원 또는 규제정도에 대한 인식"을 참고 바람.

전문성을 증진' 항목에서, '15년 이상 20년 미만'교원은 '대안적인 학교문화와 민주적인 학교 운영구조를 만들기 위해' 항목, '대안문명과 대안교육의 이념과 본질 유지' 항목에서, '20년이상'교원은 '생활지도 및 인성교육의 실효적인 효과를 향상' 항목과 '대안적인 학교문화와 민주적인 학교 운영구조를 만들기 위해' 항목에서 높은 반응(.018)을 보였다.

특성화 대안학교 교육과정 평가를 할 필요성이 없는 이유에 대해서는 인가 초기에도 일부 인사들이 우려했듯이 '평가 자체가 규제 성격을 띠기 때문에 대안교육이 훼손되기 쉽기 때문(56.3%)'이라는 반응이 소수이지만 큰 이유였다. 이는 규제 위주의 학교평가에 대한 우려의 표명으로 볼 수 있다. 다음으로 "단위학교의 자체평가로 스스로 발전해 나갈 수 있는 역량이 있기 때문(37.5%)"이라고 응답했다. 교원의 특성 변인에 따라서는 변인 간에 의미 있는 차이가 나타나지 않았다.

특성화 대안학교의 교육과정의 질 관리를 위한 평가를 해야 할 경우, 적합한 평가 주관기관에 대한 반응을 보면, '제3의 연구기관(43.9)', '단위학교 자체평가(35.4%)', '대안교육협의체[105] 또는 자체평가와 제3의 연구기관과의 협의 형식(9.8%)' 순이었다. 교원의 특성 변인에 따르면, '성별' 변인에 따라 의미 있는 차이가 나타났다(.034). 남교원집단은 '시·도교육청 평가' 항목과 '제3의 연구기관' 항목 그리고 '대안교육협의체 또는 자체와 제3의 연구기관' 항목에서 여교원집단보다 높은 반응을 보였다. 여교원집단은 '교육부 평가' 항목과 '단위학교 자체평가' 항목에서 남교원집단보다 높은 반응을 보였다.

대안학교 교육과정 평가에 대한 교원들의 반응을 분석해 보면 두 가지 사실을 도출할 수 있다. 첫째, 특성화 대안학교 교원들의 다수(77.4%)가 질 관리를 위한 평가의 필요성을 인정을 하고는 있지만 교육부나 시·도교육청의 평가보다는 제3의 연구기관이나 단위학교 자체평가, 대안교육협의체와의 협의 등의 평가방식을 택한 것은 여전히 교육행정기관 주도의 규제 위주적인 평가, 장학 관행과 이로 인한 현실적인 갈등을

---

105) 특성화 대안학교 협의체인 한국대안학교협의회 또는 종교적 연합회(예, 기독대안학교협의회 등)가 있다.

내포하고 있다는 것이다.

둘째, 평가 필요성에 대한 교원들의 인식을 보면, "또 다른 정형화된 교육에서 벗어나기 위해, 교수－학습의 질 향상과 교원들의 전문성 신장, 실효적인 효과 등"을 위한 평가에 공감하였다. 이는 단위학교의 학교 운영구조, 교수－학습지도 및 생활지도의 전문성에 대한 욕구가 강하다는 것을 알 수 있다.

결국, 특성화 대안학교의 정책 집행 과정에 대한 정책적, 재정적, 질 관리 차원의 실현가능성 평가는 다음과 같다.

2001년까지 특성화 대안학교를 교육부가 직접 관리할 때까지는 파격적인 정책적 지원이 있었다. 그러나 2002년부터 각 시·도교육청으로 관리 권한이 위임된 후부터는 '공동책임은 무책임'이라 할 정도로 교육부나 시·도교육청의 무책임성이 나타났다. 이에 대해 교육부 담당자는 "3년간의 시범운영을 통해 긍정적인 결론에 이르렀기 때문에 초·중등교육에 관한 권한이 시·도 교육감에게 위임되는 상황에서 특성화 대안학교만 교육부가 관리할 수 없었다."고 한다. 또한 시·도교육청 입장에서는 농어촌의 교육인구 감소로 소규모학교 통·폐합정책이 추진되는 시점에서 새로운 학교로서 특성화 대안학교 인가에 대한 난색과 더불어 지원이 인색하였던 것이다.

2) 일관성

가) 타 정책과의 일관성

특성화 대안학교 정책이 집행되는 과정에서 타 정책과의 일관성은 정책이 순조롭게 추진되는 데 있어서 중요하다. 특성화 대안학교 정책 추진과정에서 큰 영향을 주었던 정책으로는 자율학교 정책과 농어촌 소규모학교 통·폐합정책이다.

먼저, 자율학교 정책은 특성화 대안학교 설립정책과는 별도로 학교교육 일반에 관한 규제를 파격적으로 완화하기 위한 정책으로 추진되었다. 그러나 특성화 대안학교정책의 실행수단으로서 의의를 가질 만큼 선택적 친화력을 지니고 있었기 때문에 특성화 대안학교 설립과 운영에 활력소로 작용하였다.

그러나 자율학교의 취지가 기존의 일반학교 교육 운영 체제에 미칠 파장이 적지 않아 시행에 이르기까지 정책당국 안에서 많은 논란과 우여곡절이 있었다. 이에 따라 근거 법령이 되는 「초·중등교육법」 제61조 및 동법시행령 제105조가 1997년 말에 마련되었음에도 불구하고 당초 예정보다 늦은 1999년에 제한적인 내용으로 시범 운영이 될 수 있었다(김영철, 2002: 19).

자율학교 제도가 특성화 대안학교 운영에 미친 영향은 "교육과정 운영과 교과용 도서의 자율적인 활용, 그리고 교장 자격이 없어도 임용이 가능한 점은 특성화 대안학교가 본래 지니고 있던 교육과정 편성·운영에서의 폭넓은 재량권과 상승 작용하여 일반학교에서는 시도하기 어려운 교육프로그램을 가능하게 한 것(상게서, 20－21)"이다.

정책 평가를 위한 설문 결과, "특성화 대안학교를 자율학교로 지정·운영함으로써 대안교육의 취지를 살리고 유지하였는가?"라는 항목에 대한 교원들의 반응을 보면 <표Ⅱ－19>와 같다. '전체적으로 볼 때, 자율학교 지정으로 특성화 대안학교가 발전하는 계기가 되었다.'는 항목에 응답자의 50%가 긍정적인 반응을 보였다. 세부적인 자율학교 특례 항목을 보면, '교재 사용' 항목에 48.2%, '학생 선발방법' 항목에 57.5%, '교육과정 편성·운영의 자율성' 항목에 46.9%가 '그렇다'는 긍정적인 반응을 보였다.

<표 Ⅱ - 19> 자율학교로서 자율권 행사에 대한 교원들의 인식

단위: 명(%)

구 분	매우 그렇다	그렇다	보통이다	그렇지 못하다	매우 그렇지 못하다	전체	평균 (표준편차)
교육과정 편성·운영의 자율성	8 (5.0)	67 (41.9)	63 (39.4)	19 (11.9)	3 (1.9)	160 (100)	2.64 (.828)
교재 사용 (자체개발 및 재구성)	7 (4.4)	70 (43.8)	66 (41.3)	15 (9.4)	2 (1.3)	160 (100)	2.59 (.771)
교원임용(교장임용, 산학겸임교사 등)	7 (4.4)	50 (31.3)	65 (40.6)	29 (18.1)	9 (5.6)	160 (100)	2.89 (.942)
학생 선발방법 (전국단위, 필답 제외 등)	12 (7.5)	80 (50.0)	56 (35.0)	10 (6.3)	2 (1.3)	160 (100)	2.44 (.774)
전체적으로, 자율학교 지정으로 특성화 대안학교가 발전하는 계기가 되었다.	7 (4.4)	73 (45.6)	64 (40.0)	14 (8.8)	2 (1.3)	160 (100)	2.57 (.766)
전 체	41(5.1)	340(42.5)	314(39.3)	87(10.9)	18(2.3)	800(100)	

그러나 '교장임용, 산학겸임교사 등의 교원임용' 항목에는 35.7%의 낮은 긍정과 '그렇지 못하다'라는 23.7%의 부정적인 인식, 그리고 평균으로 볼 때, 2.89의 낮은 반응을 보였음에 유념할 필요가 있다. 이러한 요인으로는 대개 종교재단의 대안학교의 경우에는 종단에서 임용하고, 기타 사학의 경우에는 오랜 교육행정 경력을 가진 퇴직교원 임용, 공립의 경우에는 공모가 아닌 일반학교와 같은 교장 인사 관행 또는 전문직 출신의 인사 관행 등으로 자율학교의 특례인 교장 공모가 제대로 지켜지지 않고 있기 때문인 것으로 해석된다.

교원 특성별 교차분석 결과, '교육과정 편성·운영의 자율성' 항목에서 연령과 교직경력에 따라 유의미한 차이가 있는 것으로 나타났다. 연령이 많은 교원집단(.001)과 교직경력이 많은 교원집단(.006)이 특성화 대안학교가 자율학교로 지정됨으로써 '교육과정 편성· 운영의 자율성'을 추구할 수 있었다는 인식을 하고 있다.

다음으로, 농어촌 소규모학교 통·폐합정책은 특성화 대안학교 인가 정책과는 정면으로 모순되는 성격을 지니고 있었다. 소규모학교 통·폐합정책에서 소규모학교에 대한 개념은 정치·사회적 여건에 따라 구체적인 학생 수나 학급 규모 등이 유연해지는 경향이 있어서 정확하게 규정하기 어렵다. 다만 1994년 교육부 지침(2006.6, 교육부 복지국)에 따르면, "학생 수 180명 이하의 3복식학급"이었다. 2005년도 논의 진행에서는 "학생 수 100명 이하의 학교 또는 60명 이하의 학교, 혹은 6학급 이하의 학교 등"으로 규정됨으로써 추진과정에서 전교조를 비롯한 농민단체와 시민단체의 저항과 비판이 있었다. 2006년도 소규모학교 통·폐합정책에서는 "전국적으로 60명 이하의 676개 학교가 대상이 된다."고 발표하였다.

최근 남궁 윤(2006: 86)이 "복식수업과 상치수업이 상시적으로 운영되어 정상적인 교육과정을 도모하기 어려운 학교의 규모"로 정의한 것은 상당히 설득력 있는 것으로 받아들여진다.

농어촌 소규모학교 통·폐합정책 추진 현황을 보면, 1982년 산업화로 인한 농촌인구의 감소에 따른 1인당 교육비의 비효율성에 대한 지적에서 비롯되었다. 이후 IMF 체제의 교육환경에서 재정의 합리화 차원에서 교사의 정년단축과 소규모학교의 통·폐합정책이 급속하게 단행되었다. 그리하여 2005년까지 24년간 5,262개의 소규모학교가 폐교되었고, 2006년 통·폐합 추진계획(교육부, 2006년 교육복지국 자료)에 따르면 2009년까지 676개교를 통·폐합하는 것으로 나타났다.

농어촌 소규모학교 통·폐합정책의 당위성을 설명하기 위해 정부는 소규모학교의 문제점으로 "1인당 교육비 측면에서 비효율성, 학교규모에 의한 경쟁력 때문에 학력저하, 특기적성과 사회성 함양의 결여문제, 복식수업과 상치교사로 교사의 전문성 결여 및 학습 부진"(남궁 윤, 전게서: 89-92)을 내세우고 있다.

경제적 효율성 차원에서 추진하고 있는 소규모학교 통·폐합정책은 '작은 학교'를 추구하는 특성화 대안학교 운영과는 근본적으로 배치되는 것이었다. 통·폐합정책을 추진하는 '사업실시의 보상책 및 행정제제'를 보면, 2007년 이후에는 통·폐합 실적을 시·도교육청 평가에 반영하여 재정을 차등 지원하는 방안을 계획하고 있다는 점에서 소위 말하는 당근과 채찍을 이용하고 있다. 또한, 통·폐합되는 폐교를 청소년수련원, 환경교육장, 대안학교, 지역학습센터로 활용하는 등 수요자 중심의 통·폐합 추진방침을 발표한 것이다. 폐교 활용을 통한 대안학교 설립은 이미 특성화 대안학교를 인가할 당시에도 권장사항으로 제시된 바 있다.

1996년 중도탈락자예방종합대책에서 부적응 학생 교육을 위한 대안학교 설립계획에는 학년당 5학급(중2, 고3)의 300명 규모의 학교를 염두에 두었다가, 1997년 특성화 대안학교를 인가하기 위한 고교설립준칙주의에 따른 최소 학생 수를 60명으로 한 것은 획기적인 일이었다. 그러나 국가의 예산 절감 차원에서 추진하고 있는 소규모학교 통·폐합정책은 지방의 열악한 교육재정 상황에서 시·도교육청이 받아들이지 않을 수 없는 정책으로 보인다. 특히, '작은 학교'로서 비효율성과 공교육에 대한 비판적 자세를 갖는 대안학교에 대한 이해가 부족한 당시 시·도교육청 관계관들로서는 지원보다는 규제 위주의 대응을 할 수 있는 정책적 모순을 이미 갖고 있었던 것이다.

한국에 있어서 소규모학교 통·폐합정책의 사회적 반향은 1994년 2월 28일 경기도 가평의 두밀리 분교의 주민 저항에서 비롯되었다. 당시 두밀리 분교는 전교생 26명의 3복식 수업을 하던 상황으로 경기도교육청의 일방적인 폐교 처분을 받고 교육청에 진정서와 폐교조치유보가처분 신청을 내었으나 서울고법의 '폐교처분의 정당' 판결로 폐교되었다. 당시, 한국의 대안교육운동을 선도했던 '새로운 학교를 만드는 모임'(1996.1.27～28, 대전모임)에서 '작은 학교를 살립시다.'라는 금곡초등학교에 대한 논의도 대안학교와 밀접한 관련성을 갖고 있는 반증이기도 하다.

미국에서나 영국에서도 1980년대 재정의 비효율성과 소규모학교에 대한 부정적 인식으로 소규모학교 통·폐합정책이 추진되었다. 그러다가 교육자주권 차원에서 소규모학교의 본질과 소규모 학교교육의 효과에 재인식은 '작은 학교의 아름다움'으로 받아들여지게 되었다.

교육혁신위원회의 정책연구(2004)에서 '작은 학교의 아름다움'의 특징을 "익명(匿名)의 아이가 없음, 직접민주주의 가능, 교과과정의 유연한 운영 가능, 대안교육 가능, 학부모들이 비소외성"을 들고 있는 것은 매우 의미 있는 것이다. 남궁 윤(상게서,

104)의 연구에서 나타난 통폐합 반대의 주된 의견은 "지역공동체 문화 해체, 장거리 통학으로 교통 불편, 안전성, 교육비 추가 지출" 순으로 나타났다.

이와 같은 견지에서 영국 슈마허의 "인간규모운동에 입각한 작은 학교"의 원리는 한국의 농어촌 소규모학교 통·폐합정책을 추진하는 데 주요 시사점을 주고 있다.

결론적으로, 특성화 대안학교 정책은 자율학교 정책과는 상호견인차 역할로 발전을 추구해 나왔으나 소규모학교 통·폐합정책과는 모순되고 대립되었다. 따라서 정책적으로 교육부나 시·도교육청이 특성화 대안학교 정책을 소신 있게 일관적으로 추진하기에는 어려움을 갖고 있었다고 평가된다. 이러한 정책 상황에 대한 통찰력을 갖고 있던 일부 대안교육전문가(정유성, 이종태)들은 2001년 특성화 대안학교가 일반학교와 같이 시·도교육청으로 권한이 위임되는 시점에서 교육부가 직할로 관리해 줄 것을 요구했다.

중앙에서 일종의 특허 방식으로 지정하는 학교지정제도로 인해 한정된 학교형태만이 나타나고 다양한 교육과정이 운영되지 못하는 현실, 설치목적 외의 역기능이 빈발함에도 상황 변화에 신속 대처가 어려워 각종 분쟁이 나타나는 현실 그리고 행정권한을 지방정부로 위임(박재윤 외, 2004: 57)하는 추세에 특성화 대안학교에 대한 교육부 직할 관리 요구는 모순된다고 생각하기 쉽다. 그러나 교육부가 주도한 새로운 학교 모형으로서 특성화 대안학교에 대해 관리 마인드가 부족한 시·도교육청 교육관계관들의 현실 및 시·도교육청의 재정적 어려움을 감안한다면 당시 특성화 대안학교 관리 권한을 위임한 것은 시기상조라고 비판받을 수 있는 여지가 있었다. 그러나 이는 받아들여지지 않았고, 지방의 시·도교육청과 특성화 대안학교는 어느 정도 긴장과 갈등을 이어 왔다.

다행히 학교규모 적정화 방안의 하나로 통·폐합정책을 추진하는 데 있어서 일부 시·도교육청(대구광역시, 인천광역시, 광주광역시, 전라북도, 경상남도)들이 통·폐합 제외대상 학교[106) 기준의 하나로 대안학교 또는 특성화 대안학교를 포함시키고 있는(최준렬

---

106) 통폐합 기준에 대한 제외학교로 제시된 것은 "도시·벽지 지역, 반대심한 지역, 학생수 증가예상 지역 신중, 특성화 대안학교"이다.

· 강대중, 2007: 146 - 182) 추세이다. 따라서 대안학교가 농어촌 소규모학교 통·폐합정책과 갖는 갈등은 서서히 줄어들 것이란 기대를 갖는다.

나) 정책의 일관성

정부는 특성화 대안학교를 설립·인가하면서 대안학교 본래의 취지를 살리기 위한 조치로서 자율학교 제도를 추진하였다. 그리하여 특성화 대안학교에 대해 기본적으로 "재정지원은 하되 정부지원을 받는 다른 공사립학교와 달리, 일체의 규제를 하지 않는다."는 입장을 견지하여 왔다. 특성화 대안학교에 대한 교육부 및 시·도교육청의 지원이나 규제는 정책 추진과정에서 나타났다.

정책에 따른 일관성은 두 가지 차원에서 분석된다. 하나는, 특성화 대안학교 설립정책 이후 참여정부의 등장과 함께 지방자치 및 분권화 원리에 따라 초·중등교육의 권한이 시·도교육감에게 위임되는 상황이다. 시·도교육청의 입장에서 보면 특성화 대안학교를 호의적으로 받아들이기 어려운 요인이 있었다. 그것은 공교육에 대한 비판적 성격, 전국적인 학생모집으로 인한 지역사회 학교라는 의식 부재, 일반학교보다 자율권을 많이 누리면서 교육청의 관리 감독으로부터 벗어나려는 탈관료화 경향, 부적응 학생을 위한 교육으로 지역주민의 반발 등에서 비롯된다.

그러한 시점에서 시·도교육청 관계관들로서는 대안교육에 대한 이해가 없는 상황에서 일반학교에 대한 잣대로서 특성화 대안학교를 관리해 왔다는 점이다.

특성화 대안학교에 대한 정부 및 시·도교육청의 태도에 대해 L 박사는 다음과 같은 지적을 하고 있다.

"저는 특성화 대안학교에 대한 경제적 지원으로 인한 정부의 규제를 논하는 것보다는 교육부가 사후관리를 전혀 안 했다고 봅니다. 특성화 학교, 자율학교 등의 제도가 처음 어떤 취지로 도입했느냐에 하는 것에 비추어서 이후에 그 취지가 구현되고 있느지에 대해 모니터를 하면서 지속적으로 제도적 보완을 해 나갔어야 되는데...... 특성화 대안학교 정책을 입안한 사람들이 중앙정부였고, 중앙정부에서 정책을 입안해서 시·도교육청으로 내려 보낸 다음에는 현황 파악 한 것 외에는 아무것도 한 것이 없다는 것입니다.

그러다 보니까 정책의 취지를 모르는 시·도교육청 담당자들이 일반학교와 똑 같이 규제를 했지요. 이러한 규제 중에 특히 심했던 것이 교육과정 문제입니다. 왜냐하면, 특성화 학교의 가장 큰 특징은 교육과정이니까, ...(중략> 7차 교육 과정이 고시되고 난 다음에는 교육과정 운영에 관한 지침이 내려오니까 그때 시·도교육청 담당자들이 특성화 학교, 자율학교 특성을 다 무시해 버리고 이 지침대로 따르라 했어요."

또한, 지방자치제가 강조되는 시점에서 특성화 대안학교 재학생의 80.2%가 타 시 ·도 출신이라는 점을 감안할 때(<표Ⅱ-20> 참조), 지방의 시·도교육청이 자기 지역에 소재한다는 것만으로 특성화 대안학교를 적극적으로 지원한다는 것은 어려웠던 것으로 보인다.

〈표Ⅱ-20〉 특성화 대안학교 학생의 시·도별 학생 수 현황

(단위: 명)

구 분	서울	부산	대구	인천	광주	대전	울산	경기	강원	충북	충남	전북	전남	경북	경남	제주	총계	타 지역 출신(%)
영산성지고	20	5	3	3	8	2	4	6	0	1	3	5	14	2	3	2	81	82.7
간디학교	5	4	1	2	34	0	0	0	0	1	1	0	1	2	2	0	53	90.0
한빛고	22	1	0	3	0	0	0	7	0	0	3	6	22	0	4	1	69	78.6
양업고	6	1	3	2	0	3	0	10	0	12	1	0	0	2	0	0	40	70.0
경주 화랑고	8	11	8	0	0	0	3	2	0	0	2	0	0	3	3	0	40	92.5
원경고	4	5	4	1	1	1	0	2	2	0	1	1	1	0	31	0	54	41.5
계	65	27	19	11	43	6	7	27	2	14	11	12	38	9	43	3	337	80.2

※ 자료: 교육부 내부 자료, 1998(풀무농업기술학교는 자료에서 제외하였다.).

안병영 장관(2004)은 특성화 대안학교를 법제화 추진할 당시 대안학교에 대한 교육관계관들의 마인드를 이렇게 회고하고 있다.

"공립학교로 지원될 교육예산이 대안학교로 흘러들어 가는 것에 대한 반대의 목소리가 교육부 내에서부터 들려왔습니다. 당시 대부분의 정서는 대안학교가 무슨 학교냐! 하는 것이었습니다. 특히, 학교설립인가권을 가지고 있는 시·도교육청 공무원들의 냉소는 상상을 초월했습니다."

다른 하나는, 특성화 대안학교에 대한 정책 변화로서 학생납입금 책정 자율화 정책의 실시이다. 「학교수업료및입학금에관한규칙」 제2조에 따르면, 보통 학교들은 교육감이 수업료와 입학금을 책정하도록 되어 있다. 그러나 1999년 10월 7일 개정된 내용에 따르면, 「초·중등교육법시행령」 제91조(특성화고), 동법시행령 제105조(자율학교), 동법시행령 제76조(특성화 중학교) 중 교육감이 정하는 학교의 경우에는 이 규정을 적용받지 않고 당해 학교의 장이 정할 수 있도록 법 규정이 개정됨으로써 2000년도부터 특성화 대안학교는 학교별로 자유롭게 납입금을 책정할 수 있었다.

이에 따라 특성화 대안학교에 미치는 영향은 양면적이었다. 소규모학교의 특성을 갖는 특성화 대안학교의 운영에 따른 재정 부족을 납입금 인상을 통해 해결할 수 있는 길을 열었다는 점에서 긍정적이다. 그러나 경기도교육청의 사례처럼 학생납입금 책정의 자율성을 근거로 시·도교육청의 지원 없이 자립적으로 학교를 운영하도록 요구하게 된 것은 부정적이다. 대다수의 특성화 대안학교들은 학생들에게 경제적인 부담을 크게 지우는 것을 바람직하지 않게 생각하기 때문이다(김영철, 전게서, 20).

2003년 개교한 이우학교는 인가 과정에서 경기도교육청의 재정지원을 안 받는다는 전제하에 개교할 수 있었다. 이후 이우학교는 재정상 큰 어려움을 겪고 있다. 대다수의 특성화 대안학교들이 기숙형에 따라 월 35만 원 이상을 부담하고 있는 상황에서 수업료 자율책정권을 근거로 일반학교에 비해 지나치게 많이 책정할 수 없다. 이는 현실적으로 특성화 대안학교가 특수목적고등학교와 같이 경쟁적으로 입학하려는 욕구가 있는 것이 아니며, 특성화 대안학교로서도 자율 책정할 경우 시·도교육청으로부터 지원을 기대할 수 없기 때문이다. 따라서 특성화 대안학교에 대한 수업료 자율책정의 예외 규정에도 불구하고 대다수의 특성화 대안학교들은 당해 시도교육감이 정하는 수업료 징수액을 따르고 있는 실정이다.

결과적으로 볼 때, 지방자치 및 분권화 정책으로 특성화 대안학교 관리 권한이 시·도교육청으로 위임된 후 교육부는 '관리 권한이 없다.'는 생각에서 소극적이었다. 시·도교육청은 교육부가 추진한 정책을 위임받아 추진하기에 현실적 문제(농어촌 소규모학교 폐교정책 추진 상황, 부적응아 위주의 대안학교라는 편견에 따른 거부감, 전국적인 학생모집으로 지역사회의 학교가 아니라는 인식, 교육청의 통제권에서 벗어나 자율권을 행사하는 학교 등)가 따른다고 대단히 소극적이었다.

정책 평가를 위한 설문결과, 특성화 대안학교에 대한 교육부 및 시·도교육청의 지원 또는 규제 정도에 대한 교원들의 인식을 보면 <표Ⅱ-21>과 같다. 전체적으로 볼 때, 교육부에 대해서는 28%가 '지원적이다'란 반응을 보인 반면 22.1%는 '규제적이다'란 반응을 보이고 있다. 시·도교육청에 대해서는 16.8%가 '지원적이다'란 반응을 보였으며, 37.6%는 '규제적이다'란 반응을 보이고 있다. 이는 특성화 대안학교에 근무하는 교원들은 교육부에 비해 시·도교육청을 규제적으로 인식하고 있음을 알 수 있다.

〈표Ⅱ-21〉 교육부 및 시·도교육청의 지원 또는 규제 정도에 대한 인식

단위: 명(%)

구 분		매우 지원적 이다	지원적 이다	보통 이다	규제적 이다	매우 규제적 이다	전체	평균 (표준편차)
교육과정 편성·운영에 대한 지원	교육부	2 (1.2)	46 (28.2)	76 (46.6)	34 (20.9)	5 (3.1)	163 (100.0)	2.96 (.816)
	시·도 교육청	1 (0.6)	23 (14.1)	68 (41.7)	60 (36.8)	11 (6.7)	163 (100.0)	3.35 (.828)
단위학교에 대한 각종 재정지원(교재 개발, 체험학습프로그램, 학교 운영비 지원 등)	교육부	3 (1.8)	34 (20.9)	90 (55.2)	31 (19.0)	5 (3.1)	163 (100.0)	3.01 (.774)
	시·도 교육청	3 (1.9)	29 (18.0)	81 (50.3)	38 (23.6)	10 (6.2)	161 (100.0)	3.14 (.850)
특성화 대안학교에 대한 호감 및 지지도	교육부	2 (1.2)	50 (30.7)	78 (47.9)	27 (16.6)	6 (3.7)	163 (100.0)	2.91 (.815)
	시·도 교육청	1 (0.6)	25 (15.3)	73 (44.8)	50 (30.7)	14 (8.6)	163 (100.0)	3.31 (.857)
전 체	교육부	7 (1.4)	130 (26.6)	244 (49.9)	92 (18.8)	16 (3.3)	489 (100.0)	
	시·도 교육청	5 (1.0)	77 (15.8)	222 (45.6)	148 (30.4)	35 (7.2)	487 (100.0)	

구체적인 항목으로 보면, '교육과정 편성·운영에 대한 지원' 항목에 대한 교육부에 대해 29.4%가 '지원적이다'고 한 반면, 시·도교육청은 '규제적이다'에 43.5%의 반응을 보였다. '단위학교에 대한 각종 재정 지원' 항목에 있어서는 교육부에 대해 '지원적이다'가 22.7%, '규제적이다'는 22.1%의 반응을 보였으며, 시·도교육청에는 '지원적이다'가 19.9%, '규제적이다'에 29.8%가 반응하고 있다. '특성화 대안학교에 대한 호감 및 지지도' 항목에 있어 교육부에 대해 31.9%가 '지원적이다'는 반응과 20.3%가 '규제적이다'는 반응을 보인 데 비해, 시·도교육청에 대해서는 15.9%가 '지원적이다'는 반응과 39.3%가 '규제적이다'란 반응을 보였다.

교원 특성 변인으로 보면, '교육과정 편성·운영에 대한 교육부의 지원과 규제' 항목,

'교육과정 편성·운영에 대한 시·도교육청의 지원과 규제' 항목, '단위학교 재정지원에 대한 교육부의 지원과 규제' 항목, '단위학교 재정지원에 대한 시·도교육청의 지원과 규제' 항목, 교육부와 시·도교육청의 '특성화 대안학교에 대한 호감 및 지지도' 항목에서 유의미한 차이가 있는 것으로 나타났다.

'교육과정 편성·운영에 대한 교육부의 지원과 규제' 항목에서는 교직경력별(.018)로 '20년 이상'의 교원집단이 다른 교원집단에 비해 교육부가 '지원적이다'라는 인식이 높았다. '교육과정 편성·운영에 대한 시·도교육청의 지원과 규제' 항목에서는 연령별(.019)로 '50대 이상'의 교원집단이 '지원적이다'라고 높게 반응하고 있으며, 교직경력별(.000)로는 '20년 이상'의 교직경력을 가진 교원집단이 다른 연령집단에 비해 '지원적이다'라는 인식을 높게 하고 있다.

'단위학교 재정지원에 대한 교육부의 지원과 규제' 항목에 있어서는 연령별(.008)로 '50대 이상'의 교원집단과 교직경력별(.001)로는 '20년 이상'의 교육경력을 가진 교원집단이 '지원적이다'라고 높게 반응하고 있다. '단위학교 재정지원에 대한 시·도교육청의 지원과 규제' 항목에서는 연령별(.001)로 '50대 이상'의 교원집단과 교직경력별(.005)로는 '10년 이상~15년 미만'의 교육경력을 가진 교원집단이 다른 집단에 비해 낮지만 '지원적이다'라고 반응하고 있다.

교육부의 '특성화 대안학교에 대한 호감 및 지지도' 항목에서는 대안학교 교육경력(.002)에 따라 '3년 이상~5년 미만'과 '7년 이상'의 교육경력을 가진 교원집단이 다른 집단에 비해 '지원적이다'라는 인식을 높게 하고 있다. 시·도교육청의 '특성화 대안학교에 대한 호감 및 지지도' 항목에 있어서는 연령별로 '50대 이상'의 교원집단(.020)과 교직경력별로는 '20년 이상'의 교육경력을 가진 교원집단(.016)이 다른 집단에 비해 '지원적이다'라고 반응하고 있다.

특성화 대안학교에 대한 정책추진 과정에 대한 일관성 준거를 종합 평가하면 다음과 같다.

1997년 인가 당시 교육부의 특성화 대안학교 정책 추진팀에 의해 대안학교정책이 파격적으로 추진·지원되어 교육부에 대해 지원성 인식이 높았다. 그러나 참여정부의 지방자치화와 분권화 원리에 따라 초·중등교육에 대한 관리 권한이 시·도 교육감에게 위임되면서 소규모학교 통·폐합정책과의 모순, 학생납입금 책정의 자율화로 시·도교육청의 지원 근거 미약, 열악한 지방교육재정 현실, 대안교육에 대한 이해 부족 등으로 시·도교육청의 규제가 나타난 것이다.

이러한 과정에서 간디학교 중학교 과정에 대한 인가문제로 경남교육청과 간디학교가 법정문제로 가게 되는 갈등[107]을 가져왔다고 판단된다. 당시 이종태 박사(2000a, 81)는 이 사건에 대해 "표면적으로 보면, 실정법을 어긴 한 '작은 학교'에 대한 교육청의 제재조치로 볼 수 있지만, 그 이면에는 4년 동안 성공적으로 운영되어 온 교육적 실험(대안교육)에 대한 제도교육의 반발 또는 압력이라는 성격이 숨어 있다."고 간파한 것에 유의할 필요가 있다.

---

107) 1997년 간디학교가 미인가 중·고 통합학교로 운영되었다. 1997년 12월 교육부로부터 특성화 대안고등학교로 인가권유를 받고(중학교는 차후 승인해 줄 것으로 약속받았다 주장) 운영 중, 2000년 3월 경남교육청에 중학교 과정에 대한 인가 신청이 발단이 되었다. 경남교육청은 '시설미비와 운영재산 부족' 이유를 들어 인가를 반려하고 학교와 법인에 대한 특별감사를 하였고, 감사결과 '중학교 해산촉구' 결정을 내렸다. 이에 간디학교 측이 불응하자, 결국 해산명령을 따르지 않고 불응했다는 이유로 양희규 교장을 검찰에 불구속 기소한(2001.3) 사건이었다. 간디학교 관계자들은 이를 탄압으로 여기면서 '간디학교 살리기 대책위원회'를 발족하고 관련 교육단체 및 사회단체와 연대 활동을 벌였다. 2001년 6, 9월 두 차례나 SBS의 <그것이 알고 싶다.> 방영으로 간디학교 문제가 전국적으로 쟁점화되었다.

다. 정책 집행 후 평가

1) 효과성

가) 학교 유형의 다양화 효과

5·31 교육개혁방안은 학교 모형의 다양화 등을 통해 문명의 대전환 시대를 극복하려는 방안이 다양하게 제시되었다. 이를 추진하는 과정에서 고등학교 유형의 다양화와 다양한 특성을 가진 특성화 대안학교가 설립되게 되었다. 이러한 과정은 1974년 평준화 제도 실시 이후 일반계와 실업계로 운영되던 고등학교가 1987년 특수목적고등학교(예술, 체육, 과학, 외국어, 농업, 수산, 공업) 설립을 시점으로 1998년 특성화 고등학교(직업분야, 대안교육 분야) 설립인가, 나아가 학교 운영체제로서 자율학교, 자립형 사립고, 공영형 혁신학교 등으로 다양화된 것에서 찾을 수 있다.

정부가 추진한 학교유형의 다양화 정책의 큰 틀에서 볼 때, 특성화 대안학교의 인가 및 설립정책은 대단한 파급효과를 준 정책으로 평가할 수 있다. 이는 특성화 대안학교가 단위학교별로 독특한 교육이념과 교육목표 및 대안교육 프로그램으로 각기 다양화와 특성화 교육을 추구하기 때문이다. 영산성지고등학교의 마음공부, 간디학교의 간디이념, 양업고등학교의 현실요법, 동명고등학교의 묵상을 통한 멘토링, 세인고등학교의 5차원 전면교육 등이 그것이다(<표Ⅱ-22> 참조).

<표Ⅱ-22> 특성화 대안학교별 학교교육의 특징

구 분	학교교육의 특징	설립연도
영산성지고	부적응학생을 대상으로 마음공부를 통한 심신의 건강추구 교육(원불교)	1998
간디고	일반학생 대상의 자연 친화적이고 공동체적 인간교육 지향(간디의 이념)	1998
양업고	부적응학생을 대상의 현실요법 접근으로 더불어 사는 유대감, 소질과 적성, 정서교육(천주교)	1998
원경고	부적응학생을 대상으로 마음공부와 생명존중, 공동체적 가치 교육(원불교)	1998
한빛고	일반학생을 대상으로 지덕노체를 겸비한 인간 양성(기독교)	1998
화랑고	부적응학생을 대상으로 생명존중, 공동체적 가치 교육(원불교)	1998
동명고	부적응학생을 대상으로 체험 위주의 교육을 통해 개개인의 소질 계발, 묵상을 통한 멘토링(기독교)	1999
두레자연고	부적응학생을 대상으로 행복한 사람 되기, 더불어 사는 삶 교육(기독교)	1999
세인고	성적불량 학생을 대상으로 사랑과 봉사교육, 5차원 전면교육(기독교)	1999
푸른꿈고	일반학생들을 대상으로 환경교육, 생태교육, 조화와 협동교육(기독교)	1999
산마을고	일반학생을 대상으로 기독교 정신에 바탕을 둔 전인(특기·적성) 교육 (기독교)	2000
경기대명고	부적응학생 대상으로 홀리스틱 교육을 통한 적응력 증진(공립)	2002
지구촌고	귀국자녀 적응력 증진 교육 및 재외동포청소년 교육(기독교)	2002
한마음고	'바른 마음, 따뜻한 가슴, 당당한 생활'의 자연을 닮은 인간 육성	2003
공동체비전고	개혁신앙의 공동체 비전을 품고 헌신하는 열린 민주시민 양성(기독교)	2003
이우고	100인의 민(民)교육 실천의 도시형 대안학교, 21세기 더불어 사는 삶을 실천하는 인간육성의 교육	2003
달구벌고	기독교정신에 입각한 자기주도적 꿈 찾기 통한 자아실현(기독교)	2004
지리산고	사랑의 힘으로 더 좋은 세상을 만드는 일꾼 육성. 지역교사 설립의 학비 전액 무료의 학교(후원자)	2004
전인고	글로벌 인재 양성을 위한 전인교육프로그램으로 전인교육 실천	2005
팔렬고	부적응학생 대상으로 기독교와 슈타이너 철학에 기반 둔 자유, 사랑, 평화의 교육 실천(기독교)	2006
한겨레고	중·고 통합의 새터민 자녀의 문화·사회적인 적응교육(학습결손과 학력 격차로 일반학교에서 중도탈락 예방)	2006

※ 교육부(2000) 홈페이지 자료를 중심으로 재구성하였다.

이러한 다양한 성격 및 특성을 가진 특성화 대안학교는 향후 지속적으로 설립·운영될 것으로 본다. 왜냐하면, 우리 사회가 가면 갈수록 다양성을 띠고 분화될 것이기 때문이다.

학교개혁에서 '교육의 다양화'는 선택지의 확대를 주요 내용으로 하는 두 측면이 있다. 하나는, 하드웨어적인 면에서 특수목적고, 자율학교, 자립형 사립고 등과 같은 학교유형의 다양화가 있다(학교선택지의 확대). 다른 하나는, 소프트웨어적인 면에서 교육내용과 방법의 다양화 등 학습자의 학습 요구, 흥미, 수준 등에 부합하는 학교교육 내 다양화, 교육과정 운영상의 다양화가 주된 내용이 된다(교과 내지 교육프로그램 선택지의 확대). 이 양자는 내용 수준에서 구분할 수는 있지만, 실제로 어느 한쪽만 가지고는 완성될 수 없는 상보적인 관계를 갖는다(정광희, 2006).

이러한 차원에서 학교선택의 하드웨어와 교과 및 프로그램 선택의 소프트웨어의 선택지 확대를 통한 다양화 정책이 정부 정책으로 추진되었다.

첫째, 2006년도 교육부의 주요업무계획에 따르면, 학교 운영의 다양화 방안으로 자립형 사립고 시범운영 연장('07.2~'09.2), 특목고, 자율학교 지정 확대 등을 정책적으로 제시하였다. 특히 공교육 체제 혁신을 통한 공영형 혁신학교 도입 계획, 고교 평준화 제도 찬반 논란에서 찬반 양측 모두가 보완책으로서 '학교교육의 다양화'를 제안한 것으로 볼 때 학교교육의 다양화는 가속화될 것으로 본다.

둘째, 학교유형의 다양화 효과와 관련하여 간과할 수 없는 것은 학교별, 또는 학교 안에서 다양화를 위한 특기영역별 교과 특기자를 육성하려는 경향이다. 이는 학생 각자의 소질과 적성을 살리려는 차원에서 나타난 교육개혁의 방향이자 학교교육의 다양화의 한 측면이다.

경기도교육청(2007.2)의 경우, 다양한 교과특기 분야별 수월성 교육 차원과 단위학교의 교육경쟁력 강화를 통한 공교육 내실화 도모, 학생과 학부모의 학교선택권 부여를 통한 평준화 제도의 발전적 개선방안 모색 차원에서 교과특기자 교육을 학교별로 추진하고 있는 것을 들 수 있다. 2005학년도에 총 54개 교의 교과특기자 육성학교를 지정하여 1,092명의 교과특기자를 선발·운영하였으며, 2006학년도는 15개 특기분야에 중, 고생

1,696명을 선발하여 교과특기자 전문교육을 실시하였다. 2007학년도에는 22개 고등학교에서 258명을 선발하여 음악(국악, 관악, 관현악)과 미술(회화, 도예)의 예능교육을 확대해 나가는 것도 이러한 다양화의 한 측면이자 특성화 대안학교의 파급효과로 볼 수 있다. 즉, 교육의 다양성에 따른 교육선택권의 확대 경향은 일반학교 학생들의 다양한 소질과 능력, 그리고 특성을 키울 수 있는 정책을 가져오게 한 파급효과를 주었다고 평가된다.

〈표Ⅱ-23〉 경기도교육청의 2007년 교과 특기자 육성학교 운영 현황

단위: 교

학교급	지정 학교 수	설립별		교과특기 영역 분야										
		공립	사립	음악			미술		유예고					
				국악	관악	관현악	회화	도예	중국어	컴퓨터	수학	과학	무용	문예창작
중	18	16	2	5	6	1	5	1	–	–	–	–	–	–
고	30(14)	20(11)	10(3)	4	6	1	5	0	5	3	1	3	1	1
계	48(14)	36(11)	12(3)	9	12	2	10	1	5	3	1	3	1	1

※ 경기도교육청 내부 자료(2007.2) * ( ) 숫자는 유예학교 수임.

또한 정부의 다양화 정책 추진 결과, 2005년을 기준으로 고등학교 유형별 현황을 보면, 총 2,095개 고등학교에 일반고 1,281개 교, 전문계고(실업계고) 579개 교, 특수목적고 122개 교, 특성화고 95개 교, 자율학교 99개 교로 학교유형이 다양화되었음을 알 수 있다.

<표Ⅱ-24> 고등학교 유형별 학교 수

단위: 교

구 분	1998년 이전	1999년	2000년	2001년	2002년	2003년	2005년
일반계고	1,149	1,181	1,193	1,208	1,253	1,297	1,281
전문계(실업계고)	772	762	764	759	741	734	597
다양화고	72	103	125	150	202	254	322

'다양화고'의 세부 학교 수

구 분	1998년 이전	1999년	2000년	2001년	2002년	2003년	2005년
특수목적고	65	70	77	89	106	113	122
특성화 대안고	6	10	11	11	13	16	19
특성화 직업고	1	9	22	30	48	54	76
자율학교	–	14	15	20	32	65	99
자립형 사립고	–	–	–	–	3	6	6

※ 출처: 한국교육개발원 통계자료

연도별 고교유형의 다양화 추세를 보면, '다양화고'[108]가 <표Ⅱ-24> 및 [그림Ⅱ-2]와 같이 1998년 이전의 72개 교에서 2003년도에는 254개 교, 2005년에는 322개 교로 크게 증가했음을 알 수 있다.

---

108) 전통적인 일반계고와 실업계고(전문계고), 사회교육기관의 성격(방통고, 산업체부설고, 고등기술학교, 각종학교 등)의 학교를 제외하고 평준화 정책의 보완 차원 및 새로운 학교유형으로 나타난 학교들을 본서에서는 편의상 '다양화고'로 쓰고자 한다. 따라서 '다양화고'에는 "특수목적고, 특성화고, 자립형 사립고, 자율학교"를 포함한다.

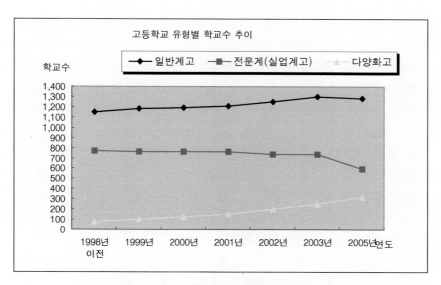

고등학교 유형별 학교수 추이

학교수

일반계고 　전문계(실업계고) 　다양화고

[그림 Ⅱ-2] 고등학교 유형별 학교 수 추이

'다양화고'의 세부 학교현황을 보면 전반적으로 증가하고 있으나 직업 분야의 특성화 고교의 증가가 두드러진다. 특성화 대안학교는 수적으로 증가폭이 완만하다. 특히 운영방식에 있어서 자율학교 수는 사회변화와 더불어 큰 폭으로 증가함을 알 수 있다. 특히, 학교유형별로 다양화 경향을 보면 학교선택권의 확대를 실감할 수 있다. 즉, 특수목적고등학교의 경우 예술, 체육, 과학, 외국어, 농업, 수산, 공업 등 폭넓은 분야로 계속 확산되었다. 직업분야 특성화고는 직업분야별로 디자인, 만화, 조리, 자동차, 만화, 음악, 마사 등으로 확산되어 가고 있으며, 특성화 대안학교는 각 학교별로 다양한 특성의 학생과 다양한 프로그램을 적용하는 차별성 있는 교육을 전개해 나가고 있다. 학교 운영 방식에 있어서의 자율학교도 특성화고, 통합고, 농어촌고, 자립형 사립고, 예·체능고, 기타고 등으로 확산되고 있다.

학교유형의 다양화 정책과 특성화 대안학교 설립정책 등으로 교육선택권이 확대된 것을 교육부의 B 담당관은 다음과 같이 해석하고 있다.

"특성화 대안학교 설립정책으로 일반 공립학교에 어떤 파급효과를 주느냐에 대해서는 1997년도 당시 특성화 대안학교가 들어설 때에 6개 교로 출발하여 지금은 25개가 되었고, 1개 교로 출발한 특성화 직업학교도 지금 100개 정도이지요. 25개, 100개가 무슨 의미가 있느냐! 생각할 수 있지만 엄청난 일입니다.

왜냐하면, 2000년 들어와서 지금 '「초·중등교육법」을 정비해야 된다.' 평준화의 기조가 흔들리느냐! 마느냐! 할 정도로 고등학교 유형이 다양화되어 버렸어요. 이것 자체가 엄청난 효과입니다. 1997년도에 우리가 의도했던 정책 효과가 달성되었다는 겁니다. 그 당시에는 획일화되어 있는 평준화 제도를 어떻게 하면 다양화할까? 하는 차원에서 특성화 고교를 출발시킨 건데. 그것이 지금 보면 너무 혼선이 일어날 정도로 다양한 학교가 들어왔다고 보면 특성화 학교 정책은 성공한 정책이라고 볼 수 있는 것이죠. ......<중략>.

평준화를 '폐지할거냐? 말거냐?'라고 하는 원론적인 논쟁에 빠지지 않더라도 우리 교육을 다양화시킬 수 있는 효과를 가져와 버렸다 하는 것이죠."

교육수요자의 교육선택권이 확대되고 있는 것은 교육개혁의 추진결과라고 볼 수도 있지만, 그러한 과정에서 특성화 대안학교 설립인가 정책은 학생들의 학교선택권을 확대시킨 기폭제 역할을 하였다고 평가할 수 있다.

나) 학교중도탈락자 예방 효과[109]

정부 정책의 일환으로서 특성화 대안학교 설립 정책의 일차적인 목적은 날로 증가하고 심각해져 가는 학업중단학생들의 사회비행을 줄이고 교육소외자들의 교육복지를 증진하고자 하는 데에 있었다. 나아가 탈학교적인 공교육의 위기에서 21C 지식기반사회에 맞는 새로운 학교로의 변화를 도모하고자 하는 교육적 대책 수립도 주요한 목적이다. 따라서 교육부의 특성화 대안학교 정책 효과에 대한

---

109) 본 항에서 제시한 <표Ⅱ-26>, [그림Ⅱ-3]~[그림Ⅱ-6]은 "이병환 외, 2005: 106-111."에서 연구자로 참여한 필자의 연구내용을 실었다.

1차적인 평가의 내용은 '학업중단학생들의 비율이 얼마나 감소되었는가.'이다. 따라서 특성화 대안학교 정책 효과 및 운영 효과를 평가할 때 대안학교 수요로서 입학경쟁률, 특성화 대안학교의 학업중단율을 평가하는 것은 지극히 자연스러운 기준이다.

먼저, 중등학교의 학업중단율 추이를 보면 2000년을 기준으로 감소 추세에 있음을 알 수 있다(<표Ⅱ-25> 참조).

〈표Ⅱ-25〉 중등학교 학업중단자 수 현황

단위: 수(명), 비율(%)

학년도	중학교		고등학교					
			합계		일반계고		실업계고	
	학업중단자 수	비율	학업중단자 수	비율	학업중단자 수	비율	학업중단자 수	비율
1990	22,348	1.0	53.865	2.4	27,649	1.9	26,216	3.2
1995	23,938	1.0	52,847	2.4	17,218	1.4	35,629	3.9
2000	13,045	0.7	47,456	2.3	14,852	1.1	32,604	4.4
2003	13,276	0.7	27,630	1.6	10,485	0.9	17,145	3.2
2005			23,076	1.3	10,166	0.8	12,910	2.6

※주: 1) 학업중단자는 질병, 가사, 품행, 부적응 및 기타 사유에 의한 제적·중퇴 및 휴학자임.
2) 2002학년도까지의 학업중단율=(제적·중퇴자 및 휴학자 수/당해 연도 재적학생 수)×100
3) 2003학년도부터의 중학생 학업중단율=(유예자·면제자 수/당해 연도 재적학생 수)×100
4) 고등학교 학업중단율=(학업중단자 수/당해 연도 재적학생 수)×100
5) 2005년도 중학교 학업중단자 수와 비율은 파악이 안 된 상태임.
※ 자료: 한국교육개발원(2004), 제25차 교육정책 포럼 자료집. '교육소외 집단의 교육실태와 복지대책.'에서 2005년 수치를 추가하였다.

이는 특성화 대안학교에서 부적응 및 학업중단 과정에 있는 학생들을 수용하고 있을 뿐만 아니라, 일반학교에서도 대안학급 운영으로 학업중단학생을 줄인 결과로서 설명될 수 있다. 그럼에도 불구하고 특성화 대안학교의 정책목표와 필요성, 대안교육 수요에 비해 다양한 메뉴의 학교가 요구되나 여러 가지 현실적 어려움으로 급속히 늘어나지는 않는 상황이다. 중등학교 학업중단학생 추이를 그래프로 나타내면 [그림Ⅱ-3]과 같다.

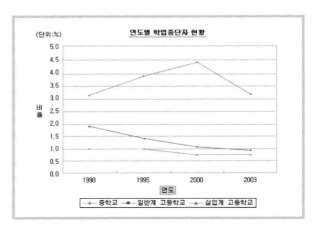

[그림Ⅱ-3] 중등학교 학업중단학생 추이

둘째, 특성화 대안학교 수요로서 연도별 입학 지원자 수와 입학경쟁률을 보면 특성화 대안학교에 대한 수요가 점점 높아진다고 볼 수 있다(<표Ⅱ-26> 참조).

〈표Ⅱ-26〉 연도별 특성화 대안학교 입학경쟁 현황

2005년 9월 현재

구 분		연도별 지원자 수								학생 수			
		'98학년도	'99	'00	'01	'02	'03	'04	'05	1	2	3	계
고등학교	학교 수	6	10	11	11	13	16	16	19				
	모집인원	280	425	465	445	570	675	675					
	지원자 수	366	641	787	830	1,031	1,210	1,168		528	458	413	1,399
	입학경쟁률	1.31	1.51	1.69	1.87	1.81	1.79	1.73					
	중도탈락 수	45	58	78	108	118	63	74					
중학교	학교 수					1	5	5	7				
	모집인원					20	144	144					
	지원자 수					20	131	141		134	51	42	227
	입학경쟁률					1	0.95	0.98					
	중도탈락 수												

※ 양업고와 영산성지고는 수시로 전·편입생을 모집인원만큼 연중 모집하기 때문에 지원자 수를 산정하기 곤란하여 모집인원 수로 계산함. 한빛고는 2004학년도 신입생모집이 내부문제로 모집 보류됨에 따라 2003학년도 지원자 수로 계산. 이우학교는 설립과정의 특성상 정확한 수치를 파악하기 어렵다. '02~'04 년 중학교 중도탈락자 수는 미파악 상태임.

모집인원 수 대 지원자 수로 그래프화하면 [그림 Ⅱ-4]와 같다. 1998년부터 모집인원과 지원자 수 간에 차이가 넓어져 감을 알 수 있는데, 특성화 대안학교에 대한 수요의 증대라 해석할 수 있다.

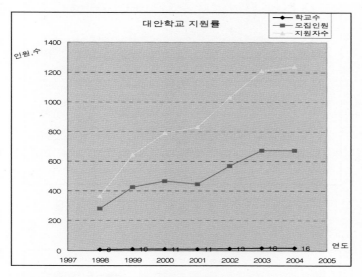

[그림Ⅱ-4] 연도별 특성화 대안학교 모집인원 대 지원율

셋째, 특성화 대안학교 수요로서 전체적인 입학경쟁률을 연도별로 보면 1.3에서 1.7 또는 1.8대 1로 점차 증가되고 있다(<표Ⅱ-26> 참조). 그러다가 2002학년도부터는 완만한 상태에서 유지되고 있다([그림Ⅱ-5] 참조). 학교별로는 큰 차이를 보이고 있는데, 한빛고는 2 대 1, 두레자연고와 세인고, 그리고 간디학교는 3~4 대 1 또는 7~8 대 1의 경쟁을 보이기도 하였다. 특히 학업중단한 부적응 학생들을 위주로 전·편입생들을 주로 모집하는 학교들은 초기에 모집에 어려움을 겪고 있기도 하다.

넷째, 특성화 대안학교에서의 중도탈락 학생수를 연도별 추이로 보면 [그림Ⅱ-6]과 같다. 1998학년도 초창기에는 급증하다가 2002학년도부터는 급감하고 있다. 이는 3년간 축적된 교원들의 대안교육 활동 경험과 전문성 향상의 결과이며, 학생들로서는 대안교육에 대한 적응과 이해로 제자리를 잡아 가고 있다고 판단된다.

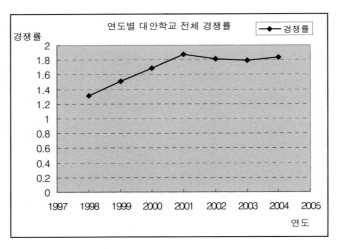

[그림 II - 5] 연도별 특성화 대안학교 입학경쟁률

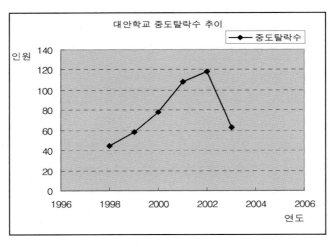

[그림 II - 6] 특성화 대안학교의 연도별 중도탈락자 추이

다) 공교육의 파급효과로서 자유·자율·학생 위주의 학교문화 형성

대안교육이 특성화 학교로 인가받아 운영되어 온 지 10여 년이 지나면서 일반 공교육에 어떤 영향과 파급효과를 주었는지를 평가하고자 한다.

이는 특성화 대안학교가 제도권 학교로 운영됨으로써 예상을 하였지만 의도는 하지 않았던 효과로서 자유·자율·학생 위주의 학교문화가 공교육에 파급되었는지를 교육내용이나 교육방법, 그리고 학교조직과 풍토 측면에서 평가하고자 한다.

이를 위해 특성화 대안교육의 영향분석을 통해 특성화 대안학교의 운영 성과를 분석한 이종태 외(2005: 18－19)는 다음과 같이 제시하고 있다.

"부분적이긴 하지만 탈인습적 교육실천의 상상력을 확장시킨 점이다. 이는 제도교육의 억압구조와 결핍구조의 혁신 가능성을 확인, 학교공동체를 인식공동체로 전환시킬 수 있는 기획 아이디어 제공, 보편적 동의에 도달할 수 있는 가치들(생명, 생태, 평화, 인권, 정의, 자유, 관용, 참여, 약자보호, 반차별 등)을 교육과정의 핵심요소로 삼는 점, 새로운 관점의 학생관·학교관, 교육관을 설득력 있게 전파한 점, 학습동기 선진화를 위한 다양한 아이디어를 제공한 점, 자기 주도적 학습 원리를 시스템 하고자 실험한 점, 교육주체들의 참여가 보장되는 민주적인 학교 운영 모델의 사례를 보여 준 점, 형식적 교육과정 이상으로 '잠재적 교육과정'(학교문화 또는 풍토)을 중시하는 점, 학교를 통해 지역공동체 활동을 기획하는 점이다. 또한, 이러한 일련의 혁신실험을 통해 학교의 조직관성(organization inertiar)의 변화 가능성을 확인시킨 점, 무엇보다도 '입시에서의 성공'이란 시대규범의 폭력성을 폭로하고 새로운 문법을 만들고자 시도하는 점…… 등"이다.

또한 정책 평가를 위한 면담 내용을 보면, 특성화 대안학교가 일반학교에 미친 영향을 알 수 있다. 먼저, 특성화 대안학교 설립정책을 입안하는 과정에서 일찍이 대안교육에 대한 연구와 실천을 해 온 대안교육전문가(L 박사, J 교수)와 대안교육실천가들(Y 교장, G 교장)의 면담을 통해 특성화 대안학교가 설립·운영됨으로써 일반 공교육에 미친 영향을 들어 보면 다음과 같다.

L 박사는 공교육에 대한 파급효과를 학교상(學校像)과 교과 개념의 변화 측면에서 설명하고 있다.

"대안학교가 도입됨으로써 분명하게 우리 사회에 기여한 바가 있다면, 학교에 대한 관념, 다시 말하면 학교상(學校像)에 관한 우리 사회의 인식을 상당히 변화시켰다는 것입니다. '이런 학교도 있다.'는 것을 실례로 보여 준 것이 아니냐? '이런 학교'라고 했을 때, 전통적인 교실과는 전혀 다른 형태에서 교사－학생과의 관계, 교과 개념 자체도 '지리산 종주'가 한 교과가 된다든지 등. 이런 것들도 교과 개념이 될 수 있겠구나. ......<중략>. 교육을 다른 관점에서 볼 수 있도록 만들어 준 측면들이 분명하게 변한 부분이다(L 박사)."

J 교수는 지금까지 학교교육이 뛰어난 몇몇 소수 학생 중심이었다고 전제하면서, 특성화 대안학교의 등장으로 인한 파급효과를 학교교육의 사각지대에 놓였던 소외학생의 교육복지에 주목하고 있다.

"아직 기대에 미치지는 못하지만 대안학교가 제도화된 것은 우리 교육이 앞으로 나가야 할 방향의 한 상징이기도 하며, 미미하지만 파급효과도 있었다고 생각합니다. 예컨대, 획일적인 게임의 법칙에 대한 의심, 그에 의해서 고통을 받고 있는 학생들에 대한 관심 등등만 해도 의미가 있었다고 봅니다. 앞으로 공교육이 이런 부분들에 대해 아우르고 신경을 쓰면서 여러 가지 정책을 펴 나가야 한다고 인지하면서 의미를 두고 있습니다.
대안교육의 필요성을 교육정책 담당자도 스스로 인지하고는 있었지만 사각지대 내지는 소위 '버려진 집단'이라고 할 수 있는 탈락과 비행 청소년들, 고의든 타의든 학교에서 떠날 수밖에 없었던 또 어려움을 겪고 있는 청소년들에 대해 관심이 생겨났지요. 그동안 학교교육에서 우리가 너무 한 집단에게만 집중했던 시각이 좀 더 여러 군데로 갈 수 있었다는 것 자체로 긍정적인 면으로 봅니다(J 교수)."

Y 교장은 자유교육의 시각에서 자유와 자율, 학생중심의 학교문화로의 변화를 특성화 대안학교의 파급효과로 강조하고 있다.

"특성화 대안학교 설립취지와는 조금 다른 관점에서 실제적인 결과나 효과 면에서 일반 공교육의 변화를 본다면 저 입장은 자유교육을 들 수 있습니다. 자유교육이 처음 등장하게 되는 법적 근거라는 점에서 한국교육사에서 획을 긋게 되는 사건이지요.
……<중략> 공교육도 변해야 한다는 메시지를 공교육 쪽에 엄청나게 주었지요. 아이들 복장 자율이라든지, 두발자유라든지! 학생에 대한 교사의 폭력적인 태도라든지! 등이 없어진 거죠. 1990년도 수용소와 같은 학교 분위기가 2000년도에는 거의 없어져 가고 있어요. 학교의 문화적인 변화가 컸다고 봅니다. 과거의 그러한 학교문화가 상당히 문제가 있다는 것을 대안교육이 메시지를 준 것이지요.(Y 교장)."

G 교장은 종래의 획일적인 학교문화와 입시 위주의 도구적 교육관에서 다양성과 교육본질 추구, 학생중심으로 학교교육의 축(문화구조)의 변화를 파급효과의 핵심으로 지적하고 있다.

"특성화 대안학교가 운영되면서 공교육에 많은 변화를 주었다고 생각합니다. 첫째, 교육의 다양성을 실증적으로 보여 주었다는 점, 두 번째는 교육의 본질에 대해 경각심을 주었다는 점, 셋째는 교육에 직·간접적으로 관여하고 있는 사람들에게 대안교육 및 대안학교에 대해 긍정적인 인식을 주었다는 점, 넷째, 교육의 중심축이 교육자에서 수요자인 학생으로 이동하였다는 점을 들 수 있습니다(G 교장)."

다음으로, 특성화 대안학교 정책을 입안·집행했던 교육관계관(B 담당관, Y 서기관, S 협력관)들의 면담을 통해 특성화 대안학교가 일반학교에 미친 영향에 대해 들어보면 다음과 같다.

B 담당관은 체험학습을 교육과정 단위로 이수, 대안교육에 대한 교사의 인식 변화를 파급효과로 설명하고 있다.

> "공교육 자체에 어떠한 영향을 주었느냐? 할 때에, 최근에 초등학교의 커리큘럼을 보면 갯벌체험이나 각종 체험활동이 많아진 것은 공립학교 안에 대안학교적인 요소가 굉장히 많아진 것으로 볼 수 있어요.......<중략>
>
> 또한, 최근에 공립학교 교사들 사이에서도 대안학교 현장인 이우학교나 간디학교 연수원에 가서 대안교육연수를 받는 공립학교 교사가 많습니다. 그만큼 이제는 공립학교 교사들이나 현장에서도 대안교육에 대한 인식 같은 것들이 확산되고 있는 걸 느끼고 있습니다. 초반에는 엄청 거부반응을 보이지 않았습니까. 최근에 와서는 자연스럽게 가랑비에 옷 젖듯이 공립학교 현장에 대안학교 이념이나 철학 등이 파급되어 알게 모르게 교사들한테 좀 들어와 있는 것 같아요(B 담당관)."

Y 서기관은 특성화 대안학교 운영으로 학교 유형이 다양화되고 교육과정 편성·운영의 자율성이 강조됨에 따라 일반학교가 벤치마킹을 해 갈 정도로 교과 개념 및 교육과정 편성에 영향을 주었다고 설명한다.

> "......<중략> 공교육에 영향과 충격을 많이 줬다고 생각됩니다. 구체적으로 보면, 일반학교들이 교육과정 편성, 교과 개념 등에 있어서 상당히 많이 벤치마킹을 해 간 것으로 알고 있습니다. 예를 들어, 자립형 사립고등학교(민족사관고 등)들이 대안학교 교육과정을 참고하였지요. 그 이전에는 일반학교들은 교육과정을 짤 수도 없었어요. 그러나 대안학교는 교육과정을 자체 편성하면서 다른 분야보다는 교육과정 면에서 영향을 많이 미친 것 같습니다(Y 서기관)."

S 협력관은 교육과정에서 체험학습의 보편화, 환경교육이나 인성교육과 같은 다양한 교육적 실험들이 공교육 내에 스며드는 파급효과를 강조하고 있다.

"대안학교에서 이루어지고 있던 실험들이 공교육 내에서 주류를 잡은 것이 있습니다. 체험학습 같은 것이 보편화된 것이 예이지요. 또한 다양한 교육적 실험들로서 환경학교나 인성교육들이 이제 공교육 내에서 녹아들고 있습니다. 이는 교사공동연수와 전국 중등 학교장 대안교육연수를 통해 알 수 있습니다. 대안학교를 지원하는 것도 중요하지만 대안학교 선생님들과 일반학교 선생님하고 공동연수를 만들었는데 폭발적일 정도로 관심이 컸어요. 2006년 올해엔 단위학교 관리자인 교장선생님들을 대상으로 대안교육 연수를 열어 두었어요. 교장을 대상으로 하는 연수에 24명 모집에 120명이 지원을 했어요. 자비로 하는 것이고, 교장은 직무연수에 별로 필요 없는데, 왜 왔을까? 생각했어요. 그만큼 공교육이 가지고 있는 문제를 해결하기 위한 중요한 방법과 중요한 실험으로 대안학교의 움직임을 보고 있다는 것이죠. 굉장히 중요한 효과입니다(S 협력관)."

정책 평가를 위해 "대안학교가 특성화 학교로 인가·운영되면서 대안교육 자체에는 어떤 변화가 있었는지"에 대한 설문조사 결과를 보면 <표 II−27>과 같다. '공교육에 새 바람을 불어넣었다'는 항목에 40.9%(평균 2.80)가 '그렇다'고 응답했으며, 25%는 '그렇지 않다'는 부정적인 반응을 보였다. '전체적으로 대안교육이 확산되게 되었다'에는 57.3%(평균 2.49)가 '그렇다'라는 긍정적인 반응을 보이고 있다.

<표Ⅱ-27> 인가 이후 대안교육 자체 변화에 대한 교원들의 인식

단위: 명(%)

구 분	매우 그렇다	그렇다	보통이다	그렇지 못하다	매우 그렇지 못하다	전체	평균 (표준편차)
대안교육 본래의 의미 를 추구할 수 있었다.	5 (3.0)	28 (17.1)	64 (39.0)	60 (36.6)	7 (4.3)	164 (100)	3.22 (.886)
공교육에 새 바람을 불어넣었다.	10 (6.1)	57 (34.8)	56 (34.1)	37 (22.6)	4 (2.4)	164 (100)	2.80 (.939)
전체적으로 대안교육이 확산되게 되었다.	13 (7.9)	81 (49.4)	49 (29.9)	19 (11.6)	2 (1.2)	164 (100)	2.49 (.847)
전체	28(5.7)	166(33.7)	169(34.3)	116(23.6)	13(2.6)	492(100)	

교원 특성변인으로 보면, '전체적으로 대안교육이 확산되게 되었다.'는 항목에서 성별에 따라 유의미한 차이가 나타났다. 성별(.047)에 따라 여교원집단이 남교원집단에 비해 '그렇다'는 인식이 높았다.

특성화 대안학교의 인가·운영에 따른 공교육의 파급효과를 교육과정 및 자유·자율·학생 위주의 학교문화라는 측면에서 종합하면 다음과 같다.

"학교에 대한 관념과 교과 및 교육과정에 대한 인식 변화, 학교중도탈락 청소년에 대한 교육적 관심과 배려 증가, 한국교육사에서 자유교육의 등장, 학교문화의 변화 계기(두발과 복장 자율, 교사의 폭력적 태도), 교육의 다양화 실증, 교육의 본질에 대한 경각심, 교육관계자들에게 긍정적 인식, 교육의 중심축이 학생으로 이동, 대안교육(부적응학생 교육, 인성 및 창의성교육, 생태교육, 공동체적 삶, 학생의 끼를 키움)에 대한 관심으로 새로운 삶을 찾은 학생 증가, 학교교육과정에 체험학습 확산 및 보편화, 다양한 교육적 실험들(환경학교, 인성교육 등)이 공교육에 스며듦, 공교육 교사들의 대안교육에 대한 이념과 철학 파급, 대안교육에 대한 학교 경영자(교장, 교감)들의 관심 증대, 민주적인 학교 운영 풍토 등"으로 다양한 파급효과가 있었던 것으로 판단된다.

라) 부정적 결과로서 특성화 대안학교의 정체성 왜곡

대안학교는 일반 공교육의 교직문화 및 구조에 대한 반성과 비판에서 비롯되었다. 그러나 특성화 대안학교로 정부의 인가를 받는 데는 논란이 많았다.

대안학교가 특성화 학교로 인가되는 과정에서 대안교육운동을 지속해 왔던 대안교육계에서는 이 시기에 두 가지 입장으로 대립되었다.

하나는, 정부의 인가를 통한 재정 지원으로 영세한 환경 개선과 교육의 질 향상을 도모할 수 있다. 나아가, 학생들에게는 검정고시 준비의 부담을 덜어 줄 수 있으며, 가르치는 입장에서도 검정고시 준비에서 벗어나 실질적인 대안교육을 할 수 있다는 판단하에 인가를 찬성하고 환영하는 입장이다.

다른 하나는, 정부의 인가에 따른 재정 지원에는 반드시 규제라는 독소가 따르게 마련이기에 인가를 받아 공교육체제로 들어가는 동시에 대안교육의 이념이 왜곡된다[110]고 보고 반대하는 입장이다. 전자의 입장에서 그동안 많은 어려움을 겪었던 미인가 대안교육기관들이 1997년을 기점으로 인가를 받아 특성화 대안학교로 운영되고 있다. 후자의 입장을 견지하고 정부의 인가를 거부한(대표적인 예로, 홍성의 풀무농업기술학교) 몇몇 대안학교는 대안교육 본연의 모습을 지키면서 교육활동을 전개해 가고 있다.

특성화 대안학교 운영에 따른 정체성 왜곡의 문제를 평가하기 위해 특성화 대안학교 교육의 과정에 대한 자체평가를 하였다. 자체평가는 "교육이념 및 교육목표, 학교 운영구조, 대안성 추구 노력" 측면이다.

먼저, 대안적인 교육이념 및 교육목표에 관한 평가를 보면 한국의 특성화 대안학교들은 각기 독특한 교육목표와 철학을 갖고 체험 위주의 인성교육을 실천하고

---

110) 변산공동체의 윤구병 선생은 「민들레」 14호(2001년 3－4월호)에 실린 대담에서 "정부 돈이라는 게 늘 독성을 가지고 있는데, 국가화폐를 이용해서 무엇을 이루고자 하면 그걸 조심해야 해. 돈으로 무슨 일을 한다는 것이 그만큼 위험이 있다는 거. 더구나 남의 돈을 이용해서 한다고 할 땐 엄청난 위험이 따르는데, 지금 그렇게 다 교육을 돈으로 하려고 그러지. 나는 지금의 대안학교들이 그래서 어려움이 있다고 생각해(p.141)"

있다. 특성화 대안학교들이 내세우고 있는 교육이념이나 목적은 대체로 "자연과 인간의 조화를 강조, 공동체적인 삶을 강조, 자율"을 추구하는 공통점을 들 수 있다.

특성화 대안학교에 대한 대안교육의 이념과 목표에 대한 자체평가 결과를 보면, 전체적으로 64.5%가 긍정적인 반응을 보이고 있다. 세부항목으로 보면, '대안문명과 대안교육이념에의 부합성' 항목에 67.1%가 긍정적인 반응(평균 2.30)을 보였으며, '특성화 대안학교의 지정·고시 취지에의 부합성' 항목에는 67.5%가 긍정적인 반응(평균 2.31)을, '공공성에 바탕을 둔 설립목적 및 학교헌장' 항목에는 58.9%가 '그렇다'는 긍정적인 반응(평균 2.42)을 보였다.

〈표Ⅱ-28〉 단위학교의 대안교육이념과 목표에 대한 자체평가

단위: 명(%)

구 분	매우 그렇다	그렇다	보통 이다	그렇지 못하다	매우 그렇지 못하다	전체	평균 (표준편차)
대안문명과 대안교육이념에의 부합성 (생태주의, 공동체주의, 열린교육, 자유와 자율, 개성과 다양성 존중 등)	20 (12.2)	90 (54.9)	40 (24.4)	13 (7.9)	1 (0.6)	164 (100.0)	2.30 (.808)
특성화 대안학교의 지정·고시 취지에의 부합성(체험학습, 인성교육, 학생중심, 특기·소질 중시)	13 (8.0)	97 (59.5)	43 (26.4)	9 (5.5)	1 (0.6)	163 (100.0)	2.31 (.725)
공공성에 바탕을 둔 설립목적 및 학교헌장	15 (9.2)	81 (49.7)	53 (32.5)	11 (6.7)	3 (1.8)	163 (100.0)	2.42 (.823)
전 체	48(9.8)	268(54.7)	136(27.8)	33(6.7)	5(1.0)	490(100.0)	

교원 특성변인으로 보면, 대안문명과 대안교육이념에의 부합성' 항목, '특성화 대안학교 지정·고시 취지에의 부합성' 항목, '공공성에 바탕을 둔 설립목적 및 학교헌장' 항목 모두에서 통계적으로 유의미한 차이가 나타나지 않았다.

다음으로, 특성화 대안학교의 학교 운영구조에 대한 교원들의 자체평가는 〈표Ⅱ-29〉와 같이 전체적으로 57.0%가 '그렇다'는 긍정적인 반응을 보였다. 세부항목으로 보면,

'교사의 전문성 신장을 위한 학교의 노력과 지원' 항목에는 48.8%가 긍정적인 반응(평균 2.62), '학교성격에 적합한 교원 충원 및 연수 노력' 항목에는 46.9%의 긍정적(평균 2.72) 반응과 22.6%의 부정적 반응, '전문성 신장을 위한 교사들 간의 동료적 팀워크' 항목에는 48.2%가 긍정적인 반응과 22.6%의 부정적 반응, '학생－교사 간의 친밀한 관계성' 항목에는 79.3%가 긍정적인 반응(평균 1.91), '민주적·자율적인 학교 운영' 항목에는 61.6%가 긍정적인 반응(평균 2.35)을 보였다.

〈표Ⅱ－29〉 학교 운영구조에 대한 교원들의 자체평가

단위: 명(%)

구 분	매우 그렇다	그렇다	보통 이다	그렇지 못하다	매우 그렇지 못하다	전체	평균 (표준편차)
교사의 전문성 신장을 위한 학교의 노력과 지원(교재 및 자료 개발 및 재구성, 프로그램 개발 노력) 부분	13 (7.9)	67 (40.9)	56 (34.1)	25 (15.2)	3 (1.8)	164 (100.0)	2.62 (.902)
학교성격에 적합한 교원 충원 및 연수 노력	12 (7.3)	65 (39.6)	50 (30.5)	31 (18.9)	6 (3.7)	164 (100.0)	2.72 (.975)
전문성 신장을 위한 교사들 간의 동료적 팀워크	16 (9.8)	63 (38.4)	58 (35.4)	23 (14.0)	4 (2.4)	164 (100.0)	2.61 (.930)
학생－교사 간의 친밀한 관계성	53 (32.3)	77 (47.0)	30 (18.3)	4 (2.4)	0 (0.0)	164 (100.0)	1.91 (.774)
민주적·자율적인 학교 운영 (구성원 참여 및 의사결정 구조)	27 (16.5)	74 (45.1)	45 (27.4)	14 (8.5)	4 (2.4)	164 (100.0)	2.35 (.938)
전 체	121 (14.8)	346 (42.2)	239 (29.1)	97 (11.8)	17 (2.1)	820 (100.0)	

교원 특성 변인으로 볼 때, '교사의 전문성 신장을 위한 학교의 노력과 지원 부분' 항목, '학교성격에 적합한 교원 충원 및 연수 노력' 항목, '전문성 신장을 위한 교사들

간의 동료적 팀워크' 항목, '학생－교사 간의 친밀한 관계성' 항목, '민주적·자율적인 학교 운영' 항목 모두에서 통계적으로 유의미한 차이가 나타나지 않았다. 특히, '학생－교사 간의 친밀한 관계성' 항목에 긍정적인 반응이 높게 나타난 것은 소규모 학교의 장점으로서 교사－학생 간의 친밀한 인간관계가 유지되고 있음을 알 수 있다. 또한 '민주적·자율적인 학교 운영' 항목에 긍정적인 반응이 높게 나타나고 있는 것은 새로운 학교로서 대안학교가 민주적으로 운영될 뿐만 아니라 민주의식을 가진 다수의 교원들로 구성되었기 때문인 것으로 판단된다.

마지막으로, 특성화 대안학교 교원들의 대안성 추구 노력 정도에 대한 자체평가를 보면, 전체적으로 44.3%가 '적극적이다'란 긍정적인 반응을 보이고 있다(<표Ⅱ－30> 참조).

<표Ⅱ－30> '대안성 추구 노력'에 대한 교원들의 인식

단위: 명(%)

구 분	매우 적극적 이다	적극적 이다	보통 이다	적극적 이지 못하다	매우 적극적이지 못하다	전체	평균 (표준편차)
주기적인 교육의 과정평가 및 교육활동 평가	8 (4.9)	58 (35.4)	85 (51.8)	11 (6.7)	2 (1.2)	164 (100.0)	2.64 (.734)
학생의 필요와 요구, 실태를 반영한 교육의 과정 개정 노력	10 (6.1)	66 (40.2)	70 (42.7)	17 (10.4)	1 (0.6)	164 (100.0)	2.59 (.782)
교원들의 끊임없는 대안 추구 노력(교수－학습을 위한 자료 및 프로그램 개발 등)	11 (6.7)	65 (39.6)	69 (42.1)	17 (10.4)	2 (1.2)	164 (100.0)	2.60 (.812)
전 체	29 (5.9)	189 (38.4)	224 (45.5)	45 (9.2)	5 (1.0)	492 (100.0)	

세부항목별로 보면, '주기적인 교육의 과정평가 및 교육활동 평가' 항목에는 40.3%(평균 2.64), '학생의 필요와 요구, 실태를 반영한 교육의 과정 개정 노력' 항목에는 46.3%(평균

2.59), '교원들의 끊임없는 대안성 추구 노력' 항목에는 46.3%(평균 2.60)가 '적극적이다'라는 긍정적인 반응을 하고 있다.

반면에 '학생의 필요와 요구, 실태를 반영한 교육의 과정 개정 노력' 항목에 '그렇지 못하다'에 11.0%, '교원들의 끊임없는 대안성 추구 노력' 항목에는 11.6%가 '그렇지 못하다'는 부정적인 평가를 하고 있다는 점이다. 이는 교육의 과정 운영상 학생의 필요와 욕구를 반영한 교과운영에 현실적인 어려움이 있다는 점과 학생들과의 교육활동에 전념함으로써 교수－학습을 위한 자료 및 프로그램 개발에는 시간을 할애하기 어려움을 나타낸 것으로 해석할 수 있다.

교원 특성별로는, '주기적인 교육과정 평가 및 교육활동 평가' 항목에 있어서는 성별(.017)에 따라 여교원집단이 남교원집단에 비해 '적극적이다'는 인식을 하고 있다. 학생의 필요와 요구, 실태를 반영한 교육의 과정 개정 노력' 항목, '교원들의 끊임없는 대안추구 노력' 항목에서는 통계적으로 유의미한 차이가 나타나지 않았다.

특성화 대안학교 교육의 과정에 대한 자체평가 결과를 종합해 보면 다음과 같다. '대안적인 교육이념 및 교육목표' 항목에 대해서는 전체적으로 64.5%(세부항목별 평균 2.30∼2.42)가 긍정적인 반응, '학교 운영구조' 항목에 대해서는 57.0%(세부항목별 평균 1.91∼2.72)의 긍정적인 반응, '대안성 추구 노력' 항목에 있어서는 44.3%(세부항목별 평균 2.59∼2.64)의 긍정적인 반응을 보였다. 특히, '대안성 추구 노력' 항목에서 전반적으로 낮은 반응과 '학교 운영 구조'에 대한 세부 '학교성격에 적합한 교원 충원 및 연수' 항목에서 낮은 긍정적 평가는 주목할 만하다.

세부항목으로 볼 때, 인가 이후 나타난 특성화 대안학교의 부정적인 측면으로는 교사의 전문성 신장을 위한 학교의 노력과 지원 부분, 전문성 신장위한 교사들간의 동료적 팀워크, 교수－학습을 위한 자료 및 프로그램 개발을 포함한 끊임없는 대안추구 노력, 학교성격에 적합한 교원 충원 노력" 항목으로 나타났다. 향후 특성화 대안학교 운영에 있어서 이러한 측면을 경계하고 극복해야 문제로 판단된다.

이는 2001년 3년간 자율학교로 시범·운영되어 온 5개 특성화 대안학교에 대한 정책연구 결과(이종태·정수현, 2001: 7-8) 평가에서 밝힌 바와 같이 "여러 긍정적인 변화(자율권 활용을 통한 교과선택권 확대, 교재 제작 노력, 연수활성화, 의사결정 참여 활성화 등)에도 불구하고 학교 운영에 대한 비전, 목표에 대한 구성원 간의 합의나 공유를 위한 노력이 더욱 요청된다."는 것에서 알 수 있다. 물론, 그러한 이유로는 "자율학교 제도나 자율학교 지정의 한시적 효력에 따르는 불안, 상급 행정기관의 이해와 지원 부족, 대학입시 준비교육에 대한 학생·학부모의 요구, 과다한 업무와 자율학교 교사에 대한 보상 미흡" 등의 요인을 들고 있다.

또한, 2002년 배장오 팀의 국가수준의 자율학교 1차년도 평가(배장오 외, 2002: 134)를 보면, 특성화 대안학교의 교육활동이 나름대로 정착되어 가면서도 "도시형·비기숙 형태의 대안교육 가능성 검토, 열악한 재정구조의 해결, 조기 졸업이나 학기제 도입 등의 제도적 보완, 교육과정의 편성과 운영에 대한 재량권 확대, 수습기간을 도입하는 교원임용제도, 대안교육 전문성 확보를 위해 교사들에게 정기적인 연수기회를 제공"에 대한 검토가 요구된다는 제언에서도 시사받을 수 있다.

이종태·정수현의 연구와 배장오 팀의 평가 결과를 볼 때, 특성화 대안학교를 인가할 당시에 우려했던 정체성 왜곡의 부정적인 효과가 어느 정도 나타나고 있음을 짐작할 수 있으나 두드러지지는 않는 듯하다.

정책 평가를 위해 "대안학교가 특성화 학교로 인가·운영되면서 대안교육 자체에는 어떤 변화가 있었는지"에 대한 설문 결과(<표 II-27> 참조), '대안교육 본래의 의미를 추구할 수 있었다'는 항목에 '그렇다'는 반응이 20.1%인 반면, '그렇지 못하다'는 반응이 전체의 40.9%(평균 3.22)로 부정적인 반응이 컸다. 교원 특성별로 보면, 연령 변인(.008)에 따라 '50대 이상'의 교원집단이 '그렇다'는 긍정적인 인식이 높았다. 교직경력별(.042)로는 '20년 이상'의 교육경력을 가진 교원집단이 교직경력이 적은 교원집단보다 긍정적인 인식을 하고 있는 것으로 나타났다.

인가 이후 대안학교 본래의 의미를 추구할 수 없었던 주된 이유에 대한 반응을 보면,

'정부(교육부, 교육청)의 간섭 때문에'(60.0%), '관료들의 편견 및 곡해 때문에'(24.3%), '학부모의 입시요구 및 압력 때문에'(7.1%) 순으로 반응을 보였다. 교육청의 간섭과 관료들의 편견으로 특성화 대안학교가 대안교육 본래의 이념을 추구하기 어려웠던 요인으로 인식하고 있음을 알 수 있다.

교원 특성 변인별로 보면, 연령별(.015)로 30대와 40대가 '정부(교육부, 시·도교육청)의 간섭 때문'이란 항목에 높게 반응하였고, 20대는 '관료들의 편견 및 곡해 때문' 이라는 항목에 높게 반응하였다. 이러한 반응은 특성화 대안학교 교육의 과정에 대한 정부 또는 시·도교육청의 간섭과 통제로 학교 운영의 자율성이 침해되고 있음을 단적으로 나타내 주고 있다.

이와 같은 맥락에서 안병영 장관(2004)은 인가 이후 예상되는 특성화 대안학교 내적인 문제점에 대해 "준공립화로 안주성, 관료화, 입시압력에 따른 정체성 훼손 등"을 다음과 같이 지적하고 있다.

"대안학교의 몸집이 커짐에 따라 일부 대안학교들은 '준공립학교화'하는 경향 이 있다고 들었습니다. 대안학교 스스로가 그렇게 싫어하던 관료화, 관성화, 상 투화, 현실 안주 현상이 일부 대안학교에서 나타나고 있다고도 합니다. 어느 대 안학교는 대학입시 준비를 요구하는 학부모들의 채근에 학교철학이 훼손되지 않을까 노심초사한다는 얘기도 들립니다. 학생 선발과정이 좀 더 신중해져야 되 겠습니다. 자기혁신에 소극적이면 더 이상 대안학교라 부르기가 어렵겠지요. 양 적 확대보다는 질 관리에 좀 더 신경 써야 하겠습니다."

이러한 논의 속에서 민들레 편집실(2004년)이 특성화 대안학교를 평가한 것에 주목해 보면 시사점을 얻을 수 있다. 대안학교의 정체성을 "학교 운영의 민주성(학교 운영위원회 구성과 제 기능 여부, 교장·교사·학생 간의 위계성 여부, 학생들이 주체적으로 생활규칙 설정 여부), 교육과정과 평가방식의 자율성(교재와 수업방법에서 교사의 자율성, 표준화된 시험으로 학생 평가 및 서열화)"으로 설정하고 평가한 결과,

이 기준에 어느 정도 부합하는 학교는 18개 학교 중 5개 교도 되지 않는다(민들레 편집실, 2004)는 것이다.

1997년 특성화 대안학교 형태로 정부 인가를 신청하는 시점에서 긴 토론과 갈등이 있었다. 1997년 11월 초부터 약 2주간 교사회의 토론 끝에 인가받기로 결정한(11월 15일) 간디학교는 인가 후 많은 변화를 겪었다. 양희규 교장은 교육의 질을 위해선 인가가 필요했었고, 인가 이후 예상되는 부정적인 결과와 닥친 결과에 대해 '하나를 가지면 하나를 잃어야 하는 현실적인 삶의 딜레마'로 설명하고 있다. 긍정적 효과로는 "공식적인 학교로 인정받게 되었다는 점, 재정적인 안정구조로 교육의 질을 확보"할 수 있게 된 점을 들었다. 부정적인 측면은 "교사자격증이 있는 교사들의 정식발령으로 교육청에 정식 등록 유무 교사 간의 심적인 분리 현상, 교육과정의 편성과 운영에 관한 자율성 침해, 학생들을 성적 기준으로 석차와 내신 성적을 내야 한다는 점, 교사문화가 점점 공동체성을 잃고 직장으로 변해 간다는 점 등"(양희규, 2005: 34－39)이다. 대안교육의 정체성 왜곡문제를 어느 정도 짐작할 수 있다.

야생조직으로서 대안학교가 제도권의 공교육인 온상조직으로의 환경 변화에는 그 조직의 생리상 반드시 안정을 추구하려는 경향이 나타날 수 있다. 중요한 것은 특성화 대안학교 구성원들이 예상되는 정체성 왜곡의 장애들을 극복하고 학교의 설립 목적과 취지를 유지하면서 대안성을 추구해 나가는 모습을 보이는 것이다.

결국, 특성화 대안학교 인가 정책으로 인한 단위학교 내의 자체 변화는 예상된 부정적인 결과로 이어지고 있다고 보인다. 물론 당초에 교육부 및 시·도교육청이 추진하고 있었던 소규모학교 통·폐합정책과 배치되기도 한 교육재정 비효율성의 문제, 특성화 대안학교에 대한 이해 부족, 학부모들의 입시에 대한 압력과 사회구조, 인가 이후 안정추구의 준공립화 경향, 업무 부담 급증[111]으로 인한 에너지 소진 등에서

---

111) 정부 인가 이전에는 공문 관련 업무가 거의 없다가, 인가 이후 3년간 간디학교의 공문접수 건수를 보면 '98년 897건, '99년 1,065건, 2000년 1,349건으로 급증(배성근 현지노트, 여태전, 203 재인용)함으로써 소규모학교로선 감당해 내기 어려운 여건으로 학생과의 상담 및 활동에 소홀할 수밖에 없는 여지를 갖고 있다.

비롯된 결과이기도 하다. 대안학교의 정체성 회복 및 내실화에 대한 대안교육계의 우려도 이러한 맥락에서 이해할 수 있다.

2) 수요자 만족도

가) 교육과정 편성 및 운영 관련 만족도

(1) 학생 만족도

특성화 대안학교의 교육과정 편성 및 교육과정 운영에 관련한 학생들의 만족도를 보면, 전체적으로 49.4%가 '만족한다'는 반응을 보인 반면, 15.7%는 '만족하지 못한다'는 응답을 하였다(<표Ⅱ-31> 참조).

세부항목으로 볼 때, '특성화 교과목의 내용 및 성격' 항목에 55.5%, '체험학습이 차지하는 비중' 항목에 56.4%, '체험학습의 내용과 질' 항목에는 56.2%, '체험학습과 인성교육의 효과' 항목에는 50.2%가 '만족한다'는 반응으로 비교적 높은 만족도를 보였다. 반면에 '특성화 교과목 선택에 학생의사 반영' 항목에는 40.8%가 '만족한다'는 반응과 21.0%가 '불만족하다'는 반응을 보이고 있다. '일반교과와 특성화 교과의 비중' 항목에는 39.1%의 '만족한다'는 반응과 16.6%가 '불만족하다'는 반응을 보이고 있다. '인성교육프로그램의 내용과 질' 항목에는 47.6%가 '만족한다'는 반응과 15.4%가 '불만족하다'는 반응을 보였다.

〈표 Ⅱ - 31〉 학생 및 학부모의 교육과정 편성 및 운영에 대한 만족도

단위: 명(%)

구 분		매우 만족한다	만족 한다	보통 이다	만족하지 못한다	매우 만족하지 못한다	전체	평균 (표준편차)
특성화 교과목의 내용 및 성격	학 생	46(11.2)	181(44.3)	131(32.0)	41(10.0)	10(2.4)	409(100.0)	2.48(.908)
	학부모	18(11.4)	86(54.4)	45(28.5)	8(5.1)	1(0.6)	158(100.0)	2.29(.760)
특성화 교과목 선택에 학생의사 반영	학 생	34(8.3)	133(32.5)	156(38.1)	66(16.1)	20(4.9)	409(100.0)	2.77(.981)
	학부모	14(8.9)	74(46.8)	63(39.9)	6(3.8)	1(0.6)	158(100.0)	2.40(.733)
일반교과와 특성화 교과의 비중	학 생	25(6.1)	135(33.0)	181(44.3)	57(13.9)	11(2.7)	409(100.0)	2.74(.870)
	학부모	12(7.6)	69(43.7)	68(43.0)	8(5.1)	1(0.6)	158(100.0)	2.47(.739)
체험학습이 차지하는 비중	학 생	60(14.7)	170(41.7)	117(28.7)	48(11.7)	13(3.2)	408(100.0)	2.47(.986)
	학부모	26(16.5)	79(50.0)	42(26.6)	10(6.3)	1(0.6)	158(100.0)	2.25(.829)
체험학습의 내용과 질	학 생	64(15.6)	166(40.6)	126(30.8)	38(9.3)	15(3.7)	409(100.0)	2.45(.984)
	학부모	31(19.6)	77(48.7)	41(25.9)	7(4.4)	2(1.3)	158(100.0)	2.19(.848)
인성교육프로그램의 내용과 질	학 생	43(10.6)	151(37)	151(37)	36(8.8)	27(6.6)	408(100.0)	2.64(1.009)
	학부모	34(21.5)	70(44.3)	43(27.2)	9(5.7)	2(1.3)	158(100.0)	2.20(.890)
체험학습과인성교육 의 효과	학 생	53(13.0)	152(37.2)	137(33.5)	45(11.0)	22(5.4)	409(100.0)	2.59(1.023)
	학부모	33(20.9)	68(43.0)	51(32.3)	4(2.5)	2(1.3)	158(100.0)	2.20(.843)
전 체	학 생	325(11.4)	1,088(38.0)	999(34.9)	331(11.6)	118(4.1)	2,861(100.0)	
	학부모	168(15.2)	523(47.3)	353(31.9)	52(4.7)	10(0.9)	1,106(100.0)	

학생 특성별로는, '특성화 교과목의 내용 및 성격', '특성화 교과목 선택에 학생의사 반영', '일반교과와 특성화 교과의 비중', '체험학습의 내용과 질', '인성교육프로그램의 내용과 질', '체험학습과 인성교육의 효과' 항목에서 통계적으로 유의미한 차이가 있는 것으로 나타났다.

'특성화 교과목의 내용 및 성격' 항목에서는 '학년' 변인(.012)에 따라 3학년 학생집단의 만족도가 높았으며, '학업성적' 변인(.028)에서는 '중집단' 학생들의 만족도가 높았다. '특성화 교과목 선택에 학생의사 반영' 항목에서는 '입학 전 상황' 변인(.002)에 따라 '타 고교에서 전입학' 온 학생집단이 '고등학교 휴학이나 자퇴 중

입학'한 학생집단보다 만족도가 높았다. '일반교과와 특성화 교과의 비중' 항목에서는 '가정의 경제적 형편' 변인(.006)에 따라 '상집단' 학생들이 만족도가 높았다. '체험학습의 내용과 질' 항목에서는 '입학 전 상황' 변인(.020)에 따라 '중3에서 입학'한 학생집단의 만족도가 높았다. '인성교육프로그램의 내용과 질' 항목에서는 거주지 변인(.020)에 따라 대도시 학생집단의 만족도가 높았으며, '가정의 경제적 형편'변인(.013)에 따라서는 '중집단' 학생들의 만족도가 높았다. '체험학습과 인성교육의 효과' 항목에서는 '입학 전 상황' 변인(.001)에 따라 '타 고교에서 전입학' 온 학생집단이 만족도가 높았다. '가정의 경제적 형편'변인(.000)에 따라서는 '중집단'과 '상집단' 학생들의 만족도가 높았다.

(2) 학부모 만족도

특성화 대안학교의 교육과정 편성 및 교육과정 운영에 관련한 학부모들의 만족도를 보면, 전체적으로는 62.7%가 '만족한다'는 반응을 보이고 있다(<표Ⅱ-31> 참조). 세부항목으로 보면, '특성화 교과목의 내용 및 성격' 항목에 66.3%, '체험학습이 차지하는 비중' 항목에 66.3%, '체험학습의 내용과 질' 항목에 68.1%, '인성교육프로그램의 내용과 질' 항목에 66.3%, '체험학습과 인성교육의 효과' 항목에 64.3%가 '만족한다'는 반응을 보여 대다수의 항목에서 높은 만족도를 보였다. 이는 특성화 대안학교의 교육과정 편성 및 교육과정 운영에 대한 학생 만족도와 비교할 때 학부모의 만족도가 높게 나타나고 있다.

학부모 특성 변인에 따라서는 '특성화 교과목의 내용 및 성격', '일반교과와 특성화 교과의 비중', '인성교육프로그램의 내용과 질', '체험학습과 인성교육의 효과' 항목에서 통계적으로 유의미한 차이가 있는 것으로 나타났다. '특성화 교과목의 내용 및 성격' 항목에서는 '학력' 변인(.000)에 따라 '대학원 졸업'의 학부모집단이 만족도가 높았다.

'일반교과와 특성화 교과의 비중' 항목에서는 '연령' 변인(.001)에 따라 '30대' 연령의 학부모집단이 만족도가 높았으며, '학력' 변인(.001)에 따라서는 '2년제 대학졸업' 학부모집단의 만족도가 높았다. '인성교육프로그램의 내용과 질' 항목에서는 '거주지'

변인(.002)에 따라 '읍·면 단위'의 학부모집단이 만족도가 높았다. '가정의 경제적 형편' 변인(.030)에 따라서는 '중집단' 학부모집단의 만족도가 높았다. '체험학습과 인성교육의 효과' 항목에서는 '거주지' 변인(.002)에 따라 '읍·면 단위' 학부모집단의 만족도가 높았다.

나) 수업 관련 요인에 대한 학생들의 만족도

교사들의 수업 관련 요인에 대한 학생 만족도를 보면, 전체적으로 응답자의 47.6%가 '만족한다'는 반응을 보이고 있다. 세부항목으로 보면, '해당 교과내용에 대한 전문성' 항목에는 54.0%, '수업지도에 대한 열의' 항목에는 59.6%, '흥미 있는 수업지도' 항목에는 47.5%의 만족도를 보이고 있다(<표Ⅱ-32> 참조).

<표Ⅱ-32> 교사들의 수업 관련 요인에 대한 학생 만족도

단위: 명(%)

구 분	매우 만족한다	만족 한다	보통 이다	만족하지 못한다	매우 만족하지 못한다	전체	평균 (표준편차)
해당 교과내용에의 전문성	36(8.8)	185(45.2)	138(33.7)	39(9.5)	11(2.7)	409(100)	2.52(.883)
수업지도에 대한 열의	77(18.8)	167(40.8)	136(33.3)	23(5.6)	6(1.5)	409(100)	2.30(.888)
학생 간의 개인차 고려 지도	38(9.3)	110(27.0)	178(43.6)	66(16.2)	16(3.9)	408(100)	2.78(.957)
흥미 있는 수업지도	53(13.00)	141(34.5)	161(39.4)	42(10.3)	12(2.9)	409(100)	2.56(.943)
학생의 필요와 요구를 반영한 수업지도	34(8.3)	131(32.0)	154(37.7)	65(15.9)	25(6.1)	409(100)	2.79(1.008)
전 체	238(11.7)	734(35.9)	767(37.5)	235(11.5)	70(3.4)	2,044(100)	

그러나 '학생 간의 개인차를 고려한 지도' 항목에는 36.3%의 '만족한다'는 반응과 20.1%의 '만족하지 못한다'는 반응을 보였다. '학생의 필요와 요구를 반영한 수업지도'

항목에는 40.3%의 '만족한다'는 반응과 22.0%의 '만족하지 못한다'는 반응을 보였다.

학생 특성변인에 따라서는 '해당 교과내용에 대한 전문성', '학생 간의 개인차 고려한 지도' 항목, '흥미 있는 수업지도' 항목, '학생의 필요와 요구를 반영한 수업지도' 항목에서 통계적으로 유의미한 차이가 있는 것으로 나타났다. '해당 교과내용에 대한 전문성' 항목에서는 '가정의 경제적 형편' 변인(.016)에 따라 '상집단' 학생들의 만족도가 높았다. '학생 간의 개인차를 고려한 지도' 항목에서는 '가정의 경제적 형편' 변인(.017)에 따라 '상집단' 학생들의 만족도가 높았다. '흥미 있는 수업지도' 항목에서는 '입학 전 상황' 변인(.034)에 따라 '타 고교에서 전입학'한 학생집단의 만족도가 높았다. '학생의 필요와 요구를 반영한 수업지도' 항목에서는 '가정의 경제적 형편' 변인(.000)에 따라 '상집단' 학생의 만족도가 높았다.

'학생 간의 개인차를 고려한 지도' 항목과 '학생의 필요와 요구를 반영한 수업지도' 항목에서의 비교적 낮은 만족도는 수업지도에 있어서 개성이 강하고 학습의욕이 낮은 학생들에게 교수−학습방법상 어려움이 있음을 나타내 주고 있다.

또한 특성화 대안학교 운영 효과에 대한 교원들의 자체평가 결과에서 '학업성취도와 교과 수업에의 학생 참여도' 항목을 보면(<표Ⅱ−33> 참조), 응답 교원의 34.7%(평균 2.93)가 '그렇다'는 긍정적인 반응을, '그렇지 못하다'에는 25.6%가 부정적인 평가를 하고 있다. 이는 교원 스스로 수업을 이끌어 가고 학업성취를 향상시키는 데는 어려움이 있음을 보여 주고 있다고 판단된다.

<표Ⅱ-33> 특성화 대안학교 운영 효과에 대한 교원들의 자체평가

단위: 명(%)

구 분	매우 그렇다	그렇다	보통이다	그렇지 못하다	매우 그렇지 못하다	전체	평균 (표준편차)
학업성취도와 교과수업에의 학생 참여도	1 (0.6)	56 (34.1)	65 (39.6)	37 (22.6)	5 (3.0)	164 (100)	2.93 (.845)
학업중단학생 및 재탈락 (기중단경험자)학생감소	10 (6.1)	78 (47.6)	55 (33.5)	20 (12.2)	1 (0.6)	164 (100)	2.54 (.809)
체험학습과 인성교육으로 적응력(학교, 사회)증진	22 (13.4)	91 (55.5)	40 (24.4)	10 (6.1)	1 (0.6)	164 (100)	2.25 (.786)
학생의 적성이 고려된 진로 개척, 졸업생들의 학교평가	15 (9.1)	78 (47.6)	57 (34.8)	13 (7.9)	1 (0.6)	164 (100)	2.43 (.792)
대안학교 및 교육에 대한 입학 수요	14 (8.5)	81 (49.4)	59 (36.0)	10 (6.1)	0 (0.0)	164 (100)	2.40 (.732)
전 체	62 (7.6)	384 (46.8)	276 (33.6)	90 (11.0)	8 (1.0)	820 (100)	

이러한 현실은 정책 평가를 위한 설문결과에서도 나타나고 있다. '대안학교 교사양성과정 및 교사자격증 필요성' 항목에 대한 응답 교원 중 51.2%(평균 2.74)가 그 필요성을 인정하고 있다. 교원들의 특성 변인 간에는 의미 있는 차이가 나타나지 않았다.

결론적으로, 특성화 대안학교 교사들의 수업 관련 요인에 대한 학생 만족도를 특성 변인별로 보면, 가정의 경제적 형편이 '상집단' 학생들이 '해당 교과내용에 대한 전문성' 항목, '학생 간의 개인차 고려한 지도' 항목, '학생의 필요와 요구를 반영한 수업지도' 항목 모두에서 높은 만족도를 보였다.

다) 교사들의 생활지도 관련 요인에 대한 만족도

(1) 학생 만족도

교사들의 생활지도 관련 요인에 대한 학생 만족도를 보면, 전체적으로 54.3%가 '만족한다'는 반응을 보이고 있다(<표Ⅱ-34> 참조).

〈표Ⅱ-34〉 교사들의 생활지도 관련 요인에 대한 학생 만족도

단위: 명(%)

구 분	매우 만족한다	만족 한다	보통 이다	만족하지 못한다	매우 만족 하지 못한다	전체	평균 (표준편차)
출결지도 및 학생 관리	47 (11.5)	172 (42.1)	148 (36.2)	39 (9.5)	3 (0.7)	409 (100.0)	2.46 (.845)
학생 고민에 대한 개별상담지도	78 (19.1)	138 (33.7)	130 (31.8)	45 (11.0)	18 (4.4)	409 (100.0)	2.48 (1.057)
폭력 및 비행예방을 위한 지도	54 (13.3)	143 (35.1)	141 (34.6)	57 (14.0)	12 (2.3)	407 (100.0)	2.58 (.984)
학생에 대한 진로지도(진학 및 취업)	48 (11.7)	141 (34.5)	149 (36.4)	58 (14.2)	13 (3.2)	409 (100.0)	2.63 (.972)
가정-학교-사회 간의 연계지도 노력	35 (8.6)	143 (35.0)	181 (44.4)	42 (10.3)	7 (1.7)	408 (100.0)	2.62 (.848)
학생에 대한 애정과 신뢰감	110 (26.9)	145 (35.5)	111 (27.1)	29 (7.1)	14 (3.4)	409 (100.0)	2.25 (1.036)
학생-교사 간의 친밀감	161 (39.4)	139 (34.0)	76 (18.6)	24 (5.9)	9 (2.2)	409 (100.0)	1.98 (1.007)
전체	533 (18.6)	1,021 (35.7)	936 (32.7)	294 (10.3)	76 (2.7)	2,860 (100.0)	

세부항목으로 보면, '출결지도 및 학생 관리' 항목에 53.6%, '학생 고민에 대한 개별상담지도' 항목에 52.8%, '학생에 대한 애정과 신뢰감' 항목에 62.4%, '학생-교사 간의 친밀감' 항목에 73.4%의 높은 만족도를 보였다.

특히 '학생에 대한 애정과 신뢰감' 항목과 '학생-교사 간의 친밀감' 항목에서 높은

만족도를 보인 것은 소규모 학교로서 특징을 갖는 대안학교에서 교사와 학생 간의 인간적인 친밀감과 유대감이 형성되어 있다고 판단된다.

반면에 '폭력 및 비행예방을 위한 지도' 항목에 48.4%의 만족도와 16.3%의 불만족 반응, '학생에 대한 진로지도' 항목에 46.2%의 만족도와 17.4%의 불만족 반응, '가정－학교－사회 간의 연계지도 노력' 항목에 43.6%의 만족도를 보이고 있다.

학생 특성변인에 따르면, '출결지도 및 학생 관리', '학생 고민에 대한 개별상담지도', '폭력 및 비행예방을 위한 지도', '가정－학교－사회 간의 연계지도 노력' 항목에서 통계적으로 유의미한 차이가 있는 것으로 나타났다. '출결지도 및 학생 관리' 항목에서는 '학년' 변인(.024)에 따라 '1학년' 학생집단들이 '3학년' 학생집단들보다 만족도가 높았으며, '학업성적' 변인(.007)에 따라서는 '하집단' 학생들의 만족도가 높았다. '학생 고민에 대한 개별상담지도' 항목에서는 '가정의 경제적 형편' 변인(.012)에 따라 '상집단' 학생들의 만족도가 높았다. '폭력 및 비행예방을 위한 지도' 항목에서는 '가정의 경제적 형편' 변인(.005)에 따라 '중집단' 학생들의 만족도가 높았다. '가정－학교－사회 간의 연계지도 노력' 항목에서는 '학년' 변인(.041)에 따라 '2학년', '1학년' 학생집단이 '3학년' 학생집단들보다 만족도가 높았다.

(2) 학부모 만족도

특성화 대안학교 교사들의 생활지도 관련 요인에 대한 학부모들의 만족도를 보면, 전체적으로 66.7%가 '만족한다'는 반응을 보이고 있다(<표Ⅱ－35> 참조). 세부항목별로 보면, '출결지도 및 학생 관리' 항목에 75.8%, '학생 고민에 대한 개별상담지도' 항목에 65.6%, '폭력 및 비행예방을 위한 지도' 항목에 63.1%, '학생에 대한 진로지도' 항목에 54.2%, '가정－학교－사회 간의 연계지도 노력' 항목에 55.4%, '학생에 대한 애정과 신뢰감' 항목에 74.5%, '학생－교사 간의 친밀감' 항목에 78.3%의 만족도를 보이고 있다.

<표Ⅱ-35> 교사들의 생활지도 관련 요인에 대한 학부모 만족도

단위: 명(%)

구 분	매우 만족한다	만족 한다	보통 이다	만족하지 못한다	매우 만족하지 못한다	전체	평균 (표준편차)
출결지도 및 학생관리	25 (15.8)	95 (60.1)	33 (21.9)	4 (2.5)	1 (0.6)	158 (100.0)	2.12 (.719)
학생고민에 대한 개별 상담지도	25 (15.8)	78 (49.4)	44 (27.8)	8 (5.1)	3 (1.9)	158 (100.0)	2.27 (.859)
폭력 및 비행예방을 위한 지도	27 (17.1)	72 (45.6)	44 (27.8)	13 (8.2)	2 (1.3)	158 (100.0)	2.31 (.896)
학생에 대한 진로지도 (진학 및 취업)	21 (13.3)	64 (40.5)	59 (37.3)	12 (7.6)	2 (1.3)	158 (100.0)	2.43 (.864)
가정-학교-사회 간의 연계 지도 노력	19 (12.0)	68 (43.0)	52 (32.9)	16 (10.1)	3 (1.9)	158 (100.0)	2.46 (.902)
학생에 대한 애정과 신뢰감	58 (36.7)	59 (37.3)	31 (19.6)	5 (3.2)	5 (3.2)	158 (100.0)	1.98 (.990)
학생-교사 간의 친밀감	68 (43.0)	55 (34.8)	23 (14.6)	8 (5.1)	4 (2.5)	158 (100.0)	1.89 (1.000)
전 체	243 (22.0)	491 (44.3)	286 (25.9)	66 (6.0)	20 (1.8)	1,106 (100.0)	

특히 '학생에 대한 애정과 신뢰감' 항목과 '학생-교사 간의 친밀감' 항목은 매우 높은 만족도를 보임으로써 소규모 학교로서 특징을 갖는 대안학교에서 교사와 학생간의 인간적인 친밀감과 유대감이 장점으로 형성되어 있다고 볼 수 있다.

반면에 '가정-학교-사회 간의 연계지도 노력' 항목에 55.4%의 비교적 낮은 만족도와 12.1%의 불만족 반응이 나타났다. 이는 기숙생활 및 가정-학교 거리상 학생 생활지도 문제에 있어서 학부모가 참여하지 못하는 가운데 학교 자체적으로 문제를 해결해 나가는 경향 때문인 것으로 해석된다. 또한 '학생에 대한 진로지도' 항목에 53.8%의 비교적 낮은 만족도로 볼 때, 대안학교 학생의 진로에 대한 학교 및 정부

정책적인 배려가 요구된다.

학부모 특성 변인에 따르면, '출결지도 및 학생관리' 항목, '폭력 및 비행예방을 위한 지도' 항목, '학생에 대한 진로지도' 항목, '가정─학교─사회 간의 연계지도 노력' 항목, '학생─교사 간의 친밀감' 항목에서 유의미한 차이가 있는 것으로 나타났다.

'출결지도 및 학생관리' 항목에서는 '거주지' 변인(.028)에 따라 '대도시'에 사는 학부모집단들의 만족도가 높았다. '학력' 변인(.023)에 따라서는 고학력일수록 높았는데, '대학원 졸업' 학부모집단들의 만족도가 높았다. '폭력 및 비행예방을 위한 지도' 항목에서는 '자녀의 학업성적' 변인(.043)에 따라 '하위권학생' 학부모집단들의 만족도가 높았으며, '가정의 경제적 형편' 변인(.036)에 따라서는 '상집단' 학부모들의 만족도가 높았다. '학생에 대한 진로지도(진학 및 취업지도)' 항목에서는 '자녀의 학업성적' 변인(.040)에 따라 '하위권 학생' 학부모집단들의 만족도가 높았다. '가정─학교─사회 간의 연계지도 노력' 항목에서는 '연령' 변인(.019)에 따라 '30대' 학부모들의 만족도가 높았다. '학력' 변인(.027)에 따라서는 '2년제 대학 졸업' 학부모 집단의 만족도가 높았다. '학생─교사 간의 친밀감' 항목에서는 '자녀의 학업성적' 변인(.010)에 따라 '하위권 학생' 학부모집단들의 만족도가 높았다.

라) 입학 및 학교 운영 관련 학부모 만족도

특성화 대안학교에 입학한 것과 학교 운영과 관련한 학부모들의 만족도를 보면 다음과 같다. '특성화 대안학교에 입학 만족도' 항목에 있어 '만족한다'는 반응이 74.5%, '본교에 입학한 것에 대한 만족도' 항목에 '만족한다'는 반응이 72.0%로 나타났다. 반면에 '학교 운영에 대한 학부모 참여' 항목에 '만족한다'가 41.4%, '학교 운영의 의사결정구조' 항목에 '만족한다'는 반응은 38.2%로 비교적 낮은 만족도를 보였다(<표Ⅱ─36> 참조).

새로운 학교유형으로서 특성화 대안학교와 현재 자녀가 다니는 특성화 대안학교에의 입학 만족도는 높으나, '학교 운영에 대한 학부모 참여' 항목 및 '학교 운영의 의사결정구조'

항목에 비교적 낮은 만족도를 보인 것은 다음과 같이 해석할 수 있다.

먼저, 특성화 대안학교에 자녀를 보내는 학부모는 학교헌장에 따라 학교를 선택했기 때문에 학교 운영에 참여하려는 욕구가 강하다. 그러나 전국적인 모집에 따라 거주지가 멀리 떨어져 있어 각종학교행사 및 교육문제 논의 과정에 참여할 수 없는 것이 큰 요인으로 작용하고 있다.

다음으로, 입학할 때와는 달리 자녀가 학교생활에 잘 적응해 나가면서 체험 위주의 인성교육보다는 입시 준비를 위한 교육을 요구하는 학부모들이 있기 때문인 것으로 판단된다.

<표 Ⅱ-36> 입학 및 학교 운영에 대한 학부모 만족도

단위: 명(%)

구 분	매우 만족한다	만족 한다	보통 이다	만족 하지 못한다	매우 만족하지 못한다	전체	평균 (표준편차)
특성화 대안학교에의 입학 만족도	27 (17.1)	91 (57.6)	35 (22.2)	5 (3.2)	0 (0.0)	158 (100.0)	2.11 (.716)
본교에 입학한 것에 대한 만족도	45 (28.5)	69 (43.7)	40 (25.3)	4 (2.5)	0 (0.0)	158 (100.0)	2.02 (.804)
학교 운영에 대한 학부모 참여	15 (9.5)	51 (31.3)	82 (51.9)	8 (5.1)	2 (1.3)	158 (100.0)	2.57 (.787)
학교 운영의 의사결정 구조	14 (8.9)	46 (29.1)	84 (53.2)	13 (8.2)	1 (0.6)	158 (100.0)	2.62 (.788)
전 체	101(16.0)	257(40.7)	241(38.1)	30(4.7)	3(0.5)	632(100)	

학부모 특성변인에 따라서는 '특성화 대안학교에의 입학 만족도' 항목과 '본교에 입학한 것에 대한 만족도' 항목에서 통계적으로 유의미한 차이가 있는 것으로 나타났다. '특성화 대안학교에의 입학 만족도' 항목에서는 학부모 '학력' 변인(.010)에 따라 '대학원 졸업' 학부모집단의 만족도가 높았다. 자녀의 '학업성적' 변인(.050)에

따라서는 '상위권 학생' 학부모집단의 만족도가 높았다. '본교에 입학한 것에 대한 만족도' 항목에서는 '자녀의 학업성적' 변인(.045)에 따라 '하위권 학생' 학부모집단들의 만족도가 높게 나타났다.

마) 학생과 학부모의 전·입학 권유 정도

특성화 대안학교에 학생, 학부모의 전·입학 권유 정도를 학교에 대한 입학 만족도와 연계해서 보면 다음과 같다. 학생들의 67.0%('적극 권유하겠다'가 20.3%, '권유하겠다'는 46.7%)와 학부모들의 71.1%('적극 권유하겠다' 16.6%, '권유하겠다' 54.5%)가 '권유하겠다'는 긍정적인 반응을 보였다. 이는 특성화 대안학교 학생들과 학부모들이 스스로 선택한 특성화 대안학교 입학에 대한 높은 만족도로 해석할 수 있다.

학생 특성변인에 따라서는 '성별'과 '가정의 경제적 형편' 변인에 따라 유의미한 차이가 있는 것으로 나타났다. '성별'변인(.004)에 따라서는 '남학생집단'의 권유 정도가 높았으며, '가정의 경제적 형편' 변인(.015)에 따라서는 '중집단' 학생들의 권유 정도가 높았다.

학부모 특성 변인에 따라, 유의미한 차이가 있는 것으로 나타난 '학부모의 전·입학 권유 정도' 항목에서는 '거주지' 변인(.017)에 따라 '대도시'에 사는 학부모집단의 만족도가 높았다. '자녀의 입학 전 상황' 변인(.005)에 따라서는 '중3에서 입학 학생' 학부모집단의 만족도가 높았다.

이웃에 있는 다른 학부모가 특성화 대안학교에 자녀를 전·입학하려고 망설일 경우에 '권유하겠다'고 반응을 한 학부모의 주된 이유로는 '체험학습을 통한 인성교육의 효과가 크기 때문(29.6%), '학생의 소질과 적성을 살릴 수 있기 때문(25.0%)', '학생 생활지도와 기본생활습관지도에 대한 믿음이 있기 때문(22.2%)', '자연 친화교육 및 실생활에 필요한 교육을 받을 수 있기 때문(13.0%)', '입시 중압감에서 벗어날 수 있기 때문(10.2%)' 순으로 나타났다. 이는 학부모들의 대부분이 특성화 대안학교에 자녀를 보내는 이유로 "체험학습을 통한 인성교육, 학생의 소질과 적성 계발, 작은 규모의 기숙학교에서 기본생활습관을 포함한 생활지도"에 대한 기대가 큼을 알 수 있다.

소수이기는 하지만 특성화 대안학교에 전·입학 권유를 반대하는 주된 이유를 보면(<표Ⅱ-37> 참조), 학생들은 '소질과 적성을 살릴 수 있는 교육효과가 크지 않기 때문', '학생지도 방법 및 규정이 일반학교와 별 차이가 없기 때문', '체험학습을 통한 인성교육의 효과가 별로 없기 때문' 항목 순으로 반응하고 있다. 또한 '소질과 적성을 살릴 수 있는 교육효과가 크지 않기 때문'이라는 학부모들의 부정적인 반응에 주목할 필요가 있다.

따라서 학생과 학부모가 공통적으로 높은 반응을 보이고 있는 전·입학 권유 시 반대 이유로서 '소질과 적성을 살릴 수 있는 교육'에 좀 더 교육력을 집중해야 한다. 이는 대안교육 및 대안학교에 대한 기대가 크기 때문이기도 하지만 학생의 소질과 적성 계발을 위한 의지와 동기 부여가 필요함을 시사해 주고 있다. 또한 학생지도 방법과 규정에 있어서 일반학교와 차별되는 대안학교다운 방안을 강구해 나가야 한다.

〈표Ⅱ-37〉 전·입학 권유 반대 시 주된 이유

단위: 명(%)

구 분	일반학교에서도 대안교실 및 대안학급 운영이 활발하게 운영되기 때문	소질과 적성을 살릴 수 있는 교육 효과가 크지 않기 때문	체험학습을 통한 인성교육의 효과가 별로 없기 때문	대안학교에 대한 사회적 인식이 좋지 않기 때문	학생지도 방법 및 규정이 일반학교와 별 차이가 없기 때문	아직 실험적인 학교이기 때문에 우려가 많기 때문	전체
학 생	1(2.8)	11(30.6)	7(19.4)	4(11.1)	9(25.0)	2(11.1)	34(100.0)
학부모	0(0)	6(85.7)	0(0)	1(14.3)	0(0)	0(0)	7(100.0)

특성화 대안학교 운영에 대한 학생 변인별 만족도 차이를 종합하면 <표Ⅱ-38>과 같다.

<표Ⅱ-38> 특성화 대안학교 운영에 따른 학생 변인별 만족도 차이

영역	변인		세부항목	빈도 분석 순위	χ2 분석 결과
교육과정 편성 및 운영	학년		특성화 교과목의 내용 및 성격	3 > 1 > 2학년	3학년
	거주지		인성교육프로그램의 내용과 질	대도시 > 읍·면 > 중소도시	대도시 거주학생
	입학 전 상황		특성화 교과목 선택에 학생 의사 반영	타고 전입생 > 중3 입학 > 휴학·자퇴 중 입학	타고 전입생
			체험학습의 내용과 질	중3 > 타고 전입생 >고교휴학·자퇴 중 입학	중3 입학생 집단
			체험학습과 인성교육의 효과	타고 전입생 > 중3 >고교 휴학·자퇴 중 입학	타고 전입생 집단
	학업 성적		특성화 교과목의 내용 및 성격	중 > 상 > 하위권 학생	중위권 학생집단
	경제적 형편		일반교과와 특성화 교과의 비중	상 > 중 > 하집단 학생	상집단 학부모
			인성교육프로그램의 내용과 질	중 > 상 > 하집단 학생	중집단 학생 학부모
			체험학습과 인성교육의 효과	중 , 상 > 하집단 학생	중, 상집단 학생
수업 지도	입학 전 상황		흥미 있는 수업지도	타고 전입생 > 고교휴학· 자퇴 중 입학 > 중3 입학	타고 전입생 집단
	경제적 형편		해당 교과내용에 대한 전문성	상 > 중 > 하집단 학생	상집단 학생
			학생 간 개인차 고려한 지도	상 > 중 > 하집단 학생	상집단 학생
			학생의 필요와 요구반영 수업	상 > 중 > 하집단 학생	상집단 학생
생활 지도	학년		출결지도 및 학생관리	1 > 2 > 3학년 학생집단	1학년 학생집단
			가정-학교-사회 간 연계지도	2, 1 > 3학년 학생집단	2, 1학년 학생
	학업 성적		출결지도 및 학생 관리	하 > 상 > 중위권 학생집단	하위권 학생집단
	경제적 형편		학생고민에 대한 개별 상담지도	상 > 중 > 하집단 학생	상집단 학생
			폭력 및 비행예방 지도	중 > 하 > 상집단 학생	중집단 학생
전입 권유	성별		권유하겠다.	남 > 여학생 집단	남학생 집단
	경제적 형편		권유하겠다.	중 > 상 > 하집단 학생	중집단 학생

특성화 대안학교 운영에 대한 학부모 특성 변인별 만족도 차이를 종합하면
<표Ⅱ-39>와 같다.

<표 Ⅱ-39> 특성화 대안학교 운영에 따른 학부모 변인별 만족도 차이

영역	변인	세부항목	빈도분석 순위	χ2 분석 결과
교육과정 편성 및 운영	연령	일반교과와 특성화 교과의 비중	30대 > 40대 > 50대	30대 학부모 집단
	거주지	인성교육프로그램의 내용과 질	읍·면> 대도시> 중·소도시	읍·면단위 학부모
		체험학습과 인성교육의 효과	읍·면> 대도시> 중·소도시	읍·면단위 학부모
	학력	일반교과와 특성화 교과의 비중	2년제 대졸> 중졸> 대학원졸	2년제 대졸 학부모
		특성화 교과목의 내용 및 성격	대학원졸 > 2년제 대졸 > 4년제 대졸	대학원졸 학부모
	경제적 형편	인성교육프로그램의 내용과 질	중 > 상 > 하집단 학부모	중집단 학부모
생활지도	연령	가정-학교-사회 간 연계지도	30대 > 40대 > 50대 학부모	30대 학부모 집단
	학력	출결지도 및 학생 관리	대학원졸>4년제>2년제>고졸	대학원졸 학부모
		가정-학교-사회 간 연계지도	2년제 대졸 >중졸 >4년제	2년제 대졸 학부모
	거주지	출결지도 및 학생 관리	대도시>읍·면> 중·소도시	대도시 학부모
	자녀의 학업 성적	폭력 및 비행예방 지도	하 > 중 > 상위학생권 학부모	하위권학생 학부모
		학생에 대한 진로지도	하 > 중 > 상위권학생 학부모	하위권학생 학부모
		학생-교사 간의 친밀감	하 > 상 > 중위권학생 학부모	하위권학생 학부모
	경제적 형편	폭력 및 비행예방 지도	상> 중 >하집단학생 학부모	상집단 학부모
입학 및 학교 운영 관련	자녀의 학업 성적	특성화 대안학교에 입학 만족도	상 > 하 > 중위권학생 학부모	상위권학생 학부모
		본교 입학 만족도	하 > 상 > 중위권학생 학부모	하위권학생 학부모
	학력	특성화 대안학교에 입학 만족도	대학원졸>2년제>고졸>4년제	대학원졸 학부모
전입 권유	거주지	권유하겠다.	대도시 > 읍·면 > 중·소도시	대도시
	입학 전 상황	권유하겠다.	중3 >고교휴학·자퇴 >타고교 전입생	중3에서 입학

지금까지 대안학교 정책 평가 모형에 따른 정책 평가 결과를 세부항목별로 종합 제시하면 <표Ⅱ-40>과 같다.

〈표 Ⅱ - 40〉 세부 평가 항목별 평가 결과 종합

정책 단계	평가 대상	평 가 항 목	평가 준거	평가 (○,△,×)	문제점
정책 형성	정책 목표	－ 교육 다양화, 선택권 확대의 시 대적 적합성	적합성	○	
		－ 학교중도탈락자 예방의 사회적 적합성		○	
		－ 전인교육 목표에 타당성		○	
	결정 과정	정책결정 과정에 전문가 참여 및 여론 반영	민주성	△	공청회, 수요자로서 학생과 학 부모 의견을 수렴 않음
정책 집행	집행 계획	－ 정책적, 행정적 지원성	실현 가능성	△	2001년 이후 시·도교육청의 소극성과 규제성
		－ 재정적 지원		△	
		－ 질 관리 위한 평가 체제		×	일반학교와 차별성 없는 평가 체제(시·도교육청 주관)
	집행 과정	타 정책과 일관성	자율학교 정책	일관성	○	
			농어촌 소규모학교 통·폐합정책		×	－ 소규모 학교 통·폐합 정책과 배치
		정책의 일관성	지방자치·분권화 정책		×	－ 시·도교육청 의식(부정), 교육부의 방임(위임 근거)
			학생 납입금 책정 의 자율화 정책		△	－ 자율 책정 시 시·도교육청의 지원이 없어 현실적으로 수 용 않음.
정책 집행 후	정책 성과	－ 교육선택권 확대 효과	효과성	○	
		－ 학교중도탈락자 예방 효과		○	
		－ 자유·자율·학생 위주의 학교 문화 형성(일반학교에 파급효과)		○	
		－ 대안학교 정체성 확립문제		△	대안성 추구노력 필요, 수업전 문성 요구
		－ 학생 만족도	수요자 만족도	○	
		－ 학부모 만족도		○	

※ 항목별 준거에 따른 평가 결과 "○: 양호, △: 다소 미흡, ×: 미흡"으로 평가하였다.

제3장 대안교육정책의 과제 및 정책 제언

1. 대안교육정책에 대한 논의

특성화 대안학교 정책 평가 결과, 쟁점이 되는 내용이나 정책 입안 및 집행과정에서 놓치거나 추진이 안 된 부분으로서 향후 발전시켜야 할 내용을 중심으로 종합적으로 논의하고자 한다.

먼저, 정책 평가 결과 쟁점이 되는 내용에 대한 논의이다. 여기에는 "특성화 학교로의 인가 문제, 질 관리를 위한 평가 필요성과 자율성 침해 문제, 대안학교 정체성 유지 및 본질 추구의 논란, 특성화 대안학교에 대한 시·도교육청 교육관계관들의 마인드 문제, 그리고 공교육에의 파급효과" 등으로 나누어 살펴볼 수 있다.

첫째, 대안학교를 특성화 학교로 인가한 것에 대한 적절성 여부이다. 정책 입안과정에서 대안학교를 특성화 학교의 한 형태인 특성화 대안학교로 인가된 것에 대한 논란이 있다. 비판적인 관점에서 보면, 대안교육이라는 본래의 의미에서 벗어나서 학교중도탈락자들을 위한 부적응학생 교육으로 대안학교를 한정한 것에 대한 비판이다.

그러나 당시 대안교육정책 추진을 주도했던 교육부 관료들은 "학교 부적응 현상도 학습욕구"라는 차원에서 보면 하나의 특성으로 볼 수 있으며, 당시 '대안교육은 바로 문제아 교육'이라는 일반인들의 부정적인 인식을 불식하기 위해 오히려 특성화 학교로 인가했다는 주장을 하고 하다.

물론, 대안학교 정책이 입안되는 과정에서 교육부 내에서의 대안학교 명칭에 대한 거부감(명칭상 공교육 운영의 실패 인정)과 시·도교육청 교육관계관들의 이해 부족(통제권 밖의 자율권 부여, 소규모학교 통·폐합정책추진) 등으로 우회하는 선에서 특성화 학교로 인가한 것으로 판단된다.

그러나 정책 평가를 통해 볼 때, 특성화 대안학교 인가는 학교유형의 다양화를 통한 학교선택권 확대, 학교중도탈락예방을 통한 교육복지 증진, 일반학교의 문화를 변화시켜 교육의 경쟁력을 제고하려 했던 정책목표라는 점에서 한국교육을 한 단계 업그레이드시킨 의의를 갖는다.

종합적으로 보면, 특성화 대안학교 인가 초기에 대안학교의 한 사례로서 영산성지고등학교의 교육활동이 방송에 소개되었고, 부적응 학생 교육으로 국한한 교육부의 대안학교 설립 계획으로 대안학교 정책의 취지 및 목표가 학교중도탈락자 예방에 국한된 인식이 널리 퍼진 것은 사실이다.

그러나 특성화 학교는 원래 미국에서 학생들에게 독특한 교육과정을 제공하거나 독특한 방법과 프로그램으로 학교의 성과를 낸 것에서 비롯된 것으로 볼 때, 학교유형으로서 특성화란 개념에 집착하기보다는 대안학교 설립정책의 목표 및 대안교육 수요에 비추어 학생들의 특성에 맞는 다양한 메뉴의 대안학교를 설립하는 것이 중요하다.

따라서 인가 당시 심각하였던 탈학교 경향과 청소년 비행을 예방하고, 교육복지 증진, 학교유행의 다양화를 통한 학교선택권 확대 등의 측면에서 정책의 성과를 평가해야 한다. 또한 향후 다양한 특성화 대안학교 수요로서 귀국자녀교육, 다문화 자녀교육, 새터민 자녀교육, 다양한 부적응 학생(학습, 성격, 행동 등) 교육에 적합하고 전문성을 살릴 수 있는 특성화된 교육에 관심이 요구된다.

둘째, 특성화 대안학교의 교육의 과정에 대한 질 관리로서 평가의 필요성과 자율성 침해 논란이다. 교육부는 특성화 대안학교를 자율학교로 지정하면서 자율학교 시범 운영 및 제3의 연구기관인 한국교육개발원에 위탁해서 평가를 추진하였다. 그러나 2002년부터 지방자치 및 분권화에 따라 시·도교육청으로 권리 권한이 위임된 상태에서 일반학교와 거의 같은 잣대로 대안학교를 관리·평가하게 됨으로써 자율학교로서 자율권이 위축되고 규제가 심해진 것으로 인식되었다. 따라서 특성화 대안학교를 평가할 때 평가의 주안점에 있어서 대안학교적인 특수성이 반영되어야 한다. 구체적으로는 학교평가의 목적과 내용이 '끊임없는 개선노력으로 또 다른 정형화된 교육에서 벗어나기 위해', '교수-학습의 질 향상과 교원들의 전문성' 증진, '대안적인 학교문화와 민주적인 학교 운영구조'를 추구해야 한다는 것이다. 주관기관에 있어서도 시·도교육청의 평가방식보다는 제3의 연구기관이나 단위학교 자체평가, 대안교육협의체와의 협의 등의 평가방식이 필요하다.

물론 대안학교가 특성화 학교로 인가받게 되는 시기에 일부 대안교육전문가들은 인가에 따른 각종 규제로 대안교육의 본질이 왜곡될 수 있다는 우려를 제기하기도 하였다.

셋째, 특성화 대안학교가 인가 이후 제기되고 있는 문제로서 대안학교의 정체성 유지 및 본질 추구에 관한 논의이다. 논의의 핵심은 인가 이후 특성화 대안학교의 교직 풍토가 관료화된다는 우려이다. 관료적 공교육에 대한 비판과 대안으로부터 출발한 대안교육이 초기의 에토스인 '교육본질 추구'의 노력을 게을리 해서는 안 된다. 대안교육의 최대의 적은 내부에 있고, 그것은 곧 '관료주의'라는 지적(배성근, 2003b: 8)처럼 공교육 섹터와의 연계도 중요하지만 타성화, 관료주의에 빠져서는 안 된다. 이는 '가족학교'같이 규모가 작은 대안학교에서 교원들의 노력으로도 대안교육의 정체성을 지킬 수 있는 상대적 자율성의 부분이라 생각된다.

특성화 대안학교의 운영상의 문제를 극복하고 대안학교 발전을 공동 모색하기 위해 조직된 한국대안학교협의회[112]의 활동 효과에 대한 교원들의 인식은 대체로 효과적이지

112) 한국대안학교협의회는 특성화 대안학교들의 연합체다. 1999년 6월 11~12일 간디학교에서 '대안학교협의회' 모임으로 만나 회칙을 제정하고 창립되었다. 학교별로 돌아가며 회의를 개최해 오다가 2003년도에 오면서 본격적으로 사무국을 두고 활동을 전개해 나가고 있다. 협의회의 목적은 "현행교육의 문제점을 극복하고, 자율적·전인적·공동체적·자연 친화적인 새로운 교육문화를 만들고자" 하는 것에 두고, 주요 사업을 "회원 교류, 대안교육연구,

못한 것113)으로 인식되고 있다는 것이다. 물론, 설립 주체가 종교, 이념, 공·사립 등 배경이 서로 달라 학교법인이나 종교(기독교대안교육협의회,114) 원불교) 단체별로 각기 연대 활동을 도모해 나가고 있기 때문에 한국대안학교협의회에 대한 관심이 부족하다고 볼 수 있다.

아직 실험적인 단계라고 할 수 있는 특성화 대안학교 운영에 있어서는 학교 운영상의 문제 해결과 대안교육의 질 관리를 위한 자율규제 협의체의 역동적인 역할이 요구된다. 대안교육의 질 관리를 위한 자율 규제는 '자체 정화 – 본질 추구 – 결속'의 카테고리로 대안학교가 제도권 내에서 지향해야 할 현실적인 과업이라 할 수 있다. 또한 한국대안학교협의회가 관리자 수준에서 모임 및 활동이 이루어짐으로써 대다수의 교사들은 한국대안학교협의회의 존재 자체 및 그 활동에 대해 잘 모르는 경우가 많다.115) 이러한 점을 직시하고 대안교육의 질 관리를 위한 방안을 협의회 차원에서 연대하여 찾는 노력이 요구된다.

넷째, 특성화 대안학교 및 대안교육에 대한 시·도교육청 관계관들의 마인드

대안학교 교사양성 및 연수, 홍보, 대외협력, 대안학교 설립지원 및 협의, 기타 대안교육 발전을 위한 공동사업" 추진에 두었다. 주요 활동 내용은 "학교의 교육기반시설이나 프로그램 공유, 교육부 특성화 대안교육정책 검토, 대안교육 교사연수 계획, 특성화 대안학교 간의 전학 및 진학문제 검토 등"이다.

또 하나의 대안교육 단체로는 대안교육연대가 있다. 대안교육연대는 2002년 10월 본격적인 활동을 시작하고 있는데, 공교육안의 연대체로서 한국대안학교협의회와는 달리 대안교육연대는 공교육 밖의 연대체다. 대안교육의 운동성과 사회적 책무성을 강조하며 대안학교 교육연수 등의 여러 활동을 다양하게 전개해 나가고 있다.

113) 세부항목별 전체 평균으로 볼 때, '매우 효과적이다'(0.6%), '효과적이다'(19.3%), '보통이다'(46.7%), '효과적이지 못하다'(30.4%), '매우 효과적이지 못하다'(3.0%)였다. '효과적이다'라는 반응보다는 '비효과적이다'라는 반응이 높게 나타나고 있다.

114) 기독교대안교육협의회는 2000년 11월 결성되어 기독교 대안교육과 홈스쿨링, 기독교 대안학교의 설립과 운영, 기독교 대안학교의 문제와 비전 등에 대한 논의와 세미나를 통해 기독교 대안학교의 발전을 꾀하고 있다.

115) 한국대안학교협의회의 활동 효과에 대한 교원들의 반응에서 나타난 특징을 보면, '보통이다'란 반응이 전체적으로 많다는 점과 그러면서도 표준편차가 .7∼.8로 관리자와 일반 교사들 간에 뚜렷한 차이를 보여 주고 있다는 것이다.

문제이다. 이는 초기 부적응학생 위주의 학교, 농어촌의 경우 폐교가 늘어 가는 실정에서 새로운 학교 설립·인가의 어려움, 전국적 모집의 특성으로 인한 무관심, 학교 운영에 대한 특례 및 자율권 확대로 시·도교육청의 통제 밖에 있다는 인식 등으로 특성화 대안학교와 시·도교육청이 불편한 관계에 놓여 있었던 것이 사실이다.

교육선택권 확대와 교육복지 이념 구현, 학교 운영의 자율성과 민주성 측면에서 볼 때 특성화 대안학교에 대한 교육행정가들의 이해와 지원 마인드가 요구된다. 이를 위해 대안교육정책 이해에 대한 연수가 있어야 한다.

다섯째, 특성화 대안학교의 인가 및 설립·운영으로 일반 공교육에의 파급효과에 대한 논의이다. 설문 및 면담 결과를 통해 볼 때, 특성화 대안학교 인가 이후 일반학교에의 파급효과의 하나로 학교사회의 문화 구조를 변화시킨 것을 들 수 있다. 혹자들은 그러한 학교사회의 변화를 대안학교의 영향이냐고 반문을 하거나, 자연스러운 변화의 과정으로 보는 경우도 있다. 그러나 정책 평가 결과를 통해 볼 때, 고등학교 유형의 다양화와 학생 위주의 자유·자율의 학교분위기 등의 변화는 대안교육의 파급효과로 보아야 한다.

2. 대안교육정책의 과제

다음으로, 정책 입안 및 집행과정에서 놓치거나 추진이 되지 못한 부분으로서 향후 발전시켜야 할 내용에 대해 논의하면 다음과 같다.

첫째, 특성화 대안학교 정책 추진 과정에서 대안학교 수요자인 학생, 학부모들의 의견을 수렴하지 않았다는 점이다. 이는 교육부가 대안학교 정책 대상을 부적응 학생으로 명시함으로써 겉으로 드러내 놓고 그들을 의견 수렴의 장으로 끌어들이기가 쉽지 않았기 때문이다. 또한 교육복지 차원에서 볼 때, 부적응 학생 교육을 위한 일방적인 시혜 차원으로 보았기 때문이다. 그러나 대안학교 교육수요자로서 부적응 학생을 포함한 일반 학생과 학부모, 교원단체의 의견을 수렴했어야 한 것으로 판단된다.

둘째, 대안학교가 안정적이고 지속적, 그리고 전문성을 갖고 운영되기 위해서는 대안학교 교사양성116)이나 차별화된 교사자격증117)에 대한 검토가 필요하다는 것이다. 정책 평가를 위한 설문 결과 '특성화 대안학교 교사양성과정이나 차별화된 교사자격증의 필요성'에 대한 특성화 대안학교 교원들의 반응118)을 보면, '필요하다'가 51.2%로 대안교육에 대한 전문교육 및 별도 자격증이 필요하다는 인식을 하고 있다.

이는 대안교육의 특성상 강한 개성을 가진 학생에 대한 이해와 상담 능력, 다양한 이유에서 대안교육을 받고자 하는 강한 욕구를 가진 학생들을 위해 효과적인 교수－학습 방법 개발, 학습 의욕과 활동 의지가 약한 재적응형의 학생들을 위한 전문적인 교수－학습방법 및 생활지도 방법 등을 효과적으로 수행해야 할 필요가 있기 때문이다.

셋째, 특성화 대안학교가 도시 지역에 절대 부족119)함에도 설립이 활발하지 못하다.

---

116) 정유성·이종태(1999)는 특성화 대안학교에 대한 교사양성방안에 대한 정책연구에서 대안학교의 정착을 위해 체계적인 교사양성과정 도입이 시급하다는 전제하에 단기·장기적인 대책 마련을 제언하였다. 연구에서는 교사자격, 교사교육, 교사임용과 교환교사제 등이 논의되었으며, 장기적인 결론으로는 협의체를 구성하여 정부의 인증을 받아 교사양성 과정을 구축하는 것이 바람직한 것으로 나타났다.

117) 대안학교 교원에 대한 별도의 자격증제 필요성에 대한 논의는 김영화 외의 연구(1999, 217)와 남기석(2004, 66-67)의 연구에서도 나타났다. 김영화 외의 연구에서 설문결과, 대안교육 교원자격증제도의 도입 필요성에 대해 교원의 66.3%가 찬성하였고 반대가 12.8%였다. 연구 결과 도시형 대안학교 설립을 위한 법률안에서 교원의 자격(제11조)을 구체적으로 제시하였다. 남기석의 연구에서 설문결과를 보면, 대안학교 교과교육 담당교원의 자격에 대해 학부모와 교사 모두가 일반학교 교사와는 차별화된 교사자격증이 필요하다는 의견이 40.6%로 가장 많았다.

118) 응답 교원 164명 중 '매우 필요하다'가 10명(6.1%), '필요하다'가 74명(45.1%), '그저 그렇다'가 31명(18.9%), '필요하지 않다'가 46명(28.0%), '매우 필요하지 않다'가 3명(1.8%)의 반응을 보였다.

119) 2003년 7월 교육부의 대안교육기회의 확대·내실화 추진 방안에서 대안교육의 문제점으로 '도시지역 대안학교 절대 부족'이 진단되었고, 그 방안도 이미 김영화 외(2000)의

도시지역의 대안교육 수요자들을 위해 정부가 주도해서 설립하지는 않더라도 민간으로 하여금 대안학교 설립을 유도하거나, 설립을 하되 운영은 민간에 위탁하는 형식으로 지원할 필요는 있었다. 정책 평가를 위한 설문 결과, 도시 지역에 특성화 대안학교를 설립, 확대하는 정책지원의 필요성120)에 대해 응답자의 77.4%가 '필요하다'는 반응을 보이고 있다. 도시지역에 학업중단학생, 해외 이민 및 역이민 자녀, 다양한 이유로(유학, 부모 직장 등) 귀국한 자녀, 해외거주 자녀, 탈북 새터민 자녀, 혼혈아 등을 위해 대안교육 수요를 흡수할 수 있는 대안학교 설립이 필요하다.

특히, 도시형 대안학교는 가족공동체의 건강한 회복 추구, 도시 지역의 제3의 교육세력이라 할 수 있는 시민자원을 교육활동에 활용, 도시의 다양한 문화시설을 교육적으로 활용할 수 있다는 장점이 있기 때문이다. 앞으로 늘어날 대안교육 수요를 위해서는 도시형 대안학교의 장점을 살리는 방향에서 도시형 특성화 대안학교 설립121)을 확대하는 방안을 검토할 만하다.

넷째, 공립 특성화 대안학교 설립과 운영에 대한 논의가 필요하다. 기 제시한 2001년도 교육부에 대한 '국정감사결과 시정 및 처리 요구사항에 대한 처리결과보고서' (<표Ⅱ-4> 참조)를 보면, 중도탈락 학생 예방과 비행학생 수용을 위한 대책의 하나로 공립 대안학교 설립을 교육부 관련 부처 및 각 시·도교육청별로 요구하고 있다. 이후

정책연구로 제시되었음에도 정책으로 추진되지 못한 것이 아쉬움으로 남는다.

120) 특성화 대안학교 응답교원 164명 중 '매우 필요하다'가 22명(13.4%) '필요하다'가 105명(64.0%), '그저 그렇다'가 24명(14.6%), '필요하지 않다'가 8명(4.9%), '매우 필요하지 않다'가 5명(3.0%)으로 나타났다. 소수(13명)이기는 하지만 '기숙의 공동체 생활경험이 중요하기 때문(5명, 38.5%)', '비기숙형은 방과 후의 동아리 활동을 활성화하기 어렵기 때문(3명, 23.1%)', '비기숙형 대안교육은 부모연수 등의 과제가 전제되어야 하기 때문(3명, 23.1%)' 순으로 반응을 하고 있다.

121) 김영화(2001, 82)는 도시형 대안학교가 성공적으로 이루어지기 위한 도입 원칙을 다음과 같이 제시하고 있다. "사회적 형평성 차원에서 교육소외자 우선, 학생의 기본권과 학습권 실현에 기여, 기존 학교의 개선과 발전에 기여와 유기적 협력체제 구축, 사회적 자원을 최대한 활용한 시스템, 대안교육에 열성과 헌신자가 교사 및 설립·운영자로 참여, 책무성을 전제로 한 학교 운영의 자율성 보장"을 들고 있다.

몇몇 시·도교육청에서 공립 특성화 대안학교 설립 준비를 시도하였으나 현재까지 추진되지 못하고 있다. 이는 대안학교 성공의 핵심이 적합한 교원을 선발하는 데 있다면, 공립 대안학교의 사례를 통해 볼 때 그 한계를 극복하기가 어렵다고 판단되기 때문인 것으로 보인다. 정책 평가를 위한 면담에서도 다수의 면담자들은 공립 대안학교 설립의 필요성을 인정하면서도 운영에 있어서는 부정적인 반응을 보이고 있다.

그러나 점점 늘어 가는 다양한 대안학교 수요자들 중 교육복지 차원에서 배려해야 할 교육소외자들을 공립에서 흡수해야 할 필요가 있다. 공립 대안학교의 한계가 교원 선발을 포함한 학교 운영에 있다면, '설립은 공립에서 하되, 운영은 민간에 맡기는 방안'이 있다. 또한 공립 대안학교 설립에 있어서 "적합한 교원[122]의 공모 과정, 학교 운영과 관리의 자율성 등"이 어느 정도만이라도 제도화된다면 그리 요원한 일도 아닐 것이다.

다섯째, 대안학교의 주체들은 외연의 확대보다는 교육의 과정에 대한 질 관리 및 향상에 대한 관심(안병영, 면담자료; 배성근, 2003b)이 요청된다. 현재 여러 대안학교들이 학급 증설 또는 중학교 신설 같은 외연 확대에 관심을 보이고 있다. 정책 평가를 위한 설문결과 교원들의 반응을 보면, 각각의 대안학교가 '대안성 추구 노력'이 부족하다는 것을 알 수 있다. 따라서 대안학교의 외연 확대보다는 단위학교 내의 안정적이고 체계적인 교원수급과 우수교사 확보, 정체성 확립, 재정 자립이 어느 정도 이루어질 때까지는 '교육의 과정의 질 관리'를 위한 다각도의 노력이 필요하다.

---

122) 경기도교육청이 2001년 공립 대안학교 설립요원 선발 시에 제시한 교원 요건은 "45세 미만의 연령, 대안교육에 대한 이해와 열정, 복수교과 지도능력, 생활지도 능력, 전문상담교사 자격, 봉사 및 헌신성, 전담적인 육아 탈피 환경 등"으로 의미가 있다.

3. 대안교육정책에 대한 제언

대안교육정책에 대한 논의와 과제를 바탕으로 시사받을 수 있는 정책 제언은 다음과 같다.

첫째, 도시지역의 대안교육 수요 흡수를 위해 비기숙의 도시형 대안학교가 설립될 수 있도록 정책 지원이 필요하다. 물론 도시형 대안학교 운영에 있어서 학생들에게 공동체 생활경험과 연계한 체험활동 강조, 학교의 동아리 활동 활성화, 학부모들의 부모연수 활성화 등이 운영 조건으로 전제되도록 해야 한다.

둘째, 대안교육에 대한 인식의 폭을 넓히고 공교육에 새 바람을 불어넣기 위해 추진되고 있는 일반학교 교사와 대안학교 교사 간의 공동연수 및 학교 관리자 연수기회가 확대될 수 있도록 지속적인 정책 지원이 요구된다.

셋째, 대안교육의 전문성 향상을 위해 시·도교육청의 대안학교 담당자의 연수는 물론 대안학교 업무를 담당할 전문성 있는 장학사 배치가 요구된다. 이는 인가받은 특성화 대안학교가 늘어나고 있고, 각종학교로서 대안학교가 등장하게 되는 시점에서 긴요하다.

넷째, 대안학교 교육과정의 질 관리와 자율학교로서 책무성 증진을 위한 평가가 요구된다. 평가 시에는 자칫 규제가 되지 않는 선에서 대안학교의 특수성을 반영할 수 있는 평가의 주안점이 마련되어야 한다. 이는 정형화를 떠나 대안적·민주적인 학교 운영 추구 및 전문성 신장의 평가목적, 제3의 연구기관이나 자체평가 또는 대안교육협의체가 주관하는 평가, 지적 위주가 아닌 지원·조장의 평가방법이 그것이다.

다섯째, 대안학교에 근무할 교사들의 직전교육과 현직 교사들의 현직연수를 담당하는 대안교육 관련 대학이나 학과를 설치할 필요가 있다. 나아가 교육대학이나 특히 사범대학 내에서 교직과목의 일환으로 대안교육에 대한 강좌 개설과 이수를 통해 복수의 대안학교 교사자격증 발급도 검토할 만하다. 이는 학생들의 수업만족도와 학교 운영효과에 대한 교원들의 자체평가 결과 '교원 스스로 수업을 이끌어 가고 학업성취를 향상시키는 데는 어려움'이 있음에서 비롯된다. 따라서 대안교육에 대한 교수-학습방법상의 전문성 향상을 위한 교육 및 연수 그리고 연구 지원이 요구된다.

여섯째, 새로운 학교 모형으로서 대안학교에 대한 관리 및 지원 사항은 일반학교와는 달리 특별 관리될 수 있도록 법 규정이 마련되어야 할 필요가 있다. 이는 농어촌 소규모학교 통·폐합정책이 추진되는 시기에 '작은 학교' 인가에 대한 난색, 전국적인 학생모집의 특성을 갖는 특성화 대안학교에 대한 지역사회 학교라는 의식 부재, 대안학교는 대개 자율학교로 지정·운영되기 때문에 교육청 통제로부터 벗어나는 경향 등에서 기인한다.

일곱째, 대안학교와 같이 교육선택제(학교, 프로그램 및 교과)가 강조되고 자유와 자율을 중시하는 학생 위주의 학교문화를 갖는 학교 모형들이 확산되고 있는 즈음 일반학교도 이러한 방향으로의 변화가 요구된다. 왜냐하면, 그러한 특성을 갖는 대안학교에 대해 학생, 학부모들의 만족도가 전반적으로 높게 나타났기 때문이다.

여덟째, 학생들의 다양한 소질과 적성을 키워 나갈 수 있는 교육선택권 확대 차원과 교육복지 차원에서 좀 더 다양한 성격과 특성을 가진 대안학교가 설립·운영될 수 있도록 정책 지원이 있어야 한다. 이는 교육의 다양화를 추구하는 것은 물론 평준화 정책을 보완하는 차원에서도 적극 고려되어야 한다.

아홉째, 향후 대안교육의 영역이 다양한 차원으로 확산될 것으로 예상됨에 따라 대안학교 현장을 지원하기 위한 지속적이고 체계적인 연구 및 개발에 대한 지원이 요구된다. 이는 대안학교 학생들의 다양한 특성과 개성에 따른 전문성 있는 교수법 및 교재 개발,[123] 학생지도에 대한 교원들이 전문성 신장이 요구되기 때문이다.

---

[123] 2005년에 교육부가 추진한 특성화 대안학교 교재 개발은 교과별로 각 시·도교육청에 안배, 특성화 대안학교 근무경험이 전혀 없거나 있어도 교과 관련성이 없는 인사들이 참여함으로써 오히려 대안교육을 왜곡하였다는 비판을 반영한 것이다.

제4장 대안학교정책의 전망

1. 대안학교에 대한 학생 수요 전망

가. 대안학교에 대한 학생 수요 예측의 필요성

한국교육사에서 1997년 대안학교를 특성화 대안학교로 인가한 이후 정부는 대안학교 확대·지원 정책을 추진하고 있다. 이러한 현실에서 대안학교에 대한 학생들의 수요를 정확하게 추정하는 것은 대단히 중요하다. 이는 대안교육을 받고자 하는 학생들에 대한 교육선택권을 확대시킬 뿐만 아니라 새로운 학교 설립과정에서 파생될 수 있는 교육예산의 효율성을 기할 수 있기 때문이다.

일반적으로 대안학교를 확대·지원해야 한다는 논의를 보면, "학업중단학생 수에 비해 대안학교 수용 인원이 너무 적어서 대안학교를 확대해야 한다."(배성근, 2003a: 124)는 논리를 펴고 있다. 실제 교육부도 이 같은 입장에서 대안학교 설립·지원 정책을 추진하고 있다. 그러나 학업중단학생 수와 대안학교 수용 인원을 단순 비교하는 논리는 과장되거나 비현실적인 측면이 있다. 왜냐하면 학업중단학생 모두가 대안교육 및 대안학교의 수요라고는 볼 수 없기 때문이다.

나아가 기존의 공교육이 대안학교에 대한 욕구를 충족시키는 방향으로 학교가 변한다면 장기적으로 볼 때, 대안학교를 설립 확대·지원 정책은 신중해야 하기 때문이다. 따라서 대안교육에 대한 미래의 수요 전망에 대한 논의는 대안학교정책을 추진하는 데 있어서 매우 의미가 있다고 할 것이다.

나. 대안학교에 대한 수요 변인의 탐색

1) 대안학교 학생 수요로서 학업중단학생 현황과 요인

가) 학업중단학생의 현황

한국은 1980년대 이후 학업중단학생들이 지속적으로 증가하다가 1990년대 중반에 와서 한 해에 대략 7～8만 명에 이를 정도로 크게 증가하였다. 이는 전체 학생의 약 1.7% 정도이며, 특히 전문계 고등학교의 경우에는 4.8% 정도로 학업중단율이 매우 높은 증가세를 보여 왔다.

세부적인 학업중단율[124] 현황을 보면, 중학교의 경우 1965년 4.0%였으나 이후 계속 감소하여 1995년에 0.8%의 학업중단율을 보이다가 2000년부터 다소 증가하고 있다. 일반계 고등학교의 경우 1970년에 3.6%의 학업중단율을 보였고, 이후 계속 감소하여 1999년 1.1%에 머물렀으나 2000년부터 다소 높아지고 있는 것으로 나타났다. 그러다가 2002년 이후에는 다소 감소 추세를 보이고 있다.

학업중단학생들의 전반적인 증가세는 그동안 남학생들에 비해 상대적으로 낮은 학업중단율을 보이던 여학생들의 학업중단율이 높은 증가 추세를 보인 것에서 비롯된다.

특히, 전문계 고등학교의 경우는 1970년에 3.8%, 1980년 2.1%, 1990년 3.0%로 증감이 되풀이되었으나, 1990년 이후 계속 증가하여 2001년에는 5.1%로 절정을 보였다. 이는 다양한 사회 변화에 따라 전문계 고등학교의 교육이 학생들에게 유인가를 잃어 가고 있기 때문인 것으로 해석된다.

---

124) 학업중단율은 총 재적학생 수에 대한 제적자, 중퇴자 및 휴학자의 비율을 말한다.

〈표 II-41〉 연도별 각급 학교 학업중단학생 수 현황

구 분		1965	1970	1975	1980	1985	1990	1995	1997	1999	2000	2001	2002
중학생	중퇴생(명)				24,988	29,052	23,568	19,817	26,897	19,481	17,338	19,097	19,842
	비율(%)	4.0	2.5	2.2	1.2	1.2	1.0	0.8	1.2	1.0	0.9	1.0	1.1
일반계	중퇴생(명)				15,422	23,913	26,283	16,100	17,470	15,921	16,520	18,921	20,166
	비율(%)	−−	3.6	2.3	2.2	2.2	1.8	1.3	1.3	1.1	1.2	1.5	1.7
전문계	중퇴생(명)				15,062	33,973	24,641	29,045	46,066	33,714	32,188	33,215	27,966
	비율(%)	−−	3.8	2.4	2.1	4.1	3.0	3.2	4.8	4.0	4.3	5.1	4.9
합계	중퇴생(명)				55,472	86,938	75,043	64,962	90,433	69,116	66,046	71,233	67,974
	비율(%)				1.3	1.8	1.6	1.4	2.0	1.7	1.7	1.9	1.9

※ 출처: 1965~1985년 KEDI 통계자료, 1990~2002년 교육통계연보 기준.

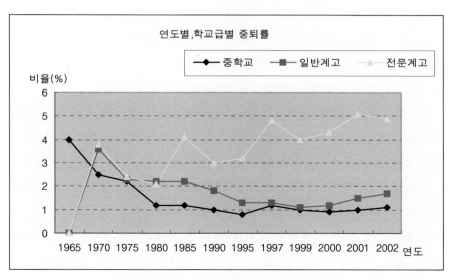

[그림 II-7] 연도별, 학교급별 중퇴율

그러나 학업중단 요인을 보면, 최근에 큰 변화가 일어나고 있다. 과거에는 가정의 경제적 빈곤이 학업중단의 주원인이었다고 한다면 최근에는 비행이나 학교생활

부적응, 그리고 학습에 대한 무관심이 주된 원인으로 등장하고 있다는 것이다.

중학교와 일반계 고등학교에 비해 높은 전문계 고등학교의 학업중단율은 이미 걱정할 만한 수준에 이르렀다. 1990년대 초반까지 학업중단율이 3%대에서 일정하게 유지되어 오다가 1997년을 기준으로 4~5%대의 증가 추세를 보이고 있기 때문이다.

나) 학업중단의 요인

오늘날 늘어 가는 가족해체 현상과 청소년 유해 환경, 획일적인 학교체제 등으로 해서 학교 부적응 학생이 지속적으로 증가함으로써 학업중단 청소년의 비율이 높아지고 있다.

학생들의 학업중단은 근본적으로 학교 부적응의 결과로 볼 수 있는데, 학교 부적응의 원인이 다양화되어 종래와는 뚜렷이 구분되는 새로운 추세를 보이고 있다. 즉 종래 학업중단의 주요 원인이 되어 온 가정형편, 성적문제, 엄격한 학교규율 등의 요인은 상대적으로 감소된 반면 진학, 취업, 적성, 교육내용 등 현행 공교육에 대한 불만이 크게 나타나고 있다는 점(이경상 외, 2003: 11 – 16)이다.

더 나아가 학교교육에 대한 불신과 새로운 교육에 대한 열망으로 학교 밖의 대안을 찾아 자발적으로 중퇴하는 학생들이 늘어 가고 있다는 사실이다. 이러한 차원에서 국내 학교교육에 만족하지 못해 조기 해외유학을 가는 학생들도 자발적 학업중단자로 볼 수 있다. 따라서 학업중단 문제를 학교교육 부실과 위기라는 맥락에서 조망해 볼 필요가 있다.

한국교육개발원의 연구(김영철, 2002)에 의하면, 학업중단 청소년들의 상당수가 학업중단 이후에 특별히 하는 일 없이 시간을 보내거나 열악한 환경에서 불안정 고용상태의 아르바이트에 종사하며, 비행에 빠져들고 있는 것으로 나타났다.

학업중단 관련 요인을 거시적 차원과 미시적 차원으로 구분하여 살펴보면 다음과 같다. 거시적 차원은 학교와 교육제도의 범위를 넘어 한국사회가 겪고 있는 사회 변화의 측면이며, 미시적 차원은 개인적 요인, 가족 관련 요인, 학교 관련 요인, 노동시장 참여 관련 요인으로 나눌 수 있다.

먼저, 거시적인 차원에서는 학벌주의와 입시 위주의 교육제도, 획일적이고 관료적인 학교문화, 가족구조와 기능의 변화를 들 수 있다. 특히 입시 위주의 교육환경 속에서 공교육은 학생들로부터 외면당하고 있다는 것이다. '공부 잘하는 아이'들로부터는 높은 성적을 얻는 데 있어서 사교육보다 경쟁력이 낮기 때문에 외면을 당한다. '공부 못하는 아이'는 학교에서 공부를 못한다는 차별과 낙인을 받으면서 전인교육을 외면하는 학교로부터 소외된 채, 점차 학교로부터 등을 돌리고 있다는 것이다. 획일성과 관료성의 문제는 '국가 교육과정 제도'와 국정 및 검인정 교과서 제도에서 볼 수 있듯이 학교와 교실에서는 학생의 능력과 적성에 따른 교육이 제공되지 못하고 획일화되고 자율성이 없는 구조가 고착되었다(김영화·서정화·황홍규, 2001).

그리고 사회 변화와 흐름을 따르지 못하는 학교교칙과 체벌은 청소년들의 학교 적응에 어려움을 주고 있으며, 학교 내의 수직적인 의사결정구조는 뜻있는 교사들의 개혁적인 참여를 어렵게 만들고 있다. 따라서 학교 내의 획일적이고 관료적인 문화는 신세대 청소년들의 학교생활 적응에 많은 장애요인으로 작용함으로써 학교 중퇴로 이어지게 한다는 것이다.

다음으로, 미시적인 차원에서는 개인, 가족, 학교 관련 요인으로 나눌 수 있다. 개인적 요인으로서 가족부양을 위한 중퇴, 여자들의 결혼과 임신에 의한 학교 중퇴 등이 있다. 가족 관련 요인으로는 결손가족의 학생들이 학교 중퇴 가능성이 높다. 학교 관련 요인으로는 학교의 권위주의, 집단주의, 입시 위주의 교육제도가 낳고 있는 비민주적 학교 운영, 비현실적인 학교교칙, 성적에 의한 교사의 차별, 학습부진 학생의 배제 등의 학교 중퇴 요인들이 구조적으로 학생들을 학교 밖으로 내몰고 배제하는 작용을 하고 있다.

학교 중퇴에 관한 연구들에서 일관적으로 보여 주고 있는 것은 학교에서의 부정적인 개인의 경험들이 학업중단의 가장 강력한 전조들로서 기능한다는 것이다. 일련의 연구들은 학교를 중퇴하는 학생들이 다른 학생들보다 낮은 학업성취, 소란행위, 잦은 결석, 학교에 대한 부정적 태도, 유급의 반복 등을 경험하기 쉽다고 한다(Barrington

& Hendricks, 1989; Ekstrom, Goertz, Pollack, & Rock, 1986).

2) 대안학교에 대한 요구 분석

앞의 논의를 통해 보면, 대안교육에 대한 요구 또는 수요는 기본적으로 중·고등학생들이 현행 학교생활에 대한 불만족 또는 부적응에 기인한다. 따라서 대안교육에 대한 수요를 분석하는 데 있어서는 학교생활에서 학생들의 불만족 요인들을 찾고 분석하는 것이 중요하다.

대안교육에 대한 요구 및 수요 조사를 위해 한국교육개발원이 중·고생 1,000명과 학부모 500명, 교사 500명을 대상으로 조사한 결과(김영철, 2002: 29 - 63)를 보면 다음과 같다.

첫째, 학교교육에 대한 만족도 여부를 묻는 항목에 대한 학생들의 반응을 보면, '만족하는 편이다.'가 41.5%인 반면 '만족하지 못한다.'에는 58.9%로 높은 반응을 보였다. 구체적인 불만족 요인으로는 '교과지도(40%)', '생활·인성지도(26.6%)', '학교시설(15.9%)' 등을 꼽고 있다. 교과지도의 불만족에 대한 반응을 분석해 보면, 일반계고는 상위권 수준 학생들의 불만족이 높았고, '생활·인성지도' 분야는 전문계고 학생들의 불만족이 높았다.

둘째, 학교에 적응하지 못하는 학생 비율을 묻는 항목에 대한 교사들의 반응을 보면, 10% 미만이 28.1%, 10~20%에 24%, 20~30%에 21.9%, 30% 이상에 23.3%의 반응을 보였으며, 전문계 고등학교에서 특히 높은 비율을 보였다. 학생들의 부적응 양상을 보면, 교사들은 부적응 학생의 특징으로 '학습의욕 저하(51.7%)', '나태한 생활습관(37.8%)', '관심사만 몰두(5.5%)', '학교폭력과 비행(4.7%)'을 들고 있다.

셋째, 학교생활 부적응 원인에 대해 교사들은 '가정문제(34.9%)', '획일적인 교육과정 (26.2%)', '통제 위주의 학교생활(20.5%)' 순으로 반응했다. 학생들은 '통제 위주의 학교생활(38.0%)', '성적 위주의 경쟁 풍토(26.9%)', '획일적인 교육과정(25.5%)' 순으로 반응을 보였다. 학부모들은 '성적 위주의 경쟁 풍토(31.7%)', '획일적인 교육과정(30.5%)',

'통제 위주의 학교생활(28.8%)' 순으로 높은 반응을 보였다. 학교 부적응 원인에 대해 교사, 학생, 학부모는 서로 다른 입장을 보여 주고 있다.

넷째, 잠재적인 부적응 학생을 파악하기 위해 '무단결석 경험 여부', '가출 경험 여부', '집단따돌림 경험 여부', '학교폭력 경험 여부'에 대한 학생들의 반응결과를 보면 다음과 같다.

'무단결석 경험 여부'에 대해서는 조사 대상의 12.5%가 '그렇다'고 반응했으며, 세부적으로는 전문계고(28.7%)와 성적이 하위권인 학생(31.2%)이 '그렇다'고 높게 반응하였다. '가출경험이 있는 학생'은 9.2%였으며 남학생(11.3%)과 성적 하위권 학생(21.4%)들이 높게 나타났다. '집단따돌림 경험 학생'은 전체의 9.8%로 여학생(12.2%)과 성적 상위권 학생(10.9%), 하위권 학생(11.3%)들이 높은 반응을 보였다. '집단따돌림의 피해자 경험(31.8%)' 학생보다는 가해자 경험(68.2%) 학생이 높게 나타났다. 가해자 경험 학생은 전문계고(73.3%) 및 성적 상위권 학생(83.3%)이 높았으며, 피해자 경험 학생은 중학생(35.9%) 및 성적 중하위권 학생들이 높게 나타났다. 학교폭력 경험이 있는 학생은 전체의 11.5%이며, 전문계고(16.1%) 및 성적 하위권 학생(21.1%)이 높은 비율을 보였다. 학교폭력의 피해자 학생(45.5%)보다는 가해자 경험 학생(54.4%)이 높게 나타났다. 학교폭력 가해자 경험에 있어서는 남학생(52.5%)보다 여학생(61.5%)이 높게 나타났으며, 성적 하위권 학생(45.7%)보다는 상위권 학생(60.0%)이 높게 나타났다. 학교폭력 피해자 경험에 있어서 남학생(47.5%)이 여학생(38.5%)보다 높게 반응하였으며, 성적 상위권 학생(40.0%)보다는 하위권 학생(54.3%)이 높게 반응을 하였다.

다섯째, 부적응 학생 지도 방안에 대한 교사, 학생, 학부모의 반응을 보면 다음과 같다. 교사들은 '대안학교로 보냄(35.2%)', '다양한 교육과정(30.8%)' 제공, '대안학급 운영(21.2%)' 순으로 반응했으며, 학생들은 '다양한 교육과정(80.6%)' 제공, '상담활동 강화(6.2%)', '대안학교로 보냄(5.0%)' 순으로 반응하였다. 학부모들은 '다양한 교육과정(48.5%)', '상담활동 강화(26.7%)', '대안학급 운영(17.9%)', '대안학교로 보냄(6.2%)'의 순으로 반응을 보여 학생지도 방안에 대해 각기 다른 반응을 보였다.

여섯째, 부적응 학생을 위한 교육형태에 있어서, 교사들은 '다양한 프로그램의 비정규학교(44.7%)', '독립형 학교(36.9%)', '위탁형 학교(17.4%)' 순으로 선호했다. 학부모들은 '비정규학교(60.5%)', '독립형 학교(24.6%)', '위탁형 학교(12.5%)' 순으로 반응하였다.

일곱째, 대안학교로의 전·입학 의향에는 '전·입학하고 싶다(38.8%).', '그저 그렇다(39.7%).', '별로 하고 싶지 않다(12.0%).' 및 '전혀 하고 싶지 않다(7.6%).'의 반응을 보였다. "기존 학교와는 다른 운영방식 등이 다른 대안교육을 실시하는 학교가 있다면 자녀를 전·입학시킬 의향이 있는가?"라는 질문에 학부모의 53.9%가 '그렇다.'고 반응하였고, 41.0%는 '그렇지 않다.'고 반응하였다.

여덟째, 대안교육의 중점 교육프로그램에 대한 질문에 대해서는 교사, 학생, 학부모 모두가 특기·적성·취미교육에 대한 요구가 대체로 높았다. 구체적으로 보면, 교사들은 '특기·적성·취미교육(45.0%)', '상담 및 인성교육(32.2%)', '직업교육(11.1%)', '개별화된 교과지도(10.8)'의 순으로 반응하였다. 학생들은 '특기·적성·취미교육(64.3%)', '개별화된 교과지도(24.4%)', '직업교육(5.2%)', '상담 및 인성교육(5.1%)' 순으로 반응하였다. 학부모들은 '특기·적성·취미교육(54.3%)', '개별화된 교과지도(21.6%)', '상담 및 인성교육(19.0%)', '직업교육(4.4%)' 순으로 반응하였다.

대안교육에 대한 요구 조사에 따르면(상게서, 159-160), 중·고등학생들은 전반적으로 학교생활에 대한 만족도가 낮게 나타나고 있다. 특히 학교생활 가운데서도 교과지도에 대한 불만이 높은 것으로 나타났다. 이는 학생들의 특기나 적성을 반영하지 않는 획일적인 교육과정 편성과 학생들의 학습능력 수준을 고려하지 않는 일방적인 학습지도에 그 원인이 있다고 볼 수 있다.

생활지도 및 인성지도에 대한 학생들의 불만이 높은 것으로 볼 때, 두발 및 복장을 비롯한 학교규칙을 보다 완화할 필요가 있으며, 규칙을 제정하는 과정에 학생들의 의견을 반영하는 등 보다 현실적이고 합리적인 학교 규칙을 제정하도록 힘써야 한다.

학교생활에 적응하지 못하는 부적응 원인에 대해 교사들은 가정에 문제가 있다고 인식하는 경향이 큰 반면, 학생이나 학부모들은 획일적인 교육과정이나 생활지도나 인성교육 등 전반적인 학교 운영이나 풍토에 있다고 봄으로써 부적응 원인에 대한 인식

차이가 큼을 알 수 있다. 이는 부적응 학생 지도에 대한 큰 장애로 작용할 수 있는데, 부적응 학생들의 원인을 가정문제로 돌림으로써 적극적인 대처 방안을 강구하지 않을 수 있다는 것이다. 나아가 학교생활을 통해 가정문제를 극복할 수 있도록 적극적으로 지도를 강구해야 하겠다.

부적응 학생에 대한 지도 방식에 대해서도 교사, 학생, 학부모 간에 차이가 크게 나타나고 있다. 교사들은 기존의 학교 운영방식보다는 다른 학교 형태가 필요하다고 보는 반면, 학생과 학부모들은 기존의 학교 운영방식에서 교육과정을 보다 다양화하고 신축적으로 운영한다면 잘 적응할 수 있으리라 인식하고 있다.

특히 부적응 학생 지도방안의 하나로 '대안학교로 보냄' 항목에 대한 반응 비율을 보면, 교사들이 가장 높았고 학부모들은 가장 낮은 반응을 보인다는 사실이다. 이를 통해 알 수 있는 것은 교사들이나 학부모들이 대안학교를 부적응 학생교육으로 한정하고 있다는 것과 교사들이 학교 부적응 학생들의 생활지도에 있어서 적극적으로 개입하기보다는 대안학교에 보내는 소극적인 방식을 취한다는 사실이다.

3) 대안학교에 대한 수요 결정 변인

한국에서 1990년대 후반에 대안학교가 제도적으로 등장하게 된 배경과 추구하는 이념으로 볼 때, 앞으로 대안학교에 대한 학생들의 수요는 다양한 변인들에 의해 영향을 받게 될 것으로 보인다.

기본적으로 대안학교에 대한 수요는 전통적인 학교교육에 대한 욕구 좌절과 부적응에서 비롯된다.

학교 부적응 원인에 대해서는 교사, 학생, 학부모가 서로 다른 입장을 보여 주고 있다. 그러나 교육 수요자인 학생과 학부모의 의견을 보면, 획일적인 교육과정에 대한 '다양한 학교 유형과 교육과정에 대한 요구', '성적 위주의 경쟁 풍토'에 대한 '자신의 특기·적성 계발 욕구'에 대한 기대가 크다는 것을 알 수 있다. 또한 '통제 위주의 학교생활'에 대한 불만요인에는 자율성 존중과 학습자 중심 교육으로의 변화와 요구가 크게 작용하고 있다.

대안학교 및 직업훈련기관, 쉼터, 소년원, 기타 청소년 보호 시설 등에 소속되어 대안적인 삶을 살아가는 학업중단 청소년을 대상으로 한 '일반학교에서 학업중단 이유'에 대한 설문결과(이경상 외, 2003: 92 - 93)를 보면 다양한 시사점을 얻을 수 있다.

'건강상의 이유'와 '심리·정신적인 문제'로 학업을 중단한 학생의 각각 46.7%, 47.1%가 대안학교에 다니고 있다고 반응하였다. '학교교칙이나 규정에 적응하기가 어려워서'의 항목에는 44.1%, '친구들과의 관계가 나빠서' 항목에는 50%, '선생님과의 관계가 나빠서(차별대우 등)' 항목에는 43.5%, '자신의 특기나 소질을 살리고 싶어서' 항목에는 40%, '검정고시나 유학을 선택하려고' 항목에는 42.9%, '학교에 다녀야 할 필요를 못 느껴서' 항목에는 32.6%의 학생들이 대안학교에 다니고 있다.

위의 설문결과를 분석적으로 볼 때, '건강상의 이유'와 '심리·정신적인 문제', '학교교칙이나 규정에 적응하기가 어려워서', '자신의 특기나 소질을 살리고 싶어서'와 같은 요인들은 대안학교에 대한 직접적인 수요와 연결된다. 그러나 '검정고시나 유학을 선택하려고', '친구들과의 관계가 나빠서', '선생님과의 관계가 나빠서(차별대우 등)' 등의 학교 부적응의 결과는 대안학교 수요와 간접적으로 관련된다는 것이다.

따라서, 대안학교 수요는 다양한 이유에서 현재의 학교교육에 대한 부적응과 비판으로 학업을 중단하거나 이후 상급학교 진학 시 대안학교를 선택하는 학생들이다. 따라서 일반학교에 대한 부적응으로 인한 학업중단학생 모두가 대안학교 수요자라고 볼 수는 없다.

나아가, 일반학교에서 학업중단자와 대안학교에 대한 입학 욕구를 가진 잠재적인 수요 학생들 중 대안학교에 대한 정보 공유와 대안학교에 대한 호감도를 갖고 있으면서, 실제 대안학교에 다니기 위해 지원하는 학생들을 대안학교 수요자라고 볼 수 있다. 이를 모형화하면 다음 [그림 II - 8]과 같다.

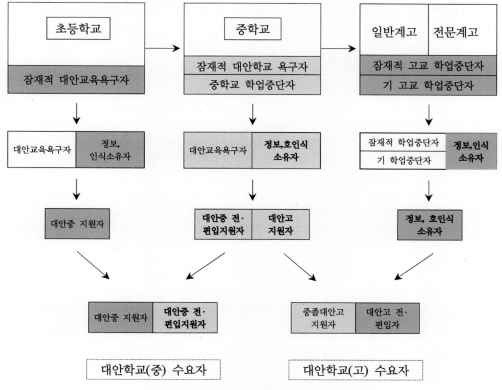

[그림 Ⅱ-8] 대안학교 수요 모형

　　대안학교 수요 변인을 탐색하는 데 있어서는 일반학교에서 학업을 중단하고 대안학교에 다니는 학생들의 학업중단에 대한 원인 분석과 일반학교에 재학하는 학생과 학부모의 대안학교에 대한 잠재적 욕구 분석을 통해 제시할 수 있다.

　　대안학교 수요 결정 변인을 분석하는 데 있어서는 '특성화 대안학교(중·고)에 다니기 위해 전·편입학하려는 지원자'를 종속변인으로 볼 때, 독립변인은 수요 변인으로서 "자신의 특기·적성 계발 욕구, 교육과정의 다양화·특성화, 학습자 중심의 교육, 자유·자율성 존중 교육, 대안학교에 대한 정보 공유와 호감도, 대안학교 졸업자의 진로 및 진학률"로 볼 수 있다.

제시된 대안학교 학생 수요 결정변인에 대한 개념적 모델은 다음의 함수로 제시할 수 있다.

대안학교에 대한 학생 수요 변인들을 보면 <표Ⅱ-42>와 같다.

〈표Ⅱ-42〉 대안학교 수요 결정요인

$$ASD = f(VSC, TAN, LCE, AE, ASI, ASF, PAR)$$

ASD = 대안학교 학생 수요		VSC = 교육과정의 다양화·특성화	
TAN = 특기·적성 욕구		LCE = 학습자 중심 교육	
FAE = 자유·자율성 존중 교육		ASI = 대안학교에 대한 정보	
ASF = 대안학교에 대한 호감도		PAR = 대안학교 졸업생의 진로 및 진학률	

* 수요결정요인에 대한 영문개념은 필자가 개념의 영문 이니셜을 갖고 조작적으로 규정한 것이다.

대안학교 학생 수요에 영향을 미치는 이러한 변인들 중에 분석을 위한 기초 자료로서 양화될 수 있는 변인은 거의 없다. 대안학교 졸업자의 진로 및 진학률은 아직 평가하기에는 미미하다. 다른 변인들은 이론적 도식에 따라 추정될 수밖에 없는 실정이다.

다. 대안학교 학생 수요의 변화

대안학교는 실시 형태에 따라 학교 형태, 프로그램 형태, 실험형 대안교육으로 나눌 수 있다. 학교(School) 형태는 정규 학교교육의 틀 안에서 다양하고 독특한 교육과정을 운영함으로써 기존학교와는 구별되는 정규학교 형태이다. 프로그램(Program) 형태는 정규 학교교육의 제한점을 보완한다는 차원에서 주말, 방학 등을 이용하여 대안교육 프로그램을 실시하는 비인가 형태로, 계절학교, 주말학교, 방과 후 학교 등으로 실시되고 있다. 실험형 대안교육은 정규 학교교육과는 다른 교육과정, 교수-학습방법

적용 등 다양한 실험을 통해 대안교육을 실시하는 미인가 상설학교 형태이다. 안산의 들꽃피는학교, 서울의 도시속작은학교, 변산의 공동체학교, 등이다.

본 항에서는 제한적이나마 지난 10년간 정규학교 형태인 특성화 대안학교 입학경쟁과정[125])에 대한 논의를 통해 대안학교 수요변화를 살펴보고자 한다. 특성화 대안학교는 <표Ⅰ-2>에 제시한 바와 같이 29개 학교(고등학교 21교, 중학교 8교)가 운영 중이다. 2007년 3월 현재 전국의 특성화 대안학교 현황을 공급이라는 측면에서 보면 다음과 같다. 고등학교는 21개 교에 학급 수 135학급, 학생 수는 2,735명이다. 중학교는 8개 교에 학급 수 25학급, 재학생 수는 625명이다. 한 해에 수용할 수 있는 입학 정원은 고등학교 40학급의 1,045명, 중학교는 12학급에 250명이다(인가학급과 실제 학급 수는 다름).

학력이 인정되는 정규 특성화 대안학교에 지원하는 경쟁률을 연도별로 보면 1.31에서 1.7 또는 1.8 대 1로 점차 증가되고 있다. 학교별로는 큰 차이를 보이고 있는데, 한빛고는 2 대 1, 두레자연고와 세인고, 그리고 간디학교는 3~4 대 1 또는 7~8 대 1의 경쟁을 보이기도 하였다(<표Ⅱ-25> 참고). 특히 부적응 학생 위주의 학업중단 전·편입생들을 주로 모집하는 재적응형의 대안학교들은 개교 초기에 학생모집의 어려움을 겪고 있다. 대안학교 수요를 모집인원 수 대 지원자 수로 그래프화해 보면, [그림 Ⅱ-4]와 같이 갈수록 모집인원과 지원자 수 간에 차이가 넓어져 감을 알 수 있는데, 이는 대안학교에 대한 수요의 증대라 볼 수 있다.

또한 대안학교 수요로서 경쟁률을 보면([그림Ⅱ-5] 참조), 1998년 초기부터 2001년까지 급증하다가 2002학년도부터는 완만한 상태를 유지하고 있다. 그리고 대안학교에 전·편입학한 후 학업중단학생 수를 연도별 추이로 보면 [그림Ⅱ-6] 과 같이 1998학년도 초창기에는 급증하다가 2002학년도부터는 감소하고 있다. 이는 교원들의 3년간의 누적된 대안교육 경험과 전문성이 향상된 결과로 해석할 수 있다.

---

125) 특성화 대안학교는 입학전형 결과를 대략 알 수 있으나, 미인가 대안학교들은 그 현황을 알기 어렵기 때문이다.

학생 입장에서도 대안학교 및 대안교육에 대한 적응과 이해로 대안학교 교육활동이 제대로 운영되고 있는 것으로 판단된다. 특히 재적응형의 대안학교의 경우, 초기에 방송이나 소문을 통해 대안학교가 갖는 자유·자율교육, 학습자·학생 위주의 교육을 곡해하여 "기본적인 교육활동도 하지 않고, 학생 마음대로 해도 된다."는 행동과 함께 학교를 그만두는 경우가 많았던 것이다.

라. 대안학교 학생 수요 결정요인과 수요 전망

1) 다양한 유형의 학교에 대한 요구와 대안학교 수요

21세기 지식기반 사회로의 변화에 따라 초·중등학교의 교육내용과 학교체제도 변하고 있다. 이는 한국의 학교교육의 폐쇄성에 대한 비판 및 교육의 다양성에 대한 요구가 날로 증가함에 따라 산업사회에 적합한 전통적인 학교모델로는 21세기 사회 변화의 요구에 대응하지 못한다는 데서 비롯된다. 이러한 맥락에서 초·중등학교 교육의 방향이 학교유형의 다양화, 교육내용의 특성화, 학교운영의 자율화를 추구하는 방향으로 나아간 것은 지극히 다행한 일이다.

1995년 5월 31일 교육개혁위원회(1995, 23)는 현재의 교육제도적 틀을 가지고서는 다가오는 새로운 문명의 도전에 효과적으로 대응하기 어려울 뿐만 아니라, 각종 교육 고통을 해결할 수도 없다는 전제하에 새로운 교육의 틀로서 '신교육체제'를 구상하였다. 신교육체제의 특징 중의 하나로 교육의 다양화를 내놓았는데, 종래의 획일적이고 서열화된 교육에서 벗어나 다양한 교육 프로그램과 특성화된 학교를 설치·운영함으로써 학생의 잠재능력, 창의력 및 인성을 함양한다는 것이다. 구체적인 내용을 보면, "획일화된 학교체제와 학생 선발방식은 학생의 다양한 잠재능력 개발을 저해한다. 새로운 형태의 다양하고 특성화된 고등학교가 설립될 수 있도록 고등학교 설립 준칙주의를 도입한다. 학교 평가결과와 행·재정 지원의 연계를 강화하여 교육의 질이 향상되도록 하며, 초·중등학교 학생 선발 방식을 개선하여 학생에게 학교

선택권을 부여한다."는 것이었다.

이러한 5·31 교육개혁안은 획일화되어 있는 고등학교를 다양화·특성화함으로써 학생 개개인의 적성과 특성을 살리는 교육이 이루어지도록 한 것이다. 동시에 학생들의 다양한 교육적 요구에 부응할 수 있도록 하는 다양화·특성화 교육을 추진한 것이다.

한국교육의 미래에 대한 전망에 대한 연구(김영철 외, 1999: 23－27)에 의하면, '학교제도의 다양화, 대안교육의 확대 실시'를 한국교육이 나아가야 할 주요 장기 과제로 들었으며, 자율학교 운영 및 자립형 사립고등학교 제도 마련을 단기 과제로 제시하고 있다. 대안교육의 확대 실시라는 과제는 구체적으로 '다양한 유형의 대안학교 설립을 지원하는 것과 대안학교 설립 기준의 최소화, 동등 학력 인정으로 누구나 자유롭게 대안학교 교육기회에 쉽게 접근, 기존 학교와 대안학교 간의 자유로운 이동, 대안학교 프로그램의 운영기간(1주, 1월, 6월 등) 및 내용 그리고 수준을 다양화'하는 내용을 담고 있다.

학교유형의 다양화·특성화에 대한 학생들의 요구는 특수목적고, 특성화고(직업분야, 대안분야), 자율학교, 자립형 사립고 등으로 고등학교 유형의 다양화로 이어졌다. 연도별 고교유형의 다양화 추세를 보면(<표Ⅱ－24> 참고), '다양화고'126)가 1998년 이전에 72개 교에서 2005년도에는 322개 교로 크게 증가했음을 알 수 있다.

'다양화고'의 세부 현황을 보면, 전반적으로 증가하는 가운데 직업분야의 특성화 고교의 증가가 두드러지나 특성화 대안학교는 수적으로 증가폭이 완만하다. 특히 운영방식에 있어서 자율학교 수는 사회 변화와 더불어 큰 폭으로 증가하고 있다([그림 Ⅱ－9] 참조).

---

126) 전통적인 일반계고와 전문계고, 사회교육적인 교육기관의 성격(방통고, 산업체부설고, 고등기술학교, 각종학교 등)을 제외하고, 평준화 정책의 보완 차원에서 학교 유형의 다양화에 따라 설립된 학교들을 본서에서는 '다양화고'로 쓰고자 한다. 따라서 '다양화고'에는 '특수목적고, 특성화고, 자립형 사립고, 자율학교'를 포함한다.

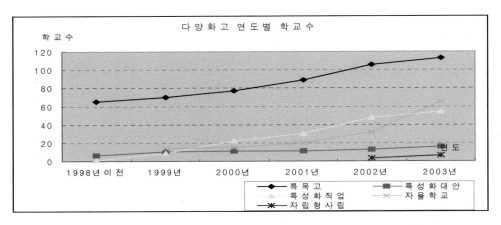

[그림 Ⅱ-9] 다양화고의 연도별 학교 수

따라서 다양한 유형의 학교에 대한 학생들의 요구가 강할수록 대안학교에 대한 수요도 증가한다고 볼 수 있다. 역설적으로, 공교육이 학교 유형을 다양화 시킨다면 대안학교에 대한 수요도 줄어들 것이다.

2) 교육과정의 다양화·특성화와 대안학교 수요

교과서는 학생이 학교에서 배워야 할 교육내용의 주된 교재이다. 교육부가 저작권을 가진 교과서를 '국정 교과서(1종 교과서)'라 하고, 교육부장관의 검정을 받은 교과서를 '검정 교과서(2종 교과서)'라고 한다.

국정 교과서에는 초등학교, 중학교 및 고등학교의 교과목 중 교육부장관이 필요하다고 인정하는 교과목의 교과서가 해당된다. 국정 교과서는 교육부가 편찬하는 것을 원칙으로 하되 교육부장관이 필요하다고 인정하는 국정 교과서는 연구기관 또는 대학 등에 위탁하여 편찬할 수도 있다.

초등학교 학생을 위한 교과서는 모두 국정 교과서이나, 중학교 학생을 위한 교과서는 일부 교과목을 국정 교과서로 지정하고 있다. 고등학교의 경우에는 일반계 고등학교뿐만 아니라, 전문계 고등학교, 예·체능계 고등학교, 그리고 특수목적 고등학교 등 학교의 유형과 가르치는 교과목의 수도 많기 때문에 국정 교과서뿐만 아니라 검정 교과서의 수도 매우 많은 편이다.

'이수 과목 수'란 초·중·고 학생들이 상급학교로 진학하기 위하여 최소한 이수해야 할 교과목 수를 의미한다. '이수 과목 수'는 초등학교의 경우 현재 9과목이며, 중학교는 12과목, 고등학교는 13과목이다. 교육과정의 역사에서 교육과정기별 이수 과목 수를 보면 <표Ⅱ-43>과 같다.

〈표Ⅱ-43〉 교육과정기별·학교급별 이수 과목 수

단위: 과목

구 분		초등학교	중학교	고등학교
1954년~1963	1차 교육과정	8	11	10
1963년~1974	2차 교육과정	8	9	10
1974년~1981	3차 교육과정	9	13	13
1981년~1988	4차 교육과정	9	13-14	13
1988년~1992	5차 교육과정	9	12	13
1992년~1997	6차 교육과정	9	12	13
1997~	7차 교육과정			

* 자료: 사이버 교육통계(http://www.educyber.org/society/statistics/index.shtml)

또한 1970년대부터 1996년까지 각급 학교의 과목 수를 보면 <표Ⅱ-44>와 같다. 초등학교가 88종에서 163종, 중학교는 398에서 217종, 고등학교는 850종에서 1,398종으로 상당히 다양화되었음을 알 수 있다. 이를 그래프로 나타내면, [그림 Ⅱ-10]과 같다.

특히 1997년도부터의 7차 교육과정은 선택중심 교육과정으로 운영됨에 따라 학생들의 선택의 폭이 상당히 확대되어 학생들의 다양한 학습욕구를 충족시킬 수 있게 되었다.

<표 Ⅱ - 44> 학교급별 교과목 수

단위: 종

구 분	초등학교		중학교			고등학교		
	1종 교과서	계	1종 교과서	2종 교과서	계	1종 교과서	2종 교과서	계
1970	88	88	19	379	398	230	620	850
1975	91	91	26	200	226	298	659	957
1980	91	91	72	0	72	449	106	555
1985	71	71	65	125	190	708	375	1,083
1990	217	217	57	193	250	516	723	1,239
1995	155	155	24	158	182	420	350	770
1996	163	163	22	195	217	687	711	1,398

* 자료: 사이버 교육통계(http://www.educyber.org/society/statistics/index.shtml)

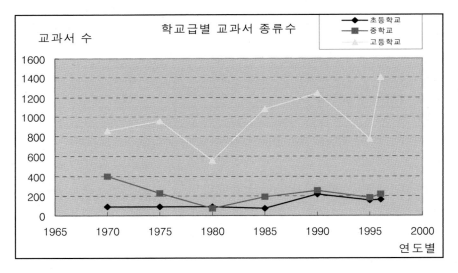

[그림 Ⅱ - 10] 학교급별 교과목 수 변화 추이

이수 과목 수에 비해 교과서 종류가 많다는 것은, 그만큼 학생들의 선택의 폭이 넓다는 것을 의미하며, 동시에 교육내용이 다양화되고 특성화되었다는 것을 시사한다.

따라서 교육과정의 다양화와 특성화에 대한 학생들의 요구가 강하면 대안학교에 대한 수요가 클 것이다. 물론 일반학교들이 교육과정을 다양화, 특성화한다면 대안학교에 대한 수요는 줄어들 것이다.

3) 자신의 특기·적성 계발 욕구와 대안학교 수요

미래사회는 다양성이 존중되는 사회이다. 각 개인이 가진 특성과 소질을 계발하고 살려 나갈 수 있어야 한다. 이러한 맥락에서 볼 때, 학생들이 학교교육에 대한 요구는 학교교육과정과 교육프로그램의 다양화를 통해 자신의 특기와 적성 그리고 개성을 살릴 수 있기를 기대하는 것이다.

학교 유형의 다양화나 교육과정의 다양화·특성화에 대한 요구도 결국 학생 자신의 특기·적성을 계발하려는 욕구와 밀접하게 결부되어 있다. 즉 전통적이고 획일적인 학교교육하에서는 학생 개개인의 특기·적성을 계발하기에는 한계가 많다는 것이다.

이렇게 볼 때, 자신의 특기·적성을 계발하려는 욕구는 다양성을 추구하는 미래사회의 특성과 결부되어 강하게 나타나고 있다. 따라서 학생 개개인의 특기·적성을 계발하려는 욕구가 강하고 교육정책적 배려가 없다면 대안학교에 대한 수요가 증가하리라 생각된다. 물론 학생들의 특기·적성을 계발시키려는 교육에 부응하여 일반학교가 적극적일 때 대안학교의 수요는 줄어들 것이다.

4) 학습자 중심, 자유·자율성 존중의 교육과 대안학교 수요

김영철(2002)에 따르면, 학생들이 학교생활에 대한 부적응 원인으로 많이 반응하고 있는 것은 '통제 위주의 학교생활(38.0%)', '성적 위주의 경쟁 풍토(26.9%)', '획일적인 교육과정(25.5%)' 항목 순이었다. 이는 학교의 문화가 여전히 통제 위주의 엄격한 규칙이 존재한다는 것이며, 이는 학생들이 자유와 자율적인 학교생활을 요구하는 것으로 나타나고 있다.

1990년대 후반 세계교육의 추세와 교육개혁의 방향, 사회 전반의 자유와 민주 이념의 확산 그리고 대안학교의 등장과 영향으로 한국의 학교교육은 수요자 중심의 교육을 추구하는 방향으로 선회하고 있다. 이러한 추세와 함께 대안학교에 대한 수요가 증가된다면 한국의 학교문화는 자유와 자율, 학생중심의 민주적인 학교풍토가 될 것이다.

그러나 이러한 거역할 수 없는 교육의 추세에도 불구하고 여타의 요인들로 인해 향후 일반 공교육이 변화하지 못한다면 공교육은 고립무원(孤立無援)의 섬으로 남게 될 것이다. 물론 공교육이 학습자 중심, 자유·자율성 존중의 교육을 적극적으로 받아들인다면 대안교육의 수요는 늘어나지 않을 것이다.

5) 대안학교에 대한 정보와 호감도, 졸업자들의 진로 및 진학률과 대안학교 수요

대안학교에 대해 학생들이 어느 정도 정보를 소유하고 있는지 여부와 대안학교에 대한 호오(好惡) 인식은 대안학교에 입학하려는 학생들이나 전·편입하려는 청소년들의 전·편입 결정에 상당한 영향을 미친다. 특히, 일반학교에서 적응하지 못하고 있는 잠재적 대안학교 수요 학생이나 학업을 중단하고 불안정한 삶을 살아가는 청소년들에게 있어 대안학교에 대한 정보 공유 여부와 대안학교에 대한 호감도는 실제 전·편입을 결정하는 요인과 밀접한 관련을 가진다.

또한 대안학교 졸업생들의 진로 및 진학률도 대안학교를 지원하려는 욕구를 가진 잠재적 수요자(학생)들에게 상당한 영향을 미치리라 생각된다. 진학률을 보면 1998년도에 첫 개교한 6개 대안학교가 7~8회의 졸업생을 배출했고, 이후 개교한 학교들은 3~6회의 졸업생이라 아직 평가하기에는 이르다.

대안학교의 교육목적이 상급학교 진학이나 교과서적 지식교육은 아니지만, 인문계 특성화 대안학교를 지향하는 대안학교뿐만 아니라 여타 재적응형의 대안학교를 지향하는 대안학교에서도 진학에 관심을 두고 있는 것은 사실이다. 물론 이러한 것으로 인해 대안학교 정체성 위기에 대한 논의가 제기되기도 한다.

현실적으로 보면, 10여 개의 대학들이 특성화 대안학교 졸업자들을 특별 전형하고 있고, 대학의 과대 팽창으로 지방의 많은 대학들이 신입생 유치에 곤란을 겪고 있는 현실에서 대학 진학률은 큰 의미가 없으나 대안학교 진학률은 79%(2006년 현재)의 높은 비율을 차지하고 있다(<표Ⅰ-27> 참조).

중요한 것은 대안학교를 졸업한 학생들이 제각기 삶의 현장에서 행복한 모습으로 '제 앞가림'을 해 나갈 수 있을 때 문명사적인 차원에서 대안적 삶과 대안교육에 대한 수요도 늘어 갈 것으로 확신한다. 물론 현실을 도외시하고 대안학교를 졸업하여도 사회생활에 적응하고 살아가기 힘들다면 대안학교에 대한 수요도 줄어들 수밖에 없다. 대안학교 졸업생들에 대한 다양한 진로를 위해 대안학교 내부의 노력과 정책적 관심이 요구된다.

마. 대안학교 수요 전망

대안학교 학생 수요 결정요인을 통해 대안학교 학생 수요를 전망해 보면 다음과 같다.

첫째, 학교 유형의 다양화와 대안학교 수요에 있어서, 학교 유형의 다양화·특성화에 대한 학생들의 요구는 사회 변화와 함께 고등학교 유형을 특수목적고, 특성화고(직업분야, 대안분야), 자율학교, 자립형 사립고 등을 이끌어 낼 정도로 다양화되었다.

다양성을 존중하는 자유·민주사회로의 진전과 더불어 다양한 유형의 학교가 등장하여 학생들의 선택권 확대와 더불어 개개인의 다양한 능력과 소질을 계발하게 될 것이다. 이러한 전망의 바탕에는 기본학제 및 고교평준화를 보완하는 차원, 다양한 사회적 소외계층(학교 부적응 학생, 성격·심리적인 적응교육, 다문화 자녀, 탈북 새터민 자녀 등)을 위한 수요가 증대할 것이기 때문이다.

둘째, 교육과정의 다양화·특성화와 대안학교 수요와의 관계에서 각급 학교의 '이수 교과 수'와 교과서 종류를 비교해 보면 교육과정의 다양화를 알 수 있다. 1970년대부터

1996년까지 각급 학교의 이수 과목 수, 특히 고등학교가 850종에서 1398종으로 상당히 다양화되었다. 특히 1997년도부터의 7차 교육과정이 갖는 선택중심 교육과정 시행, 특성화 대안학교 등장으로 학생들의 학교 선택, 교과목 및 프로그램 선택의 폭이 상당히 넓어 학생들의 다양한 학습욕구를 충족시킬 수 있게 되었다. 따라서 향후 사회 분화 추세 및 직업세계의 전문화와 함께 학교교육의 다양화·특성화가 강조될 것으로 보아 대안학교에 대한 수요도 증가될 것으로 전망된다.

셋째, 자신의 특기·적성을 계발하려는 욕구는 학교 유형의 다양화나 대안학교에 대한 요구와 밀접하게 결부되어 있다. 자신의 특기·적성을 계발하려는 욕구는 앞으로의 미래사회 특성과 결부되어 강하게 대두될 것이며, 그와 함께 다양화된 특성화 학교 또는 대안학교에 대한 수요가 증가하리라 추정할 수 있다.

또한 1990년대 후반에 수요자 중심 교육이라는 신자유주의적 사고와 학습자 중심의 자율·자율성 존중의 교육은 교육을 포함한 전 부문의 세계화와 더불어 더 이상 거역할 수 없는 추세가 되었다. 보통교육에 대한 기초교육 중시를 떠나 '하나만 잘하면 된다.'는 식의 학습욕구의 편식 현상으로 이어질 수 있지만 이러한 추세는 지속되리라 본다.

넷째, 대안학교에 관한 정보 소유 정도와 인식은 상급 대안학교에 지원하려는 학생들이나 전학 및 학업중단학생들의 전·편입학 결정에 실제적으로 상당한 영향을 미친다. 특히 일반학교에서 적응하지 못하고 있는 잠재적 대안학교 수요 학생이나 학업을 중단하고 불안정한 사회적 삶을 살아가는 청소년들에게 있어 대안학교에 대한 정보 공유 여부와 대안학교에 대한 호감적 인식은 실제 전·편입을 결정하는 것과 밀접한 관련을 갖는다.

정보사회의 정보 매체 발달로 학생들이 대안학교에 대한 다양한 정보를 쉽게 얻을 수 있기 때문에 대안학교에 대한 접근성은 훨씬 용이해질 것이다. 또한 여러 연구들을 통해 볼 때, 대안학교 설립 초기 부적응 중심의 교육기관이라는 부정적인 인식이 점점 개선되어 대안학교에 대한 사회적 인식이 호감도를 갖게 된 것도 대안학교 수요에 대한 긍정적인 전망을 할 수가 있다.

다섯째, 대안학교의 교육목적이 상급학교 진학이나 교과서적 지식교육이 아니지만, 대안학교 졸업생들의 진로 및 진학률도 대안학교를 지원하려는 욕구를 가진 잠재적 수요자(학생)들에게 상당한 영향을 미치게 된다. 대안학교 역사에서 졸업생들의 진로와 진학률을 평가하기는 이른 감이 있지만 학벌사회의 구조, 대학의 초과 공급, 대안학교 특별전형 등으로 대안학교 대학 진학률은 높은 현실이다. 중요한 것은 대안학교의 정체성을 유지하면서도 졸업자들이 사회 제 분야에서 건강한 민주시민으로 살아갈 수 있도록 진로에 대한 정책적 배려가 필요하다.

특히, 대안학교 졸업생에 대한 대학입학사정관제가 도입되고 그러한 대학입시 전형이 활성화된다면 현재 몇몇 학과에 국한된 입학에서 다양한 학문 분야로 진출할 수 있는 계기가 될 것으로 본다.

주요 외국의 경우와 같이 대안학교가 나타나게 된 배경을 보면 현행 공교육에 대한 불만과 비판에서 비롯된 만큼 사회 변화와 함께 학생들의 욕구를 충족시킬 수 있도록 다음과 같은 면에서 일반 학교의 변화가 요구된다.

첫째, 대안학교에 대한 수요는 현행 공교육에 만족하지 못하는 부적응 학생의 규모와 대안학교에 대한 잠재적인 욕구를 가진 학생들로 결정된다. 따라서 학교교육에 대한 부적응 학생을 줄이기 위해서는 다양화, 학생들의 특성에 맞는 교육과정과 교육프로그램 운영, 학생 위주의 민주적인 학교분위기를 만들어 나가야 할 것이다.

둘째, 교육부가 추진하고 있는 "대안교육 확대·내실화 방안"에서도 보듯이 학생들의 욕구를 충족시킬 수 있는 대안학교를 설립하는 것보다는 기존의 공교육을 변화시킬 수 있도록 학교교육을 내실화해야 한다. 교육의 이상이기도 하겠지만 더 이상 대안교육이 필요하지 않을 정도로 학교사회의 변화를 도모해야 하겠다. 그러기 위해 최우선적으로 요구되는 것은 입시 위주의 교육과 획일적인 규제와 통제, 관료화된 교육행정구도 및 풍토에서 벗어나려는 노력이 필요하다.

셋째, 대안학교의 학생 수요를 추정하는 데 있어서 학업중단자의 수를 넘어서서 잠재적인 대안욕구를 가진 학생들의 수요도 고려해야 한다. 물론 잠재적인 수요는 수량으로 양화하기가 곤란하고 잘 드러나지 않는 만큼 수요 추정은 쉽지 않지만 결코

간과할 수 없는 정도이다.

중요한 것은, 미국의 경우에서와 같이 일반 학교가 대안적인 교육요소를 받아들여 학교교육의 만족도를 높일 수 있다면 더 이상 대안교육은 필요하지 않을 것이다. 대안교육을 실천하는 교육자들도 이 점에 있어서는 마찬가지이다. 공교육에 대한 보완으로서 시작된 대안학교가 정체성을 잃고 안주·정형화된다면 이를 대체하는 또 다른 교육실험에 대한 시도가 순조롭게 진행될 것이다. 왜냐하면 교육 수요자로서 선택권을 갖고 있는 학생과 학부모가 결정을 하게 될 것이기 때문이다. 인간화 교육을 지향하는 교육사회의 노력으로서 공교육의 변화가 요구된다.

2. 전문계 고등학교 활성화를 위한 대안교육적 전망[127]
—교육과정과 교사지도력 측면에서—

1990년 중반을 기점으로 학업중단학생들의 수는 급증하였다. 특히 전문계 고등학교의 경우는 그 정도가 매우 심각하여 사회적 우려를 낳았다. 이는 사회 변화에 따라 전문계 고등학교의 교육이 학생들에게 유인가를 잃어 가고 있기 때문인 것으로 판단된다.

중등교육의 절반 정도를 차지할 뿐만 아니라, 직업교육의 장으로서 전문계 고등학교의 기능을 유지하고 경쟁력을 갖추기 위해서는 전문계 고등학교의 학교교육에 대한 재검토가 필요하다. 본 절에서는 전문계 고등학교의 경쟁력을 위한 대안적인 전망을 교육과정과 교사지도력 측면에서 논의하고자 하였다.

---

127) 본 절은 필자가 2000년 경기교육청 특별연구교사로 선발되어 연구한 내용의 일부분을 발췌하여 실었다.

가. 전문계 고등학교 교육의 난점[128]

1) 전문계 고등학교의 학교붕괴 실태

전문계 고등학교는 학업수준이 낮은 인문계 고교와 더불어 학교붕괴의 상징으로 떠오르면서 특히 직업교육의 무용론까지 나오고 있는 실정이다. 이러한 실태를 전문계 고등학생의 "입학 상황－입학 후 제적·중퇴 실태－유급 및 복학 실태－수업붕괴"로의 카테고리로 보면 다음과 같다.

첫째, 전문계 고등학교에 입학한 상당수의 학생들은 자신의 적성에 따라 자발적으로 지원했다기보다는 인문계 고등학교 모집 정원에 들어갈 수 없기 때문에 성적에 밀려 진학한 사실[129]로 인해 패배자라는 열등감에서 갖는다. 나아가 이들은 직업교육에 대한 동기의식이 결여된 가운데 부모들의 대학에 대한 열망과 더불어 진학에 대한 희망을 높게 갖고 있다.[130] 이러한 결과, 많은 전문계 학생들은 최종학교로서의 전문계 학교교육의 목적과 교육과정과는 유리된 채 학교생활을 하고 있으며, 학교에 흥미 상실과 부적응으로 이어질 수 있다는 것이다.

둘째, 전문계 고등학교의 학교붕괴적 현상은 학생들의 학적 변동에서 드러나는바 인문계 고등학교와 비교해 보면 그 심각성을 알 수가 있다. 1999년 한 해에 제적·중퇴·휴학자는 인문계가 1,399,389명 중 15,921명으로 1.14%인 데 비해 전문계 고교는 851,751명 중 33,714명으로 3.96%로 전문계 고등학교가 약 3.5배 높다는 사실이다.

---

128) 본 항의 설문은 2000년도 경기도 안양·군포·의왕 지역 교육권 내 인문계 고등학교(2개교 188명)와 전문계 고등학교(2개교 178명) 학생 366명을 대상으로 조사한 내용이다. 당시의 실태이기 때문에 전문계 고등학교의 특성과 문제, 학생들의 계층적인 상황이 어느 정도 변화되었을 수가 있음을 밝혀 둔다.

129) 설문결과에 따르면, 대부분의 학생은 중학교 때 '성적'과 '성적에 기초한 본인 희망'에 의해 고등학교를 선택한다는 점이다(전문계 86%, 인문계 91.9%).

130) 설문결과에 따르면, 전문계 고등학교에 있어 대학희망 22.1%, 전문대 54.1%로 진학이 전체의 76.2%를 차지하며, 취업은 고작 9.3%에 불과한 실정이다.

또한 그 사유별로 볼 때, 인문계고는 기타가 45.3%, 가사 38.9%, 사망·질병이 12.7%, 품행이 3.1%인 반면 전문계고는 기타가 52.1%, 가사 34.6, 품행이 8.8%, 사망·질병 4.5%를 보이고 있다. 상대적으로 비교해 볼 때, 인문계고가 전문계고에 비해 사망·질병이 높은 반면 전문계고는 품행으로 인한 경우가 높았다. 그러나 '기타 사유'가 작용할 경우에 인문계 고등학생의 경우에는 유학에 따른 자퇴자가 많으나, 전문계 고등학생의 경우는 품행으로 인한 제적·중퇴·휴학자의 비율이 훨씬 클 것으로 보인다.

셋째, 유급생과 복학생도 인문계고가 각각 0.005%(74명), 0.18%(2575명)인 반면 전문계고는 각각 0.018%(155명), 0.47%(3,983명)으로 전문계고가 인문계고에 비해 각각 3.6배, 2.6배가 높았다.[131] 고등학교에 있어서 유급 사유는 전적으로 출석일수 미달에 기인하기 때문에 전문계 고등학교가 결석률이 높고 학교 등교 및 생활에 성실하지 못한 것으로 해석할 수 있다. 나아가 전문계 고등학교의 제적·중퇴·휴학자들의 복학률도 인문계 고등학교에 비해 높아 이들의 학교생활 및 다른 학생들에게 미치는 영향도 클 것으로 판단된다.

넷째, 수업 중에 엎드려 있거나 잠을 자는 이유에 대해 '수업이 흥미가 없어서'(전문계고 48%, 인문계고 39.9%), '공부가 싫고 이해가 되지 않아서'(전문계고 24.9%, 인문계고 34.8%)로 수업 요인이 공통적으로 큰 비중을 차지하고 있는 것은 주목할 만하다. 그러나 세부요인을 보면 전문계고 학생들은 아르바이트하는 비율이 높고[132] '아르바이트로 피곤한 경우'가 12.7%, '친구들과 놀거나 PC방에 늦게까지 있어서'가 11%를 차지하고 있는 반면 인문계 학생들은 학원수강으로 잠이 부족하거나 수업내용 및 방법에 있어서 흥미가 없는 것으로 나타났다.

결국 오늘날 학교 현장에서 일어나고 있는 학교붕괴 현상은 전반적인 사회 변화에 따른 성원들 간의 신뢰 부족과 학교공동체 파괴, 학교생활 전반에서의 기초 질서의

---

131) 한국교육개발원, 교육통계연보, 1999.

132) 본 설문조사에 따르며, "학생은 아르바이트를 하거나 한 경험이 있습니까?"라는 질문에 '있다'가 전문계고가 63.6%, 인문계고가 44.4%로 큰 차이를 보였으며, 인문계고라도 학교 간의 학력 차에 따라 저학력 고등학교가 크게 나타났다(26%와 63.7%).

부재 현상, 그리고 학교의 중요성 및 학습동기 저하 현상이며, 특히 저학력 고교와 전문계 학교에서 심각하게 부각되는 상황임을 알 수 있다. 이러한 현실임에도 교사들의 사기 및 통제력 상실로 효율적이고 합리적인 대책이 강구되지 못하고 있는 학교교육의 위기현상이라고 말할 수 있다.

2) 전문계 고등학교 학교 환경의 특성

가) 중·하류층의 가정환경

같은 사회집단 속에 살면서도 서로 다른 신념과 가치관 및 행동방식을 갖고 살아가는 집단을 계층이라 한다. 이러한 계층에는 문화적 차이가 중요한 요인으로 작용한다. 사회계층이 교육에서 중요한 의미를 갖는 이유는 계층문화가 사람들의 가치관이나 생활관을 지배하고 있기 때문이며, 가족과 동료집단의 풍토를 형성하는 데 결정적인 영향을 주는 것은 물론 자녀에 대한 교육관이나 자세를 결정하고 있다.

일반적으로 계층문화적인 특성(김병성, 1998: 137 - 138)은 다음과 같다.

먼저, 상류계층은 시간관념과 위생관념이 강하며, 권력에 높은 가치를 부여한다. 권위주의적이며 형식을 보다 존중한다. 변화보다는 안정을 추구하는 보수성이 강하며, 물질적 가치보다 정신적 가치를 높게 평가한다. 정치의식은 체제 유지적이거나 긍정적으로 보수 정당에 대한 지지율이 높다. 생활은 질서가 있고 조상 숭배의식이 강하다. 명예를 존중하고 이상 지향적인 경향이 강하다. 사회불평등 구조를 정당화하고 기능주의적 사회관을 갖고 있다. 자기와 유사한 상류 사람들과의 공동체 의식이 강하다. 이들로는 고급 공무원, 경영 책임자나 관리직 등 고급 전문직업인들이다.

둘째, 중류계층은 상층지향 의식이 강하고 매사 진취적이며 적극적이다. 시민적인 권리와 의무의식이 강하다. 현실 지향적이고 가정은 화목하고 부모 자신이 건전한 사회인으로 생활하며, 자녀교육에 관심이 높다. 상류층을 동일시하는 경향이 높으며 하류층 사람들에게는 호의적인 면과 배타적인 이중성을 갖는다. 인간성에 있어서는 낙관적이며, 자아 긍정적인 경향이 높다. 정치적인 면에 있어서는 보수와 진보 양면성을 보인다. 이들로는 관료직에 종사, 중견 기술직, 화이트칼라 등이다.

셋째, 하류계층은 대체로 육체노동에 종사하거나 실업상태 또는 잠재적 실업상태에 있다. 교육 수준이 낮으며, 소득이 낮거나 일정치 않다. 생활은 불안정하고 무질서, 무절제한 편이다. 이혼율이 높고 조혼하며 대가족 경향이 높다. 낮은 성취동기를 갖고 있으며, 패배의식과 피해의식이 강하다. 태만하고 숙명론적이며, 극단적인 공격심리가 강하다. 의존적이며 정치에 무관심하다. 변화를 추구하며 체제 부정적이거나 비판적이다. 교육에는 관심 부족이다. 갈등주의적 사회관을 갖고 진보정당에 지지율이 높다.

가정의 사회 경제적 배경은 교육에 전반적인 영향을 준다.

먼저, 터민(Tumin)은 계층과 자녀양육의 태도에 있어서 하층계층일수록 모순 불일치하고 상류층일수록 민주적이고 자기 통제적이다. 영국의 더글러스(Douglas)는 '부모의 태도가 자녀의 태도를 조건 짓는다.'면서 교육과 기초교육, 고상한 사회적 행동 및 사회적 성취를 경시하는 부모는 반드시 자녀의 교육에 악영향을 준다고 하였다. 그리고 아동에게 많은 영향을 미치는 것은 부모의 여러 가지 훈계가 아니라 실제로 행하는 부모의 모범(example)으로 보았다.

둘째, 상급학교 진학과 학교의 선택에 있어서도 계층을 반영하고 있다. 대학 진학과 중등학교 졸업, 그리고 중등학교 중퇴와 상관이 있는 것으로 나타난다.

학교의 선택에 있어서는 상류층으로 갈수록 인문계 학교와 사립학교를, 하류계층일수록 전문계 학교와 공립학교를 선택한다는 것이다.

셋째, 교육방법에 있어서도 하류층은 체벌교육이요, 신체적 수단을 이용해서 육체적 투쟁에서 이기기를 기대한다. 반면에 상류층일수록 정신적이요, 체벌교육을 부정한다.

넷째, 교육에 대해서는 상류층은 교육 자체에 높은 가치를 두는 교양교육에, 중류층은 직업적 성공을 위한 준비로서의 전문교육, 하류층은 교육을 회의적으로 보며 교육과 학교에 대해 관심이 낮으며 대개 직업교육을 선호하고 있다.

마지막으로, 교사에 대한 부모의 태도 역시 상류층일수록 긍정적이고 하류층일수록 부정적이고 학교를 기피하는 경향이 높다는 것이다.

현실적으로 전문계 학생들은 어떠한 계층의 가정환경을 갖고 있는지를 알아보기 위하여 가정의 교육적 환경을 구성하는 사회·문화적 배경요인을 부모의 학력, 부모의 직업, 가정의 월수입, 주거환경으로 살펴보았다.

먼저, 전문계 고등학교 학생들의 부모 학력을 보면, 고졸 학력을 기준으로 그 상위 학력이 14.6%로 인문계 고등학교 부모들(51.3%)에 비해 상당히 낮았으며, 고졸 미만도 39.9%로 인문계 고등학교 학부모(11.3%)보다 높았다.

둘째, 부모의 직업을 보면, 전문계 고등학교 학생 가정은 비교적 낮은 사회·경제적 제1직업군[133]에 55.4%, 비교적 높은 제3직업군에 12%를 차지하고 있다. 이는 인문계 고등학교 학생들의 가정(제1직업군 27.7%, 제3직업군에 32.1%)에 비해 부모들의 직업이 매우 낮게 나타나고 있다.

셋째, 가정의 월수입을 보면, 전문계 고등학교 학생 가정에서는 100만 원 이하가 30.8%, 100~200만 원이 47.9%, 200~300만 원이 17.8%, 300만 원 이상이 3.6%로 나타났으며, 200만 원 이하의 저소득층이 78.7%를 차지하고 있다. 반면 인문계 고등학교 학생 가정은 각각 7.4%, 36.6%, 38.3%, 17.7%이며, 200만 원 이상(56%)에 널리 분포되어 있다.

넷째, 주거 지역을 보면, 전문계 고등학교 학생 가정은 일반주택 지역(47.8%)과 아파트 지역(46.1%), 논밭 지역(3.4%), 상업점포·유흥업소 지역(2.2%) 순으로 분포하고 있다. 반면에 인문계는 아파트 지역(69.1%)이 대부분이고 주택 지역(29.3%) 순이었다. 조사 지역으로 볼 때 신도시 지역이 널리 분포된 상황에서 전문계 고등학교 학생들의 가정이 일반주택 지역에 많이 산다는 것은 바로 경제력과 무관할 수 없다.

설문조사 결과를 통해 볼 때, 전문계 고등학교 학생의 가정적 배경은 인문계

---

133) 설문조사에서는 직업을 김준호의 분류에 따라 제1, 제2, 제3 직업군으로 나누었다.
　　－제1 직업군: 농업, 어업, 광업, 축산, 수산업, 원예, 상점·음식점 종업원, 이발·미장원 종업원, 가정부, 공장근로자, 목공, 운전기사, 건축공사장 인부.
　　－제2 직업군: 9인 이하 자영업 경영, 사무직, 조종사, 항해사, 교사, 간호사, 군인, 경찰.
　　－제3 직업군: 회사나 은행의 부장급, 국장급 공무원, 전문직(의사, 변호사, 판·검사, 교수, 목사).

고등학교 학생의 가정에 비해 사회·경제적인 측면에서 차이가 나며, 계층적으로 볼 때 중·하류층을 이루는 가정이 대부분이다. 이것은 전문계 고등학교 학생들에게 있어서 부정적인 교육환경으로 작용하고 있다고 분석된다.

나) 전문계 고등학교 교육의 위기

오늘날 전문계 고등학교에서의 학교붕괴라는 위기의식은 IMF의 경제위기를 기점으로 급격히 확산되었다. IMF의 경제위기가 가정경제의 위기를 가져왔을 뿐만 아니라, 전문계 고등학교 졸업생들의 취업률을 하락시키고, 그 결과 전문계 고등학교의 모집 정원 미달 사태를 가져온 큰 원인으로 작용하였다.

또한, 보다 근본적인 것은 가정경제의 위기는 가져왔을 뿐만 아니라, 전문계 고등학교에서의 교육이 부실하다는 지적이다. 그 요인으로는 전문계 영역의 과목 수가 너무 많고, 보통교과목은 인문계 고등학교 교과서와 수준이 똑같다는 것이다. 아울러 전공 교과서가 대학 교수들에 의해 어렵게 쓰여 있기 때문에 대개 학력수준이 낮은 전문계 고등학생들은 교과의 내용을 제대로 숙지하지 못하고 있으며, 나아가 학교에 적응하지도 못하는 요인으로 작용한다는 것이다.

이는 '학실연(학교사랑실천연대)'의 설문조사에서도 초·중등학교에서 가르치고 배우는 교육내용의 수준을 묻는 질문에 응답자의 59.5%가 '어렵다'고 답변한 사실에서 보면 현재 학교에서 가르치는 교육내용의 수준과 배우는 학생의 수준에 커다란 문제가 있음을 시사하고 있다.

본 설문조사에서도 '수업 중 엎드려 있거나 잠을 자는 이유를 묻는 질문'에 '공부가 싫고 이해가 안 되어서(29.9%)', '수업에 흥미가 없어서(43.9%)'로 수업요인이 큰 비중을 차지하고 있다. 이는 비평준화 지역의 저학력 고등학교 및 전문계 고등학교일수록 더 크게 나타나고 있음은 주지의 사실이다.

나아가, 1996년 2월 19일 발표된 교육개혁 방안에서 '직업교육의 축을 전문계 고교에서 전문대학으로 옮김으로써 전문계 고등학교가 갖고 있는 직업교육을 약화시킨 결과를 가져왔다.

또한 대학입학수학능력고사에서 전문계 고등학교 학생들을 위한 직업탐구 영역 신설로 인한 대학 진학의 수월성은 학생들에게 대학 진학을 수월하게 해 주었다는 점과 진로의 폭을 확장시켰다는 점에서 의의를 갖는다. 그러나 현재 전문계 고등학교 교육이 추구하는 교육의 방향으로 전문계 학교교육의 내실을 가져왔는지는 확인되어야 할 부분이다.

3) 교육과정의 내용수준과 평가의 부적절성

교육의 발전과 개선은 학교 현장에서 학생이 교과를 이해하고 의미 있게 받아들이는 것에서 출발한다. 그러기 위해서는 배우는 내용이 학생의 생활배경이나 경험과 일치되고, 그들의 지적 발달단계와 수준에 맞게 교육내용을 번역하고 재구성해 주어야 한다.

이러한 측면에서 오늘날 한국의 전문계 고등학교 학교교육에 있어서 교육과정(教育過程)의 문제는 다음 네 가지로 귀착될 수 있다.

첫째, 지식사회학의 관점에서 보면, 근대사회의 학교교육과정은 중류계층의 학생에 적합성을 가짐으로써 중하류층의 노동계급 학생에게는 교육 실패를 가져오게 된다는 것은 이미 널리 알려진 사실이다. 따라서 하류층 자녀 위주인 전문계 고등학생들에게 있어서 현재의 교육과정은 계층적 편파성을 안고 있다는 것이다.

둘째, 한국 사회는 대중문화에 대한 오랜 편견이 자리 잡고 있다. 중류문화 지향적인 교육의 통념상 대중문화는 학교교육에서 멀리 하게 되고, 대중문화에 민감하게 반응하는 학생들을 소위 '날라리'라는 선입견이 보편적인 판단의 기준이 되어 있다.

셋째, 전문계 고등학교 학생의 대부분은 기초학력이 극히 낮음에도 불구하고 수준에 맞는 교과 지도가 이루어지지 않고 있다. 인문계 고등학교와 같은 수준의 보통교과목의 교과서와 대학 교재 수준의 전문교과 교과서로 인해 학교 현장에서 교사들이 수준에 맞게 가르치는 데 어려움을 안고 있다.

넷째, 평가의 문제이다. 한국의 실정상 대부분의 전문계 고등학생들은 입학 당시에 기초학력이 부진한 학생들이다. 그리고 학습 의욕과 동기가 결여된 상태에서 고교 교육과정의 학습 효과를 기대하기는 어려울 수밖에 없다. 이런 상황에서 일률적으로 적용되는 절대평가[134]는 극단적으로 하향적 정적 편포를 보여 주고 있다. 1999년 2학기 ○○ 전문계 고등학교 1학년 ○반의 교과목별 평어 분포를 보면 <표Ⅱ－45>와 같다. 즉 예·체능과 실습 교과목을 제외한 교과에서 70－90% 학생이 '양'이나 '가'의 평어를 받고 있다는 것이다.

〈표Ⅱ－45〉 전문계고의 교과목 성적(평어) 분포

단위: %

교과 평어	윤리	국어	공통 수학	공통 사회	공통 과학	공통 영어	전산 일반	기계 공작	* 개인별 평어를
'양', '가'	93.8	75	75	75	71	91.7	66.7	87.5	보면 48명중 32명 (66.7%) 학생이 7 개 과목 이상에서
'가'	52.1	58.3	66.7	43.8	29.2	58.3	22.9	77.1	'양', '가'였다.

전문계 고등학교 교육에 있어서 내용 수준의 부적합성과 내용 자체의 계층적 괴리는 대부분 중·하위 계층 자녀로 구성된 전문계 고등학교 학생들의 학교교육과정에의 적응은 근본적으로 어려울 수밖에 없으며, 절대평가로 인한 열등감과 자기 패배감으로 점점 학교생활에 자신감을 잃어 가고 있다.

따라서 전문계 고등학교 교육과정의 문제는 교육과정의 내용수준과 평가의 부적절에 있다고 할 수 있다.

---

134) 2008학년도 대학입시부터 고등학교 내신성적을 상대평가로 바꾸었다. 때문에 이러한 문제는 다소 완화되었다고 판단된다. 이러한 문제의식에 대한 논의가 변화의 조그마한 요인으로 작용하기도 한다.

4) 차별적 사회화

일반적으로 학교 현장에서 교사의 차별적 사회화의 근원으로 작용하는 학생에 대한 교사 편견의 원천은 성(性), 사회 경제적 배경, 검사 점수(지능), 특정 학생에 대한 타 교사의 부정적 언질, 좌석 배치, 후광효과(halo effect)[135]를 들 수 있다. 이러한 근원으로 인한 교사의 학생에 대한 차별적 사회화는 기대효과와 학생 범주화, 그리고 낙인적 언행으로 나타나고 있다.

먼저, 교사의 학생에 대한 긍정적 기대효과는 성취의욕과 학업성취를 높일 수 있는 학생관으로 중요시되고 있다. 교사의 기대에 대한 연구는 자성적 예언(自省的 豫言, self-fulfilling prophecy)으로 설명된다. 즉 인간의 사회적 행동은 어떤 행동을 하리라는 주위의 예언이 행위자에게 영향을 주어 결국 그렇게 행동하도록 만든다는 것으로 자기충족예언(自我充足 豫言)이라고도 한다(피그말리온 효과: 로젠탈 & 제이콥슨(Rosenthal & Jacoboson, 1968), 자기충족예언: 머턴(1968)). 그러한 과정은 교사의 기대가 교사의 각별한 행동으로 나타나고, 학생에게 무엇이 기대 행동인지 인지시켜 주는 것과 더불어 학생의 자아개념, 포부수준, 성취동기에 영향을 주며, 이러한 것이 반복 시 교사의 기대 행동으로 학생의 행동이 형성되고 시간이 지날수록 강하게 나타난다(Good & Brophy, 1984. 이종각, 1996: 216 재인용). 결국 성적이 올라가리라는 교사의 기대가 학생의 성적을 높인다는 이론이다.

로젠탈과 제이콥슨(1968)은 미국의 오크(Oak) 초등학교에서 실험을 통해 학습집단 속에서 '교사들에 의해 기대되는 학생들이 그렇지 못한 학생들보다 높은 지적 성취를 거두는 것'으로 밝혀냈다. 특히 저학년과 계층적으로 하류층 아동에게서 더 뚜렷하게 나타나고 있다고 보고하고 있다.

본 설문결과에 따르면, "대체적으로 우리 학교 선생님들은 학생들에게 어떤 기대를

---

135) 후광효과란 성적과 같이 주로 한 가지 특성에 근거하여 다른 능력도 영향을 받아 비슷하게 평가되는 것을 말한다. 즉, 교과 성적이 우수한 학생은 실기평가 및 평소 점수의 수행평가에서 호의적으로 높게 평가되는 편견을 말한다.

하고 있다고 생각합니까?"라는 항목에 대해 '훌륭하다며 큰 기대를 하신다.'와 '열심히 하면 된다고 격려하신다.'에 인문계 고등학교 학생의 43%, 전문계 고등학교 학생의 26.7%가 반응을 보였다. '그냥 교과목을 가르치신다.'에는 인문계고 23.7%, 전문계고 29.5%의 반응을 보였다. '별로 기대를 안 하시는 것 같다.'와 '너희들이 뭘 하겠느냐!'는 부정적인 항목에는 인문계고 학생의 33.3%, 전문계고 학생의 43.8%로 차이를 보이고 있다(<표Ⅱ-46> 참조). 특히 같은 인문계 고등학교라 하더라도 학력차이에 따라 기대수준에 큰 차이를 보이고 있다. 성적에 따라 저학력 고등학생 학생들에 대해 기대수준이 낮게 나타나고 있다.

〈표Ⅱ-46〉 학생이 인식하는 교사의 학생에 대한 기대 수준

단위: %

학교 \ 항목	① '훌륭하다'며 큰 기대를 하신다.	② '열심히 하면 된다'고 격려 하신다.	③ 그냥 교과목을 가르치신다.	④ 별로 기대를 안 하시는 것 같다.	⑤ '너희들이 뭘 하겠느냐'는 식이다.	응답 모수치
전문계 A 공고	1.2	10.5	30.2	20.9	37.2	86 / 87
전문계 B 정산고	1.1	40	28.9	16.7	13.3	90 / 91
인문계 P 고	20.8	34.4	24	13.5	7.3	96 / 97
인문계 B 고	3.3	26.7	23.3	24.4	22.2	90 / 91
전문계 對 인문계	1.1: 12.4	25.6: 30.6	29.5: 23.7	18.8: 18.8	25: 14.5	176 / 186

다음으로, 교사의 학생 범주화는 교사가 학생들을 가정배경, 옷차림, 외모, 언어사용 능력 등에 의해 여러 집단으로 분류하는데, 이는 수업 과정에서 다른 차별적 대우(발표기회의 배분, 아동 발달에 대한 평가, 통제 방식에 있어서 차별)로 나타난다는 것(이종각, 전게서, 212)이다. 이러한 차별적 대우는 학생의 자아개념과 성적에 영향을 미치고 있다.

전문계 고등학교에 있어서 학생들의 생활 문화 및 행동 방식의 대부분을 차지하고 있는 중·하류층 및 노동문화에 대한 교사들의 편견은 학생들에게 부정적인 기대 효과로 작용함으로써[136] 학업성취는 물론이고 인성적 열등감과 무능력감으로 이어진다는 사실이다.

마지막으로, 교사의 낙인(烙印)적 언행은 학생들에게 있어 보다 광범위하게 인식되고 있는 부분이다. 학생은 교사와의 언어적 상호작용을 통해 사회적 정체성이 형성되고 변화된다. 일반적으로 교사들은 은유적이고 농담 형식으로 치욕적인 말(예: 돌대가리, 두 자리 수 등)을 쓰기 쉽다.[137] 그러나 학생에게는 치명적인 낙인으로 작용해 '스스로 아무것도 할 수 없는 바보'(무능력감, 자책, 비행)라고 생각하고 행동할 수도 있다는 것(상게서, 215)이다.

본 설문결과를 보면, 학생들이 인지하는 교사들의 '낙인'(⑤항목)적인 언행에 대해 인문계고와 전문계 고등학교 사이에 큰 차이를 보이고 있다(<표Ⅱ-46> 참조). 학생들의 학력군에 따라 같은 계열의 학교에서도 학교별로 큰 차이를 보이고 있다(P고는 성적이 고학력고, B고는 저학력고). 즉, 인문계고보다 전문계고에서 낙인적 언행이 높게 나타났으며, 동일한 인문계 고등학교 내에서는 학생들의 입학성적이 낮은 저학력 고등학교(P고)에서 낙인적 언행의 비율이 높았다.

이 같은 결과에서 볼 때, 교사들의 기대가 학생들의 성적에 의해 비롯됨을 알 수 있다. 또한 전문계 고등학교 내에서 공업계와 정보고가 커다란 차이를 나타내고 있는 것은 학교 자체 내의 교사들의 의식과 풍토에서 비롯된다고 해석된다.

---

136) 학교 계열별 고등학교 학생들의 가정적 배경을 보면, 상류층의 비율이 높은 학교는 인문계고-상업계고-공업계 순이었다. 교사들의 기대수준도 인문계-상업계-공업계 순으로 나타남으로써 가정배경과 교사들의 학생 범주화와 기대 그리고 낙인 간에 밀접한 관련이 있음을 알 수 있다.

137) 2000년을 기점으로 그간 학교사회의 두드러진 수요자 중심의 교육 및 학생·학습자 존중 교육의 영향으로 교사들의 언어적인 표현들이 상당히 줄어들게 되었다.

5) 공동체적 신뢰관계 약화

교육은 만남이다. 이러한 만남은 교사와 학생 상호간의 교육적 사랑(敎育愛)으로 나타난다. 교육적 사랑은 교사의 학생에 대한 아가페(Agape)적 사랑, 학생의 교사에 대한 에로스(Eros)적 사랑, 학생 상호간의 필리아(Philia)적 사랑이 통합된 것이다.

한국의 교육 현실은 여러 가지 면에서 교사와 학생 간의 친밀하고 신뢰 있는 관계가 형성되어 있지 못하다. 이러한 이유로는 몇 가지가 제시될 수 있다.

첫째, 한국의 교육 여건은 거대학교와 과밀학급의 상태라고 볼 수 있다. 이러한 학교의 열악한 교육 현실은 교사-학생 간의 인격적 관계를 약화시키고 익명성을 높게 한다. 일반적으로 도시 학교에서 교사들은 주당 평균 20시간을 맡고 있는데, 학년당 10학급(급당 40명 기준)이라면 2~3단위 교과목 담당교사는 300~400여 명을 가르치게 되는데, 특별히 눈에 띄는 소수의 학생을 제외하고는 이름마저 기억하기가 어려운 현실이다. 따라서 학생들을 지칭할 때는 으레 '야' 아니면 '너', 또는 '몇 번'으로 부르기 쉽다. 이런 현실 속에서 학생들은 학교에서 소위 말하는 '군중 속의 고독'을 경험하게 되고, 교사와 학생은 서로 익명성 아래 형식적인 관계에 머물게 된다.

둘째, 전통적 권위의식과 관료적인 교육행정 구도에서 나타나는 한국교육계의 두드러진 특징은 유치증(infantilism)[138]이다. 교사들의 학생에 대한 유치증적 태도는 학생 스스로가 자기 학습에 책임을 지도록 도와줄 수 없을 뿐만 아니라 나아가 교직의 책무성과 전문성을 발휘하기 어렵게 만들고 있다. 나아가 교사의 유치증은 교사-학생 간의 상호 신뢰와 인격적 만남을 소원하게 하고 있다.

셋째, 노동 문화와 하류층 문화에 바탕을 둔 전문계 고등학교 학생들과 중류층 문화에 기반을 둔 교사들 간의 문화적 이질감에서 비롯되는 거리감이 의식적 또는

---

138) 우리의 교직 현실을 특징짓고 있는 부정적인 측면의 원시적인 인간관계의 대표적인 경우는 유치증(infantilism)인데 많은 학교들이 강한 유치증을 앓고 있다. 즉 교육위원들은 장학사를 유아처럼 다루고, 장학사는 교장을, 교장은 교사를, 그리고 교사는 학생들을 유아처럼 다룬다. 따라서 두려움과 의존성 때문에 권위에 순응하고 기다리는 유아처럼 행동하게 된다는 것이다(Barth(1986), 김영태, 1999; 30).

무의식적으로 교사와 학생 간의 관계를 친밀하지 못하게 만든다. 학생들의 계층문화적인 특징은 학교생활에서 기초질서 결여, 기본생활습관 부족, 상스럽고 세련되지 못한 언행들에서 나타나고 있다.

넷째, 성적에 기초한 교사들의 차별적 사회화는 학생들에 대한 편애와 편견으로 작용하게 되고, 이는 학생들로 하여금 교사에 대한 거리감과 존경의 상실로 나타난다. 이러한 요인은 한국의 치열한 고등학교 입시 현실에서 전문계 고등학교에 입학한 것 자체에서 오는 부정적인 인식이며, 향후 학생들의 학교생활에 대한 학생 능력과 기대의 면에서 차별적 인식에서 비롯된다.

교육은 친밀하고 신뢰할 수 있는 교사-학생 간의 관계 속에서 교육의 효과가 나타난다고 볼 때, 한국의 교육, 특히 전문계 고등학교에서의 교육 현실은 이러한 점에서 많은 변화가 요구된다.

6) 생활지도의 전문성 결여

한국의 학교 현장에서 생활지도는 기본적으로 학생들의 자율적 능력을 신뢰하지 않는 풍토 위에서 이루어지기 때문에 그 기준이 되는 교칙이나 각종 규정이 왜 타당한가에 대한 합당한 근거가 제시되지 않는 상황에서 지도되고 있다. 좀 심한 표현이라고 할지도 모른다. 전문계 고등학교에서 학생들의 오토바이 통학, 아르바이트 등에 대한 학생 저항행동시, 합리적이고 실질적인 설득으로 이해할 수 있는지 돌이켜 보아야 한다.

학교 측에서 일방적으로 정해 놓은 '단정함', '학생다움'이라는 자의적인 잣대로 행해지는 두발 및 복장에 대한 규제도 예외는 아니다. 학생들의 동의를 수반하지 않은 강제적인 규율은 학생들을 '통제'와 '권위'에 수동적으로 반응하게 하는 수동적인 인간으로 만들 위험이 크다.[139]

---

139) 우리교육(중등), 지금 당장 해야 할 것들—학생의 인권을 위한 교사의 행동지침 10가지, p.68에서 인용.

학교 상황에서 생활지도상 문제가 제기되는 경우는 다음의 두 가지로 집약된다.

첫째, 오늘날 학교 현장에서는 구체적인 생활지도 기준이 제시되어 있지 않아 교사 간의 지도 방법 및 그 강도의 차이로 인한 지도의 일관성 결여 문제가 지적되고 있다.

본 설문결과에 의하면, 수업 중 핸드폰 조작에 대한 지도에 있어서 가장 큰 불만이 계열을 막론하고 '교사들마다 지도 방법과 기준이 달라서'라는 것이다. 세부적으로 보면, 전문계 고등학생의 57.5%, 인문계 고등학생의 52%가 반응(<표Ⅱ-47> 참조)하고 있어서 각 학교마다 핸드폰 지도에 대한 일관성이 요구된다.

<표Ⅱ-47> 핸드폰 지도의 불만

단위: %

학교 \ 항목		수신 내용을 확인한다.	핸드폰, 배터리를 당분간 뺏는다.	과민반응으로 못 쓰게 망가뜨림	교무실 호출로 장시간 벌준다.	교사들마다 지도 방법·기준이 다르다.	응답 \ 모수치
실업계	A 공고	9.5	20.2	9.5	4.8	56	84 / 87
	B 정산고	7.2	19.3	8.4	6	59	83 / 91
인문계	P 고	12.2	11.1	12.2	12.2	52.2	90 / 97
	B 고	12.6	17.2	11.5	6.9	51.7	87 / 91
전문계 對 인문계		8.4 - 12.4	19.8 - 14.1	9 - 11.9	5.4 - 9.6	57.5 - 52	16 / 177

한 예로서 교실에서 핸드폰 조작 및 벨 울림에 대한 지도 방법에 있어 핸드폰 자체를 당분간 빼앗음, 핸드폰 배터리를 빼앗음, 기타 벌을 적용, 아니면 적당히 넘어가는 경우가 있어 교사의 강한 지도(빼앗음)에 반발하는 경우나 심지어 교사를 폭행하는 사례140)까지 나타나고 있다.

---

140) 중앙일보 2000년 3월 14일자에 의하면 '경북 H 여고에서 2학년 A양이 압수당한 핸드폰을 되돌려 달라고 요구했으나, 교사가 거부하자 수업을 중단하고 책가방을 꾸려 교실을

이러한 상황에서 일부 교사들은 아예 지도하기 곤란한 문제 행동은 보지 않으려는 경향이 나타나는가 하며, 또는 더러 열의 있는 교사들은 지도 방법에서 교사들과 마찰을 빚고 있다.

둘째, 무엇보다도 중요한 것은 학교 현장에서 교사들 자신이 지도 방법상의 전문성 결여로 지도상의 혼란이 내재하는 가운데 교사와 학교행정가, 학생, 또는 종종 학부형들과 갈등과 긴장상태가 초래되고 있다는 사실이다. 즉 교사의 지도 방법적 타당성과 적합성에 대한 학생들의 반발과 저항으로 교사의 교육적 지도가 종종 학생과의 싸움으로 비쳐지는 경우가 있다.

'사랑의 매'라는 명분으로 오랫동안 정당화되어 온 체벌은 그 역사만큼이나 많은 문제점을 안고 있다. 근거가 불명확하거나 부당한 체벌, 정도가 심한 체벌, 차별적인 체벌, 비교육적·비정상적인 방법이 동원된 체벌 등이 교사의 권위로 이루어지고 있는데 이 같은 맥락이라고 볼 수 있다.

학생지도 방법상의 교사의 전문성 부족은 교사의 존경도와 관련 있는 것으로 나타난다. 교사의 지도 방법이 교육 목적상 합목적적이지 못하고 그 과정이 일관성과 공정성을 갖지 못하면 교직의 전문성은 약화되고 교사의 권위 또는 존경도는 도전받게 된다는 사실을 직시해야 하겠다.

나. 전문계 고교 활성화를 위한 대안교육적 접근

1) 전문계 고등학교 학교교육과정의 재구성

가) 대중문화를 학교교육과정으로 흡수

학교는 기본적으로 전통적인 가치와 문화를 중요시한다. 이는 교육이 기성세대의

나갔다. B교사가 뒤쫓아 가 복도에서 출석부로 한 차례 머리를 때리고 교실로 데려와 한두 차례 손찌검을 하고 나무라자 A양이 이에 격분하여 교사를 폭행했다.'

문화를 새로운 세대에게 전수하는 보수적 기능이 있기 때문이다. 물론 새로운 세대들에게 그들이 살아가야 할 사회를 창조하게 하는 힘을 키우는 기능도 전수 기능 못지않게 중요하다.

그러나 학교는 기존의 전통적 가치를 오늘의 사회와 문화의 잣대로 재단하여 활용하는 것보다는 일방적인 적용과 강요에 익숙해 있다. 이러한 문제는 시대를 초월하여 기성세대와 신세대 간의 대화 단절과 문화적 충돌의 단초가 되어 왔다고 보인다(이내설, 1998: 58). 더욱이 급변하는 정보화와 다원화 시대에 교사와 학생 간의 문화 갈등은 그 어느 시대보다도 큰 충격으로 다가올 수밖에 없다.

오늘날 영상매체 중심의 문화적 상황에서 학생들의 의식과 사고의 틀을 결정짓는 신세대의 문화적 감성은 전통적 가치와 문화를 존중해 온 학교교육의 울타리를 뛰어넘은 지 오래인 것이다. 사실 '교단 선진화'도 첨단 디지털 영상매체를 학교교육에 도입하여 학생들의 문화적 감성을 자극하여 교육의 질적 효율성을 높이고자 하는 것이다.

오늘의 학교교육 현장을 보면 대중문화가 다양한 경로와 교사들의 의도적인 노력으로 학교교육과정에 활용되고 있다. 중요한 것은 학교교육 현장에 흐르는 관리자와 교사, 교사와 교사, 교사와 학생들 간의 문화적 충돌을 흡수하고 미래지향적인 안목과 열린 마음을 갖는 것이라고 생각된다. 나아가 급변하는 시대에 학교교육이야말로 문화의 국제화와 다원화에서 오는 방황과 그들만의 외로운 문화적 갈등을 치유하는 즐거운 교육 현장으로 거듭나야 할 기회를 맞고 있다(상게서, 61).

특히, 요즘 학생들의 춤 문화는 보편적인 학교 현장의 모습으로 보이고 있으며, 사랑과 반항적 내용의 가사와 랩, 팝송의 격렬하고 빠른 리듬이 학생들의 정서에 부적절하고 정서 순화에 배치되는 점이 있다 하더라도 대중문화의 산업화와 세계화가 이루어지는 그들 문화세대의 미래상을 생각해 볼 때 외면하고 혀를 찰 일이 아니다. 능동적으로 대중문화를 수용하는 지혜가 필요하며 학교교육에서 그 교육의 필요성은 인정되어야 할 것으로 본다. 나아가 특별활동 등과 같은 학교교육과정을 통해 대중문화를 적절하게 인정하고 수용하는 것이 필요한 시점인 것으로 보인다(상게서, 59).

나) 노동문화의 긍정적 가치의 교육과정화

오늘날 교육과 불평등에 관한 논의에 있어서 핵심은 학교교육 내용에 대한 계급적 성격에 있다. 대표적인 시각은 지식사회학에 바탕을 둔 신교육사회학이다.

지식사회학의 관점에서 보면 '지식은 사회적으로 구성되는 것'이다. 능력과 지식의 개념 역시 사회적 산물이며 교육의 실패도 사회적 소산의 결과라 할 수 있다. 나아가 학교의 교육과정이 중류계급 아동에게 적합한 편향성에 기초함으로써 노동계급 아동의 교육 실패를 가져오게 된다는 것은 이미 널리 알려진 사실이다.

케디(N. Keddie)는 "학급에서의 지식(Classroom Knowledge)"이라는 논문에서 노동계급 아동의 교육 실패에 대한 구제책으로 통합교육과정과 탈주지주의 교육을 제안하고 있다(Blackledge D & B. Hunt, 1985: 292). 이러한 제안의 바탕에는 학생과 교사의 사고체계 및 중류계급과 노동계급의 사고체계도 다르다는 것이다. 그런데도 학교에서는 노동계급의 학생들과 열등집단의 사고체계는 무시되고 있다고 주장한다.

신교육사회학은 '일상적 생활지식보다 중류계급의 산물로서 교과지식 혹은 학구적 지식의 우월성을 부정하는 데서 출발하고 있다.' 또한 일상적 생활지식이 학교의 교육과정적 지식만큼 가치와 의미를 함의하고 있다는 견해를 존중하면서 노동계급의 일상적 지식과 평등한 가치를 추구하고 있다(상게서, 294).

이러한 생각의 바탕에는 '교육적 가치를 함의한 지식도 교육에서 중요하지만 일상적 지식을 존중하지 않는다면 인류를 위해 큰 손실일 뿐만 아니라 문화의 정체를 초래할 수 있다.'(상게서, 305)는 위기가 내포되어 있다.

레이놀드와 슐리반(D. Reynolds and M. Sullivan)은 "신교육사회학의 새롭고 급진적인 과제는 문화적 상대주의 개념을 포괄하는 일이며, 부르주아 계급의 문화적 가공품인 전통적 교육과정을 노동자 계급문화에 뿌리를 둔 교육과정으로 대치되어야 한다."(상게서, 307)고 주장한다.

잭슨과 마이덴(B. Jackson and D. Marsden)은 『교육과 노동계급』이라는 저서에서 노동계급의 교육적 관점을 집중적으로 논변하고 있다. 결론의 장에서 그들은 아놀드(Arnold)의 말을 인용하면서 논의를 종결짓고 있다. 즉 "우리 사회의 주류 문화는 전승되어야 한다. 중류계급뿐만 아니라 노동계급에도 전승되어야 한다"(상게서, 311)는 것이다.

그러면서 두 가지 문제점을 제시하고 있다. 첫째, 학교가 가끔 중류계급의 가치와 상위문화 혹은 고급문화를 혼동하고 있다는 것이다. 주류문화와 교사가 말하는 소위 중류계급의 가치는 결코 동일한 문화 가치가 아니라는 것이다. 문제는 학교가 다양한 개방적인 문화로부터 중류계급의 문화를 단절시키고 있다는 점이다. 둘째, 지역주의와 편파적인 태도 때문에 많은 노동계급의 사람들은 지배적인 중류계급의 가치에 동화되지 못하며, 직업과정이나 기술과정으로 진로를 결정하게 된다(상게서, 311 – 312)는 것이다.

이러한 것과 관련하여 노동계급의 생활양식에 부정적인 시각을 갖는 학교가 많으며, 이러한 이유로 노동계급의 학생들이 학교에 대하여 저항적인 태도를 보이게 된다는 점이다.

이러한 문제점을 극복하기 위해서는 "노동계급의 가치의 중요성을 학교에서 인식시키고 주류문화의 전승과 함께 교육력을 집중시켜야 한다. 또한 노동계급의 삶을 긍정하고 그들의 삶의 질을 향상시켜 주류문화에 노동계급문화가 부합되도록 통합하는 교육체제를 정립"(상게서, 312)해야 한다.

따라서 한국의 학교 특히 전문계 고등학교 교육과정 구성에 있어서는 노동계급의 일상적 지식과 긍정적 가치 내용을 수용하는 것이 필요하며, 나아가 교사들의 노동계급 문화에 대한 부정적 인식과 편견을 극복하는 것이 무엇보다 요구된다.

다) 교수 – 학습 수준과 평가의 적합성

교육은 개별성을 존중하는 바탕에서 성립한다. 이러한 측면에서 볼 때, 현재 한국의 전문계 고등학교 교육상황은 교재 내용이 기초학력이 부진한 전문계 고등학교 학생들의 수준에 적합하지 못하며, 평가에 있어서도 절대평가제로 인해 대부분의 학생들이 심리적 무력감과 열등감을 갖고 있다.

교육이 개인의 현재 상황을 개선시켜 주고 미래에 대한 가능성 증진시켜 주는 일이라면, 오늘날 전문계 고등학교에 있어서는 다음과 같은 측면에서 교수-학습의 적합성 도모와 평가 방식의 변화가 요구된다.

첫째, 전문계 고등학교의 보통교과 교과서를 내용과 수준에서 적합하게 따로 편찬해야 할 것이다(계열별 교과서의 다양화 모색).

둘째, 대학 교재 수준의 전문계 고등학교 전공 교과서를 학생들이 이해하기 쉬운 수준으로 재구성하여 편찬해야 할 것이다.

셋째, 교실 수업 장면에서 전문계 고등학교 교사들이 학생들의 수준에 맞게 교육내용을 번역하고 재구성하여 가르치는 열정이 요구된다.

넷째, 전문계 고등학교에 있어서 학교 성적 산출방식은 상대평가제를 도입하여야 한다. 따라서, 평가 결과 성적(평어)의 극단적인 하향 분포에서 오는 학생들의 심리적 패배감을 줄이고 긍정적인 자아개념 및 학습의욕을 증진할 수 있도록 해야 하겠다.

2) 대안적인 교사지도력 제고

가) 교사-학생 간의 '교육학적 관계' 회복

올바른 교육의 과정은 교사와 학생 사이의 교육적 관계에서 비롯된다. 교사는 학생들에게 바른 정신과 이상을 각성시켜 그들이 창조적 주체로 다시 태어나도록 하는 책임의 주체이다. 독일에서는 교사와 학생의 상호작용 관계를 교육의 핵심으로 보고 이를 '교육학적 관계'라는 개념으로 발전시켜 왔다.

노올(H. Nohl)의 교육학적 관계(padagogisches Verhaltnis)' 개념을 클라프키(Klafki) 교수가 정리한 것을 소개하면 다음과 같다.

①교육학적 관계는 어린 인간의 성장발달과 자아실현을 위한 교육학적 책임에 근거하는 성인과 미성숙자와의 정열적인 관계이다.

②교육학적 관계는 학생이 단순히 반응하고 수용하는 관계가 아니라, 상호간의

신뢰와 관심의 부여에 의해 맺어 가는 상호작용적 관계이다. 바로 여기에 페스탈로치가 말하는 '교육학적 사랑'이 자리 잡고 있다.

③교육학적 관계는 강요나 조종에 의해 이루어지는 관계가 아니라 언제나 자유의지의 동기에 의하여 인도되는 관계이다.

④교육학적 관계는 처음부터 학생들을 자립적이고 성숙한 인간으로 형성시키려는 목적에 의해 일시적이고 임시적으로 맺어지는 관계이다. 따라서 노올은 "교육학적 사랑은 순종의 연장이 아니라 순종의 단축을 지향하고 있다."고 하였다.

⑤학생을 위한 교사의 노력은 일종의 '어둠침침한 방향 모색'으로 특징져지는데, 학생의 현재 상황에 대한 관심과 욕구 및 성취에 초점을 맞추되 실현되지 아니한 가능성들을 교육적 노력에 구체화시켜야 한다는 것이다(오인탁, 1990: 316-317).

노올의 '교육학적 관계'의 이상적 모델은 첫째, 어린이와 어른 사이는 신뢰로 가득 찬 관계이다. 이러한 신뢰로 묶인 관계 안에서 교육은 비로소 성공적으로 수행될 수 있다는 것이다. 둘째, 어른과 어린이의 관계는 임의적 관계 맺음을 통해서 구체화되는 것이 아니다. 가정과 학교 같은 교육 기반의 테두리 안에서 각자 가지고 있는 역할에 의해 결정된다. 특히 학교에서 교육학적 관계는 교사와 학생의 상호관계가 절대적으로 동등하다는 원리 위에서 형성되어야 한다(상게서, 320)는 것이다.

이러한 노올의 교육학적 관계 개념은 교사와 학생 사이의 신뢰로 가득한 관계를 적극적으로 드러내고 있으며, 학생에 대한 교사의 사랑이 동반된 관심 부여와 교사에 대한 학생의 신뢰가 동반된 관계 맺음이다. 이런 점에서 교사와 학생의 교육학적 관계는 교육성공의 핵심적 전제가 된다고 볼 수 있다.

물론 한국의 교육 여건상 거대학교와 과밀학교의 현실에서 노올의 교육학적 관계 적용에는 어느 정도 한계가 제기될 수 있다. 이러한 문제는 일찍이 독일의 자유 발도르프 슈타이너 학교에서 시행되고 있는 에포크 수업[141] 운영으로 극복될 수

---

141) 에포크(epoch) 수업: 교과목의 이수를 일정 기간에 집중시킴으로써 학습 능률을 높이고자 하는 전략이다. 한국의 경우 주당 단위수가 적은 교과목에 적용한다면 교사의 학생 파악이 수월해지고 인간적인 관계형성의 조건이 갖추어질 수 있다. 일반사회 교과목의 경우

있으리라 본다.

또한 수업을 포함한 교육과정 전반에서 교사들이 '학생 이름 불러 주기' 실천을 통해 교사—학생 사이가 좀 더 친근함을 유지할 수 있다. 그리고 성적에 기초하여 학생을 편애하는 자세나 계층 문화적 이질감에서 나타나는 위화감을 극복하고자 하는 노력이 필요하다.

결국 교사가 학생을 인격체로서 존중하고 자신의 유치증 극복 및 신뢰할 수 있고 인격적인 만남에 대한 관심을 갖는 것이 무엇보다도 중요하다. 그러나 근본적으로는 교실이 정서적이고 인지적 기능을 발휘할 수 있도록 학급당 학생 수(30명 내외)와 학교 규모(학년당 5학급 정도)를 '작은 학교'로 줄여 친밀한 교육환경에서 인간화 교육을 실천할 수 있도록 해야 한다.

나) 자신감을 키워 주는 교육

교사가 학생을 '어떤 가능성의 소유자로 보고 어떤 기대를 하느냐' 하는 것이 학생의 성장과 학업성취에 실제적인 영향을 준다.

교육 현장에서 교사들이 자신도 모르게 우연히 갖게 되는 학생에 대한 기대(평가)가 학생의 학습과 진로 결정에 많은 영향을 준다는 것을 알아야 한다. 또한 수업 장면에서 교사가 갖는 학생 능력에 대한 왜곡된 견해가 학생의 단기적 학습을 실패로 이끌 뿐만 아니라 장기적으로는 부정적 자아개념을 형성하여 무력감을 갖게 할 수 있다는 것을 직시해야 한다.

피그말리온 효과가 교사에게 주는 시사점은 두 가지로 요약될 수 있다. 첫째, 학생의 능력을 인정하고 긍정적인 입장에서 학생 자신을 이해할 수 있도록 도와주어야 한다는 것이다. 둘째, 사회계층이 낮은 가정적 배경의 학생일수록 큰 영향을 미친다는

학급당 주당 2시간씩 1년에 걸쳐 68시간을 이수하게 하는 시간운영을 매일 일정한 시간에 1시간씩 하여 12주에 끝내는 형태이다. 교사의 주당 수업 시수를 18시간으로 볼 때 3개 반씩 묶어서 로테이션식으로 운영하면 효율적이다. 어학과 기능 교과목과 같이 반복학습 효과가 중시되는 교과는 제외하는 것이 좋다.

사실에서 학습 부진아나 학교 부적응 학생 등 특수한 처지에 처한 학생들(특히 전문계 고교)에게 더 많은 관심과 애정을 쏟아야 한다는 것이다.

따라서 부모의 계층적 배경이 중·하류층이 대부분인 전문계 고등학교(특히 공업계)와 전문계 고등학교에 근무하는 교사들의 학생에 대한 낮은 기대수준과 부정적 낙인의 현실로 볼 때, 무엇보다도 전문계 고등학교에 근무하는 교사들의 학생에 대한 기대효과에 대한 높은 관심과 적극적인 기대가 요구된다고 하겠다.

이러한 관점에서 1998년 2월 용산공고를 졸업하고 통신망의 '전국 실업계 고등학교 모임' 회장으로 있는 신형호 씨가 들려주는 다음과 같은 이야기는 전문계 고등학교 문제 해결의 단초가 어디에 있는지 암시해 주고 있다.

> "사회나 학교, 선생님들 모두 공업고등학교에서는 제대로 교육을 하지 않아도 좋다고 생각하는 것 같아요. 심지어 교육과정이나 내용도 너무나 비현실적이고요. 학교에서 무엇 하나 진정으로 '교육한다'는 느낌을 주지 않으니 학생이 열등감에 빠질 수밖에 없지요. 선생님들로부터 '우리를 대강 이 정도에서 포기하는구나!'라는 느낌을 받으면 정말 견디기 힘들죠. 하지만 공업고등학교에서도 제대로 '교육'을 하면 아마 많은 것들이 달라질 겁니다."(금현진, 1998: 47)

전문계 고등학교 교육을 3년간 받고 졸업한 신형호의 이 같은 지적은 그 어떤 논의보다 전문계 고등학교의 문제점을 단적으로 잘 나타내 주고 있으며, 그 해결의 실마리도 함축하고 있다.

물론 전문계 특히 공업계 고등학교가 지닌 어려움을 따지자면 많은 부분에서 찾아진다. '인문 숭상의 뿌리 깊은 전통 의식, 학력 위주의 사회풍토, 지식과 입시 위주의 교육구조와 학부모들의 의식, 성적 위주의 진학지도, 하류층 자녀 위주의 입학, 기초학력이 저조한 학생들, 학교와 교실 수업에서 기본생활습관이 전혀 갖춰지지 않는 행동, 어떻게 보면 적당한 선에서 포기하고 자위하고 마는 교사들 등이다.'

이러한 현실에서 전문계 고등학교는 인근 지역주민들로부터 혐오시설로 전락된 지

오래이다.

전문계 고등학교의 제 문제점들을 사회구조적 모순으로 돌리기 이전에 해결 가능한 문제들에서 출발하여 전문계 고등학교의 뿌리 깊은 무력감과 열등감을 최소화하는 것이 해결의 실마리를 찾는 단초가 되지 않을까 생각된다.

그렇다면 무엇보다도 전문계 고등학교 교원들은 '포기적 적당주의'가 아닌 '기대적 열정'으로 학생들에게 긍정적인 기대와 자신감을 줄 수 있는 교육실천, 부정적이고 차별적 사회화를 극복하는 것이 선결 과제가 될 것이다.

다) 학생 행동에 대한 해석적 이해

학교와 교실 상황에서 교사와 학생 간의 관계는 기본적으로 학생들의 행동에 대한 교사들의 인식에서 비롯된다. 교사들이 학생들의 행동을 어떻게 받아들여서 해석하느냐에 따라 학생을 평가하는 기준이 되기 때문이다.

미시-해석적 사회학에 따르면 인간의 사회적 행위는 의미를 지향하는 것이며, 그 의미를 이해하여야 비로소 행위를 파악할 수 있다. 여기에서 이해란 막스 웨버(M. Weber)의 관점에서 보면, 주관적 의미에 대한 해석적 이해의 성격을 갖는다. 이러한 이해는 관찰로서는 추론될 수 없는 '의미해석'의 광범위한 행위가 포함된다. 또한 해석은 구체적 행위의 의미에 대한 인과 적합성과 의미 적합성적 차원에서의 명증을 필요로 한다(김태연, 1993: 20-21).

따라서 웨버의 이해 사회학적 관점에서 볼 때, 학교와 교실 상황에서 학생들의 행동은 인과 적합성과 의미 적합성적 차원에서 해석되고 이해되어야 한다.

이러한 관점에서 학생들의 행동을 이해하는 사고의 틀로서뿐만 아니라 특히 오늘날 학교 붕괴의 현실에서 더더욱 해석적 이해의 관점이 요구되고 있다.

첫째, 인터넷 중독이 우리 사회에서 심각한 문제로 나타나고 있다. 청소년들의 게임 중독은 말할 것도 없고 채팅이나 사이버 섹스에 빠지는 경우이다. 특히 학생들이

PC방에서 온라인 게임으로 밤을 새우거나 PC방으로 가출하는 경우가 늘어 가고 있다. 한 방송국의 설문조사에 따르며, 청소년들의 26%는 '친구보다 인터넷이 좋다.'고 반응했으며, 27%는 '며칠간 인터넷을 못 하면 왠지 불안하다.'는 인터넷 중독증을 보여 인간관계를 파괴하는 요인으로 작용하고 있다[142]고 보도하고 있다.

학생들의 인터넷 중독증에 의한 PC방 출입으로 학생들은 학교 수업시간에 집중할 수 없게 된다. 본 설문 결과 '수업 중 엎드려 있거나 잠을 자는 이유'에 대한 응답 비율 중 '아르바이트로 피곤해서'와 'PC방에 늦게까지 있어서'가 전문계고에서 각각 12.7%, 11%를 차지하고 있다. 실제 이런 이유를 핑계로 아프다고 양호실을 찾아 누워 있거나 교실에서 엎드려 있는 경우가 많다(<표Ⅱ-48> ①, ③항목 참조).

〈표Ⅱ-48〉 수업 중 엎드려 있거나 잠을 자는 이유

단위: %

학교 \ 항목		① 아르바이트로 피곤해서	② 학원수강으로 잠이 부족해서	③ PC방에서 친구와 놀다 늦게 자서	④ 수업에 흥미가 없어서	⑤ 공부 싫고 수업 이해가 안 되서	응답 \ 모수치
전문계	A공고	11.9	3.6	9.5	53.6	21.4	84 / 87
	B 정산고	13.5	3.4	12.4	42.7	28.1	89 / 91
인문계	P 고	0	16.7	7.8	44.4	31.1	90 / 97
	B 고	3.4	6.8	15.9	35.2	38.6	88 / 91
전문계 對 인문계		12.7-1.7	3.5-11.8	11-11.8	48-39.9	24.9-34.8	173 / 178

따라서 스스로 절제하지 못하고 지나치고 부정적인 방향으로 PC방 이용과 경제적

---

142) MBC 뉴스데스크, 빠지면 못 나온다. 2000.9.2.

필요가 아닌 현실적인 욕구 충족을 위한 목적에서 아르바이트에 따른 '학업 경시와 학력 저하, 수업 시간에 엎드려 있거나 잠을 자는 행위, 아프다는 핑계로 조퇴 요구나 양호실에 누워 있기 등'이 빈번한 현실에서 그 원인을 찾아서 지도하는 합리적인 생활지도 대책이 강구되어야 한다.

둘째, 학교생활에 적응하지 못하거나 교사의 교수-학습 방법에 불만을 가진 학생이 존재하는 것(저항 학생)도 하나의 요인이다. 본 설문결과에 따르면, 수업 중에 엎드려 있거나 잠을 자는 이유에 대해 '수업이 흥미가 없어서'(전문계고 48%, 인문계고 39.9%), '공부가 싫고 이해가 되지 않아서'(전문계고 24.9%, 인문계고 34.8%)로 수업 요인이 공통적으로 큰 비중을 차지하고 있는 것은 주목할 만하다(<표Ⅱ-48>의 ④, ⑤항목 참조).

물론 이러한 요인에는 과밀학급의 현실에서 수준을 고려하지 못하는 획일적인 수업 방식, 인문계 고등학생들의 사전 학원수강으로 인한 학교교육과정에의 흥미 상실, 공부하는 것과 학교 다니는 것 자체에 대한 의미 상실, 기초 학력이 뒤떨어져 수업 자체가 고역인 학생 등이 있겠다.

따라서 학생과의 상담을 통해 학생들의 불만과 저항적 요인을 찾아 같이 논의하고 개인적인 적응방안과 해결 방향을 모색해 나가는 것이 중요하다.

셋째, 급변하는 청소년 문화에 대한 학교 및 교사들의 대응 및 수용태세가 미흡하고 윤리·도덕적 관점에서만 오늘날의 청소년들을 판단하는 데 문제가 있다. 교사들이 살아온 전통사회에서는 학생의 입장에서 아무리 옳고 바른말이라 할지라도 교사에게 다 할 수는 없었다. 그런데 요즘의 청소년들은 자기의 의사를 분명하게 표현하고 더러는 교사들의 권위에 적극적인 도전을 해 오고 있다. 또한 사회적으로 언론과 정부 정책이 교사를 개혁의 대상으로 여겼기 때문에 교사들이 학생들의 눈에 나약한 존재로 비친 요인도 간과할 수 없다. 이러한 현실에서 교사들의 비합리적 지도 방법이나 언행 등의 조그마한 틈이라도 보이면 익명의 사이버 공간에 고발, 학교 현장 및 수업 장면에서 교사들과 맞대응하거나 반발하는 경우가 빈번하게 일어나고 있다.

물론 이러한 문제는 전통사회의 수직적인 유교 윤리에 의해 사회화되어 온 기성세대(교사)와 오늘날 수평적인 시민윤리(개인주의, 고발의식)적 문화에서 자라온 신세대 간의 문화 격차 및 충돌로 이해할 수 있을 것이며, 대화와 타협의 정신으로 세대 간 문화 이해의 폭을 넓힐 수 있을 것이다.

라) 저항 행위와 탈선 행동의 구분 지도

오늘날 학교붕괴적 학생 생활지도에 있어 무엇보다도 중요한 점은 "교사에 의해 지적되고 있는 학생들의 행동 자체가 저항적인 행위인가? 아니면 탈선적인 행위인가?"를 구분하는 일이다.

학교 현장에서 학생 지도상의 문제가 되는 것 중의 큰 부분은 '교사들이 기존 규범과 가치의 당위성 입장에서만 학생들을 판단한다.'는 것이다. 따라서 학생들이 기존의 가치나 규범 자체의 정당성에 의문을 제기하고 도전하는 것에는 무방비하거나 탈선적 비행으로 간주해 버림으로써 학생들과의 긴장이 계속된다는 사실이다.

윌리스(P. Willis)의 연구[學校의 反－文化의 階級的 意味: The class significance of school counter culture] 에 따르면 "학교의 반－문화와 학생들 부모의 노동에 대한 태도 간에는 기본적으로 공통점이 있다."고 주장한다. 그의 논의의 핵심은 '권위에 대한 저항과 부정을 포함하고 있는 반－학교 문화는 일반적으로 노동계급의 기본적 가치관과 태도의 문화를 반영하고 있어, 학교에는 노동계급의 가치관이나 감정, 정서가 저항 또는 대항문화 형태로 반－학교문화를 형성하고 있다는 것이다.

윌리스의 논의를 통해 볼 때, 하류층 학생들이 다수를 차지하고 있는 한국의 전문계 고등학교에서는 다른 학교들에 비해 반－학교 문화가 자리 잡고 있어 학생들의 저항적 행위가 빈번할 것으로 판단된다.

이러한 관점에서 특히 전문계 고등학교에 근무하는 교원들은 다음과 같은 점에 유의해야 한다.

첫째, 학생들의 저항 행위를 탈선적 비행과 구분해 지도할 수 있는 지도력을 배양해야 하겠다. 저항적인 행위는 현 규범에 도전하면서 자신의 반대 입장을 분명히 한다. 머튼(R. Merton)은 일탈행위를 사회구조와 사회체제에 대한 결과를 바탕으로 비동조적 행위(저항)와 탈선적 행위(비행)로 구분하였다. 머튼의 구분에 따라 비동조적 행위(저항)와 탈선적 행위(비행)로 비교해 보면 다음 <표Ⅱ-49>와 같다.

〈표Ⅱ-49〉 저항 행위와 비행의 비교

비동조적 행위(저항 행위)	탈선적 행위(비행)
1. 자신의 반대를 공개적으로 선언한다.	1. 규범이탈을 뒤로 숨긴다.
2. 사회적 규범의 합법성에 도전한다.	2. 위반하는 규범의 정당성을 인정한다.
3. 규범을 변화시키고자 노력하며 보다 고결한 도덕에 호소한다.	3. 단순히 현 사회의 제재(Sanction)인 힘을 피하려 한다.
4. 청렴한 목적을 위해 규범을 이탈하는 것이라고 종종 일반인에 의해 인정받기도 한다.	4. 자신의 개인적이고 자기중심적이 며 반사회적인 이해관심에 의해 이탈한다.

* 본 표는 김병성(1992, 176-178)의 내용을 필자가 요약구분한 것이다.

둘째, 오늘날 다양성이 존중되고 평등을 지향하는 사회, 지식사회학과 구성주의가 강조되는 사회에 있어서 학교교육을 통해 학생들도 사회 모순과 불평등에 도전할 수 있다는 점을 받아들여야 한다. 나아가 사회모순과 불평등을 극복할 수 있다는 낙관적 전망과 함께 자율성, 능동적 의지를 키워 준다는 차원에서 저항의식을 합리적 이성으로 이끌어 나가야 하겠다.

3. 경기교육의 여건과 대안학교정책 전망

가. 경기도의 교육 여건

광복 이후 학교교육은 꾸준히 팽창하여 초등학교는 1960년대에 이미 완전 취학을 이루었다. 중등교육도 대중화되어 1985년에는 중학교 완전 취학과 고등학교도 80% 가까운 취학률을 보였다. 오늘날은 91.3%의 고등학교 취학률과 82.8%의 대학진학률을 보임으로써(2007년 현재) 고등교육의 대중화와 학력인플레 상황이 전개되고 있는 실정이다.

학교교육의 보편화는 경제개발의 원동력으로 작용하기도 했지만 비취학자들의 상대적 소외감 증가와 빈부격차로 인한 계층 간의 갈등을 심화시키는 부작용을 낳기도 하였다.

이러한 사회분위기 속에서 학교교육에 대응하는 교육적인 실천이 일찍이 모색되어 왔는데, 야학 등을 포함한 민중교육이 그것이며, 1990년대 중반에 오면서 대안교육으로 등장하게 되었다.

발생학적으로 보면, 대안교육은 근대 문명의 한계에 대한 문명 비판적인 차원에서 등장하였지만 한국에서는 공교육의 획일성과 입시 위주의 비인간화 교육에 대한 비판에서 비롯되었음을 지적하지 않을 수 없다.

나아가 근대화의 과정에서 경기도의 교육 여건과 특성은 대안교육과 밀접한 관련성을 갖고 있다. 1960년대부터 시작된 근대화와 도시화 속에서 농어촌 인구가 수도권으로 몰려들게 되면서 경기도 지역은 사회적으로는 다양한 부류의 사람들이 외부에서 정착하여 살게 되었다.

이러한 사회환경과 관련하여 경기도는 이 거대학교와 과밀학급, 빈곤 및 결손가정 급증으로 교육환경이 열악하게 되었다. 특히, 서울을 제외한 타 시·도는 도시화로 인해 수도권으로 인구가 몰림에 따라 학생 수, 학교 수, 학급당 학생 수가 줄어들었다.

반면 경기도는 인구 및 학생 인구 증가, 신도시 개발로 학교 수가 늘어났기 때문이다. 학교 신축비용으로 인한 교육재정의 열악성, 경제적 효율성으로 거대학교 및 과밀학급 증가, 학생들의 빈부 격차 심화와 상대적 빈곤감, 학업중단학생 및 비행 증가, 도시·농어촌·적벽지 등이 혼재함으로써 지역사회의 특성에 따른 교육문제를 모두 갖고 있는 어려움이 있다.

1990년대 중반에 세계화, 정보화, 개방화에 따라 경기도는 새로운 형태의 교육수요를 안고 있다. 학업중단학생, 사회적 소외계층 자녀, 다국적 자녀 및 외국인근로자 자녀, 귀국자녀 및 역이민 자녀교육, 탈북 새터민 자녀 등으로 인해 경기교육에서 대안교육에 대한 수요는 점점 늘어 가고 있다.

나. 경기도 대안학교 현황

경기도의 교육은 다른 시·도들이 갖고 있는 모든 교육문제를 동시에 갖고 있을 정도로 교육 여건이 어렵다. 특히 교육재정의 어려움은 거대학교·과밀학급으로 나타나고, 이는 비인간화 교육으로 연결될 수 있다.

이러한 시점에서 경기도는 다양한 형태의 대안교육 활성화가 요구된다. 교육복지 차원에서 학업중단학생 및 교육 소외자들에 대한 대안교육에 대한 접근, 인구와 교육인구로 볼 때 많은 대안교육 수요, 특성화 대안학교 및 위탁교육기관 수 등에서 비롯된다.

특히 2002년 전국 최초의 공립 대안학교로 설립·운영되고 있는 경기대명고등학교는 6년 동안의 운영 역사에서 대안교육계에 주는 메시지가 크다고 평가되고 있다. 이는 경기교육의 역사에서 대안교육에 대한 통찰력을 갖고 추진한 공립 대안학교의 운영 경험을 통해 경기도의 대안교육을 활성화하고, 나아가 여타 시·도의 공립 대안학교 운영 모델이 될 수 있기 때문이다.

일반적으로 대안교육정책은 특성화 대안학교, 위탁교육기관, 각종학교로써 대안학교,

미인가 대안교육시설을 포함하는 교육정책이다.

특성화 대안학교는 1997년 초·중등교육법시행령 제91조(특성화 고등학교)와 동법 제76조(특성화중학교)에 따른 대안교육분야 특성화 학교를 말하며, "자연현장실습 등 체험 위주의 교육을 전문적으로 실시하는 학교"이다.

경기도의 특성화 대안학교를 보면(2008년 6월 현재), 고등학교 수준의 특성화 대안학교 4개교(두레자연고, 경기대명고, 이우학교, 한계레학교)와 중학교 6개교(헌산중, 두레자연중, 이우중, 한계레중, 중앙기독중학교, TLBU글로벌학교)가 운영 중에 있다. 특성화 대안학교 수로 보면 고등학교 과정은 21개교 중 4개교, 중학교 과정은 9개 교 중 6개교로 많은 수를 차지하고 있다. 그러나 인가받은 지방의 특성화 대안학교 학생 중 다수가 수도권 및 경기도 출신 학생들이라는 점에서 경기도의 대안학교 수요는 더욱 많다고 볼 수 있다.

위탁교육기관이란, 초·중등교육법 제28조(학습부진아 등에 대한 교육) 및 동법시행령 제54조(학습부진아 등에 대한 교육)의 규정에 따라 각 시·도가 조례로 제정한 '대안교육기관의지정및학생위탁등에관한규칙'에 의한 대안교육기관을 말하며, "정상적인 학교생활을 하기 어려운 학생과 학업을 중단한 학생 그리고 개인적 특성에 맞는 교육을 받고자 하는 학생들에게 개인적 특성을 고려하여 체험학습, 적성교육, 진로지도 등 다양한 교육내용을 제공하기 위해 필요한 교육을 실시"하고 있다.

위탁교육기관을 보면, 전국적으로 100개 기관이 지정을 받아 운영되고 있으며, 경기도는 성택중, 두레자연고, 인성지도교육원, 청소년종합상담실, 한라종합사회복지관, 헌산중, 문촌7사회복지관, 푸른꿈청소년상담원, 서울분류심사원, 두레자연중, 이우학교 총 11개 기관이 있다.

미인가 대안교육시설이란 학교의 형식을 갖추고 교육활동을 하고는 있으나 제도권 밖에서 인가를 받지 않거나[143) 받지 못한 채 운영되고 있는 대안교육시설들이다.

---

143) 1997년 특성화 학교법에 따라 인가를 받을 수 있었고, 당시 교육부에서 인가를 받으라고 해도 '인가에 따른 규제로 대안교육의 본질이 훼손됨을 우려'하여 인가를 받지 않은 채 운영하고 있는 홍성의 풀무고등기술학교와 변산공동체학교가 대표적이다.

현재까지 미인가 대안교육시설은 파악하기 어려울 정도로 여러 형태(전일제나 방과 후 또는 계절제, 프로그램형, 초등, 또는 중등, 통합형 등)로 운영되고 있다.

2005년 3월 24일 공포된 초·중등교육법 제60조의 3에 따른 대안학교이다. 이는 "학업을 중단하거나 개인적 특성에 맞는 교육을 받고자 하는 학생을 대상으로 현장 실습 등 체험 위주의 교육, 인성 위주의 교육 또는 개인의 소질·적성 계발 위주의 교육 등 다양한 교육을 실시하는 학교"이다.

오랜 진통 끝에 2007년 6월 28일 「대안학교설립운영에관한규정」이 대통령령 제20,116호로 공포되었다. 이에 따라 각 시·도교육청은 그 규칙을 마련하고 시·도교육청 실정에 맞게 미인가 대안교육기관을 대안학교로 인가할 것으로 본다.

다. 경기도의 대안교육정책

교육부의 대안교육정책은 5·31 교육개혁방안에 따른 고등학교 유형의 다양화 방안, 1996년 '부적응 학생 및 청소년을 위한 교육체제 구축', 1996년 교육복지종합대책의 하나로서 학교중도탈락자예방종합대책, 고교설립준칙주의와 특성화 학교법 제정, 자율학교 규정, 2002년 '대안교육 확대 내실화 방안'과 2004년에 발표된 '참여정부 교육복지종합대책', 2005년부터 공교육의 변화를 추구하기 위해 일반학교 교사와 대안학교 교사와의 대안교육에 대한 공동연수, 2006년 일반학교 교장들을 상대로 한 대안교육에 대한 연수 등으로 나타나고 있다. 현재는 각 시·도교육감에게 위임한 상황에서 대안학교의 교육의 과정에 대한 질 관리와 공교육의 변화를 추구하고 있다.

교육부의 대안교육정책은 2001년을 기점으로 지역교육청에 위임되었다. 그럼에도 경기도의 대안교육정책은 여타 교육정책에 비해 주변에 머물러 있을 뿐만 아니라, 교육부의 대안교육정책과 연계하여 뚜렷하게 제시되고 있지 않아서 일반 교원들이나 심지어 대안학교에 근무하고 있는 교원들조차도 인식하기 어려운 실정이다.

특성화 대안학교에 대한 경기도의 교육정책은 특성화 대안학교가 자율학교로 지정이

되어 있는 관계로 자율학교에 대한 교재개발비 지원, 자율학교 시범운영비 등의 명목으로 재정이 지원되고 있다. 교육과정 편성 운영과 관련해서는 자율학교 특례 및 대안교육에 대한 이해 부족 등으로 특례에 규정된 사항조차도 지켜지지 않거나 소홀히 다루어지고 있는 실정이다.

업무 담당 부문에서 볼 때, 중등교육과 생활지도계가 담당하고 있으나 담당 장학사의 잦은 변동으로 일관성이 없고 체계적인 관리가 이루어지지 못하고 있다. 또한 공립 특성화 대안학교로서 경기대명고등학교의 학교 성격으로 볼 때 일반계 고등학교에 대한 대안으로서 학교이다. 그러나 관리직 인선은 과학산업과 소속의 전문계 고등학교로의 교장들이 임용됨으로써 전문계(구, 실업계고)의 아류 학교로 대안학교가 관리·운영된다는 점이다.

서울시의 경우에는 자체적으로 대안교육센터를 위탁 운영하고 있어서 대안교육 본연의 정체성 유지와 대안교육정책의 효율성을 기하고 있다는 점에 유의해야 하겠다.

경기도교육청의 대안교육정책 중 법 규정의 성격을 띠고 있는 것은 「대안교육기관의지정 및학생위탁등에관한규칙」144)과 「경기도교육청 대안학교설립운영위원회규칙」145)이 있다. 이는 2003년 6월 교육부의 훈령('대안교육기관의 지정 및 학생위탁 등에 관한 규정(안)')에 따라 각 시·도교육청의 입법예고를 통한 의견 수렴을 통해 각 시·도교육청의 실정에 맞게 조례로 제정하게 된 것으로, 교육부의 규정(안)이나 여타 시·도와 별 차별성이 없다. 「대안학교설립운영위원회규칙」도 「대안학교설립운영위원회규정」에 따라 의견수정을 거쳐 2007년 11월 22일 제정되었다.

2001년 이후 분권화와 자치화의 원리 속에서 대안학교를 포함한 초·중등교육에 대한 많은 권한이 교육부장관에게서 교육감에게 위임된 현실에서 경기도교육청이 경기교육의 실정에 맞게 대안교육정책을 주도적으로 이끌어 나가야 한다고 본다.

한국의 대안교육은 민중교육 운동과 대안문명적 차원에서 비롯되어 학교교육에 대한 보완과 대체라는 대안으로 제시되었다. 1997년 특성화 대안학교로 인가받은 지 10년이

---

144) 경기도교육규칙 제484호(2003.11.15. 제정)로 공포된 것으로, p.449에 부록 2 참조.
145) 경기도교육규칙 제551호(2007.11.22. 제정). p.453에 부록 3 참조.

지나가는 시점에서 교육의 과정에 대한 질 관리 차원에서 평가의 필요성이 제기되고 있다.

그 논리적 근거는 공교육의 공공성 확보 차원과 공교육에 대한 보완 내지 대체의 대안교육이 자칫 대안이라는 이름으로 '또 다른 정형화된 교육의 장'으로 대안교육을 왜곡시키지는 않는가에 대한 평가가 요구된다는 것이다.

또한 대안교육 분야 특성화 고등학교 정책입안자(배성근 2006, 최진명 2006, 설세훈 2006, 유은종 2006) 및 대안교육 전문가(이종태 2006, 정유성 2006, 이강래 2006)들과의 면담 결과에서도, 대안교육의 질 관리 차원 및 공공성 차원에서 대안교육 분야 특성화 고등학교에 대한 평가가 필요한 것으로 나타나고 있다.

이러한 결과는 대안교육이 특성화 학교로 1997년 인가받고 운영되어 온 지 10여 년이 되어 가는 즈음 대안교육의 질 관리 차원에서 학교현장과 자율학교로서의 책무성에 대한 인식[146]으로 볼 수 있다.

교육부의 대안학교정책이 학교중도탈락자예방종합대책에서 비롯되었고, 오늘날에는 교육적으로 소외된 계층의 자녀들에게 교육복지 차원에서 대안교육이 강조되고 있는 현실에서 다양한 소외자들을 위한 대안학교가 설립·운영될 필요가 있다.

특히, 경기도의 교육 여건과 특성으로 볼 때, 교육 소외계층(학업중단학생, 새터민 자녀, 귀국자녀, 다국적 자녀, 외국인 근로자 자녀, 결손가정 및 빈곤가정 자녀 등)의 대안교육 수요가 증가하고, 국가 정책적으로 소외계층에 대한 교육복지적 차원에서 대안교육이 강조되는 상황에서 각종학교로서 대안학교 등장은 기존의 특성화 대안학교와 위탁교육시설에 대한 체계적이고도 전문적인 질 관리를 필요로 한다. 또한 대안교육정책 활성화를 통한 교육선택권 확대, 공교육의 신뢰 회복, 교육복지 실현을 요구하고 있다.

---

146) 실제적인 근거로서 특성화 대안학교 교원들도 학교평가의 필요성에 대한 지지를 나타내고 있다. 즉 '대안교육의 질 관리 차원에서 특성화 대안학교를 평가할 수 있는 기준 마련과 평가를 해야 할 필요성'에 대해 응답자의 77.4%가 '필요하다'는 반응을 보이고 있다.

라. 경기도의 대안교육 활성화 정책

1) 목적 및 방침

교육복지적 대안교육 활성화 정책을 통해 경기도 대안교육정책의 체계화와 활성화를 도모하는 것은 물론 경기교육의 신뢰성을 제고하는 데 목적이 있다.

2) 방침

- 대안학교(특성화 대안학교, 위탁교육기관, 각종학교로서 대안학교에 대한 교육행정적 지원체계 점검 및 지원 및 관리 계획을 수립한다.
- 일관성 있고, 체계 있는 대안교육의 활성화를 위해 대안학교 전담 부서 및 전문관리요원(장학사, 연구사, 파견교사 등)을 배치하여 장기간(2~3년) 근무하게 한다.
- 공립 대안학교 운영 경험을 토대로 경기도 대안교육 및 대안교실, 학생 생활 지도 연수의 메카로 활용한다.
- 대안학교의 운영원리를 토대로 대안교육을 준비하는 교원을 양성할 수 있는 연수체제를 갖추도록 한다.
- 학교 부적응 학생을 위한 위탁교육기관 지정을 확대하고 운영의 내실화를 추구한다.
- 대안학교를 자율학교로 지정하고, 자율학교의 헌장적 책무성(憲章的 責務性, Accountability of charter)에 근거하여 대안학교 교육의 과정(process of education)에 대한 질 관리를 한다.
- 대안학교 교원들의 교과 및 생활지도의 전문성을 신장하기 위해 제3의 전문 연구기관(한국교육개발원 등)이나 대안학교협의체와 연계한 자체평가를 실시한다.
- 대안학교 교원들에 대한 대안교육 교사연수를 정례적으로 실시한다.
- 다양한 특성을 가진 소외된 학생들에 대한 대안교육을 교육복지 차원에서 실시한다.

- 교육 소외계층에 대한 교육적 배려로 공교육의 책무성 제고와 학교교육에 대한 신뢰감을 증진한다.

3) SWOT분석을 통한 전략

대안교육 활성화를 위한 전략 수립을 위해 경기도교육청의 교육환경에 대한 SWOT(강점·약점·기회·위협) 분석을 하면 다음과 같다.

대안교육 활성화를 위한 경기교육청의 강점요인(S)은 전국 최초의 공립 대안학교인 경기대명고등학교를 일찍이 설립·운영하여 그 노하우를 축적하고 있다는 점이다. 또한 경기도에는 다양한 대안학교들이 설립·운영되고 있어서 대안교육을 위한 자원이 풍부하다는 점이다.

대안교육 활성화를 위한 경기교육청의 약점요인(W)은 수도권에 위치하여 대안학교 설립을 위한 학교부지 매입 및 시설비에 많은 비용이 들어간다는 사실이다. 특히 대안학교는 공동체적 경험을 이유로 기숙사 생활을 하기 때문이다.

대안교육 활성화를 위한 경기교육청의 기회요인(O)은 수도권에 인접하고 있어 전국 대비 학생 수 및 교육적으로 소외된 학생(학업중단학생, 도시빈민층, 결손가정, 외국인 근로자 자녀, 귀국자녀 등)들이 많다는 점에서 대안교육의 수요와 대안학교 설립 요청이 급증하리라는 전망이다. 또한 특성화 대안학교가 설립되고 운영되어 온 지 10년이 지나가는 즈음 대안학교 교육의 과정(process of education)에 대한 질 관리가 요구되고 있다는 점이다.

대안교육 활성화를 위한 경기교육청의 위협요인(T)은 각종학교로서 대안학교법 시행과 관련하여 대안교육을 빙자한 다양한 짝퉁 대안학교[147]들이 나타났을 수 있다는

---

147) 2006년 10월 22일 대안교육 10주년 행사(이야기 마당)에서 대안교육정책을 처음으로 입안하고 확대시킨 안병영 전 부총리겸교육부장관은 '특성화 대안학교 인가 10년과 대안학교법 등장'으로 대안학교가 안주하거나 짝퉁 대안학교가 나타날 우려를 경계하면서 경고성 축사를 하였던 것도 이 같은 맥락에서이다. 나아가 향후 대안학교의 발전 방향으로 "본질 추구, 질 관리, 연대 추구"를 제시하였다.

점이다. 이는 대안교육법의 특성과 설립·운영상의 용이성으로 '개인적 특성에 맞는 교육을 받고자 하는 학생 대상', '개인의 소질·적성 계발 위주의 교육'을 빙자한 영재교육, 영성을 빙자한 왜곡된 종교교육, 퇴직교원들의 정년 연장의 수단화, 교육사업의 수단으로 변질될 우려가 있는 것이다. 또한 공립 대안학교의 경우, 그 특성상 대안학교 관리자와 교사들의 잦은 이동 및 '나도 대안'의 독단으로 교육과정을 포함한 학교의 정체성이 훼손될 수 있다는 점이다.

경기도교육청의 교육환경에 대한 SWOT분석에 따른 본 정책 제안의 목표 달성 전략은 다음과 같다.

① SO 전략(강점－기회 전략)은 기회를 활용하기 위해 강점을 사용하는 전략이다. 경기도교육청이 2002년 공립 대안학교인 경기대명고등학교 설립, 사립 7개교의 특성화 대안학교 인가, 11개교의 대안교육 위탁교육기관 지정 및 운영, 대안교실 및 대안학급의 운영 경험을 통합하여 경기도 교육정책의 한 축으로서 내실 있는 대안교육정책을 추진해야 한다.

② ST 전략(강점－위협 전략)은 위협을 회피하기 위해 강점을 사용하는 전략이다. 늘어나는 경기도의 대안교육 수요와 대안학교 설립에 대비하여 대안교육을 전담할 교원을 양성하는 방안이 수립되어야 한다. 공교육의 특성상 종교적 영성교육을 할 수 없는 입장에서 위대한 교육자의 이념(니일, 몬테소리, 슈타이너, 크리슈나무르티 등)을 중심으로 추진할 수 있다.

③ WO 전략(약점－기회 전략)은 약점을 극복하기 위해 기회를 활용하는 전략이다. 경기도는 수도권에 위치하기 때문에 대안학교 설립을 위한 학교부지 매입 및 시설비에 많은 비용이 들어가는 약점을 극복하기 위해서는 비기숙의 도시형 대안학교를 설립·인가하는 방안을 적극 추진하면 된다. 물론 도시형 대안학교의 장점(도시 공간의 인적·물적 자원 활용, 도시적 삶의 공간에서의 자생력)을 학교 운영에 최대한 활용하고 약점(공동체 생활경험, 학부모 연수)을 최소화하는 노력이 요구된다. 또한 대안학교는 쉼터, 청소년상담소 등 사회복지기관과의 유기적인 연계성을 가질 때 발전할 수 있다.

④ WT 전략(약점－위협 전략)은 위협을 회피하고 약점을 최소화하는 전략이다.

대안학교 설립을 위한 학교부지 매입 및 시설비에 많은 비용이 들어가는 약점을 극복하기 위해서는 부지와 시설을 임대하는 방식이 필요하다. 특히 경기도는 오지와 폐교시설이 많아 이를 활용하여 기숙형 대안학교를 병행 운영하는 것도 가능하다. 또한 짝퉁 대안학교의 난립을 방지하기 위한 한 방편으로 시·군·구별로 공립학교를 지정하여 특성화된 대안학급 및 대안교실을 운영할 수 있다. 또한 공립 대안학교의 특성상 관리자와 교사들이 바뀌더라도 대안학교 설립 목적에 맞게 정체성이 유지될 수 있도록 제도적 장치가 마련되어야 한다.

4) 세부 계획(예시)

가) SWOT분석 전략에 따른 과제 및 세부 실천 영역

경기도교육청의 교육환경에 대한 SWOT 분석과 목표 달성 전략에 따라 도출된 과제 및 세부 실천 영역은 다음 <표Ⅱ-50>과 같다.

<표Ⅱ-50> SWOT 분석 전략에 따른 과제 및 세부 실천 영역

전 략	과 제	세부 실천 영역	비고
SO 전략(강점-기회 전략)	1. 대안학교와 대안교실, 위탁기관의 운영경험을 통합한 내실 있는 대안교육정책 추진 2. 시·군·구별로 공립학교를 지정하여 특성화된 대안교실 운영	- 경기도내 특성화 대안학교, 위탁교육기관, 각 대안교실 및 대안학급의 운영성과 파악과 교육적 시사점 도출 - 권역별 특성화된 대안학급 운영계획 수립	
ST 전략(강점-위협 전략)	3. 대안교육 수요와 대안학교 설립에 대비 한 대안교육을 전담 교원을 연수·양성방안 수립 4. 공립 대안학교에서 영성교육을 위한 대안교육 이념 계발 추진	- 대안교육에 헌신할 교원 자원 파악과 연수로 인력풀제 수립(교과, 특성화 영역별) - 대안학교 정체성 확립을 위한 이념 계발의 연구	
WO 전략(약점-기회 전략)	5. 비기숙의 도시형 대안학교를 설립·인가하는 방안 추진 6. 대안학교와 쉼터, 청소년상담소 등 사회복지기관과의 유기적인 연계성 강화	- 시 지역에 권역별로 비기숙의 도시형 대안학교 설립 확대 - 권역별로 대안학교와 사회복지기관과의 유기적 연계 계획 수립	
WT 전략(약점-위협 전략)	7. 대안학교 설립을 위해 부지와 시설을 장기 임대하는 방식 8. 경기도 산간오지의 폐교시설을 활용한 기숙형 대안학교 운영을 병행 9. 공립 대안학교의 특성상 관리자와 교사들이 바뀌더라도 대안학교 설립 목적에 맞는 정체성이 유지될 수 있는 제도적 장치 마련	- 부지와 시설을 임대하는 형식의 대안 학교 설립 추진 및 민간 유도 - 폐교 활용의 설립 추진 및 민간 유도 - 공립의 경우 자율학교의 특례가 반드시 반영될 수 있도록 책무성과 연계 - 다양한 대안학교 운영 시도(공립에서 설립하되 운영은 민간위탁 방식)	

나) 과제별 세부 계획 및 추진 일정

SWOT 목표 달성 전략에 따라 도출된 과제 및 세부 실천 영역에 대한 세부 추진 사항과 추진 결과를 예상하면 다음과 같다

과제 1. 대안학교와 대안교실, 위탁기관의 운영 경험을 통합한 대안교육정책 추진
   −추진 사항 : 경기도 내 특성화 대안학교, 위탁교육기관, 대안교실 및 대안 학급의 운영 성과 분석과 공유. 일반화 자료 개발. 경기도대안교육협의체 구성.
   −추진 결과 : 운영결과에 대한 성과 분석과 교육적 시사점 도출. 일반화 자료 보급 및 활용. 대안교육의 내실화 기함.

과제 2. 시·군·구별로 공립학교를 지정하여 특성화된 대안학급 운영
   −추진 사항 : 권역별 특성화된 대안학급 운영계획 수립. 대안학급 운영 교원 연수.
   −추진 결과 : 학업중단학생 예방. 공교육의 변화와 신뢰성 제고

과제 3. 대안교육 수요와 대안학교 설립에 대비한 대안교육을 전담할 교원을 연수·양성 방안 수립
   −추진 사항 : 경기도교육청 주관 또는 인정의 "대안교육 교사연수과정" 운영(대학 및 대안학교 위탁 또는 연계 운영).
    대안학교 교원 선발 시에 대안교육 교사연수과정 이수자 우선 선발.
   −추진 결과 : 대안교육을 위한 준비된 교사 선발로 실험적 대안교육의 시행착오 줄임

과제 4. 공립 대안학교의 정체성이 유지될 수 있는 제도적 장치 마련
   −추진 사항 : 공립 대안학교에서 영성교육을 위한 대안교육 이념 계발 추진.

공립 대안학교의 설립 목적에 맞는 정체성 확인(교육과정, 교원 선발, 투입 프로그램 및 효과 검증). 대안교육에 헌신 의사를 가진 준비된 교사 파악 및 관리로 인력풀제 수립. 교원 공모제 실시

- 추진 결과 : 교원들의 대안교육적 노력의 구심점 마련과 일체감 형성 계기. 대안학교의 정체성 확립과 운영의 일관성 유지. 대안학교 운영 효과 향상. 실적 위주의 전시 행정에서 비롯되는 대안교육의 왜곡을 방지. 준비된 유능한 교사 선발 가능

과제 5. 비기숙의 공립 대안학교를 설립하는 방안 추진

- 추진 사항 : 경기도 북부지역에 공립 대안학교 설립 추진, 도시 지역에 비기숙형 대안학교 설립 지원. 도시 지역사회의 각종 교육자원 활용 및 지역사회 연계체제 구축. 학부모 연수 계획 수립

- 추진 결과 : 경기도 북부지역의 대안교육 수요 흡수, 대안학교－지역사회 연계 도모. 가정의 교육력 회복.

과제 6. 대안학교와 쉼터, 청소년상담소 등 사회복지기관과의 유기적인 연계성 강화

- 추진 사항 : 경기도내 대안교육 심포지엄 또는 토론회 개최. 대안교육 관련 문제에 대한 솔루션적 컨퍼런스 실시.

- 추진 결과 : 청소년 유관기관 간의 유기적 협력관계 맺음

과제 7. 대안학교 설립을 위해 부지와 시설을 장기 임대하는 방식

- 추진 사항 : 부지와 시설을 임대하는 형식의 대안학교 설립 추진 및 민간 유도

- 추진 결과 : 대안교육전문가나 철학과 신념을 가졌으나 재산이 없는 이들이 대안학교 설립·운영을 용이하게 함으로써 대안교육의 활성화 도모.

과제 8. 경기도 산간오지의 폐교시설을 활용한 기숙형 대안학교 운영을 병행

  −추진 사항 : 폐교시설 파악 및 활용 방안 검토.

   폐교 시설을 활용한 대안학교 설립 추진 및 민간 유도.

  −추진 결과 : 산간오지의 생태적 학교와 대안학교의 선택적 친화력 효과. 학교 설립비용 절약

과제 9. 공립 대안학교의 특성상 관리자와 교사들이 바뀌더라도 대안학교 설립 목적에 맞는 정체성이 유지될 수 있는 제도적 장치 마련

  −추진 사항 : 자율학교 특례 활용 여부 검토와 책무성 강화, 공립에서 설립과 민간에 위탁 운영형식 추진, 사립 대안학교 교원 순화근무체제

  −추진 결과 : 설립목적 및 취지 그리고 교육과정의 정체성 유지, 교원들의 헌신성 유지, 대안교육의 경쟁력 향상, 준비된 대안학교 교원확보로 대안교육의 질 향상

과제 및 세부 실천 영역에 대한 세부 추진 사항과 관련하여 추진 일정을 제시하면 다음 <표Ⅱ−51>과 같다.

〈표 Ⅱ-51〉 과제별 세부 추진 일정

과제	과제별 세부 추진 사항	추진 일정	비 고
선결 과제	경기도 대안교육정책에 대한 검토와 종합적인 지원 계획 수립		
	'09년도 부서 운영과 관련 담당부서 및 담당자 배치 계획 수립		
과제 1	대안교육의 운영 성과 분석과 공유		헌장적 책무성에 근거한 자체평가
	대안교육 관련 실질적인 일반화 자료 개발		
	경기도 대안교육협의체 구성		
과제 2	권역별 특성화된 대안학급 운영계획 수립		
	대안학급 운영 교원 연수		
과제 3	대안교육 교사연수과정 운영계획 수립		
	경기도 대안교육 교사연수과정 운영		대학, 대안학교와 연계
과제 4	공립 대안학교의 영성계발의 학교이념 개발		
	공립 대안학교 설립목적에 맞는 정체성 확인		
	대안교육에 헌신할 준비된 교사 파악·관리의 인력풀제 수립		
과제 5	경기 북부지역에 공립 대안학교 설립 추진		
	도시 지역에 비기숙형 대안학교 설립 지원		
	도시 지역사회의 각종 교육자원 활용 계획 수립 및 지역사회 연계 체제 구축		2009년부터 교육계획에 적극반영
	학부모 연수 계획 수립		학교별 수립 지도
과제 6	경기도 대안교육 심포지엄, 토론회 개최		
	대안교육 관련 문제에 대한 솔루션적 컨퍼런스 실시		사전 위원회 구성
과제 7	부지와 시설을 임대하는 형식의 대안학교 설립 추진 및 민간 유도 (홍보, 지원)		대안학교 운영규정 공포 이후
과제 8	폐교시설 파악 및 활용 방안 검토		
	폐교 시설을 활용한 대안학교 설립 추진 및 민간 유도		

※ 선결 과제 수용을 전제로 경기도 대안교육 성과 분석과 진단 - 경기도대안교육 협의체 구성 - 경기도 대안교육정책 추진 순으로 과제별 일정이 연결되어 있음.

5) 예상되는 문제점 및 개선 방안

1) 도시형 대안학교 설립·운영 효과에 대한 반론이 제기될 수 있으나, 도시형 대안학교의 장점(학생들의 현재－미래 삶의 공간인 도시 안에서의 자생력을 키움, 도시의 인적·물적 자원 활용 등)을 살리고 학부모 교육을 활성화함으로써 극복 가능하다.

2) 자율학교의 특례를 과감하게 도입하는 데에 있어서 교장 자격이 없는 교원 공모에 대한 기득권 교장들의 반대가 예상된다. 그러나 새로운 학교모형으로서 대안학교 교장의 공모제는 반드시 필요하다.

마. 경기도 대안학교 활성화 정책의 기대 효과

대안교육 활성화 정책을 통한 복지적 인성교육 및 대안교육 체계화는 다음과 같은 기대효과를 얻을 수 있다.

1) 대안교육을 받는 학생 및 학부모
가) 자신의 특기와 적성을 살리는 교육으로 학교 적응력 및 생활적응력 향상
나) 학업중단학생을 예방하고 학교폭력을 줄이는 효과
다) 다양한 대안학교 설립·운영으로 학생과 학부모의 학교 선택권을 넓힘

2) 대안학교를 운영하는 학교와 교원
가) 각 대안학교의 정체성을 확립할 수 있는 계기
나) 대안교육의 전문화와 특성화를 기할 수 있음
다) 대안학교가 자율학교로서 자율성에 근거한 책무성 증진 계기

3) 교육청 및 교육청 차원

가) 대안학교 교육의 과정(process of education)의 질을 관리하고 향상시킴

나) 경기도의 지역특성에 맞는 차별화된 대안교육정책으로 희망 경기교육 실현

다) 교육복지 차원에서 다양한 교육 소외자를 위한 교육적 배려

라) 공교육의 책무성 제고와 학교교육에 대한 신뢰감 증진

마) 중등교육의 다양화, 특성화, 자율화를 증진하는 계기

대안교육의 활성화는 정보화, 세계화의 시기에 학교교육의 다양화, 특성화, 자율화의 교육개혁 방향에 부응하고, 교육의 음지에 있는 다양한 교육 소외자를 위한 교육복지 차원에서 추진하고 있는 교육정책이다.

경기도 교육 여건의 특수성을 반영하고, 증가하는 대안교육의 수요와 대안학교 설립에 대비하는 것은 물론 대안학교의 책무성 증진, 학생과 학부모의 학교 선택권을 넓히는 차원에서 경기도의 대안교육 활성화 정책은 적극 추진되어야 할 것이다.

본 경기도 대안교육 활성화 정책을 통해 경기교육에 대한 신뢰는 물론 공교육의 내실을 기하는 데 큰 역할을 할 것으로 본다.

대안학교의 설립·운영에 관한 규정

[시행 2008.12.31. 대통령령 제21215호. 2008.12.31 일부개정]

제1조(목적) 이 영은 「초·중등교육법」 제60조의3에 따른 대안학교의 설립·운영에 관하여 필요한 사항을 규정함을 목적으로 한다.

제2조(설립·운영자) 대안학교를 설립·운영할 수 있는 자는 「사립학교법」 제2조제1항에 따른 설립주체로 한다.

제3조(설립기준) 대안학교를 설립하려는 자가 갖추어야 하는 시설·설비 등 학교의 설립기준에 관한 사항은 「고등학교 이하 각급 학교 설립·운영규정」 에 따른다.

제4조(설립인가) 「초·중등교육법」 제4조제2항에 따라 대안학교의 설립인가를 받으려는 자는 다음 각 호의 사항이 기재된 서류를 갖추어 특별시·광역시·도 또는 특별자치도 교육감(이하 "교육감"이라 한다)에게 신청하여야 한다. 이 경우 교육감은 「전자정부법」 제21조제1항에 따른 행정정보의 공동이용을 통하여 교지(교지)·실습지(실습지)의 지적도를 확인하여야 한다.<개정 2008.12.31>

1. 목적
2. 명칭
3. 위치
4. 학칙
5. 학교헌장
6. 경비와 유지방법
7. 설비
8. 삭제<2008.12.31>

9. 교사(체육장을 포함한다)의 배치도·평면도

10. 개교연월일

11. 병설학교 등을 둘 때에는 그 계획서

12. 설립자가 법인인 경우에는 등기 및 출연금 등에 관한 서류

13. 설립자가 사인인 경우에는 경비의 지급 및 변제능력에 관한 서류

제5조(대안학교설립운영위원회의 구성·운영) ① 대안학교의 설립·운영에 관한 중요사항을 심의하기 위하여 교육감 소속하에 대안학교설립운영위원회(이하 "위원회"라 한다)를 둔다.

② 위원회는 위원장, 부위원장 각 1명을 포함한 7명 이상 9명 이하의 위원으로 구성하되, 대안교육관련 전문가가 과반수가 되도록 하여야 한다.

③ 위원회의 위원장은 관할 시·도 교육청의 부교육감이 되고, 위원은 교육감이 위촉하며, 부위원장은 위원 중에서 호선(互選)한다.

④ 위원회는 위원장이 소집하고, 재적위원 과반수의 출석과 출석위원 과반수의 찬성으로 의결한다.

⑤ 위원회는 다음 각 호의 사항을 심의한다.

1. 대안학교의 설립인가·변경인가 및 인가취소에 관한 사항

2. 학력이 인정되는 대안학교의 지정에 관한 사항

3. 대안학교의 평가 및 운영 등에 관한 사항

⑥ 위원회의 구성·운영에 관하여 그 밖에 필요한 사항은 교육감이 따로 정한다.

제6조(학력인정) ① 교육감은 대안학교의 교육 프로그램의 내용·수준 등을 평가하여 학력이 인정되는 대안학교를 지정할 수 있다.

② 교육감은 제1항에 따른 학력인정 학교를 지정하는 경우에 위원회의 심의를 거쳐야 한다.

제7조(학기운영 및 학년제) ① 대안학교의 학기 운영은 학교교육과정을 고려하여 학칙으로 정한다.

② 대안학교의 장은 교육과정 운영상 필요한 경우에는 학년 구분 없이 교육과정을

운영할 수 있다.

제8조(수업연한 및 수업일수) ① 대안학교의 수업연한은 「초·중등교육법」 (이하 "법"이라 한다) 제39조, 제42조 및 제46조 본문에 따른다.

② 대안학교의 수업일수는 매 학년 180일 이상으로 한다.

제9조(교육과정) ① 대안학교의 교육과정은 대안학교의 장이 학칙으로 정한다. 다만, 교육과학기술부장관이 정한 교육과정상 교과별 수업시간 수의 100분의 50 이상을 운영하여야 한다.<개정 2008.2.29>

② 대안학교의 장은 제1항의 교육과정에 대하여 필요한 경우에 교육감이나 교육장의 승인을 받아 통합교과로 운영할 수 있다.

제10조(교과용 도서) ① 대안학교의 장은 「교과용도서에관한규정」 에 따른 국정도서, 검정 도서, 인정도서 중에서 선택하여 사용할 수 있다.

② 대안학교의 장은 자체 개발한 도서를 교과용으로 사용할 수 있다. 다만, 이 경우에는 해당 도서를 교육감에게 사전에 제출하여야 한다.

제11조(학교생활기록 및 건강검사기록 유지) 대안학교의 장은 다음 각 호 사항이 기록된 것으로서 학교의 학업 성취도 등 학생 생활에 관한 기록 및 「학교보건법」 제7조의3 제1항에 따른 건강검사기록 중 학생의 진학이나 전학에 필요한 내용을 적절한 방법으로 기록관리할 수 있다.

1. 인적사항
2. 학적사항
3. 출결상황
4. 자격증 및 인증취득상황
5. 교과학습발달상황
6. 행동특성 및 종합의견

부칙 <제20116호, 2007.6.28>
제1조 (시행일) 이 영은 공포한 날부터 시행한다.

제2조 (설립절차에 관한 경과조치) ①2008학년도 제1학기 개교를 예정으로 이 영에 따른 대안학교를 설립하고자 하는 자는 고등학교 이하 각급학교 설립·운영에 관한 법령에 따른 시한에 불구하고 개교예정일 4개월 이전까지 학교설립계획서 제출과 학교법인 설립허가신청 및 학교설립인가신청을 함께 할 수 있다.

②교육감은 제1항에 따라 학교설립인가신청 등을 받은 때에는 고등학교 이하 각급학교 설립·운영에 관한 법령에 따른 시한에 불구하고 해당 학교의 개교 예정일 1개월 이전까지 승인·허가 및 인가여부를 신청인에게 통보하여야 한다.

제3조 (다른 법령의 개정) 초·중등교육법 시행령 일부를 다음과 같이 개정한다.

　제96조제1항에 제4호를 다음과 같이 신설한다.

　4. 「대안학교의 설립·운영에 관한 규정」 제6조에 따라 초등학교 학력인정 지정을 받은 대안학교를 졸업한 자

제97조제1항에 제6호를 다음과 같이 신설한다.

　6. 「대안학교의 설립·운영에 관한 규정」 제6조에 따라 중학교 학력인정 지정을 받은 대안학교를 졸업한 자

제98조제1항에 제8호를 다음과 같이 신설한다.

　8. 「대안학교의 설립·운영에 관한 규정」 제6조에 따라 고등학교 학력인정 지정을 받은 대안학교를 졸업한 자

부칙(교육과학기술부와 그 소속기관 직제) <제20740호,2008.2.29>

제1조(시행일) 이 영은 공포한 날부터 시행한다.

제2조부터 제6조까지 생략

제7조(다른 법령의 개정) ① 부터 <21>까지 생략

<22> 대안학교의 설립·운영에 관한 규정 일부를 다음과 같이 개정한다.

제9조제1항 단서 중 "교육인적자원부장관"을 "교육과학기술부장관"으로 한다.

<23> 부터 <102> 까지 생략

부칙(행정정보의 공동이용 및 문서감축을 위한 개별소비세법 시행령 등 일부개정령)
<제21215호,2008.12.31>

이 영은 공포한 날부터 시행한다.

경기도대안교육기관의지정및학생위탁등에관한규칙

제정 2003.11.15. 경기도교육규칙 제484호

제1조(목적) 이 규칙은 초·중등교육법 제28조 및 동법시행령 제54조의 규정에 의거 정상적인 학교생활을 하기 어려운 학생과 학업을 중단한 학생 그리고 개인적 특성에 맞는 교육을 받고자 하는 학생들에게 개인적 특성을 고려하여 체험학습, 적성교육, 진로지도 등 다양한 교육내용을 제공하기 위해 필요한 교육을 실시하거나 교육기관 등에 위탁하여 교육을 실시하는 데 필요한 사항을 규정함을 목적으로 한다.

제2조(정의) 이 규칙에서 사용하는 용어의 정의는 다음과 같다.

① "정규교육기관"이라 함은 초중등교육법 제2조에서 규정한 초등학교·중학교·고등학교와 이에 준하는 각종학교를 말한다.

② "대안교육기관"이라 함은 기존 정규교육기관에서 제공하는 전통적인 것과는 다른 경험을 추구하는 학생들을 위하여 특별한 교수법과 프로그램, 활동, 여건 등을 제공하는 다양한 교육기관을 말한다.

③ "위탁교육기관"이라 함은 교육감이 정규교육기관이나 기타 법에 의해 설치된 교육기관 또는 대안교육기관 중에서 학생 개인의 특성을 고려하여 체험학습 등 필요한 위탁교육을 실시하는 데 적합하다고 인정하여 지정한 교육기관을 말한다.

④ "위탁교육대상자"라 함은 학교의 장이 교육 목적상 특별한 교육적 배려나 조치가 필요하다고 인정하는 자 또는 개인적 특성에 맞는 다양한 교육을 받고자 하는 학생을 말한다.

제3조(위탁교육기관의 지정) ①교육감은 공공기관이나 비영리법인 또는 사회단체가 운영하고 있는 대안교육기관을 위탁교육기관으로 지정할 수 있다.

②대안교육기관을 위탁교육기관으로 지정할 경우 교육감은 교육프로그램(위탁교과)의 적정성·공공성과 교육시설, 교원 확보, 경영 및 재정상태, 학사운영능력 등에 대한 심사기준에 따라 심사할 수 있다.

③교육감은 위탁교육기관과 위탁기간, 학생관리 등 위탁학생의 교육에 필요한 일반적 사항에 대하여 협약을 체결할 수 있다.

제4조(위탁교육기관의 지정해제) 교육감은 다음 각 호의 1에 해당하는 경우에는 위탁교육기관의 지정을 해제할 수 있다.

① 위탁교육기관이 관련 법령이나 규정을 위반하는 경우

② 위탁교육에 관한 협약을 위반하는 경우

③ 기타 위탁교육의 목적을 달성할 수 없다고 인정되는 경우

제5조(위탁교육대상자의 선정) ①학교의 장은 학칙이 정하는 바에 따라 교육상 필요하다고 인정할 때에는 다음 각 호의 1의 대상자를 위탁교육대상자로 선정할 수 있다.

1. 위탁교육 희망학생(퇴학자·퇴·휴학 중인 자는 복교절차를 거쳐 학적을 회복한 후 위탁교육 신청 가능)

2. 학교 내 선도위원회에서 특별교육이수나 퇴학처분을 받은 학생(퇴학처분의 징계가 내려진 학생이 위탁교육을 희망하는 경우 퇴학처분을 위탁교육 종료 시까지 유보)

3. 학교의 장이 교육목적상 위탁교육이 필요하다고 인정한 학생

②학교의 장이 초·중등교육법시행령 제31조의 규정에 의하여 퇴학처분 등의 징계를 하거나, 자퇴를 희망하는 학생에 대해서는 상담절차를 통해 위탁교육의 대안을 고지하여야 한다.

제6조(위탁기간) 위탁교육대상자의 위탁기간은 교육감이 정하는 수업일수의 범위 안에서 위탁교육기관과 협의하여 당해 학교의 장이 정한다.

제7조(위탁교육기관의 교육과정) ①위탁교육기관은 협약에서 정한 바에 따라 위탁학생의 교육에 필요한 다양한 교육과정을 자율적으로 편성·운영할 수 있다.

②위탁교육기관은 교육상 필요하다고 인정될 경우 교육감의 승인을 얻어 국민공통기본교육과정을 운영할 수 있다.

③교육감은 위탁교육대상자의 국민공통기본교과 등의 학습지원 및 학교교육과의 연계를 위해 대안학급(교실) 등을 설치·운영할 수 있다.

제8조(학사관리) ①학교의 장은 위탁교육기간에 대해 학교 수업으로 인정할 수 있으며, 위탁교육대상자가 소정의 위탁교육과정 이수 시 학년·학기 수료자격을 인정하고, 원적교의 졸업장을 발급할 수 있다.

②위탁교육기관은 위탁학생이 품행불량, 무단결석 등으로 교육상 목적을 달성할 수 없다고 인정될 때에는 협약에 따라 수탁해제를 요청할 수 있으며, 이 경우 위탁교육대상자의 학사관리는 소속학교의 학칙에 따라 처리한다.

③위탁교육대상자의 학적관리, 성적처리 등 기타 학사관리에 관한 세부사항은 교육감이 따로 정하는 바에 의한다.

제9조(위탁교육기관에 대한 지원) ①교육감은 위탁교육기관에 대해 위탁학생 수와 위탁기간 등을 고려하여 위탁교육경비를 보조하거나 기타의 지원을 할 수 있다.

②교육감은 위탁교육의 운영상 필요하다고 인정할 때에는 협약에 따라 위탁교육기관이 위탁학생에 대하여 필요한 경비를 직접 징수하게 할 수 있다.

③교육감은 위탁교육기관의 동의를 얻어 위탁교육기관 교원의 전문성 신장을 위한 관련 연수를 지원하거나 교육청 소속 교원을 일정 기간 위탁교육기관에 근무 지원토록 할 수 있다.

제10조(지도·감독) ①교육감은 제9조의 규정에 의하여 보조·지원을 받거나 필요경비를 직접 징수한 위탁교육기관에 대하여 다음 각 호의 1에 해당하는 조치를 취할 수 있다.

1. 보조·지원 또는 경비징수에 관하여 필요한 경우에는 당해 위탁교육기관으로부터 그 업무 또는 회계의 상황에 관한 보고 요구

2. 보조·지원 또는 징수된 경비가 당초 목적에 비추어 부적당하게 사용된다고 인정할 때에는 그 예산에 대하여 필요한 변경조치 권고

②교육감은 협약에서 정한 바에 따라 위탁교육기관에 대하여 위탁교육과정 운영 및

교수학습방법 등에 대한 장학지도를 실시할 수 있다.

③교육감은 위탁교육기관이 정당한 사유 없이 교육관계법령이나 협약에서 정한 사항을 위반할 경우에는 그 시정이나 변경을 요구할 수 있다.

제11조(위탁교육기관에 대한 고시) 교육감은 위탁교육기관으로 지정된 기관의 교육프로그램(위탁교과), 운영주체, 교육시설 등 관련 정보를 열람하게 하거나 고시할 수 있다.

제12조(시행세칙) 이 규칙의 시행에 관하여 기타 필요한 사항은 교육감이 따로 정한다.

부 칙

제1조(시행일) 이 규칙은 공포한 날부터 시행한다.

제2조(경과조치) 이 규칙 시행 당시 교육감의 지정을 받아 위탁교육을 실시하고 있는 교육기관은 이 규칙에 의한 위탁교육기관으로 지정된 것으로 본다.

대안학교설립운영위원회규칙

경기도교육규칙 제551호(2007년 11월 22일)

제1조(목적) 이 규칙은 「대안학교의 설립·운영에 관한 규정」 제5조의 규정에 의하여 경기도교육청 대안학교설립운영위원회를 설치하고 그 구성 및 운영에 관하여 필요한 사항을 규정함을 목적으로 한다.

제2조(기능) 경기도교육청 대안학교설립운영위원회(이하 "위원회"라 한다)는 다음 각 호의 사항을 심의한다.

1. 대안학교의 설립인가·변경인가 및 인가취소에 관한 사항
2. 학력이 인정되는 대안학교의 지정에 관한 사항
3. 대안학교의 평가 및 운영 등에 관한 사항
4. 그 밖에 대안학교설립운영위원회의 심의를 필요로 하는 사항

제3조(구성) ① 위원회는 제1부교육감 관할하에 경기도교육청 제1대안학교설립운영위원회(이하 "제1위원회"라 한다)를, 제2부교육감 관할하에 제2대안학교설립운영위원회(이하 "제2위원회"라 한다)를 둔다.

② 제1위원회 및 제2위원회는 위원장과 부위원장 각 1인을 포함한 7인 이상 9인 이하의 당연직위원 및 위촉위원으로 각각 구성하되, 각 위원회는 대안교육 관련 전문가가 과반수가 되도록 하여야 한다.

③ 제1위원회의 위원장은 제1부교육감이 되고, 제2위원회의 위원장은 제2부교육감이 되며, 각 위원회의 부위원장은 위원 중에서 호선한다.

④ 당연직위원은 제1위원회는 제1부교육감소속 지원국장, 중등교육과장, 학교설립과장이 되며, 제2위원회는 제2부교육감소속 기획관리국장, 중등교육과장, 학교관리과장이 된다.

⑤ 위촉위원은 다음 각 호의 어느 하나에 해당하는 자 중에서 교육감이 별지 서식의 위촉장을 교부하여 위촉한다.

1. 대안교육 관련 석·박사학위 논문 소지자
2. 대안교육 특성화 학교 근무경력 5년 이상인 자
3. 대안교육 관련 논문 2회 이상 학술지 기고 및 2회 이상 국가 또는 지방자치단체의 정책연구 참여자
4. 국가 또는 지방 행정기관에서 대안교육 관련업무 경력 3년 이상인 자
5. 대안교육 관련 기관단체에서 5년 이상 근무한 자
6. 그 밖의 대안교육 관련분야에 풍부한 경험과 식견을 갖춘 자

⑥ 위원으로 위촉된 자가 다음 각 호의 어느 하나에 해당하는 경우에는 위원회의 의결을 거쳐 교육감이 해촉할 수 있다.

1. 위원으로서 품위를 현저하게 훼손한 자
2. 위원으로 활동하는 과정에서 부적절한 행위를 한 자
3. 그 밖에 해촉할 만한 사유가 있다고 인정되는 경우

제4조(위원장의 직무) ① 위원장은 위원회를 대표하고, 위원회의 직무를 총괄한다.

② 부위원장은 위원장을 보좌하며 위원장이 사고 등 부득이한 사유로 직무를 수행할 수 없을 때에 그 직무를 대행한다.

제5조(위원의 임기) 위원의 임기는 2년으로 하되, 연임할 수 있다.

다만, 결원에 의하여 새로 위촉되는 위원의 임기는 전임위원의 잔임기간으로 한다.

제6조(회의 및 의결) ① 위원장이 회의를 소집하고자 하는 때에는 회의 개최 5일전까지 각 위원에게 회의의 일시, 장소, 심의안건 등을 서면으로 통지하여야 한다. 다만, 긴급을 요하는 때에는 그러하지 아니한다.

② 위원회의 회의는 위원장을 포함한 재적위원 과반수의 출석으로 개의하고, 출석위원 과반수의 찬성으로 의결한다.

③ 위원장은 필요하다고 인정할 경우에는 서면으로 심의할 수 있다.

제7조(간사) ① 위원회의 사무를 처리하기 위하여 간사 1인을 두되, 간사는

담당사무관이 된다.

② 간사는 위원장의 명을 받아 위원회의 사무를 처리한다.

제8조(의견청취) 위원장은 위원회의 심의 또는 자문을 위하여 필요하다고 인정하는 때에는 현장조사를 하거나, 관계공무원을 회의에 출석하게 하여 그 의견을 들을 수 있으며, 관계기관 및 전문가에게 기술검토를 의뢰하거나 필요한 자료의 제출을 요청할 수 있다.

제9조(수당 등의 지급) ① 위원회의 위원 중 교육감 소속 공무원이 아닌 자에 대해서는 예산의 범위 안에서 수당, 여비 등의 실비를 지급할 수 있다. ② 제8조의 규정에 의하여 관계기관 및 관계전문가에게 기술검토를 의뢰하는 경우에는 예산의 범위 안에서 기술검토 수당을 지급할 수 있다.

제10조(운영세칙) 이 규정에 규정된 사항 이외에 위원회의 운영에 관하여 필요한 사항은 위원회의 의결을 거쳐 위원장이 정한다.

부 칙

이 규칙은 공포한 날부터 시행한다.

참고문헌

강대중(2002a). **대안교육의 제도적 갈등과 쟁점연구**. 서울대학교 대학원. 석사학위논문.

_____(2002b). **대안학교는 학교가 아니다.** 서울: 박영률 출판사.

강상구·성용구 역저(1995). **신교육사회학의 이해**, 서울: 원미사.

강순원·김종인·한승희·정혜선(2001). **취약계층 인적자원 개발 방안 연구**. 교육정책연구 2001－03. 교육부.

강승호·차중섭(1991). 교육학연구에 있어서 양적 접근방법과 질적 접근방법의 비교고찰. **교육연구** 제1집(1991), pp.7－29.

강승천·김경헌·김태석(2007). **신규교사 역량 강화를 위한 교원연수 활성화 방안**. 경기도교육청.

강태중·이종태·이명준(1996). **'새 학교'구상: 좋은 학교의 조건과 그 구현 방안 탐색.** 연구보고 RR 96－16. 한국교육개발원.

강태중 외(1999). **고등학교 체제 개편에 관한 정책연구**. 수탁 연구 CR 99－8. 한국교육개발원.

경기도교육청(1997). **복교생 지도자료**. 장학자료 1997－12호.

_____(2001). 대안학교 설립을 위한 내부 자료.

_____(2003). **사랑과 꿈이 있는 대안교육**. 장학자료 제2003－5호.

_____(2003). **사랑과 꿈이 있는 대안교육(Ⅱ)**. 장학자료 제2003－23호.

경기도교육청(2006). 경기도 고등학교교육과정 편성·운영 지침. 경기도교육청 고시 제2006－10(2006.2.28)

_____(2007.2). 2007 교과특기자육성교 운영 기본 계획.

경기도대안교육기관의지정및학생위탁등에관한규칙[제정 2003.11.15. 경기도 교육규칙 제484 조례].

「고등학교이하각급 학교설립·운영규정」[일부개정 2001.10.31. 대통령령 제17397호]

「고등학교이하각급 학교설립·운영규정시행규칙」[일부개정 2001.11.20. 교육인적자원부령 제795호].

고려대학교교육사·철학연구회 편(1996). **인간주의 교육사상**. 내일을 여는 책.

고병헌(1997). 교육개혁운동으로서의 대안교육. **처음처럼**. 통권 제4호(1997년 11-12월호). pp.15-27.

_____(1998). 한국대안교육운동의 성격에 관한 연구. **성공대대학논총**. 12권(1998.2.), pp.250-287.

고석달(1992). **한국 전문대학 교육정책의 평가연구**. 홍익대학교 대학원. 박사학위논문.

공은배·김이경·신상명(2002). **한국의 교육정책 평가 연구**. 연구보고 RR 2002-10. 한국교육개발원.

곽대중(2001). 대안학교·대안교육. **신동아**. 2001년 6월호.

곽병선(1995). 대안적 학교교육에 대한 논의: "대안적 학교교육이란", **교육개발**, 1995.3(통권 94호). 한국교육개발원. pp.30-33.

교육정책자문회의(1992), 한국교육발전을 위한 범국가적 지원방안, 1992.4.

교육개혁위원회(1995.5). 세계화·정보화 시대를 주도하는 신교육체제 수립을 위한 교육개혁방안(Ⅰ).

_____(1996.8). 세계화·정보화 시대를 주도하는 신교육체제 수립을 위한 교육개혁방안(Ⅲ).

교육개혁과 교육자치를 위한 시민회의(1995). **이제 그만 아이들을 입시에서 풀어주자!** - 시민포럼 5-13. 인간교육실천 캠페인 1995 자료.

교육개혁과 교육자치를 위한 시민회의(1996). 인간성을 되살리는 교육: 더불어 사는 삶, 시민포럼 14. 인간교육실천 캠페인 1996 자료.

교육부(1995~2005년). 주요업무계획.

_____(1996.12). 학교중도탈락자 예방종합대책. 「**교육복지종합대책[1]**」.

교육부(1997a). 특성화 학교 설립운영확대 방안, 교육부 자료.

교육부(1997b). 특성화(대안) 중·고교 설립 신청 안내, 교육부 자료.

_____(1997.1). 학교중도탈락자 복학 및 예방 세부추진 계획(안). 교육부 내부 자료.

_____(1997.3). 부적응학생 교육을 위한 대안학교 설립·운영 지원 계획. 교육부 내부 자료.

_____(1997.5). 중도탈락생 복교현황 및 생활지도대책. 대검찰청 주관 민생치안 대책협의회를 위한 내부 자료.

_____(1997.6). 학교중도탈락자 예방종합대책. 「**교육복지종합대책[2]**」.

_____(1997.8). 중퇴복교생 지도 보완대책. 교육부 내부 자료.

_____(1998). **교육 50년사**(교육부 홈페이지).

_____(1999). 교육정책토론회, 1년의 발자취. 교육부 교육정책담당관실.

_____(2000). 국가 인적자원 개발을 위한 교육체제 혁신방안. 2000.4.28.

_____(2001a). 2001년도 국회답변자료(2001.4.24. 제220회 임시국회 미래특위 차관 답변).

_____(2001b). 2001년도 국회답변자료(2001.9.10. 제225회 정기국회 국정감사 서면질의 및 답변).

_____(2002a). 2002년도 국회답변자료.

_____(2002b). 세계 일류국가로 도약하기 위한 교육인적자원정책 추진계획.

_____(2002c). 학교 밖 대안프로그램에 대한 평가인정 및 수업인정제 도입을 통한 대안교육기회의 확대·내실화 추진 계획 시안(試案).

_____(2003.7). 대안교육기관에 대한 학교 수업 인정 및 '학력 인정 대안학교(가칭)' 설립 등을 통한 대안교육 기회의 확대·내실화 추진방안(2002.7.5. 대안교육정책방향 관련 민간 전문가 정책 세미나 결과: 학계, 민간 대안교육기관, 대안학교 등 관계자 11명).

_____(2003). 대안교육 확대·내실화 추진 계획.

_____(2004.10). **참여정부 교육복지 종합대책**: 참여복지 5개년 계획.

_____(2004.10.30). 초·중등교육법중개정법률안.

_____(2006.6). 농산어촌 소규모학교 통·폐합·적정규모학교 육성계획 발표.

_____(2006.7). 2006년도 상반기 자체평가 결과보고서.

_____(2006.10). 대안교육 특성화 학교 및 대안교육시설 지원 현황(2004~2006). **교육부 홈페이지 정보공개 – 국회제출자료**. 교육복지정책과.

_____(2007.01.24). 미인가 대안교육기관 재정지원사업 관계자 워크숍 회의자료. 교육복지정책과.

_____(2007). **대안교육백서**.

교육부 홈페이지. 업무혁신.

교육혁신위원회(2004) **농어촌 교육발전 방안에 대한 연구**.

구자억·고영규·김일형·김태연·박형충·이영만·이화성·최정희(2005). **동서양 주요국가들의**

새로운 학교. 서울: 문음사.

국회 교육위원회(2005). 초·중등교육법 중 개정법률안(심사보고서, 검토보고서).

권이종(2002.5). "청소년의 자기개발과 국가적 지원: 학업중단 청소년 예방 및 사회적응을 중심으로." **학업중단 청소년 종합대책 마련을 위한 공청회 자료.** 서울: 교원징계재심위원회.

권태희(2002). **한국대안교육운동 전개에 관한 일 고찰.** 한양대학교 대학원. 석사학위논문.

권현숙(1999). **대안교육의 교육관과 실천사례 연구.** 한국교원대학교 대학원. 석사학위논문.

김경천(2001.9). 한국사회의 특수성과 학교교육의 위기에 대한 고찰. **2001 정책 자료집(Ⅵ).** 국회교육위원회.

김광조(1998). "학교설립 준칙주의와 특성화 학교", **교육진흥.** 제10권 4호(통권 40), pp.32－44, 서울: 중앙교육진흥연구소.

김규태(2002.5). "학업중단 청소년 종합대책." **학업중단 청소년 종합대책 마련을 위한 공청회 자료.** 서울: 교원징계재심위원회.

김기석(1991). **문화재생산이론,** 「교육이론지맥 SA2」, 교육과학사.

김두식(2002). **대학재정 지원정책 평가연구.** 단국대학교 대학원. 박사학위논문.

김명수·김홍태(1998). 대안학교운동 탐색에 관한 연구. **한국교원대학교교수논총.** 14권 1호, pp.99－129. 한국교원대학교.

김병성(W. B. Brookover저)역(1991). **사회문화와 교육,** 서울 ; 문음사.

_____(1992). **교육사회학 관련이론,** 서울 : 양서원.

_____(1998). **교육과 사회,** 서울 : 학지사.

김봉민(1994). 학교조직의 갈등관리에 관한 이론 연구, **순천대학교 학생생활연구,** 13(1).

김상호·김기정 역(1985). **인간주의 교육과 행동주의 교육,** 문음사(W. B. Kolesnik 저, Humanism and Behaviorism in Education, 1975).

김성근(2004). **대안학교 정책결정 과정과 집행과정에 대한 탐색적 연구.** 서울대학교 대학원. 사회복지학석사학위논문.

김성기(2003). **도시형 대안학교 운영방안에 관한 연구.** 서울대학교 대학원. 박사학위논문.

김성열(2001). 대안학교가 공교육제도를 대체할 수 있는가, **국회보(2001.40),** pp.84－87. 국회사무처.

_____(2002). 학교 운영의 자율화, KEDI **교육정책포럼,** 2002－4호.

_____(2005). "고등학교 체제의 다양화·자율화: 실태와 개선방안", **공영형 자율학교의 한국적 적용가능성 탐색**. KEDI 제28차 교육정책포럼, 연구 자료 RM 2005－43. pp.1－33. 한국교육개발원.

김성열 외(2006). **학교 운영 자율성·다양성 제고방안 모색 및 제도화 지원에 관한 연구**. 경기도교육청 정책연구.

김순덕(2001). **대안학교 운동을 통해 본 한국교육정책의 현실과 전망**: 영산성지고등학교를 중심으로. 서강대학교 대학원. 석사학위논문.

김신일(1988). **교육사회학**, 서울 : 교육과학사.

김윤태(2000). **교육행정·경영 및 정책의 탐구**. 서울: 동문사.

김여수(1982). "산업문명의 위기와 대안적 문명의 모색", **근대화－그 현실과 미래－**. 서울: 서울대학교 출판부, pp.197－241.

김영철 외(1996). **한국교육비전 2020: 세기의 대전환**. 연구보고 RR 96－45. 한국교육개발원.

_____(2002). **도시형 대안학교 운영 진단 및 개선방안**. 서울시교육청 수탁 연구 CR 2002－6. 한국교육개발원.

김영철(2003a). **특수목적형고등학교 체제연구(Ⅰ)**. 연구 자료 RR 2003－2. 한국교육개발원.

_____(2003b). **특수목적형고등학교 운영실태 및 진단에 관한 세미나**. 연구 자료 RM 2003－9. 한국교육개발원.

김영화·박능후·이병희(1999). **생산적 복지와 교육의 역할 분석 연구**. 수탁 연구 CR 99－42. 한국교육개발원.

김영화·서정화·황홍규(2000). **도시형 대안학교 설립방안 연구**. 교육부 정책 연구과제.

김원찬(2002). "자율학교 평가의 기본방향과 전망", **학교종합평가 결과보고와 정책 제언**. 교육부·한국교육개발원, pp.147－151.

김인희(2004). 교육복지정책의 기본 방향. **직무연수**(2004.4), 국립특수교육원. pp.35－45.

김영태(1999) **교사지도성 탐색**, 창지사.

김재웅(2006). 홈스쿨이 적극적 대안이 될 수도 있다. **교육정책포럼** 124호(2006.3.9.). 한국교육개발원.

김정환(1997). **전인교육 어떻게 할 것인가?** 서울: 내일을 여는 책.

김종철(1989). **한국교육정책연구.** 서울: 교육과학사.

김지수(2002). **대안학교 학부모의 교육열에 관한 연구.** 서울대학교 대학원 석사학위논문.

김진경(1999). 학교교육, 존재 자체의 위기 그리고 대안. **한국교육연구소 소식, 30호.**

김진규(2005). **대안교육 특성화 고등학교교육과정 비교 분석.** 경남대학교 대학원. 박사학위논문.

김태연·이경신·이중묵(2002). **적응력 증진의 인성교육프로그램.** 경기대명고등학교.

김태연(2003). "자율학교로서 대안학교의 발전방안", 「**사랑과 꿈이 있는 대안교육**」, 경기도교육청 장학자료 제2003 – 5호, pp.201 – 232.

김찬호(2006). 도시형 대안학교의 운영 체제와 학습 전략.

김창학(1999). 교육개혁, 실업계 고교교육 이대로는 안 된다(2), **교육평론**(1999. 8). 주간교육신문사.

대한공업교육학회 교육과정 연구위원회(1999.12), 실업계 **고등학교 교육과정 편성·운영체제 개선에 관한 연구**, 교육부 위탁 연구과제.

김희동(1996). '새로운 교육문화를 만드는 그물 모임(임시)' 자료.

_____(1996). '새로운 학교를 만드는 모임'(두 번째) 자료.

_____(1999). '서로 손잡고서 배움의 기쁨을 노래하자: 대안교육연대를 세우며', **대안교육연대 첫발을 딛다.** pp.6 – 9.

_____(2000). 21세기 대안교육의 물결과 방향: 대안교육의 시작에서 현재까지. **불교와 문화.** 제31호 pp.23 – 25.

_____(2001). 대안학교 교사는 무엇으로 사는가, **민들레** 2001년 5-6월호.

김현정(2002). **한국대안학교의 교육요소 분석**, 경성대학교 석사학위논문.

김홍태(2002). 일본 대안교육의 사례 탐색, **초등교육연구** 15권 1호. pp.87 – 105.

남궁 윤(2006). 농어촌 소규모학교 통·폐합 정책 연구 – 전북지역을 중심으로, **미래교육연구** 제13 – 1권 5호. pp.81 – 115.

남기석(2004). **대안교육 수요의 특성 및 결정요인 분석.** 홍익대학교 대학원. 박사학위논문.

노화준(2003). **정책학원론.** 서울: 박영사.

대안교육연대·서울시대안교육센터·대안학교협의회(2005). **대안교육 10년의 성과와 과제.** 2005 대안교육심포지엄 자료.

대안교육연대(2005a). **만남과 소통 – 대안교육과 공교육의 접점 찾기.** 2005 실천하는 교사들을 위한 대안교육 직무연수 자료.

＿＿＿＿＿(2005b). 교원 공동연수 운영 실적 보고서. 내부 자료.

＿＿＿＿＿(2006a). **만남과 소통－대안교육과 공교육의 접점 찾기**. 2006 실천하는 교사들을 위한 대안교육 직무연수 자료.

＿＿＿＿＿(2006b). 대안 및 일반학교 교원 공동연수 운영 실적 보고서. 내부 자료.

대안교육연대·한국대안학교협의회·서울시대안교육센터·함께여는교육연구소(2006). **대안교육 10년의 지도 그리기**. 2006대안교육 국제심포지엄 자료.

＿＿＿＿＿＿(2006). 2006 **대안교육 한마당**.

대안학교 교육계획서: 간디학교, 경기대명고등학교, 두레자연고등학교, 동명고등학교, 산마을고등학교, 세인고등학교, 양업고등학교, 원경고등학교, 한빛고등학교, 푸른꿈고등학교, 영산성지고등학교, 지구촌고등학교, 경주화랑고의 학교교육계획서 및 홈페이지.

대한민국정부(2002). 2001년도 국정감사결과 및 처리 요구사항에 대한 처리결과 보고서: 교육부 소관.

동아일보사(1998.6.30). **대안교육, 정부관심 뒤따라야**. 대안교육좌담회 자료. 서울: 동아일보사.

명지원(2001). 전인교육의 위기와 진단, **홀리스틱교육연구** 제5집 제1호, 홀리스틱교육학회.

민들레 편집실(2004). '중등 대안학교의 현황(2)', **민들레**, 통권 제34호(2004. 7－8월호).

민혜영(1997). **정보화 시대를 위한 대안교육,** 전남대대학원 석사학위논문.

문용린·이명호·노국향·박인심(1997). **부적응학생 및 청소년을 위한 교육체제 구축**. 1996년 교육부 학술연구조성비 정책연구과제.

민병제(2002). **교육정책 종합평가 모형 개발을 위한 연구**. 중앙대학교 대학원 박사학위논문.

민중교육편집위원회 편(1985). **민중교육 1**. 서울: 실천문학사.

박동준(1983). **학교와 지역사회**, 서울 : 학연사.

박동준·차갑부 역(1985). **학교교육과 사회－학교교육의 가능성과 한계성**. 서울: 한서출판사(C. J. Hurn 저, The Limits and Possibilities of Schooling: An introduction To the Sociology of Education).

박동준(1987). 학교발전 형태로서의 대안적 학교, **새교육**(1987년 12월호). pp.66－74.

_____(1998). 한국 교사상으로서의 전문직적 선비에 관한 적합성 고찰, **한국교사교육**, 제15권 2호, pp.22－24.

박성희(2002). **대안학교의 문제점 개선을 위한 모델연구**. 경희대학교 대학원 석사학위논문.

박영규(2005). **긍정적 자아개념 형성을 위한 대안학교 교육과정 개발**. 단국대학교 대학원 박사학위논문.

박재윤 외 4인(2004). **교육부문 행정권한 위임 및 이양실태 조사연구**. 수탁 연구 CR 2004－57. 한국교육개발원.

박종삼·박재문·서영현·이재신 역(1984)(T. W. Moore 저). **교육이론서설**, 문음사.

박지웅(2001). **대안학교 경영의 특성분석에 관한 연구.** 서울대학교 대학원 석사학위논문.

박창남·임성택·전경숙·김성식(2001). **중도탈락 청소년 예방 및 사회적응을 위한 종합대책연구**. 교육부 정책연구과제.

배성근(2001). '대안학교에 대한 정부정책', **민들레**. 통권 17호(2001년 9－10월호).

_____(2003a). 대안교육 특성화 고등학교, **특수목적형고등학교 운영실태 및 진단에 관한 세미나.** 연구 자료 RM 2003－9. 한국교육개발원.

_____(2003b). 정부 인가 특성화 대안학교의 현황과 과제. 대안학교협의회 자료.

_____(2003c). 참여정부의 대안학교 정책 방향에 대해. 인터뷰 자료, 민들레 자료실.

배장오(2002). "자율학교 평가 결과: 대안교육분야 특성화 고등학교·농어촌 자율 학교", **학교종합평가 결과보고와 정책제언.** 교육부·한국교육개발원, pp.133－145.

서울시 대안교육종합센터(2006). **"Changing minds, Changing school",** 제1회 전국 중등학교장 대안교육연수자료.

서정화(1986a). 한국의 교육정책 평가. **홍익대학교교육연구논총** 제2집.

_____(1986b). "교육정책과정과 평가", **교육평가연구의 과제와 전망.** 한국교육학회 교육평가연구회편(서울: 교육과학사), pp.59－84.

서정화 외(2002), **교장학의 이론과 실제**, 교육과학사.

서정화 외4인(2003). **교장론**. 한국교육행정학회, 교육행정전문서 14.

서정화·김태연(2006). "대안교육분야 특성화 고등학교교육의 과정평가", **인문과학** 제14집(홍대논총 38). 홍익대학교 인문과학연구소. pp.125－149.

성태제(2000). **교육연구방법의 이해.** 서울: 학지사.

손민호·유재봉·정기섭(2005). **주요국 대안교육프로그램 운영비교 연구.** 교육부 교육과정

정책연구과제.

손영덕(2002). **대안학교 교육만족도 연구**. 연세대학교교육대학원. 석사학위논문.

송순재(2005). 우리나라 '대안교육'의 전개양상과 주요 문제점. 교육사랑방/삶과 교육을
　　　위한 대화와 실천모임 발제자료.

신한범(1999). **대안학교 교육이 학생들의 가치관에 미치는 영향**. 한국교원대학교 대학원.
　　　석사학위논문.

심경석(1992). 학교 경영의 민주화, 그 이상과 현실. **교육월보**, 1992.1, 교육부. pp.59－60.

심성보(1996). 한국대안학교 운동의 현황과 과제. **교육사회학연구.** 제6권 2호.
　　　pp.173－204.

안병영(2004.12.23). **대안학교 이야기**. 교육부 안병영 부총리 서한문.

양희규(1997). **사랑과 자발성의 교육.** 서울: 내일을 여는 책.

＿＿＿(2005). "인가를 받은 뒤 간디학교가 겪은 변화", **민들레** 통권 제39권(2005년
　　　5－6월호), pp.34－39.

여태전(2002). **간디학교의 대안 찾기**. 경상대학교 대학원. 박사학위논문.

오명희(2001). **우리나라 대안교육에 관한 연구**, 경기대학교 대학원. 석사학위논문.

오인탁(1990). **현대교육철학**, 서광사.

오인탁(1995). 대안적 학교교육에 대한 논의: "인간교육의 재구성론", **교육개발**. 1995.3,
　　　한국교육개발원. pp.48－53.

오인탁·정영수·김창환(1996). **고등학교 유형의 다양화 방안 연구**. 1995년 교육부
　　　정책연구과제.

오인탁·양은주·황성원·최재정·박용석·윤재흥(2006). **대안교육의 뿌리를 찾아서**,
　　　학지사.

유상덕·김정빈·남경희·박부권 외 5(2001). **경기도 내 비기숙형 공립 대안학교 설립·
　　　운영방안**. 경기도교육청 정책연구 용역보고서. 서울: 한국교육연구소.

윤순희(2003). **학교단위책임경영제에서 효율성 제고를 위한 학교장의 역할**, 단국대학교
　　　대학원 박사학위논문.

윤여각·박창남·전병유·진미석(2002). **학업중단 청소년 및 대안교육 실태 조사**. 수탁 연구
　　　CR 2002－9. 한국교육개발원.

윤여각(2002. 5). "학업중단 청소년 정책 및 실태분석." **학업중단 청소년 종합대책 마련을**

위한 공청회 자료. 서울: 교원징계재심위원회.

윤여각 외(2002). **학업중단 청소년 및 대안교육 실태조사**, 한국교육개발원.

원동연(2002). **5차원 전면교육 학습법**, 김영사.

_____(2002). **5차원 전면교육의 기본 이념**, 5차원교육연수원.

이규봉(2001). 지역사회의 대안적 교육공간 고찰. 「제4회 대안교육시민대토론회 자료집」 **맥지**, 통권 49호, 2001.

이규환·강순원 편(1984). **자본주의사회의 교육**. 서울: 창작과 비평사.

이기우(2002). 초·중등학교교육자율화의 의미와 과제, KEDI교육정책포럼, 2002－3호.

이대희 역(1990). **정책분석론**. 서울: 대영문화사.

이병길(1985). **교육정책의 종합적 평가에 관한 연구**. 서울대학교 행정대학원 석사학위논문.

이병환(1999). **한국 대안학교의 특성 분석**. 경북대학교 대학원 박사학위논문.

이병환 외(2004). **대안교육 활성화를 위한 국가수준 교육과정의 운영 방안 연구**. 교육부 위탁 연구과제.

이병환·김흥운·김태연·최석민(2005). **대안학교 교육과정 평가 및 질 관리 방안 연구**. 교육부 교육과정 정책연구과제.

이선숙(2001). **우리나라 대안학교의 성격과 발전방안에 관한 연구**. 대구가톨릭대학교 대학원. 박사학위논문.

이영만·권순환·장혜자·김태연·김동은·구교정·김세령(2004). **학교·교육기관 평가**. 서울: 한국문화사.

이용교(1998). "청소년 대안교육의 정책 방향", **신정부, 청소년 대안교육정책 어떻게 할 것인가?** (사)맥지청소년사회교육원 대안교육시민대 토론회 자료집. 광주: 맥지청소년사회교육원.

이용숙(1992). 한국 중등학교 문화의 특성, **한국청소년연구**, 제3권2호.

이은경(1996). **고등학교 평준화 정책 개선을 위한 특성화 학교 모형연구**. 서울대학교 대학원 석사학위논문.

이인효(1990). **인문계고등학교 교직문화 연구**, 서울대학교 대학원 교육학박사학위논문.

이재갑(2001). "특성화 학교 및 자율학교제도의 의의와 전망", **대안학교교사준비교육과정**. 한겨레신문사문화센터·대안학교협의회.

이종각·이수광(2002). **초·중등단계에서의 대안교육 활성화 방안 연구**. 교육정책연구

2001 – 일(특) – 23. 교육부.

이종승(1998). "교육평가의 양적·질적 접근방법", **학교학습탐구**(이용걸교수정년기념저서 간행위원회).

이종재(1998). 현장학교의 모형 탐구. **교육진흥.** 10권 4호(통권 40호). pp.6 – 17.

이종재 외 7인(2001). **학교교육의 실상분석 및 공교육 내실화 방향과 과제**, 수탁연구 2001-32. 한국교육개발원

이종태(1998). 대안학교의 운영. **교육진흥** 제10권 4호(통권 40호). pp.18 – 31.

_____(2000). 대안교육분야 특성화 고등학교의 운영실태 및 발전방향. **교육진흥**, 12권 4호. pp.18 – 29.

_____(2000.9.8). '학교부적응청소년'을 위한 대안교육 방안. **학교 부적응청소년을 위한 대안교육방안.** (사)맥지청소년사회교육원 제3회 대안교육시민대토론회 자료집. 광주: 맥지청소년사회교육원.

_____(2001a). 대안교육, 어떻게 볼 것인가, **국회보**(2001.4). pp.80 – 83.

_____(2001b). **대안교육과 대안학교.** 서울: 민들레.

_____(2001c). '대안학교들이 만들어지기까지 어떤 일들이 있었나.' **민들레.** 통권 16호(2001년 7 – 8월호). pp.18 – 27.

이종태·강영혜·정광희(2000). **자율학교 운영모델 개발 연구.** 한국교육개발원 수탁 연구 2000 – 38. 한국교육개발원.

이종태·정수현(2001). **자율학교 시범운영 결과 분석과 제도화 방안 연구.** 수탁 연구 CR 2001 – 20. 한국교육개발원.

이종태·이수광·정연순·방승호·김희동·양희규(2005). **대안교육의 영향분석 및 제도화 방안 연구.** 교육정책연구 2005 – 공모 – 4. 교육부.

이진영(2005). **자율학교 정책 평가 연구.** 서울대학교 대학원. 석사학위논문.

이창우(2001). **대안교육에 대한 법제적 연구.** 인천대학교교육대학원. 석사학위논문.

이태수·정무권·이혜영 외4(2004). **교육복지 구현 종합방안 연구.** 정책연구과제 2004 – 지정 – 8. 교육부.

이현림, 최손환(2003). 학교체제 다양화 정책의 현황과 과제. **영남지역개발연구** 제32집(2003.10). pp.169 – 198.

임석재(2000). 교육조직의 갈등관리에 관한 연구, 관동대 논문집 Vol.28, No.1.

임종석(2001.9). 교육정책 진단—실업고, 과학고, 대안학교 정책을 중심으로—. 2001 정책자료집(4). 국회교육위원회.

임종화(1999). **대안교육운동의 형성과 전개**. 연세대학교 대학원. 석사학위논문.

장재원(1991). **교육정책 평가 모형 개발과 고등학교 평준화 정책의 평가연구**. 한양대학교 대학원. 박사학위논문.

정광희(2006). 학교교육 다양화에 거는 기대와 과제. 교육정책포럼 124호(2006.3.9.) 한국교육개발원.

정기오(2003). **인적자원 개발 관점의 초·중등, 고등, 평생교육 혁신방안 연구**, 인적자원 개발 정책연구 2003－2, 교육부.

정기오·엄기형(2004). **5·31교육개혁 이후 교육개혁 정책 과정 분석연구**. 인적자원계발정책연구. 교육부.

정문성(1992). 거주환경과 청소년 비행의 관계 연구, **한국청소년연구**, 제3권1호.

정미숙(2001). "학생중심주의 교육 구현 방안" 학생중심 교육: 대안학교에서 찾는 대안(간디학교 시리즈). **새교육**. 2001년 9월호.

정수현(2003). 국가수준 자율학교 평가체제에 대한 반응 분석: 학교평가에의 시사점을 중심으로. **한국교육.** 30권1호. pp.131－154.

정영수 외(2000). **교사와 교육**, 문음사.

정영수(1991). **교육정책 평가의 논리와 실제적 방법론 탐색**—정책규범에 대한 평가방법을 중심으로—. 서울대학교 대학원. 박사학위논문.

정유성(1997). **대안교육이란 무엇인가**. 서울: 내일을 여는 책.

_____(2000). 대안교육의 뜻과 그 앞날. **교육진흥.** 12권 4호. pp.6－17.

_____(2001). 새로운 학교교육모형의 탐색. **교육이론과 실천.** 제11권1호, pp.77－95.

_____(2001a). '옛 동독의 자유대안학교들', **민들레.** 통권17호(2001년 9－10월호). pp.120－127.

정유성·이종태(1999). **대안학교(특성화 학교) 교육과정 및 교사양성방안.** 교육부 정책연구보고서.

정일환(1995). 교육정책 평가의 이론모형 정립 및 적용성 탐색에 관한 연구. **교육정치학연구.** 제2권 1호, pp.98－119.

_____(1996). **교육행정학: 이론과 적용**, 서울: 중앙적성출판사.

_____(2003). **교육정책론: 이론과 적용.** 서울: 원미사.

정정길 외(2004). **정책 평가: 이론과 적용.** 서울: 법영사.

정진곤(1995). 학교교육의 획일성과 대안 탐색. **사학** 통권 74 가을호.

정진곤·조경원·류완영(1998). 대안학교 교육이념 및 내용에 대한 비판적 분석. **열린교육연구.** 제8권 2호, pp.177－195.

정진곤 외(1998). **학교중도탈락자 예방 종합대책의 시행 과정 분석연구.** 교육부 교육정책연구.

정태범(1999). **교육정책분석론.** 서울: 원미사.

정현주(2002). **아나키즘과 대안교육.** 서강대학교교육대학원. 석사학위논문.

조금주·이인규·신준섭·이종태(2004). **대안학교 교육과정 체제 및 내용 구조 연구.** 2004년도 교육부 교육과정 정책연구답신보고서.

조병록(2000). 실업계고교 육성대책, 교육부 공개자료실.

조영승(2001). **경기도 지역 중퇴생 선도·보호방안 프로그램 개발연구.** 경기대학교 사회과학연구소. 경기도.

조용한·황순희 역(1993). **교육사회학－해석적 접근,** 형설출판사.

조용환(1998). 대안학교의 가능성과 한계에 관한 문화기술적 연구. **교육인류학연구.** 제1권 1호, pp.113－155.

조흥식 외 5인(2000). **청소년보호체계 구축을 위한 지역사회조직 전략.** 청소년보호 2000－40. 국무총리 청소년보호위원회.

차재원(2000). **대안학교의 교육활동 비교 분석.** 경남대학교 대학원. 박사학위논문.

천세영(2001). 대안학교형 특성화 고등학교의 재정지원 방안 탐색. **교육재정경제연구.** 제10권 1호, pp.63－90.

채광석·심지연 역(1978). **교육과 의식화.** 서울: 도서출판 새밭.

「초·중등교육법」[일부개정 2003.7.25. 법률 제06934호].

「초·중등교육법시행령」[일부개정 2003.1.29. 대통령령 제17895호].

최규선(2000). 학교장의 역할과 자질, **한국교사교육,** Vol.17, No.3.

최금진·배장오(2003). '자율학교의 자율권 활용실태 및 교육효과 분석', **교육학연구.** 제41권 제2호. pp.243－275.

최명선 역(1990). **교육이론과 저항,** 성원사.

최상근·박효정·서근원·김성봉(2004). **교육소외 계층의 교육실태와 정책과제**. 현안연구
　　　OR 2004. 한국교육개발원.

최손환(2000). **대안학교 운영분석을 통한 일반학교 운영의 개선 방안**. 영남대학교 대학원.
　　　석사학위논문.

최양미(2003). "자율학교 운영 실태 및 진단", **특수목적형고등학교 운영실태 및 진단에**
　　　관한 세미나. RM 2003－9. 한국교육개발원.

최영신(2001). 비행 청소년의 학교중퇴와 대안학교. **교육사회학연구.** 제11권 3호.
　　　pp.127－152.

최종진(2001). **한국 대안교육의 비판적 고찰**. 한국교원대학교 대학원. 석사학위논문.

최준렬·강대중(2007). **농산어촌 소규모 학교 통폐합 실태 분석과 개선방안**.
　　　교육인적자원부.

최호성·박창언·김회용(2005). **대안학교 교육과정 운영 국가기준개발 연구**. 교육부
　　　교육과정 정책연구과제.

최희선(2006). **교육정책의 탐구 논리**. 서울: 교육과학사.

하자센터(2001.11). **도시형 대안학교 어떻게 만들 것인가**. 제1차 대안교육 심포지엄 자료.
　　　서울: 하자센터.

한겨레신문사(1997.3.14). **대안교육 좌담**. 대안교육 좌담회 자료. 서울: 한겨레신문사
　　　회의실.

＿＿＿＿＿＿＿＿＿(2001.5.7). **위기의 한국교육, 어떻게 살릴 것인가?** 우리 교육 희망 찾기
　　　제1차 심포지엄 자료. 서울: 흥사단 강당.

한국교육행정학회(1996). **교육정책론**, 서울: 하우.

한국교육개발원(2002a). 2002년 KEDI 학교종합평가사업 안내.

＿＿＿＿＿＿＿＿＿(2002b). **경기대명고등학교 종합평가보고서**. 학교평가 SE 2002－72.
　　　한국교육개발원.

한국대안학교협의회(2007). 회칙 및 배부 자료.

한국홀리스틱교육학회(2007). **홀리스틱교육과 대안교육**. 2007년도 한국홀리스틱교육학회
　　　춘계 학술대회 자료집(2007.4.28.).

＿＿＿＿＿＿＿＿＿(2008). **홀리스틱교육과 배려**. 2008년도 한국홀리스틱교육학회
　　　춘계학술대회 자료집(2008.5.17)

한대동(1993). 청소년 비행에 대한 사회계층론적 접근, **한국청소년연구** 제4권4호.

한준혜(2003). **대안교육운동과 대안학교정책의 갈등에 관한 연구**. 숙명여자대학교 대학원. 석사학위논문.

한창진(1998). **우리나라 대안교육운동의 사례분석 연구**. 고려대학교교육대학원. 석사학위논문.

황긍섭(2001). **한국대안교육의 이념 모색**. 경상대학교 대학원. 박사학위논문.

황성원(2005). '셀레스탱 프레네의 삶, 교육관, 수업사례' **각성된 머리와 능숙한 손은 지식으로 가득 채운 머리보다 낫다**. pp.20 – 37.

황인국(2001). 도시형 대안학교의 사례 – '도시 속 작은 학교'의 운영과 한계, 「제4회 대안교육시민대토론회 자료집」 **맥지**, 통권 49호, 2001.

Bae Seong – Geun(2002). *Incorporating alternative schools into the public school system in south Korea.* The Florida State University. College of Education. Degree of Doctor of Philosophy.

Blackledge. D & B. Hunt(1985). *sociological interpretation of Education*, Croom Helm, Australia, sydney Ltd,

Carnie, F.(2003). *Alternative approaches to education: a guide for parents and teachers.* Routledge Falmer: London and York.

Conley, B. E.(c2002). *Alternative schools: a reference handbook.* Contemporary Education issues. ABC – CLIO Inc: Santa Barbara, California · Denver, Colorado · Oxford, England.

Cooper, B. S.(1976). Alternative Schools and Programs, in The International Encyclopedia of Education, 2nd ed. vol.1.

Glatthorn, Allan. A(1975). *Alternative in education*: Schools and Programs. Dodd, Mead & Company, Inc.

Lange, C. M. & Sletten, S. J.(2002). *Alternative education: a brief history and research synthesis.* Educational Resources Information Center.

Levi, G. Z.(2005. 6). *Alternative education for detached youth,* "이스라엘의 청소년 교육과 차세대 교육." 제6회 이스라엘 전문가 초청 국제심포지엄 자료. 서울:

이스라엘문화원.

PagLin, C. & Fager, J.(1997). *Alternative schools: Approaches for students at Risk.* Northwest Regional Educational Laboratory.

Patton, C. V. & Sawicki, D. S.(1993). *Basic methods of policy analysis and planning.* Prentice Hall: Englewood Cliffs. New Jersey, 1993.

Schumacher, E. F.(1998). *"작은 것이 아름답다."* 김진욱(역) 서울: 범우사.

Smith, V. H.(1976). *Alternative schools: The development of options in public education.* Licoln, NE: Professional Educators Publications.

Quick Turn Around(ATW) Forum(1999.3). *Alternative schools.* National Association of State Director of Special Education. Alexandria, VA.

The Education Revolution: AERO(The Alternative Education Resource Organization), http://www.educationrevolution.org/

Democratic Education, http://www.educationrevolution.org/

Mouzelis, N. P.(1975). *Organisation and Bureaucracy* -An Analysis of Modern Theories. Aldine Publishing Company. Chicago.

M. Weber(1968). *Economy and Society : An outline of interpretive*, New York : Bedminster Press.

· 저자 ·

김태연
(金太淵)

·약 력·

충북대학교 사범대학 교육학과 졸업
충북대학교 대학원 교육학석사(교육행정·사회 전공)
홍익대학교 대학원 교육학박사(교육행정·정책 전공)

경기도예절교육연수원 근무(현)
경기대명고등학교(공립 대안학교) 근무(현)
교육부 사이버현장교원 정책자문팀(4기)
한국교육개발원 교육현안문제 모니터요원
경기도교육청 특별연구교사
충북대학교 교직과정 강사('96 – '99)
경기도 신안중, 대안중, 평촌공업고 근무
충북대학교 조교

·주요논저·

「대안학교 학생의 진학 연착륙 방향」(대안학교－대학 연계 워크숍, 2008.2.13. 인하대학교)
「특성화 대안학교 정책 평가 연구」(홍익대학교 교육학박사학위논문, 2007)
「교원노조법」(교육과학사, 공저, 2007)
「대안교육분야 특성화고등학교 교육의 과정 평가」(2006, 홍익대학교 인문과학 38호 제14집, 공동연구)
「대안학교의 지역사회 연계 교육과정 편성·운영의 방향」(교육부 정책연구 워크숍, 2006.9.23. KEDI)
「동서양 주요국가들의 새로운 학교」(문음사, 공저, 2005)
「대안학교 교육과정 평가 및 질 관리 방안 연구」(교육부 정책연구, 공동연구, 2005)
「학교·교육기관 평가」(한국문화사, 공저, 2004)
「자아성찰적인 인성교육프로그램」(경기도교육청 장학자료, 2003)
「자율학교로서 대안학교 발전방안」(경기도교육청 장학자료, 2003)
「학교붕괴의 대안으로써 교사의 생활지도력 탐색」(경기도교육청 특별연구, 2000)
「M. Weber 파라다임에 비추어 본 학교교육의 의미 탐색」(충북대학교 교육학석사학위논문, 1993)
외 다수

대안학교와 대안교육정책

• 초판 인쇄	2008년 9월 11일
• 초판 발행	2008년 9월 11일
• 2쇄 인쇄	2009년 10월 28일
• 2쇄 발행	2009년 10월 28일
• 지 은 이	김태연
• 펴 낸 이	채종준
• 펴 낸 곳	한국학술정보㈜
	경기도 파주시 교하읍 문발리 513-5
	파주출판문화정보산업단지
	전화 031) 908-3181(대표) · 팩스 031) 908-3189
	홈페이지 http://www.kstudy.com
	e-mail(출판사업부) publish@kstudy.com
• 등 록	제일산-115호(2000. 6. 19)
• 가 격	29,000원

ISBN   978-89-534-9972-0 93370 (Paper Book)
       978-89-534-9973-7 98370 (e-Book)